KOSMOS TRAIL & TREKKING

ZUIDOOST-AZIË

KOSMOS REISGIDS

KOSMOS

TRAIL & TREKKING

ZUIDOOST-AZIË

Oorspronkelijke titel: Adventure Travellers Southeast Asia

Vertaling: Studio Imago: Megatekst Saskia Tijsma
Bewerking en opmaak: Studio Imago, Jacqueline Bronsema, Amersfoort

ISBN 90 215 8534 0
D/2000/0108/086
NUGI 471

VORIGE BLZ. Luang Prabang, Noord-Laos
INZET Rope-brug, Sabah, Borneo

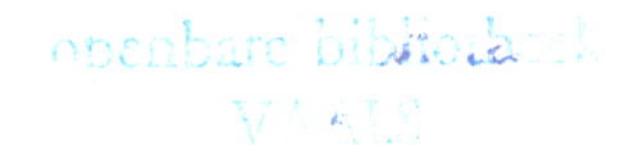

INHOUD

INLEIDING

Al eeuwenlang worden avontuurlijke reizigers aangetrokken door de exotische mysteries van Zuidoost-Azië. In dit grote gebied wedijveren dichtbegroeide wouden, actieve vulkanen, oude grotten en kristalheldere zeeën om het prachtigste landschap te bieden. Door deze verscheidenheid in landschap konden veel verschillende culturen ontstaan. Eens florerende steden zijn veranderd in mysterieuze ruïnes, overwoekerd door de snelgroeiende jungle, maar de volken in Zuidoost-Azië hebben zich aangepast aan de vele veranderingen en de moderne cultuur leeft. Vriendelijke traditionele stadjes die de welvaart van het heden en het verleden combineren, ontplooien moderne activiteiten, maar er zijn ook gebieden waar de levenswijze nog nauwelijks wordt beïnvloed door de buitenwereld. Om een gebied te leren kennen, is het verreweg het beste om er naartoe te gaan – peddelen over de Mekongrivier of met de jeep door de jungle van Dien Bien Phu – en je waant je een acteur in een Hollywood-film. Maar avonturen als een kanotocht op Halong Bay, motorrijden in de Golden Triangle, het duiken naar scheepswrakken voor de kust van de Filippijnen gaan alle fantasie te boven. En dan is er nog de 'cultuur'; een woord dat eigenlijk geen recht doet aan de fantastische ruïne van Angkor Wat of de rijke antropologie van Borneo. Deze Kosmos Trail & Trekking gids voor Zuidoost-Azië biedt een verfrissende, andere manier om de wereld te ontdekken.

Rechts: Het strand van Hat Tham Phra Nang, Zuid-Thailand
Boven: Het voeren van de oerang-oetans in Spilok, Sabah

Over de auteurs

Ben Davies

Ben Davies is een bekende reisboekenauteur en fotograaf die over vrijwel elk land in Azië heeft geschreven. Hij is medeuitgever van het blad *Asia* en schrijft artikelen voor kranten en tijdschriften als *International Herald Tribune*, *Vogue Singapore* en de *Phnom Penh Post*. Tien jaar geleden emigreerde hij naar Azië en heeft hij boeken gepubliceerd over Thailand, Indonesië en de Filippijnen. Zijn meest recente boek *Isaan, vergeten provincie van Thailand*, is een fotoboek uitgegeven door Luna Publications.

Jill Gocher

De Australische fotojournaliste Jill Gocher heeft het grootste deel van haar leven reizend doorgebracht en startte daar zo'n 40 jaar geleden mee als 'padvindertje'. Ze schrijft uitsluitend over reizen en cultuur met Zuidoost-Azië als speerpunt. Ze schreef drie boeken die zijn uitgegeven door Times Publishing in Singapore. *Ciberon* is een boek over het gelijknamige kleine Javaanse sultanaat, de andere twee titels zijn groot formaat fotoboeken. De eerste over Indonesië: *Indonesia, the Last Paradise*, en de tweede over Australië: *Australia – the Land Downunder*. Daarnaast verleent ze haar medewerking aan de totstandkoming van honderden andere uitgaven, boeken, tijdschriften en reisgidsen, waarvoor ze zowel tekst als fotomateriaal levert.
Ze is redacteur bij *Swesone*, een klein tijdschrift van de Yangon Airways (de luchtvaartmaatschappij van Myanmar). Hoewel luxe reizen ook hun charme hebben, is Jill Gocher op haar best als ze ver van de moderne wereld, haar tijd doorbrengt in minder complexe samenlevingen en zich aanpast aan de oude levenswijzen.

Sam Hart

Deze onderzoeker en samensteller van de Praktische informatie, heeft sinds 1996 als freelance journalist gewerkt voor *The Guardian*, de *Young Telegraph*, de *Big Issue* en *Nursing Times*. Ze heeft ook gewerkt als onderzoeksjournalist voor televisie en radio. Na uitgebreide reizen door Zuidoost-Azië is ze vaste verslaggever voor *Big Issue* en geeft ze Engelse les aan Koerdische vluchtelingen.

Christopher Knowles

Als reisleider, gespecialiseerd in treinreizen door Europa, de Sovjet-Unie, Mongolië en China, reisde Christopher Knowles de wereld rond. Deze auteur van boeken over Shanghai, China, Japan, Moskou en St.-Petersburg, Toscane en de Engelse Cotswolds, heeft een eigen reisbureau voor wandelvakanties.

Simon Richmond

Zijn eerste avontuur vond plaats in zijn woonplaats Blackpool: de Big Dipper-roetsjbaan! Sindsdien blijft hij zoeken naar nieuwe adrenaline-shots. Gestationeerd in Sydney, Australië, werkt hij als journalist voor de *Sydney Morning Herald*, *The Australian* en de *Australian Financial Review*. Hij besteedt zijn tijd voornamelijk reizend en schrijvend. Hij schrijft reisgidsen voor de *AA*, *Lonely Planet* en *Rough Guides*.

Over dit boek

Dit boek bestaat uit drie aparte delen:

DEEL 1 — PAGINA 6-17

Dit deel geeft inleidende informatie en algemene praktische tips voor de begeleiding op reis, en een kennismaking met het team schrijvers. Het team bestaat uit schrijvers van allerlei pluimage en leeftijd. Wat ze wel gemeen hebben is de hang naar avontuur en een schat aan reiservaring.
Op de kaart op pagina 10 en 11 worden de gebieden getoond, per kleur gescheiden, die in dit boek worden behandeld.
De 25 avonturen zijn genummerd, zodat je – via de inhoudspagina – rechtstreeks de betreffende pagina's kunt vinden.
Pagina 12-13 en 16-17 bieden alvast een voorproefje van alle praktische tips van ervaren reizigers.
De seizoenkalender op pagina 14-15 laat per regio zien welke tijd het meest geschikt is om een avontuurlijke reis in een bepaald gebied te maken. Maar er zijn waarschijnlijk meerdere factoren die bepalen wanneer je wilt gaan en daarom wordt een gedetailleerde beschrijving van het klimaat en de effecten ervan op de activiteiten aan het einde van elk hoofdstuk gegeven. Vraag altijd advies van de reisorganisatie over de weersomstandigheden in een bepaalde periode voor het boeken van een reis!

DEEL 2 — PAGINA 18-256

Het grootste deel van dit boek betreft de 25 avonturen, gekozen als voorproefje voor alle activiteiten die je kunt ontplooien, sommige bekender dan andere. Elke eerste pagina van een avontuur toont een kader met praktische informatie over wat je kunt verwachten en een moeilijkheidsgraad per activiteit die samenhangt met benodigde vaardigheden.
Going it Alone – Elk avontuur eindigt met een pagina vol speciaal praktisch advies over het plannen van elke activiteit. Gebruik de informatie op deze pagina's samen met de Praktische informatie achter in het boek.
De prijzen die in dit boek worden vermeld, zijn in dollars en waren de gemiddelde prijzen ten tijde van de reis. Natuurlijk kunnen er door inflatie en wisselkoersen verschillen ontstaan; gebruik deze prijzen dan ook als richtlijn om kosten te vergelijken.

Uitdagingsniveau: Als je alleen al bedacht hebt de reis te boeken, zul je het wel redden

Niet al te moeilijk, maar wel enkele basisvaardigheden noodzakelijk

U moet fit zijn, veel uithoudingsvermogen hebben en opgeleid zijn

U moet fit en vastberaden zijn: niet voor zwakkelingen

Voor de echte avonturier: een fysieke en mentale uitdaging*

**Soms is alleen een gedeelte van de reis erg moeilijk en kun je een gemakkelijker weg kiezen.*

Comfort-graad: geeft een indicatie voor de ontberingen die je moet doorstaan. Comfortabel is 1 en 3 is oncomfortabel. Dit betreft niet alleen de accommodatie maar ook de klimaat- en andere omstandigheden die je tegen zult komen.

Speciale uitrusting: Tips over de specifieke reisbenodigdheden, van advies over duikuitrusting tot kleding en zelfs fotomaterialen.

DEEL 3 — PAGINA 257-320

Praktische informatie – Adressen en Activiteiten, start met specifieke adressen voor de 25 avonturen. je vindt hierin de belangrijkste namen uit de verhalen, inclusief de reisorganisaties, met hun adressen en telefoonnummers.
In de alfabetische lijst vind je de beste activiteiten in een bepaalde regio met algemene informatie, contactadressen voor benodigdheden en de organisaties waar geboekt kan worden. Het boek eindigt met een algemeen en een plaatsnamenregister.

Lanzhou
Huang He
Zhengzhou
Nanjing
Xi'an
CHINA
Wuhan
Chengdu
Chongqing
Changsha
Chang Jiang
Guiyang
Thimphu
BHUTAN
INDIA
Kunming
Guangzhou
Ayeyarwady
Hong Kong
BANGLADESH
Dhaka
Nanning
Hanoi
Haiphong
Mandalay
Chittagong
LAOS
Hainan
MYANMAR (BURMA)
Vientiane
Chiang Mai
Salween
Mekong
Bay of Bengal
Da Nang
THAILAND
VIETNAM
Yangon (Rangoon)
South China Sea
Bangkok
CAMBODIA
Phnom Penh
Andaman Is (India)
Ho Chi Minh
Songkhla
Nicobar Is (India)
MALAYSIA
Ipoh
Kuching
Kuala Lumpur
Medan
SINGAPORE
Borneo
Pontianak
INDIAN OCEAN
Sumatera (Sumatra)
Padang
Palembang
IND
Java Sea
0
1000 km
Surabaya
0
500 m
Jakarta
Bandung
Jawa (Java)

Thailand/Myanmar
Vietnam/Cambodia/Laos
Malaysia
Sumatra/Java
Borneo/Sulawesi
Philippines
Shanghai
East China Sea
Nansei-shotō
Fuzhou
T'ai-pei
TAIWAN
PACIFIC OCEAN
MICRONESIA
Luzon
Manila
PHILIPPINES
PALAU
Cebu
Palawan
Mindanao
Sulu Sea
Davao
Zamboanga
New Guinea
Jayapura
RUNEI
Celebes Sea
Halmahera
Bandar Seri Begawan
Manado
IRIAN JAYA
Samarinda
Palu
Seram
Ambon
Sulawesi
Balikpapan
Banda Sea
Arafura Sea
Banjarmasin
Ujung Pandang
ONESIA
Flores
Timor
Kupang
Darwin
AUSTRALIA

Praktische zaken

Voorbereiding

Om het beste uit je avontuur te halen, is het zaak om de tijd te nemen voor een zorgvuldige voorbereiding. Lees veel over de gebieden waarin je geïnteresseerd bent en gebruik de Praktische informatie om een geschikte reisorganisatie uit te kiezen. Houd rekening met de periode waarin je reist en de activiteiten die bij een bepaalde reis horen. Verzeker je van het feit dat de reisorganisatie het gebied goed kent en advies kan bieden over alternatieve reisdoelen in het geval van onvoorziene calamiteiten.

Belangrijke overwegingen:

- ❑ Spreekt de reisleider Engels?
- ❑ Wat is inbegrepen in de reis? Maaltijden, accommodatie, speciale uitrusting bijvoorbeeld.
- ❑ Hoe groot zijn de groepen?
- ❑ Zijn er speciale visa nodig?
- ❑ Welke eisen worden er aan vaardigheden of lichamelijke conditie gesteld?

Reisdocumenten

Verzeker je van een volledig geldig paspoort dat niet binnen korte tijd verloopt. Informeer bij Buitenlandse Zaken of de ambassade van het betreffende land naar de noodzaak van een visum; dit kan per land enorm verschillen en in korte tijd veranderen. Als je van plan bent verschillende landen te bezoeken, zorg dan dat je alle benodigde papieren hebt. Blijf op de hoogte van de politieke situatie in een land, vooral in probleemgebieden, en verzamel lokale informatie voordat je naar afgelegen gebieden afreist.

Voor je vertrekt:

Ministerie van Buitenlandse Zaken
Postbus 20061
2500 EB Den Haag
tel. 070-348 64 86
www.minbuza.nl
Bel voor je vertrekt naar het Ministerie van Buitenlandse Zaken of er eventueel een negatief reisadvies geldt.

TAAL EN GEWOONTES

In landen en gebieden in deze gids worden talen gesproken die voor bezoekers onbekend zijn. Als er dialect wordt gesproken of het gebied afgelegen ligt, kunnen er communicatieproblemen ontstaan. Meestal echter, is er in elk gebied wel een bekende taal (bijvoorbeeld het Engels) waarin de plaatselijke bewoners een beetje uit de voeten kunnen. Toch wordt het algemeen zeer gewaardeerd wanneer de bezoekers proberen zich verstaanbaar te maken in de lokale taal en het meenemen van een woordenboekje is dan ook erg zinvol. Probeer iets van de taal en de gewoontes te leren, dan kunt je de lokale bewoners niet beledigen door foute gebaren, lichaamstaal of kleding.

Meest gesproken taal

Cambodja: Khmer
Indonesië: Maleis, Nederlands, Engels en nog 250 dialecten
Laos: Lao, Frans, Vietnamees, Meo
Maleisië: Maleis, Engels, Chinees, Iban en Tamil
Myanmar: Myanmar (Birmaans), plaatselijke talen en soms wat Engels
Filippijnen: Engels, Filippijnen, Cebuano
Thailand: Thais, Engels, en locaal ook Chinees, Lao, Khmer en Maleis
Vietnam: Vietnamees, Frans en Engels.

LOKALE GELDEENHEDEN

CAMBODJA:	Riel, bestaande uit 100 sen
INDONESIË:	Roepia, bestaande uit 100 sen
LAOS:	Nieuwe Kip, bestaande uit 100 centen
MALEISIË:	Ringgit (Maleisische dollar) bestaande uit 100 sen
MYANMAR:	Kyat, bestaande uit 100 pyas
Filippijnen:	Filipijnse Peso, bestaande uit 100 centavos
THAILAND:	Baht, bestaande uit 100 satangs
VIETNAM:	Nieuwe Dông (geen munten)

GELDZAKEN

De veiligste manier om geld mee te nemen is met reischeques, bij voorkeur in dollars, die bijna overal inwisselbaar zijn. Wisselkoersen kunnen per gebied verschillen. Draag je geld altijd in een geldriem en bewaar niet al je waardepapieren op één plaats.

Let op: alle vermelde prijzen in dit boek zijn in dollars en zijn de gemiddelde prijzen gedurende de reis. Gebruik de prijzen als richtlijn want er zijn uiteraard regelmatig verschillen door inflatie en wisselkoersen.

AAN DE GRENS

De import- en exportregels verschillen en om ze niet te overtreden kun je het beste advies vragen aan het consulaat, douanebeambten of vervoerders. Als je souvenirs koopt, houd er dan rekening mee dat het gewoonlijk verboden is om artikelen die gemaakt zijn van dieren, obscene artikelen, wapens en verdovende middelen in te voeren. Sommige landen stellen eisen aan het invoeren van voorgeschreven medicijnen en in andere is alcohol strikt verboden. Neem nooit enig risico en pak je eigen bagage in!

TIJDVERSCHILLEN
Ten opzichte van Greenwich (0 uur)

CAMBODJA		+7 uur
VIETNAM		+7 uur
LAOS		+7 uur
THAILAND		+7 uur
INDONESIË:	Sumatra, Java, West- en Centraal-Kalimantan, Bangka, Billiton en Madura	+7 UUR
INDONESIË:	Bali, Flores, Zuid- en Oost-Kalimantan, Sulawesi, Sumbawa en Timor	+8 uur
INDONESIË:	Aru, Irian Jaya, Kai, de Molukken en Tanimbar Maleisië	+ 9 UUR
MALEISIË:	Peninsular Maleisië, Sarawak, Saba	+ 8 UUR
MYANMAR:		+6.5 UUR
Filippijnen:		+8 UUR

Wanneer

OKTOBER | NOVEMBER | DECEMBER | JANUARI | FEBRUARI | MAART

THAILAND

- Een tocht naar de Noordelijke bergvolken
- Een Odyssee op de motor, Noord-Thailand
- Kajakken en klimmen in Phang Nga, Zuid-Thailand
- Fietsen in Isaan, Noordoost-Thailand
- Met de E&O Express, van Singapore naar Bangkok
- Leren duiken in Phuket, Zuidwest-Thailand

MYANMAR

- Per stoomboot naar Mandalay, de Ayeyarwafy op

VIETNAM

RECHTS Hmong-vrouwen, Vietnam

- Noordwest-Vietnam per jeep

LAOS

- Tocht over de Nam Ou, Noord-Laos
- Langzaam de Mekong over, Zuid-Laos
- Het plateau des Bolovens, Zuid-Laos

CAMBODJA

- Angkor Wat in Cambodja, Noord-Cambodja

MALEISIË

- Het oerwoudspoor van Maleisië, oostkust
- Van het ene eiland naar het andere bij Langkawi, noorwestkust

SUMATRA

LINKS Mount Sinabung, Noord-Sumatra

JAVA

BORNEO

- Het leven bij de Iban, Zuid-Sarawak
- Op het koppensnellerspad, Noordoost-Sarawak
- De koraalwand van
- Mout Kinabalu beklimmen,

SULAWESI

FILIPPIJNEN

- Ontmoeting met het T'boli-volk, Zuid-Filippijnen

Avonturenplanner

APRIL	MEI	JUNI	JULI	AUGUSTUS	SEPTEMBER

RECHTS In de gouden driehoek, Thailand

Door de Ha Long-baai glijden

LINKS De Nam Ou, Laos

RECHTS Bushalte in Attapu, Laos

Stroomversnellingen in de Hondsrivier, Noord-Sumatra

De grote Borobudur, Midden-Java

Sipadan, Noordwest-Sabah

Noordwest-Sabah

De spookdiertjes van Tangkoko

Het koraalparadijs van Manado

LINKS Het Koraalrif van Bunaken, Indonesië

Tussen de wrakken van Coron, West-Filippijnen

Veilig reizen

Voor je vertrekt

Bevestig, voorafgaand aan je vertrek, zoveel mogelijk reserveringen van vluchten of reizen en accommodatie.

Bespreek je 'avonturen' van tevoren als je maar een beperkte tijd beschikbaar hebt. Sommige bestemmingen beperken het aantal bezoekers in een bepaalde periode. Een gereserveerde en geheel verzorgde reis kan – al is het duurder - een goede investering blijken.

- ❑ Kopieer alle belangrijke documenten en draag ze apart van de originelen. Bewaar ook thuis een kopie.
- ❑ Vervoer geen belangrijke of waardevolle spullen in je bagage, maar neem die mee als handbagage.
- ❑ Geef de thuisblijvers een globaal idee van je reisroute en eventueel wat contactadressen.
- ❑ Bestudeer van tevoren de kenmerken van de gebieden waar je naartoe gaat, zodat je weet wat je te wachten staat.
- ❑ Kies de beste periode. In sommige landen kun je de verkiezingstijd beter vermijden omdat nationale feestdagen het reizen moeilijker maken.
- ❑ Controleer of je een visum nodig hebt.
- ❑ Zoek uit welke inentingen of medicijnen nodig zijn. Laat de inentingen noteren in een International Health Certificate.
- ❑ Zorg voor een reisverzekering die ook de geplande activiteiten dekt. Veel verzekeringen dekken geen schade of letsel uit avontuurlijke activiteiten.

DE VOLGENDE ZAKEN ZULLEN JE REIS VERAANGENAMEN:

- ❑ Een zaklamp en extra batterijen.
- ❑ Een EHBO-doos met tabletten tegen uitdroging en een insectenwerend middel. Een goed zonnebrandmiddel. Een middel tegen diarree, antihistamine, asperine.
- ❑ Een waterfles.
- ❑ Een waterdichte tas voor waardevolle spullen.
- ❑ Een paraplu.
- ❑ Paspoort en extra pasfoto's.
- ❑ Een voorraad boeken om te lezen en/of een kortegolfradio.
- ❑ Een opklapbare wandelstok voor afdalingen

Wat neem je mee

Een slappe tas is meer geschikt dan een koffer. Zorg er wel voor dat je de tas goed kunt afsluiten, met een band bijvoorbeeld. Neem minder kleding en meer fotorolletjes mee dan je denkt nodig te hebben. Zelfs als je geen zin hebt in het wassen van kleding tijdens de vakantie, zijn er goedkope en gemakkelijk te vinden wasserettes in bijna alle locaties genoemd in dit boek. Het is ook beter om voldoende fotorolletjes mee te nemen, dan ze ter plekke te moeten kopen. Ook een extra batterij voor het fototoestel is handig!

Neem de JUISTE kleding mee. Aan de kust kan het bloedheet zijn, terwijl het op de top van een berg ijzig kan zijn. Korte broeken zijn prima aan het strand, maar niet om een moskee mee te bezoeken. Het schoeisel is zeker van belang als je van plan bent een aantal verschillende activiteiten te ondernemen. Neem bijvoorbeeld slippers of gympen mee voor het bezoeken van eilanden, maar hoge schoenen voor trektochten. En vergeet je zwempak niet!

Geld

Neem reischeques mee in Amerikaanse dollars en wat dollarbiljetten. Vergeet niet de nummers van de cheques te noteren. De meeste creditcards worden overal geaccepteerd (hoewel sommige landen een voorkeur hebben voor een bepaald merk), maar dit biedt geen garantie voor de afgelegen gebieden.

Let op

Hoewel je natuurlijk een anti-malariakuur achter de rug hebt, is het toch het beste om helemaal niet door muggen gestoken te worden. Smeer blote delen van je lichaam in met een anti-insectencrème.

Ongeacht je persoonlijke mening: heb respect voor de lokale opvattingen. Liberale ideeën en een open discussie zijn hier volledig geaccepteerd, maar godsdienst en politiek kunnen elders gevoelige – soms zelfs gevaarlijke – onderwerpen zijn.

Neem niet automatisch de goedkoopste aanbieding als je van plan bent te gaan scubaduiken of een andere activiteit onder professionele leiding, tenzij je in staat bent de kwaliteit van de uitrusting zelf te beoordelen. Een reisleider van goede naam zal wel meer kosten, maar het kan je leven redden.

Blijf vragen. De lokale bevolking kan er soms van uitgaan dat je op de hoogte bent van de gewoontes en eventuele gevaren onderschatten of overdrijven. Geneer je niet, blijf vragen als er iets onduidelijk is.

Vermijd het eten en drinken als de afkomst van het voedsel onduidelijk is. Laat je niet meeslepen door de exotische aanbiedingen. Kijk en ruik of het voedsel fris is en ordentelijk bereid. Onthoud dat het schoonmaken van voedsel alleen effectief is als het water waarin dat gebeurt, ook schoon is.

Drugs

Neem, onder geen voorwaarde, verdovende middelen aan. Smokkelaars kunnen de doodstraf krijgen. Draag niets voor iemand anders, hoe onschuldig de vraag ook lijkt.

PERSOONLIJKE VEILIGHEID

Diefstal

Neem op je uitstapjes alleen het hoogstnoodzakelijke mee. Laat zoveel mogelijk in een kluisje achter. In landen waar straatrovers een echte bedreiging vormen, is het goed om een beetje kleingeld mee te nemen om eventueel weg te kunnen geven. Helaas geldt er in deze landen ook vaak een identificatieplicht. Maak een kopie van je paspoort, inclusief foto en stop dit in een plastic mapje.

Bedelaars, straatverkopers en bedriegers

Hoewel het soms moeilijk kan zijn, geef nooit geld aan bedelaars. Soms is het een hinderlaag en ben je – voor je het weet – omringd door een groep die aan je kleding trekt, waarbij er altijd een is die in de verwarring je tas pikt of je camera of je geld. Vastberaden straatverkopers zijn erg vervelend, maar als je kunt voorkomen ze recht aan te kijken en de vertaling kent van 'nee, bedankt' zul je minder last van ze ondervinden. En dan de bedriegers: laat je niet inpakken door vleierij en wees heel achterdochtig als het gaat om 'koopjes'.

Geweld

Als buitenlander is het onwaarschijnlijk dat je betrokken raakt bij een misdrijf. Vraag wel altijd in de grote steden welke wijken je het beste kunt vermijden.

Alleen reizen

De twee belangrijkste dingen voor mensen die alleen reizen zijn ten eerste: andere mensen laten weten waarheen je reist, en ten tweede: weinig bagage meenemen – er is immers niemand anders die er op kan letten.

Vrouwen

Het is een onuitroeibaar misverstand dat alleen reizende, westerse vrouwen van lichte zeden zouden zijn. Negeer, met zoveel mogelijk waardigheid, de onwelkome attenties die op je pad komen. Kleed je met respect voor de lokale gewoontes, bedek bijvoorbeeld je armen en benen in islamitische landen en afgelegen gebieden. Houd er rekening mee dat toiletartikelen in grote steden wel verkrijgbaar zijn, op het platteland meestal niet.

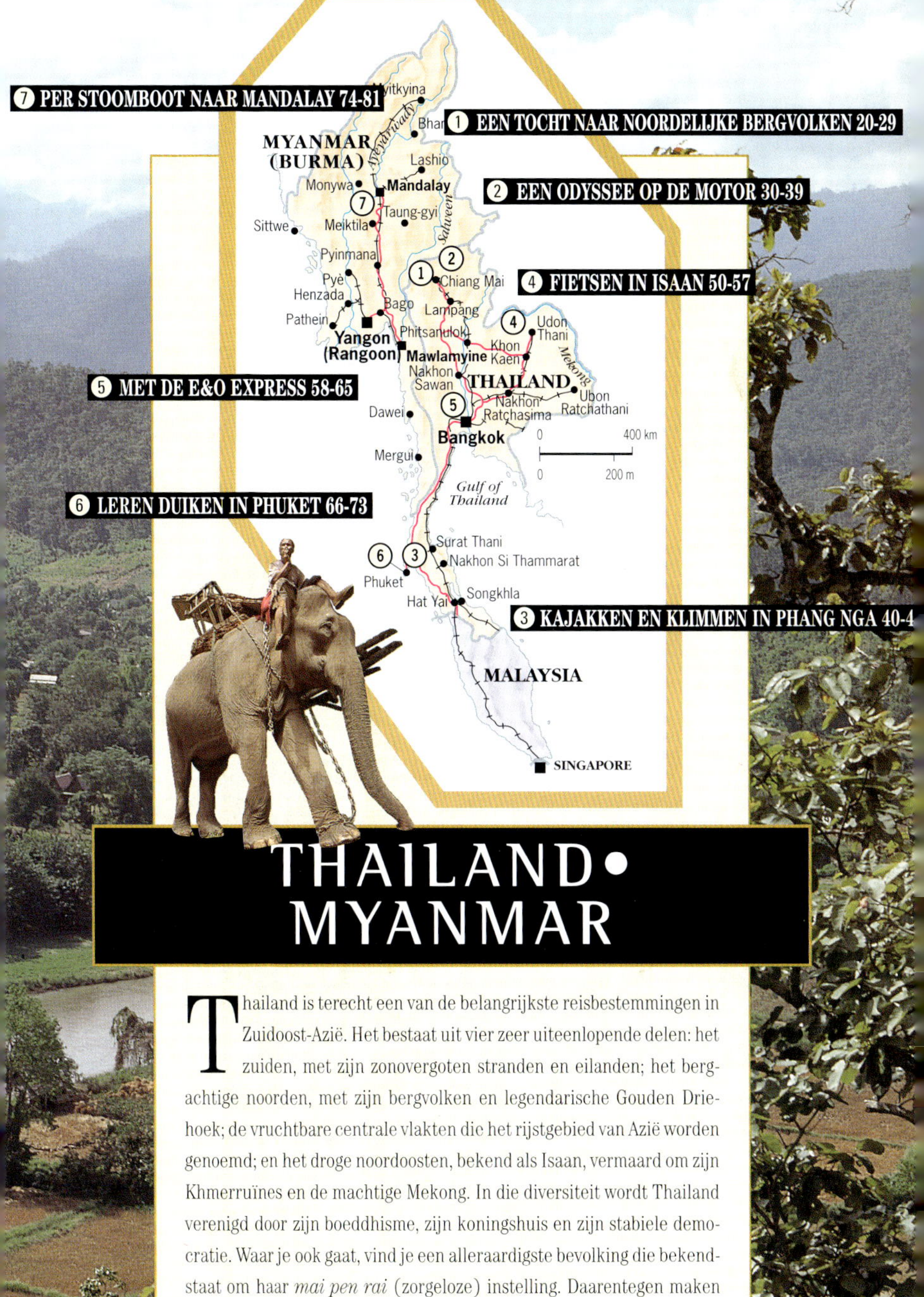

THAILAND • MYANMAR

Thailand is terecht een van de belangrijkste reisbestemmingen in Zuidoost-Azië. Het bestaat uit vier zeer uiteenlopende delen: het zuiden, met zijn zonovergoten stranden en eilanden; het bergachtige noorden, met zijn bergvolken en legendarische Gouden Driehoek; de vruchtbare centrale vlakten die het rijstgebied van Azië worden genoemd; en het droge noordoosten, bekend als Isaan, vermaard om zijn Khmerruïnes en de machtige Mekong. In die diversiteit wordt Thailand verenigd door zijn boeddhisme, zijn koningshuis en zijn stabiele democratie. Waar je ook gaat, vind je een alleraardigste bevolking die bekendstaat om haar *mai pen rai* (zorgeloze) instelling. Daarentegen maken armoede en de politieke situatie het leven niet zo gemakkelijk voor de aardige bevolking van het naburige Myanmar, het voormalige Birma, waarvan driekwart in het dal van de legendarische Ayeyarwady woont, de ruggengraat van het land. Neem de stoomboot naar Mandalay om dit weinig bekende, maar prachtige, exotische land te leren kennen.

Heuvels bij Mae Hong Son, "Stad der Nevelen"

Een tocht naar noordelijke bergvolken

door Ben Davies

De bergvolken, of chao khao, van Noord-Thailand wonen in de groene bergen langs de grens met Myanmar (Birma), waar ze geesten vereren en heel lang opium hebben verbouwd. Drie dagen lang ben ik naar hun dorpen getrokken, heb ik op een vlot over de rivier gevaren en op een olifant gereden om dit fascinerende volk te leren kennen.

In de noordelijke regionen van Thailand vormen steile bergen en spectaculaire beboste dalen de achtergrond voor een van de meest bekoorlijke en mysterieuze volken van het koninkrijk. De bergvolken, of *chao khao* zoals ze officieel heten, bestaan uit negen groepen (met als grootste de Karen, Lahu, Lisu, Akha, Hmong en Yao). De in totaal ca. 500.000 mensen komen oorspronkelijk uit Tibet, Birma en Zuid-China, en hebben zich eind 19e, begin 20e eeuw op de hoge hellingen van Thailand gevestigd.

Tegenwoordig hebben alle grote steden reisbureaus die een ruime keuze aan bergtochten aanbieden. Maar voor avonturiers die de gebaande wegen niet willen volgen, zijn er tal van mogelijkheden om zowel de etnische volken te bezoeken, als met een vlot over de rivier te varen, aan speleologie te doen, te fietsen en op een olifant te rijden.

Mijn reis was een dag eerder begonnen met een vermoeiende busreis van 5 uur vanaf **Chiang Mai** (► 32) door prachtig bergland naar de stad **Pai**, helemaal in het noordwesten. Hoewel dichter bij Chiang Mai of **Chiang Rai** een tocht gemaakt kan worden, trekken de bergdorpen daar massa's toeristen; verder het land in is de belevenis doorgaans echter.

In Pai gaf ik me op voor een 3-daagse groepsreis bij een van de kleine reisbureaus in de buurt van de markt van **Rangsiyanum Street**. De volgende ochtend vertrek ik, in gezelschap van een werkloze Amerikaanse gezinstherapeut en een 25-jarige zeilfanaat uit Hawaï, in een open bestelwagen naar Soppong. Na in een Lisu-dorpje te zijn gestopt om onze jonge gids en zijn Lahu-tolk op te pikken, stoppen we uiteindelijk aan de kant van de weg en volgen onze gids tussen de bomen door naar de mensen van het bergvolk.

3 — Op de meeste tochten wordt 3 tot 4 uur per dag gelopen, afhankelijk van het soort groep waar je je bij aansluit en de route die je neemt. Als je iets minder inspannends wilt, kun je een eigen gids huren of een deel van de weg per motor afleggen.

★★ Als je van comfort houdt, is de enige echte keus bij de Lisu Lodge (48 km) een georganiseerde reis te boeken vanuit Chiang Mai (zie Contacten); ze hebben een eigen bamboebungalow in prachtig berggebied. Anders slaap je in de bergdorpen, in zeer eenvoudige bamboehutten met matrassen op de grond. Eenvoudige hotels en pensions vindt je in Pai en Soppong, en luxehotels in Mae Hong Son, Chiang Mai en Chiang Rai.

Breng ten minste twee keer zoveel film mee als je nodig denkt te hebben. Een zonnehoed, zonnebrandmiddel en stevige schoenen zijn noodzakelijk, en regenkleding als je tijdens de moesson denkt te reizen.

Legenden van het bergvolk

De mensen van het Yao-volk hebben een legende. Ze geloven dat de eerste mens de nakomeling was van een hond, Pan Kou, die een wrede tiran versloeg en als beloning de hand van een Chinese prinses kreeg.

Noord-Thailand heeft tal van legenden die van generatie op generatie zijn overgeleverd. De Karen, een van de oudste bergvolken uit de streek, geloven dat als een dorpeling ziek is, de geest, of *pi*, die de ziekte veroorzaakt, moet worden geraden door graankorrels te bestuderen. Als is vastgesteld om welke geest het gaat, zullen de mensen hem een mand met gekruide kip in lokken, waarna ze het deksel dichtslaan en de mand in het bos verbranden.

Animisme speelt ook bij andere bergvolken een belangrijke rol. De Akha hebben vanouds de zon en maan aanbeden, terwijl de Hmong, het op één na grootste bergvolk van het noorden, de geest van de hemel vereren, van wie ze geloven dat hij de wereld heeft geschapen.

Denk echter niet dat je de eerste toerist bent die deze mensen ontdekt. Velen zijn eraan gewend buitenlanders te zien. Hun vanouds fleurige kleding wordt in snel tempo vervangen door spijkerbroek en T-shirt. Maar een tocht het noordelijk bergland in is meer dan alleen een kans om de bergvolken te zien. Het is ook een avontuur, een voettocht door een prachtig landschap en, in het juiste gezelschap, een kans om een volkomen andere manier van leven mee te maken.

REIZIGERSTIP

- ❑ Het kan riskant zijn alleen of zonder gids een bergvolk dorp te bezoeken.
- ❑ Draag lichte, gemakkelijke kleding waar je lekker in loopt.
- ❑ Doe je schoenen uit voor je een huis binnen gaat.
- ❑ Respecteer het geloof, kom niet aan heiligdommen en fotografeer ze niet.
- ❑ Deel nooit westerse medicijnen uit, tenzij je daartoe bevoegd bent.
- ❑ Geef geen geld cadeau. Ansichtkaarten, pennen of notitieboekjes zijn een veel betere keus.
- ❑ Vraag altijd toestemming voor je de mensen fotografeert en als ze weigeren, respecteer dat dan.
- ❑ Weet dat het bij wet verboden is om opium te roken.

BEZOEK AAN DE LAHU

Het dorp **Pa Mon Nok** ligt hoog tegen de berg aan het eind van een smal pad dat omhoog kronkelt langs bamboebosjes en teakzaailingen. Het is een dorp van de Rode Lahu met 30 gezinnen, met een spectaculair uitzicht op de bergen erachter.

We hebben meer dan 2 uur vanaf de hoofdweg gelopen om hier te komen, hijgend en puffend de helling op, aangespoord door onze gids, een Lahu uit een van de dorpen in de buurt.

Onze gids brengt ons naar een stel gammel uitziende bamboehutten, verspreid over een modderige binnenplaats vol varkens, kippen en paarden. We klimmen een ladder op naar een van deze eenvoudige woningen, waar een rookpluim uitkomt. In het halfdonker kunnen we bij licht dat door het bamboe valt, nog net een paar potten en wat kookgerei onderscheiden. Onze gids praat met een van de ouderen van het gezin. Dan worden we uitgenodigd met gekruiste benen rond de haard te gaan zitten, terwijl onze tolk ons vertelt van de tradities van het Lahu-volk.

De Lahu, van wie men oorspronkelijk dacht dat ze uit Tibet kwamen, begonnen eind 19e eeuw in Thailand aan te komen. Het zijn er tegenwoordig ca. 30.000, verdeeld over vier verschillende onderstammen: de Lahu Nni of Rode Lahu, vergelijkbaar met de mensen in Pa Mon Nok, de Lahu Na of Zwarte Nahu, evenals de Gele Lahu en Witte Lahu. Deze mensen, die armer zijn dan de andere volken, doen aan wisselbouw en verlaten hun land na een paar jaar om nieuwe stukken bos te kappen. Ze hebben ook altijd verwoed opium verbouwd.

Maar al zijn de Nahu niet zo rijk als de Karen en kleden ze zich niet zo fleurig als de Lisu, ze hebben op tal van andere manieren het respect van de andere bergvolken verdiend. De Lahu worden als de bes-

te jagers onder de bergvolken beschouwd. Ze zijn ook bekend om hun vaardigheid rijst te stampen met enorme houten stampers, en om hun kundigheid via een ingewikkeld stelsel van bamboekanalen water naar hun akkers te laten stromen.

We eten samen met twee vrouwen en een kind *khao niau*, een soort kleefrijst, met kippenvel en zoete worstjes die onze gids heeft meegebracht, en communiceren zelfbewust met glimlachjes en tekens voor we stilletjes afscheid nemen.

VER VAN GEBAANDE WEGEN

Van het dorp Pa Mon Nok gaan we naar het westen, om de berg heen en aan de andere kant naar boven. Hier en daar lopen we tussen welige palmen en altijdgroene bomen door. Op andere plaatsen zijn hele stukken bos gekapt om ruimte te maken voor akkers met maïs en pompoenen, die nu door het zachte namiddaglicht worden overspoeld.

Door zo'n prachtig landschap lopen is een ervaring die welhaast op mediteren lijkt. Hier, in de noordelijke bergen, tussen wilde orchideeën, vlinders en een welige

LINKS Olifantskampen geven shows en maken ritten door het bos
RECHTS Bospaden kunnen in de regentijd glibberig zijn
ONDER Met een vlot over de Pai

ORCHIDEEËN

In Noord-Thailand groeien meer dan 1000 soorten orchideeën. Orchideeën werden meer dan 100 jaar geleden voor het eerst in Siam gekweekt, door prins Tivakornwongpravat. Tegenwoordig zijn de beroemdste soorten onder meer de *Sirikit* (genoemd naar de huidige koningin) en de *Vanda Caerulea*, die hoog in de bergen groeit. Als je ze tijdens je tocht niet tegenkomt, bezoek dan een van de orchideeënkwekerijen in de buitenwijken van Chiang Mai.

tropische plantengroei, lijkt zelfs de nabijgelegen stad Pai eindeloos ver weg.

Tegen de tijd dat we in **Baan Pa Mon Nai** komen, is het laat in de middag. Dit is een dorp van Rode Lahu met ca. 50 gezinnen dat er welvarend uitziet en op een grote open plek met rondom bomen staat. Zoals veel dorpen in Noord-Thailand is Baan Pa Mon Nai 's zomers met de auto bereikbaar. Maar nu, in de regentijd, is de onverharde weg onbegaanbaar en is lopen de betrouwbaarste manier van transport.

We worden naar een eenvoudige hut in het bovenste deel van het dorp gebracht. Hij bestaat uit één grote ruimte met een bamboevloer en rietmatten om op te slapen – naast een smeulend vuur. Beneden, aan de andere kant van het modderige erf, staat een eenvoudige hut met primitieve waterpompen en een grote smeedijzeren teil voor de was.

PAPAVERS EN OPIUM

's Nachts kwaken in Baan Po Mon Nai kikkers en tjirpen er krekels. Onder de dorpshuizen scharrelen een paar varkens in de modder. Verder is in de verte alleen het ritmische geluid te horen van een vrouw die maïs staat te stampen.

Vanouds hebben de noordelijke bergvolken niet alleen rijkelijk maïs en rijst verbouwd, maar ook papavers voor opium. Opium, dat op meer dan 1500 m hoogte wordt verbouwd, brengt veel geld op en is betrekkelijk gemakkelijk te kweken. Als de papavers oogstrijp zijn, meestal van begin januari tot eind maart, worden de zaaddozen ingesneden, waarna men het sap laat uitlekken en stollen. Dan wordt de rest van de gom afgeschraapt en in gedroogd papaver- of bananenblad verpakt voordat het in ruwe vorm aan Chinese tussenpersonen wordt verkocht, of in het geheim naar raffinaderijen wordt gebracht om tot heroïne te worden verwerkt.

Toch zul je in Noord-Thailand niet gauw een veld rode of witte papavers tegenkomen. In plaats daarvan zijn de mensen door de regering – en vooral door de koning – gestimuleerd om andere gewassen te verbouwen, zoals tomaten of kool. In het noorden ziet men barrevoetse *chao khao*-stamleden nu veel vaker aardbeien kweken dan opium.

De volgende dag begint nat en mistig. Weer volgen we een netwerk van glibberige paden tussen de bomen door, en passeren mensen van de Hmong of Karen met enorme manden wilde paddestoelen, die ze in grote ketels boven een vuur bereiden. Eén keer komt er een oude man voorbij met een roestige musket, die hij gebruikt om wilde vogels te schieten. Ten slotte, aan het begin van de middag, bereiken we het Karen-dorp **Baan Meung Phen**.

WAARHEEN

Chiang Mai en Chiang Rai mogen dan de bekendste centra voor tochten zijn, het is zeker de moeite waard om verder te reizen. In het oosten, in de provincie Nan, liggen meerdere interessante gebieden voor tochten, terwijl de bergvolken in het westen, rond Pai, Soppong en Mae Hong Son, veel minder toeristen gewend zijn.

In de streek rond Tha Thon en Mae Malai kunnen ook meer luxe tochten en 'zachte' avontuurlijke reizen worden gemaakt. Deze moeten van tevoren worden geboekt (zie Contacten).

OP HET MENU

Verwacht onderweg geen fijne keuken met vijfgangenmaaltijden. Doorgaans zal je gids op de dag van vertrek op de markt vlees en groente inslaan en die 's middags of 's avonds met rijst of noedels klaarmaken. Specialiteiten uit het noorden zijn onder meer pittig varkensgehakt dat *larb* wordt genoemd, zoete worst, en kippenvel. Als je echt niet zonder westerse snacks of koekjes kunt, neem ze dan zelf mee, maar geef ze niet weg aan de kinderen, want dat werkt bedelen in de hand. In de grotere dorpen kun je flessenwater, hete thee, koffie en bier krijgen.

DORPEN VAN DE BERGVOLKEN

Het is opmerkelijk hoe prachtig de Karen katoen kunnen weven. Zoals veel bergvolken gebruiken deze mensen smalle weefgetouwen waaraan ze met gestrekte benen op de grond zitten te werken. Zo maken ze heel wat fleurige kleding – blouses, sarongs en hemden –, die ze meestal met een overdaad aan kralen en armbanden dragen.

Net als het Suay-volk, in Noordoost-Thailand, staan de Karen ook bekend om de manier waarop ze met olifanten omgaan, een vaardigheid uit de tijd toen ze nog in het oerwoud van Birma woonden. Bovenal worden ze echter geprezen omdat ze zo goed drank kunnen stoken. In veel dorpen zal een Karen-bruid vlak na de huwelijksvoltrekking voor haar schoonfamilie een hoeveelheid buitengewoon sterke rijstbrandewijn stoken.

Als het avond wordt, krijgen we een kom gekookte noedels met ei en rijst voorgezet. Naderhand slapen we op matten op een overdekte veranda, slechts door een eenvoudig gevlochten scherm van onze gastgevers gescheiden.

REIZEN PER OLIFANT

De volgende ochtend vroeg, na een vlug ontbijt van toast met koffie, worden we opgehaald door drie speciaal getrainde olifanten en hun mahouts (berijders). Als je op een olifant klimt, moet je vooral niet in paniek raken. Deze dieren mogen dan een ton wegen en koning van het oerwoud zijn, maar ze zijn niet voor niets jarenlang als werkdieren gebruikt. Olifanten zijn heel intelligente dieren, en ze zijn zeer gevoelig. En al worden ze 100, ze struikelen zelden.

Thailand heeft al heel lang iets met olifanten. De beroemdste soort was vroeger de witte olifant, een ras dat zo zeldzaam was dat elk gevangen dier aan de koning werd overgedragen. Met hun witte ogen en teennagels kregen deze albino's zo'n mythisch aanzien dat de koningen speciale dichters en koks in dienst namen om ze in de paleistuinen te vermaken. Eén befaamde dichter beschreef het snurken van de witte olifant als het gebeier van klokken.

Maar daar denk je niet aan als je één voet voorzichtig op de slurf van de knielende olifant zet voor je door de mahout wordt opgetrokken naar een dubbele bamboezitplaats boven op dit enorme dier. Als je op een olifant zit, zwaait de hele wereld heen en weer, alsof je een wankelende dronkelap bent na een avond flink stappen. Je zit zo hoog boven de grond dat lage hellingen opeens hele bergen gaan lijken.

Vanaf een open plek in de buurt van het Karen-dorp volgt het pad de kronkelige rivier, met aantrekkelijke vergezichten. Talloze vlinders met witte en gele vleugels fladderen voorbij tussen de bomen. Af en toe komen reusachtige gekko's of waterbuffels het struikgewas uit scharrelen, terwijl honingvogels opvliegen als ze ons horen naderen. In dit deel van het land groeien ook orchideeën, verscholen achter bamboebosjes.

Tegen de tijd dat we uit het oerwoud komen, staat de zon hoog aan de

BOVEN Een Zwart Lahu-huis en (INZET) een Rood Lahu-gezin in bamboehut, in het district Soppong
ONDER Een vrouw van het Karen-volk met lange hals, bekend als de Padang; de metalen windingen drukken het sleutelbeen omlaag

hemel. De mahouts verhinderen dat hun dieren onderweg gaan staan eten. Ten slotte, na een rit van 2 uur, houden de olifanten halt, knielen neer zodat wij kunnen afstappen – weer vaste grond onder de voeten.

TOCHT OVER DE RIVIER

Als je in de regentijd gaat, kijk dan uit voor een van de beruchtste aardbewoners. Bloedzuigers, zo groot als rupsen, komen bij regen te voorschijn en hangen

kunt doen, is een lange broek en dikke sokken dragen, of, nog beter, niet in de regentijd op stap gaan.

in bomen of liggen langs paden te wachten op mensen als jij en ik. Zodra ze hun prooi in zicht krijgen, komen ze bliksemsnel snel over de grond aanzetten, klauteren naar je enkels en zuigen je bloed tot ze vol zijn en zich laten vallen. Het enige wat je tegen deze geniepige dieren

Ze zijn zo berucht dat de beroemde 19e-eeuwse Franse natuurkenner Henri Mouhot bloedzuigers en muskieten het grootste kwaad van de hele tropen noemde. 'Duizenden van deze wrede insecten zuigen dag en nacht ons bloed,' schreef hij in zijn boek *Travels in*

Indochina. 'Ik heb liever met wilde dieren te maken.'

In de hitte van de middagzon vertrekt ons groepje weer, via een pad dat naar de rivier loopt, waar een kwetsbaar bamboevlot ligt te wachten om ons stroomafwaarts te brengen. Stop, voor je op je vlot stapt, je camera en geld in waterdichte plastic zakken die aan een bamboestaak kunnen worden gehangen. Dan moet je doodstil blijven zitten, met je gewicht gelijk verdeeld, opdat het vlot niet omslaat.

We zetten af en drijven anderhalf uur de rivier af, voortgestuwd door een zachte stroom, door een landschap van ontboste bergen en steile kalksteenrotsen. Nu, in augustus, staat het water laag en de vlotters voor en achter duwen ons moeizaam over rotsblokken en kabbelende stroomversnellingen. Maar aan het eind van de regentijd, in september en oktober, kan dit smalle stuk rivier veranderen in een snelle, krachtige stroom die het vlot in slechts 40 minuten naar Tham Lawd brengt.

Grotten en vliegende schotels

De stad **Soppong** is synoniem met twee grote toeristische attracties: het prachtige **Tham Lawd**, 8 km ten noorden van de stad aan de rivier, en het grote aantal Lisu-dorpen in de buurt.

KUNST EN KUNSTNIJVERHEID

De bergvolken maken een verscheidenheid aan fijn handwerk en kleding, van prachtige Shan-portefeuilles tot Hmong-tassen, Lisu-kwasten en Akha-sieraden, waarvan veel te koop is. Als je van plan bent deze artikelen aan te schaffen, probeer dan altijd van de dorpelingen zelf te kopen – vergeet niet af te dingen. Zo weet je zeker dat zowel jij als de mensen die het handwerk hebben gemaakt, een eerlijke prijs krijgen.

Van Tham Lawd, ook wel bekend als de Lod-grot, denkt men dat hij deel uitmaakt van een van de grootste grottenstelsels van heel Zuidoost-Azië, hoewel maar een klein deel van de grot toegankelijk is. In deze ontzagwekkende spelonk nemen de rotsen vreemde en formidabele vormen aan: hier een olifantskop, daar een kikker, en zelfs een vliegende schotel. Stalactieten hangen van het plafond dat op sommige plaatsen hoger is dan een kathedraal.

Vanuit de eerste grot gaan we via een trap naar de tweede grot, die in vele opzichten nog indrukwekkender is. Van daaruit doemt een derde grot uit het duister op, die alleen met een klein vlot over de rivier kan worden bereikt.

Ontnuchterd door de enorme afmetingen van wat we hebben gezien, komen we weer in het daglicht. Na drie dagen is het avontuur voorbij en valt onze groep uit elkaar. De vrouwen gaan terug naar Pai, terwijl ik de ontstellend mooie westelijke route naar **Mae Hong Son** neem, ook wel 'stad der nevelen' genoemd (► 37).

Fietsen en kajaks

Als je er niets voor voel je alleen onder de bergvolken te begeven dan zijn er genoeg andere avontuurlijke activiteiten om in je reis naar Noord-Thailand op te nemen. Die variëren van fietsen door de bergen rond Pai (dikwijls steil en bochtig, maar heel spannend), tot motorrijden (► 30-39), kajakken en reizen per terreinwagen. Hoewel veel van deze activiteiten door reisbureaus worden geregeld, is het betrekkelijk eenvoudig om een fiets te huren of in de grote steden zelfs een terreinwagen. Ga altijd bij de inwoners te rade voor je er in je eentje op uit gaat, vooral in gevoelige grensstreken. Misschien wil je je opgeven voor twee dagen wildwatervaren op de Pai (juli-februari), georganiseerd door Thai Adventure (zie Contacten).

ALLEEN ER OP UIT

HET BINNENLAND IN

Van Bangkok gaan lijnvluchten naar Chiang Mai, Chiang Rai en Mae Hong Son, vanwaar je de bus over de kronkelige weg naar Pai kunt nemen (4-5 uur). Er gaan ook treinen (met slaapcoupés) van Bangkok naar Chiang Mai, die er ca. 11 uur over doen. Als je in het hoogseizoen of ten tijde van een festival met een bepaalde trein of vlucht wilt, reserveer dan.

WANNEER?

De beste tijd voor een tocht is van eind oktober tot eind februari. In deze maanden is het land groen, staan de rivieren hoog en is het weer koel, met temperaturen van 21°C overdag tot wel 5°C 's nachts. Van begin maart tot eind mei is het onbehaaglijk heet en is veel van de tropische plantengroei bruin en stoppelig. Dan wordt het wel 40°C, hoewel het gemiddeld 30°C is. De regentijd is van juni tot oktober (september is het natst); dan kunnen paden glibberig zijn en zijn er veel bloedzuigers.

EEN TOCHT REGELEN

In Chiang Mai, Chiang Rai, Mae Hong Son en Pai zitten veel reisbureaus die tochten naar dorpen van bergvolken aanbieden, van een comfortabel bezoek van een halve dag tot inspannender tochten van een week. Tegenwoordig zijn er ook bureaus die wandeltochten combineren met terreinfietsen, wildwatervaren, olifantrijden en elke andere vorm van 'zacht' avontuur die je maar kunt bedenken (zie Contacten). Doorgaans zullen logies en alle transport bij de prijs zijn inbegrepen, evenals de belangrijkste maaltijden. Verzeker je er, voor je met een bepaalde tocht instemt, van dat de gids die met je naar de dorpen gaat niet alleen Tahi en Engels, maar ten minste één van de bergdialecten spreekt. Kijk of je met een officieel bureau te maken hebt. Verzeker je er ten slotte van dat je groep uit niet meer dan zes of zeven personen bestaat, zodat je eigen avontuur niet in de knel komt.

ALLEEN OP STAP

Het wordt ten zeerste ontraden in je eentje op stap te gaan of zonder gids in een bergdorp te komen. Hoewel berovingen zeldzaam zijn, komen ze wel voor. Omdat je niet met de mensen kunt communiceren en hun rituelen niet begrijpt, is dat slecht voor zowel je gemoedsrust als de hunne.

GEZONDHEID

- ❑ Neem, om je kans op ziekte te verkleinen, je eigen flessenwater mee (ca. twee flessen per persoon per dag).
- ❑ Schil of was fruit en eet geen rauwkost.
- ❑ Neem een klein EHBO-doosje mee met ontsmettingsmiddel, pleisters en dysenterietabletten.
- ❑ Inentingen tegen hepatitis en bescherming tegen malaria zijn raadzaam, maar ga voor vertrek bij je huisarts langs.

VOLKSDANSEN

Vroeger dansten bergvolken veel op de jaardag van de grootmoeder van het gewas, bij het eind van de oogsttijd, of zelfs de dood van een dorpeling. Tegenwoordig zijn de dansen eerder voor de toeristen. Het is gebruikelijk voor een optreden een prijs af te spreken. Als dat je niet zint, zeg dan gewoon dat je moe bent na je tocht of bied aan in je eigen taal voor de kinderen te zingen. Als je een hele reeks volksdansen wilt zien, informeer dan in de grotere hotels in Chiang Mai, Chiang Rai en Mae Hong Son.

MEE TE NEMEN

- ❑ Warme kleren voor november-februari.
- ❑ Stevige wandelschoenen.
- ❑ Zonnehoed en zonnebrandmiddel.
- ❑ Plastic zak om dingen droog te houden.
- ❑ Lange broek voor 's avonds (ter bescherming tegen muskieten).
- ❑ Insectenwerend middel.
- ❑ Toiletartikelen en tissues.
- ❑ Een zaklamp en lucifers.
- ❑ Geld in kleine coupures voor drankjes en aankopen.
- ❑ Een laken(zak) (naar keuze) voor in de dorpen.

Een odyssee op de motor

door Ben Davies

Deze 6-daagse reis van de indrukwekkende bergen boven Doi Ang Khang naar het legendarische opiumgebied van Noord-Thailand is een van de spannendste en spectaculairste motortochten in het land – en heerlijk ver van de massa.

Er zijn vast niet veel indrukwekkender plaatsen op aarde voor een avontuur op de motor dan het prachtige Noord-Thailand. In dit groene gebied, in het westen geflankeerd door Myanmar (Birma) en in het noorden en oosten door Laos, vind je spectaculaire bergen tot 2595 m hoogte en weelderige rivierdalen, prachtige watervallen en kalksteenravijnen – en adembenemende uitzichten die opwegen tegen wat je elders in Zuidoost-Azië vindt.

Het noorden, dat bijna een derde van het land beslaat en wordt doorsneden door een verrassend goed wegennet, gaat zelfs prat op een eigen unieke geschiedenis. Vroeger heette het Lanna, 'koninkrijk van duizend rijstvelden', en was mede de bakermat van de Thaise beschaving. Lanna, in de 8e eeuw door koning Lao Cankaraja gesticht, had een bloeitijd van meer dan 500 jaar, met als hoofdstad

BOVEN Rijstvelden bij Mae Salong, een gebied waar vroeger opium werd verbouwd
RECHTS Zwaar terrein

5 Deze rondreis wordt alleen aanbevolen voor ervaren motorrijders. Als je haarspeldbochten en reizen door afgelegen gebieden niet prettig vindt, ga dan liever met een georganiseerde groepsreis mee (zie Contacten) of neem de gemakkelijker 3-daagse rondreis van Chiang Mai naar Mae Hong Song, Mae Sariang en terug naar Chiang Mai.

★★ Onderweg vind je een hele serie comfortabele hotels en pensions. Maar zorg wel dat je voor de avond op je bestemming bent. Eenvoudige hotels en pensions vind je in Pai en Soppong, en luxehotels in Mae Hong Son, Chiang Mai en Chiang Rai.

250cc-crossmotoren zijn het beste voor deze reis van 950 km. Ze zijn te huur in Chiang Mai of Chiang Rai (zie Contacten). 125cc-motoren vind je ook bijna overal, maar die zijn niet krachtig genoeg voor steile bergen en raken op lange afstanden oververhit. Benzinepompen vind je in steden en flessen brandstof zijn in dorpswinkels verkrijgbaar. Neem bij pech contact op met de verhuurder en vraag of hij de motor laat ophalen.

Chiang Mai. Pas in 1796 werd het ten slotte door Siam geannexeerd, wat het eind betekende van de langste periode van onafhankelijkheid van het noorden.

Hoewel ik al meermalen in Noord-Thailand was geweest en er zelfs reisgidsen over had geschreven, wilde ik nog eens naar de verste uithoeken van dit historische gebied. Daartoe kwam ik op een regenachtige julimiddag in de noordelijke hoofdstad, **Chiang Mai**, aan om daar mijn rondrit per motor te beginnen.

Voorbereiding op de reis

In Chiang Mai is een motor huren bijna net zo gemakkelijk als een tochtje naar de plaatselijke orchideeënkwekerij. Je hoeft geen rijbewijs te laten zien (al is dit wettelijk wel verplicht) en als je maar kunt starten en wegrijden zonder voor een tegenligger onderuit te gaan, wordt niet aan je rijvaardigheid getwijfeld.

Maar al zijn de verhuurders in de buurt van de Tapae-poort (in het oosten van de stad) nogal zorgeloos, dat mag je absoluut niet zijn. Zorg dat de motor in perfecte staat is, controleer remmen, verlichting, banden en olie, en informeer wat er gebeurt als je de motor te laat of, door tegenslag, helemaal niet terugbrengt.

Voor je Chiang Mai verlaat, zijn twee bezienswaardigheden een bezoek waard. Aan weg 1006, 9 km ten oosten van de stad, ligt **Bor Sang**, een dorp dat wereldberoemd is geworden door zijn handbeschilderde paraplu's van moerbeipapier in alle kleuren van de regenboog. En 16 km naar het noordwesten ligt de beroemde 14e-eeuwse tempel van **Wat Doi Suthep**, gebouwd op een heuvel waar een van de lievelingsolifanten van koning Keu Naone stierf.

Na een overnachting in het Montri Hotel (naast J.J. Bakery, met het beste ijs van de stad) tref ik mijn dappere motormaat en teakdeskundige Francis Middlehurst. We stappen op onze twee glanzende Honda 250-motoren en rijden langs de Chang Puak (Witte Olifantspoort) vanwaar we weg 107 naar het noorden nemen, richting Mae Rim en Chiang Dao.

Klein-Zwitserland

Boven het lawaai van de motoren, het getoeter van tuktuks (driewielige scooters) en het draaien van oude vrachtwagens uit, komen twee onweerlegbare feiten bij me op. Thaise chauffeurs zijn zo ongeveer de slechtste en onverantwoordelijkste op aarde (ze trekken zich bij het inhalen niets van tegenliggers aan) en ze nemen totaal geen verkeersregels in acht (zie kader). Het goede nieuws voor ervaren motorrijders is dat je je snel aanpast en deze anarchistische toestand zelfs leuk gaat vinden. Het slechte nieuws voor beginnelingen is dat Thailand niet de plaats is om het te leren.

Van de buitenwijken van Chiang Mai zetten we via de drukke weg 107 koers naar het noorden, langs een lelijke massa benzinestations, fabrieken en woonwijken. Maar er valt weldra verkeer af en het saaie stadslandschap maakt eerst plaats voor groene weiden en dan voor kalksteenrotsen, in welige vegetatie gehuld.

VERKEERSREGELS

Op de bochtige wegen van Noord-Thailand gelden een paar basisprincipes die je altijd ter harte moet nemen, zoals de pure onvoorspelbaarheid van Thaise chauffeurs en hun kostelijk negeren van verkeersregels. In Thailand geldt het recht van de sterkste. Als een vrachtwagen of auto midden op de weg inhaalt, ben je dus verplicht uit de weg te gaan, of je het recht aan je kant hebt of niet. Als je tegemoetkomend verkeer niet uit de weg gaat, kan dat fatale gevolgen hebben. Net als de bedrieglijk scherpe bochten en de plotselinge hellingen die op de noordelijke route voortdurend voorkomen.

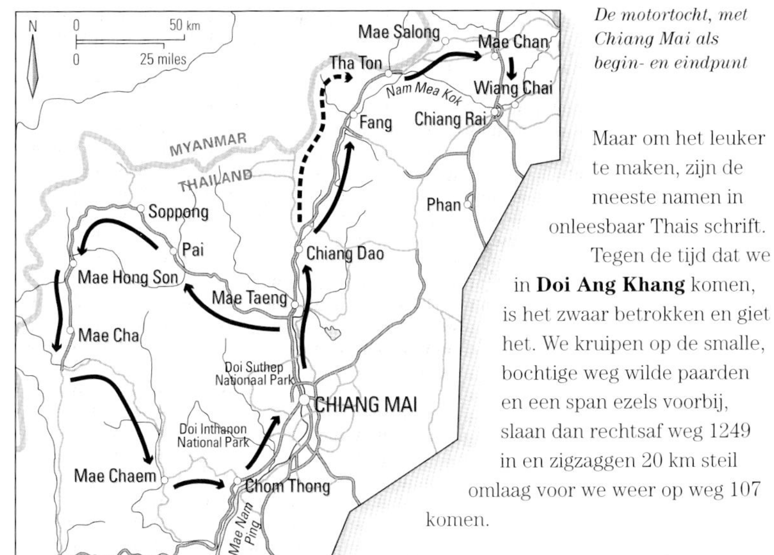

De motortocht, met Chiang Mai als begin- en eindpunt

Maar om het leuker te maken, zijn de meeste namen in onleesbaar Thais schrift. Tegen de tijd dat we in **Doi Ang Khang** komen, is het zwaar betrokken en giet het. We kruipen op de smalle, bochtige weg wilde paarden en een span ezels voorbij, slaan dan rechtsaf weg 1249 in en zigzaggen 20 km steil omlaag voor we weer op weg 107 komen.

Een eindje voorbij **Chiang Dao** (68 km) kun je kiezen welke weg je neemt. De belangrijkste route over weg 107 gaat via een prettig stuk weg naar het noorden, naar Tha Ton, 108 km verderop. Een langere, maar veel opwindender mogelijkheid (neem een kaart of gids mee), is linksaf, weg 1179, door de Shanheuvels naar het ruige berggebied dat door de bevolking Klein-Zwitserland wordt genoemd.

Langs dit fantastische stuk weg, dat via Arunothai en Sinchai langs de Birmaanse grens loopt, zien we een paar van Thailands inventiefste en vermakelijkste verkeersborden. Naast de onvermijdelijke zigzags en grote vrachtwagens die een berg op of af rijden om een steile helling aan te duiden, zijn er borden met een man die een rotsblok op zijn hoofd krijgt – om aan te geven dat aardverschuivingen kunnen plaatsvinden. Verderop staat zelfs een bord met een olifant langs de weg – voor het onwaarschijnlijke geval dat een van deze oerwoudreuzen zou besluiten de weg te volgen.

Om de reis gemakkelijker te maken, hebben de Thais op geregelde afstanden langs de weg kilometerstenen gelegd.

Shans en boeddha's

In **Tha Ton** staat een reusachtige witte boeddha op de berghelling, met een grote gouden knot. Hij is te bereiken via een smal betonnen pad dat vlak na de brug begint (u kunt er per motor heen). Vanaf Tha Ton heb je een prachtig uitzicht op de rijstvelden beneden en de Kok die kronkelend in de verte verdwijnt. Baan Tha Ton, zoals de bevolking het noemt, is oorspronkelijk een Thai Yai- of Shan-dorp, een ideale uitvalsbasis voor tochtjes door de streek. We overnachten in de Thaton Lodge, een prachtig chaletachtig hotel aan de rivier. De eigenaar, Shane, een Ierse exhuurling met een vriendelijke stem, organiseert wildwatervaarten en boottochten op de Kok, evenals voettochten

Een korte rondrit

Neem voor een kortere en gemakkelijker motorrit de lus van Chiang Mai naar Mae Taeng, Pai, Mae Hong Son en Mae Sarian en weer terug naar Chiang Mai. Dit is een rit van ten minste 3 tot 4 dagen door een paar van de mooiste landschappen van het koninkrijk.

naar dorpen van etnische minderheden.

Tha Ton is in het hele noorden tevens bekend om zijn culinaire heerlijkheden, waaronder soep van varkensmaag en – voor de echt avontuurlijken – *luy*, een salade met varkensbloed.

De volgende ochtend, na een ontbijt van gewonere kost (eieren en bacon) op het aardige balkon van het hotel met uitzicht op de rivier, stappen we weer op onze motoren en nemen weg 1089 voor de spectaculaire tocht naar Mae Salong.

Drugs en wegen

Een van de opmerkelijkste zaken van een motortocht door Noord-Thailand is de kwaliteit van de wegen. Ze zijn niet alleen in veel gevallen geasfalteerd, maar hebben meestal ook nog een keurige witte streep in het midden. Dat hebben we aan drugs te danken. In een poging de verbouw van opium te verminderen, die in veel uithoeken van het land overvloedig werd bedreven, financierden de Amerikaanse regering en instanties tegen drugsgebruik de aanleg van wegen om het gebied beter te kunnen controleren. Gelukkig bestaat het verkeer meestal uit een handjevol hardrijdende vrachtwagens of een paar waterbuffels.

Belangrijker dan de kwaliteit van de weg is echter het feit dat het stuk (40 km) van Tha Ton naar **Mae Salong** (dat nu Santikhiri heet) door het mooiste landschap van het noorden loopt, langs ruige bergen en onmogelijk diepe dalen met hier en daar dorpen van bergvolken (Lahu, Lisu en Akha).

De geschiedenis van Mae Salong is net zo spectaculair als het uitzicht. In 1949, na de communistische overwinning in China, namen resten van het Kuomintangleger (KMT) onder Tuan Shiw-Wen eerst hun toevlucht tot Birma en later tot deze afgelegen grensstreek. In ruil voor

Stoppen in een van de dorpen van de bergvolken en (INZET) de gastvrijheid genieten die kenmerkend is voor het noorden

garanties dat hij verspreiding van het communisme zou tegengaan, mocht de KMT blijven en financierde zijn aanwezigheid met opiumteelt en smokkel. De Chinese invloed is duidelijk herkenbaar in de architectuur (ga op zoek naar de opvallende geesthuisjes) evenals in het Yunanese voedsel (vraag naar rijstnoedels of *khanom jiin*). Op de ochtendmarkt vind je versterkende dranken als slangenwijn (een vermeend afrodisiacum) en slangengalalcohol (dat voor een lang leven zou zorgen).

RECHTS Een gouden boeddha in Wat Tha Ton. De klim naar het heiligdom wordt beloond met uitzicht op het prachtige Kokdal

Achter de Gouden Driehoek

Tegen de tijd dat we uit Mae Salong vertrekken, staat de zon al hoog aan de hemel en is het landschap overgoten met een gouden gloed. We gaan verder over weg 1234, een steile, bochtige weg met ongeëvenaarde vergezichten op Birma en het gebied dat losjes de Gouden Driehoek wordt genoemd.

Op korte afstand ten oosten van Mae Salong vond een van de grote veldslagen in de opiumoorlog van de jaren '80 plaats. Op de ochtend van 21 januari 1982 vielen 800 grenswachten met mortieren, machinegeweren en gevechtshelikopters het hoofdkwartier van drugskoning Khun Sa aan, in de buurt van het dorp Baan Hin Taek. Hoewel Khun Sa en zijn ca. 8000 manschappen terugvochten met geleidewapens, werden ze uiteindelijk gedwongen zich over de grens in Birma terug te trekken, met medeneming van 200 muildieren, beladen met heroïne.

Tegenwoordig is de streek betrekkelijk kalm en rustig. Van Baan Hin Taek (dat nu Ban Thoed Thai heet), loopt een netwerk van onverharde paden de bergen bij de Birmaanse grens in. Maar de wegen zijn steil en verraderlijk en kunnen beter niet zonder gids worden geprobeerd.

Een betere keus is de hoofdweg (weg 1234) te volgen tot je bij een bocht komt waar je linksaf naar Doi Tung kunt. Deze berg wordt zeer vereerd om zijn 10e-eeuwse tempel, bekend als **Wat Phra That Doi Tung**, waarvan men gelooft dat hij een deel van het linker sleutelbeen van Boeddha bevat. Dit relikwie is zo belangrijk (waarschijnlijk het oudste in het Lanna-koninkrijk) dat pelgrims uit heel Noord-Thailand op elke klok in de tempel komen slaan in de hoop zo verdiensten te verwerven. (Laat een offergave van 5-10 baht, een paar cent, achter.)

Vanaf Doi Tung nemen we de uitstekende weg langs een berghelling met terrassen naar Mae Chan en Chiang Rai (48 km), waar we ons inschrijven in het Saen Poo Hotel, dat alles heeft wat een motorrijder zich maar kan wensen, van een koelkast tot een tv en zelfs een nachtclub.

Noordelijke overlevering

De overlevering wil dat de stad **Chiang Rai** is gesticht op de plek waar een van koning Mengrai's lievelingsolifanten aan de oever van de Kok bleef staan, voor hij driemaal in de rondte draaide en op zijn knieën viel. De koning vond dat een gunstig teken en beval dat er een grote stad aan de oevers van de rivier moest worden gebouwd. Maar Mengrai's plichtmatige bouw van Chiang Rai bracht hem niet het eeuwigdurende geluk waar hij zo naar verlangde. In 1317, zo'n 50 jaar nadat het werk aan de stad was begonnen, zou hij dodelijk door de bliksem zijn getroffen.

Chiang Rai heeft zijn faam evenzeer aan haar plaats vlak bij de beruchte Gouden Driehoek te danken, als aan haar valse historische claims. De laatste tijd hebben zich rond het Wangcome Hotel aan Premwipak Road tientallen reisbureautjes gevestigd. Ze organiseren bezoeken aan dorpen van bergvolken en boottochten naar het populaire olifantskamp in Ban Ruammit (een uur stroomafwaarts).

Er zijn een paar tempels die een bezoek waard zijn voor je vertrekt. In **Wat Ngam Muang**, op een lage heuvel met uitzicht op de stad en de rivier, vind je een bakstenen monument met de as van koning Mengrai. Verder naar het oosten, aan Trairat Road, ligt de geweldig opgehemelde **Wat Phra Kaeo**, met een van de grootste bronzen boeddha's uit de Lanna-periode (13e-15e eeuw) die er nog zijn.

Na een overnachting in Saen Poo vertrekken we de volgende ochtend vroeg voor de 300 km naar Pai (via Mae Taeng), een prachtige, maar veeleisende tocht waar je ten minste 6 uur voor moet uittrekken.

Geesten van de weg

In de noordelijke bergen hebben de mensen een ongewoon bijgeloof. Ze geloven dat op de wegen, vooral bij haarspeldbochten, geesten of *phi* wonen, die het lot van naderende voertuigen bepalen. In heel steile bochten vind je soms geesthuisjes waarin bezorgde dorpelingen bloemen en zelfs glazen whisky hebben neergezet.

De opvallend mooie weg van Mae Taeng naar Pai en Mae Hong Son (weg 1095) heeft meer dan 150 haarspeldbochten. Maar je hebt er ook een spectaculair uitzicht op bergwouden en watervallen, evenals op dorpen van bergvolken en natuurgebieden.

Reizen over deze kronkelwegen is een opwindende ervaring. Het ene ogenblik passeer je misschien iemand van een bergvolk met zwarte leggings, zilveren oorbellen ter grootte van biljartballen en een mand kool op haar rug, en het volgende een open bestelwagen vol monniken in oranje gewaden. Sommige ontmoetingen zijn zelfs nog vreemder. Twee keer passeerden we een vrachtwagen met grote olifanten achterin – waarschijnlijk onderweg naar de volgende wandelbestemming.

In het aardige stadje **Pai** (► 20-29), in een breed dal, omringd door bergen, overnachten we in de Rim Pai Cottages en doen ons te goed aan pittige *gaeng khia wan gai* (kip-curry) in een van de vele restaurantjes in de buurt van de markt.

De volgende dag vervolgen we onze tocht naar het westen over weg 1095, weer zo'n prachtige route, via Soppong (sla rechtsaf voor de indrukwekkende Tham Lawd, ook wel Lod-grot genoemd) naar Mae Hong Son, de stad der nevelen.

De stad der nevelen

Deze rustige provinciehoofdstad, in een groen dal met rondom dichtbeboste heuvels en bergen, is de perfecte plek voor een rustdag, om de omliggende dorpen van bergvolken te verkennen, of voor een bezoek aan het roemruchte lange-halzenvolk, de Padang (geregeld door plaatselijke reisbureaus).

Wil je **Mae Hong Son** op zijn mooist zien, sta dan bij het ochtendgloren op, ga in het zachte ochtendlicht de straat op en blijf staan bij het gladde Chong-Khammeer, midden in de stad. Hier, aan het water, vind je twee van Mae Hong Sons beroemdste tempels in Birmaanse stijl: de 19e-eeuwse Wat Chong Klang met zijn opvallend wit met gouden *chedis* en, ernaast, de oudere tempel van Wat Chong Kam in Shan-stijl. Hoger tegen de berg (neem het weggetje ten westen van de stad), vind je ook de What Phra That Doi Kong Mu met zijn prachtige naam, met een schitterend uitzicht op het omringende landschap.

REIZIGERSTIPS

Als je een motor huurt:

- ❑ Controleer dan voor vertrek banden, olie, remmen en verlichting.
- ❑ Neem een uitgebreide verzekering.
- ❑ Als je met een groep rijdt, houd dan ruim afstand (50 m is ideaal).
- ❑ Vertrek 's morgens vroeg en plan altijd tegen 16 uur op je bestemming te zijn, zodat je voor de avond logies kunt regelen.
- ❑ Rijd voor je eigen veiligheid nooit 's nachts.
- ❑ Rijd in landelijk gebied liever niet alleen.
- ❑ Draag een helm en stevige schoenen (nooit slippers).
- ❑ Draag een lange broek en een bloes met lange mouwen ter bescherming.
- ❑ Probeer een B&B-kaart van Noord-Thailand te pakken te krijgen, met het nieuwste wegennet.
- ❑ Denk erom dat verkeer (normaalgesproken) links rijdt.

Na een dag rondkijken in het gebied rond Mae Hong Son en de beroemde visgrot, **Tham Pla** (17 km noordelijker), gaan we verder voor het laatste deel van onze reis, via weg 108 naar Khun Yuam (70 km) voor we linksaf slaan, weg 1263 op.

Deze prachtige rit is een passend einde van onze odyssee op de motor, langs de rand van het Mae Surin Nationaal Park, langs dorpen van bergvolken (Hmong, Karen en Shan) en maagdelijk bergland. Hier en daar wordt nog aan de weg gewerkt, maar de obstakels wegen lang niet op tegen de ongeëvenaarde vergezichten die ons op deze etappe geboden worden.

In **Mae Cham**, een lelijk marktstadje, nemen we weg 1192 door het prachtige Doi Inthanon Nationaal Park (hoogte 2565 m) langs een reeks bergpieken, grotten en watervallen (het mooist in de regentijd) naar **Chom Thong**. Vandaar is het een rit van 47 km via weg 108 terug naar Chiang, het eind van onze tocht.

ONDER Onderweg in de provincie Chiang Rai: je hebt een 250cc-motor nodig voor de steile hellingen van het noorden

ALLEEN ER OP UIT

Het binnenland in

Vanuit Bangkok gaan lijnvluchten naar Chiang Mai, de noordelijke hoofdstad, evenals comfortabele slaaptreinen (die er 11 uur over doen). Minder populaire VIP-bussen leggen dezelfde afstand in 10-12 uur af. In Chiang Rai is ook een vliegveld. Als je in het hoogseizoen of ten tijde van een belangrijk festival met een bepaalde trein of vlucht wilt, reserveer dan van tevoren bij een plaatselijk of internationaal reisbureau.

Wanneer?

De beste tijd om per motor door Noord-Thailand te reizen is in het droge seizoen, van eind oktober tot eind mei. Van november tot februari is het weer koel en kun je met ochtendmist te maken krijgen, terwijl van maart tot mei de temperatuur tot wel 40°C kan oplopen. De regentijd is van juni tot oktober (september is het natst). Dan kunnen wegen glad zijn en af en toe buitengewoon gevaarlijk.

Voorbereiding

Als dit je eerste bezoek aan Thailand is en je de wegen niet kent en de taal niet beheerst, kan het de moeite waard zijn om je bij een motortocht aan te sluiten (zie Contacten). Dan leer je niet alleen de plaatselijke cultuur kennen, maar reis je ook veiliger en prettiger.

Een motor vinden

Chiang Mai en Chiang Rai hebben de grootste keus aan huurmotoren. Honda 250cc-crossmotoren zijn ideaal voor de steile bergen van het noorden. Met een minder krachtige motor kom je maar langzaam een helling op. Controleer, voor je een motor huurt, of alles goed werkt, omdat je aansprakelijk bent voor schade als je de motor terugbrengt. Sluit bij de verhuurder een uitgebreide verzekering af en huur een helm (u zult een borg moeten betalen en je paspoort moeten achterlaten). Bagage kan met snelbinders achterop worden gebonden. Benzine (*naman*; vraag naar *super*) is bijna overal verkrijgbaar bij benzinestations en dorpswinkels onderweg. Neem bij pech contact op met het verhuurbedrijf.

Logies

U hoeft een hotel of pension niet van tevoren te bespreken. In alle grote steden is een verscheidenheid aan logies, maar wil je in het hoogseizoen beslist een bepaald hotel, dan moet je wel reserveren.

Alleen op stap

Motortochten in het noorden zijn gemakkelijk te organiseren en leuk om te doen, hoewel je altijd minimaal met z'n tweeën moet reizen voor het geval van pech of ongelukken. Delen van de hier beschreven tocht zijn zeer veeleisend en hoewel ervaren motorrijders er geen moeite mee zullen hebben, kunnen beginners beter een gemakkelijkere en kortere route nemen.

Mee te nemen

- ❑ Internationaal rijbewijs.
- ❑ Adres/telefoonnummer van verhuurbedrijf.
- ❑ EHBO-doos.
- ❑ Motorhandschoenen.
- ❑ Thais woordenboek.
- ❑ Geld in kleine coupures voor snacks of benzine.
- ❑ Plastic zakken om dingen droog te houden.
- ❑ Zonnebril, zonnebrandmiddel.
- ❑ Toiletartikelen en tissues.

Gezondheid

Neem bij motorrijden altijd een EHBO-doos mee met pleisters, verband, ontsmettingsmiddel, plus meer algemene dingen als pillen tegen diarree.

Sluit, voor je van huis gaat, een goede ziektekostenverzekering af die alles dekt als je een ongeluk krijgt.

Neem in geval van nood contact op met een van de grote hotels, omdat die meestal wel een Engelssprekende arts kennen, of bel je ambassade of consulaat in Bangkok.

FESTIVALS VAN HET NOORDEN

Noord-Thailand is beroemd om zijn kleurrijke en dikwijls uitbundige festivals. De data verschillen dikwijls van jaar tot jaar, maar twee die je niet mag missen zijn Songkran (dikwijls waterfestival genoemd), meestal in april, en Loi Krathong, begin november. Op andere tijdstippen zijn er bloemenfestivals, monnikenwijdingen, tempelfeesten, juweeltjes van optochten – bijna elke viering die je je maar kunt bedenken.

Kajakken en klimmen in Phang Nga

door Simon Richmond

In Zuid-Thailand steken torenhoge kalksteenrotsen uit het oerwoud en de kustwateren omhoog, als spectaculaire achtergrond voor kajaktochten rond eilanden en door mangrovebossen. Ik merkte dat ze ook een uitdaging zijn om te beklimmen, op het idyllische strand van Railay.

Ze zeggen dat bij storm elke haven goed is, maar het afschrikwekkend geïsoleerde en sombere **Ko Thalu** – een van de ca. 40 kalksteeneilandjes die in Zuid-Thailand in de Ao Phang Nga (Phang Nga-baai) omhoogsteken – zien er niet bepaald gastvrij uit. Op de tweede dag van mijn 3-daagse verkenning van de baai per zeekano en kajak dwong de aanhoudend zware regen me mijn plannen te veranderen en kreeg ik de kans een nog vreemdere omgeving te bekijken: een grot waar zwaluwnesten, die in de Chinese delicatesse vogelnestsoep worden gebruikt, worden geoogst.

In de toegang van de grot zitten vier of vijf getaande mannen op een gevaarlijk uitziend bamboeplatform, hoog boven het water op een rotsrichel. Dit zijn de *chao ley* of zeezigeuners van de Andamanse Zee. Wekenlang zoeken ze in de donkere diepten van de grot naar zwaluwnesten, ook wel 'wit goud' genoemd, vanwege de exorbitante prijs die voor dit zeldzame product wordt betaald. Er gaat zoveel geld in hun handel om, dat de mannen geen risico's nemen en een geweer bij de hand houden om onwelkome gasten te weren. Gelukkig is het gedaan met de oogst, dus verleent de leider met zijn witte baard ons groepje toegang tot de halfduistere grot.

In het donker zijn de zwaluwen niet te zien, maar we kunnen ze wel horen als ze door de grot navigeren op de echo's van het klakkende geluid van hun roep. Een enkele straal van een zaklamp verlicht duizenden vliegjes en de bamboesteiger die 50 m of hoger oprijst naar het plafond van de grot. De plukkers klimmen op deze wankele bouwsels om bij de nesten te komen. Deze maken de vogels van speeksel, dat hardt tot een crèmekleurige rubber in de vorm van een kleine bh-cup.

Op de bodem van de grot ligt een zachte massa vogeluitwerpselen en rottende bamboe (de bijgelovige plukkers

4 De belangrijkste peddelslagen voor het kajakken zijn gemakkelijk te leren, hoewel het lastig kan zijn door de smalle geulen in de magrovemoerassen te manoeuvreren. Kajakken kan vermoeiend zijn, vooral in open zee, maar er is geen haast bij en het landschap kan het beste bewonderd worden als je er de tijd voor neemt. Om rotsen te beklimmen moet je heel fit zijn, vooral in verband met de hitte. Bij veel klimtochten zijn techniekbeheersing en evenwicht echter belangrijker dan alleen brute kracht om je op te trekken.

★★ Verwacht pijnlijke ledematen en enigszins gekneusde en geschaafde knieën van het klimmen. Zonnebrandmiddel en een hoed zijn essentieel, en denk aan een lange broek als je je benen wilt sparen.

Voor alle kajakbenodigdheden wordt gezorgd, het enige wat je mee moet brengen is zonnebrandmiddel, zwemspullen (inclusief masker, snorkel en zwemvliezen als je wilt duiken), en je eigen bier. Alle klimbenodigdheden zijn bij verschillende vestigingen in Railay te huur, maar als je de sport serieus neemt, is het een goed idee ten minste je eigen klimgordel, magnesium en schoenen mee te brengen (huurschoenen kunnen vies en versleten zijn door het zand en het vele gebruik).

halen oude bamboe nooit uit de grot) vol lelijke, rode kakkerlakken. De rest van de rommel, zoals oude batterijen en lege flessen van energiedrankjes, wijst erop dat moderne gemakken tot deze middeleeuwse beroep zijn doorgedrongen.

Door een andere ingang tot de grot, waar de zwaluwen elke dag op zoek naar voedsel door vliegen, valt licht. Tegen de avond komen zoveel vogels door dit gat naar hun nest terug dat we onmogelijk zouden kunnen staan waar we nu staan: op de plek waar de *chao ley* elk jaar een buffelkarkas offeren om de bloeddorst van de geesten van de grot te bevredigen.

Karsten en hongs

De kalksteeneilanden en dagzomen in het oerwoud – bekend als 'karsten' (zie kader) –, typerend voor de provincies Phang Nga en Krabi, zijn doorzeefd met grotten en gangen. Waar het plafond van een grot is ingestort, waardoor zonlicht in het kalksteen kan doordringen, hebben winterharde en unieke planten – als *pralahoo* een sagopalm – een plekje gevonden, waardoor een tropische kas is ontstaan. De Thais noemen deze verborgen oasen *hongs*, of kamers. Veel hebben een bodem op of onder zeeniveau en lopen bij vloed vol, als de zee door de oorspronkelijke ingang de grot instroomt.

De beste manier om de eilanden en hun hongs te verkennen, is per kajak en kano; deze 'zachte', 'groene' benadering is ideaal voor de kwetsbare natuur. Als je weinig tijd hebt, kun je vanuit Phuket of Krabi een van de vele dagtrips rond de baai maken, maar reken erop dat je bij de populairste eilanden, waar meerdere kano's achter elkaar wachten tot het tij hoog genoeg is om door de ingangen de hongs in te varen, op je beurt moet wachten. Je kunt beter een langere tocht maken, zoals de 3- of 6-daagse reizen van SeaCanoe (de bedenker van deze vorm van ecotoerisme en nog steeds het enige zeekajakbedrijf naar internationale normen in Thailand).

Helaas was het weer niet veelbelovend toen ik over de krakkemikkige houten pier in **Laem Phrao** liep, bij het noordelijkste puntje van Phuket, om aan boord te gaan van de *Urida 1*, de drijvende basis voor mijn 3-daagse tocht langs de eilanden en mangrovebossen van Ao Phang Nga. Ik ging samen met Kendrick, een arts uit Colorado, die kajakervaring had opgedaan in het aanzienlijk minder gastvrije milieu van Alaska.

Aan boord waren meer bemanningsleden dan gasten: Jarearn, de enthousiaste hoofdgids, zijn maat Rambo (zo genoemd omdat hij soldaat was geweest), Baht, de kapitein, Ian, de technische man, en Fon, de kok. Toen we kennis hadden gemaakt, voeren we de baai op, waar de rotsen, sommige wel 400 m hoog, uit de mistige wolken in tinten grijs en groen te voorschijn kwamen, zoals beelden op een polaroidfoto verschijnen.

De hongs verkennen

De eerste lagune waar we kwamen, is een van de beroemdste, die binnen het eiland **Ko Hong**. Op deze eerste dag zou Jarearn ons met de opblaasbare kano *Sea Explorer* de hong in peddelen. Het binnenvaren van een hong –

Het ontstaan van karsten

De kalksteenkloven in de provincies Phang Nga en Krabi zijn meer dan 30 miljoen jaar geleden ontstaan door de botsing tussen het verschuivende Indische subcontinent en het vasteland van Azië. Het zijn de resten van een oeroude bergketen die van China naar Borneo loopt. Deze rotsen, 'karsten' genoemd, hebben fantastische vormen aangenomen door eeuwen van moessonregens en het stijgen en dalen van de oceanen. De term 'karst' werd voor het eerst gebruikt voor het Karstgebergte, een kalksteengebied aan de Dalmatische kust van het voormalige Joegoslavië, en wordt nu voor soortgelijke gebieden over de hele wereld gebruikt.

meestal door een smalle ingang met onregelmatige wanden en behangen met stalactieten – is een precisiewerkje waar kundigheid voor nodig is en een heel goede kennis van de heersende omstandigheden. Het tij moet precies op het juiste niveau zijn voor een veilige doorgang. Passagiers moeten soms plat in de kano gaan liggen waar het plafond van de grot zo ongeveer langs hun neus schraapt. Het is allemaal een geweldige belevenis, maar wie last heeft van claustrofobie zal het er moeilijk mee hebben.

Elke angst voor donkere grotten verdwijnt als je in de groene, zonovergoten wereld van de hong komt, waar steile rotswanden zijn bekleed met een overvloed aan bomen en planten die zich in elke scheur en spleet vastklampen. Bij zoveel schoonheid worden de meeste reizigers vanzelf stil, maar de gids zal je toch vragen rustig te blijven, om de kans te vergroten wilde dieren te zien te krijgen. Je zult bijna zeker vogels zien, zoals de bonte neushoornvogel (*Anthracoceros albirostris*), de mangrovereiger (*Butorides striatus*) en misschien zelfs Brahmaanse wouwen (*Haliastur indus*) en witbuikzeearenden (*Haliaeetus leucogaster*).

BOVEN Karsten in de Phang Nga-baai, gezien vanuit de grotingang en (INZET) een groep kajakkers onder de loodrechte kalksteenwanden RECHTS De bamboesteiger in een van de grotten om bij de zwaluwnesten te kunnen die in vogelnestsoep worden gebruikt

Bij laag tij, wanneer de modderige bodems van de hongs uit zee opduiken, komt een heel ander soort zeeleven aan

het licht: 's middags, na een heerlijke lunch en een gedwongen siësta wegens hevige regen, wagen we ons te voet een andere lagune in, waar de mangrovebomen in al hun glorie staan, als vreemde, modernistische sculpturen. Rond hun gebogen wortels scharrelen wenkkrabben, die elk één grote oranje schaar hebben, krioelend in en uit holletjes in de modder.

Door zijn connectie met James Bond (P 44) is ***Ko Khao Phing Kan*** een drukbezocht eiland. De smalle stranden liggen de hele dag vol toeristen en het staat er vol kraampjes. Maar als de *Urida 1* tegen 17 uur aankomt, zijn de meeste bezoekers al weg en kunnen we het geologische wonder van een enorme, perfect gekloofde rots en de minikarst Ko Tapu ('Nageleiland') vrijelijk

bewonderen. De dag eindigt met een peddeltocht via de penetrant geurende **Vleermuisgrot** (genoemd naar de enorme vleerhonden die er huizen) naar een andere hong, vol afhangend groen en bezaaid met sprietige bomen op teerzwarte rots. Dit was de eerste hong die werd ontdekt door John Grey, de Amerikaanse oprichter van SeaCanoe, en de aanzet tot de zeekajaktochten.

Met beter weer was de boot met zonsondergang naar een van de stranden gevaren, waar we hadden gekampeerd en gebarbecued. Nu gingen we terug naar de natuurlijke bescherming van het groepje eilanden rond Ko Hong en brachten de nacht aan boord door, waar we het heerlijke avondmaal van soep, gebarbecuede snoek, kip-curry, groente en rijst met bier wegspoelden.

De Grote Lagune

De tweede dag mogen we voor het eerst zelf proberen te peddelen. Na een heel korte instructie over hoe dat moet, vertrekt ons vlootje gele kunststof kajaks 'met bovenzit' de **Hong Yai** of Grote Lagune in, aan de noordoostkant van de baai. Dit is geen besloten paradijsje zoals de hongs midden in de eilanden, maar een 2 km lange inham waar mangroven zich tussen steile rotswanden schurken die horizontaal doorsneden worden door een serie richels die aangeven hoe groot het verschil in zeeniveau in de loop der tijd is geweest.

Nu we langzaam door zo'n prachtige en ongewone omgeving peddelen, is – zelfs in de regen – duidelijk waarom SeaCanoe zijn klanten waarschuwt meer film mee te brengen dan ze nodig denken te hebben. Het bedrijf zorgt voor zakken om de boel droog te houden, maar als je in de regentijd reist, kun je ze beter zelf meebrengen. Koop anders een waterdichte wegwerpcamera.

De regen dwingt ons tot ons ongeplande bezoek aan de grot van de zwaluwen, die een openbaring is. Als we ten slotte weer naar de boot gaan, klaart het op. We gaan naar het zuiden, naar twee eilandjes, waar we omheen en tussendoor gaan peddelen. Op open zee is het zwaarder werk, maar we kunnen uitrusten wanneer Jarearn ons meeneemt naar een groep vissers die op de veranda van een traditionele paalwoning zitten. Ze kletsen tegen ons, terwijl ze wachten tot het tij keert.

De laatste haven die we aandoen voor we naar het logies van die nacht gaan – Long Beach Bungalows op Ko Yao Noi, een van de weinige bewoonde eilanden in de baai – is een idyllisch eiland met een zachtbruin korrelzandstrand met aan weerskanten brokken ruwe rots en omgeven door wuivende palmen en geurige struiken vol vlinders.

Apen in de mangroven

De Phang Nga-baai heeft de meest uitgestrekte mangrovebossen in Thailand, en op onze laatste dag vertrekken we voor een peddeltocht van 3 uur door een van de mooiste, bij **Ao Thalan**, aan de oostkant van Ao Phrang Nga. Het eerste uur drijven we met de stroom mee door een smal kanaal dat een hoog oprijzende karst doorsnijdt. Het enige geluid, afgezien van het zachte klotsen van het water, is het onophoudelijke getjirp van

DE VERBINDING MET BOND

Thailand heeft Ao Phang Nga tot nationaal zeepark gemaakt en het is ook een Natural Heritage Site van UNESCO. Maar de meeste reizigers kennen de baai alleen door zijn belangrijke rol in twee James Bond-films: *Tomorrow never dies* (als de Ha Long Bay in Vietnam – ► 84-91) en *The Man with the Golden Gun*. Ko Khao Ping Kan, aan het noordelijke uiteinde van de baai, wordt James Bond-eiland genoemd en wordt op bijna elke reis aangedaan.

cicaden in de bomen die uit verticale rotsen opschieten. Een nieuwsgierige grote watersalamander (*Varanus salvator*) bekijkt ons vanaf zijn plekje op de rots voor hij besluit weg te zwemmen.

Jarearn brengt een mand fruit mee voor de bewoners: krabetende makaken (*Macaca fascicularis*), ook wel langstaartmakaken genoemd. Als we eenmaal in de doolhof van doorvaarten tussen de mangroven zijn, begint Jarearn op de zijkant van de kajak te kloppen om hun aandacht te trekken – maar we komen nog een andere groep kajakvaarders uit Krabi tegen, voor we de apen zien. Als de makaken dan komen, werken ze de bananen snel naar binnen en verdwijnen weer in de wirwar van mangroven.

Wie hier peddelt kan verschillende technieken uitproberen. Door de nauwe doorgangen tussen de mangroven moet de peddel soms in tweeën worden gedeeld (daarvoor zit een hendel in het midden) en moet met de ingekorte riem worden gemanoeuvreerd. Scherpe bochten kunnen ook worden genomen door in plaats van vooruit abrupt achteruit te slaan.

Tegen de middag, als we uit het mangrovebos in het open water van de Klong komen, heb ik het gevoel dat ik het onder de knie begin te krijgen. Maar na een duik, gevolgd door de lunch, in een baai met rondom schilderachtige eilandjes, is het tijd voor de terugkeer naar Phuket, waar de laatste krachtsinspanning het doorwaden van de ondiepte naar de houten steiger van Laem Phrao is.

Klimmen in Krabi

Maar mijn avonturen op de karsten van Thailand zijn nog niet voorbij. De volgende dag ga ik over land om de baai heen naar de provincie Krabi met zijn hoofdstad, die ook **Krabi** heet. Zodra ik daar ben, stap ik op een boot met een lange achtersteven en ga ik weer naar zee, naar Railay, een piepklein vakantieoord aan een strand op het schiereiland Pra-Nang (Laem Pra-Nang), een populaire plaats om in Thailand te klimmen.

Hoewel Pra-Nang aan het vasteland vastzit, zijn er geen wegen (en dus geen auto's). Het schiereiland kan dus alleen per boot worden bereikt. Wie de enorme kalksteenrotsen langs het strand van **Oost-Railay** nadert, heeft het gevoel dat hij op een of ander geweldig schateiland aankomt. Het is meteen duidelijk waarom de wanden van Railay – de rotswanden waarlangs geklommen kan worden – bij de internationale klimgemeenschap zoveel respect afdwingen.

Op de hagelwitte zandstranden van West-Railay en Ao Pra Nang luieren is nog steeds het populairst in Railay en in het hoogseizoen, van december tot januari, is er in het hele dorp geen bed meer te vinden. Maar klimmen is snel in opkomst en trekt niet alleen veel amateurs en professionals van over de hele wereld, maar ook plaatselijk talent, van wie er een paar het klimgebeuren in de dorpen leiden en als gids voor bezoekers dienen.

Er zijn wel 30 verschillende klimgebieden op het schiereiland, veel met vreemde namen als Jurassic Park Wall, Escher World en Sleeping Indian Cliff. De populairste zijn een paar aan de zuidkant van het strand van Oost-Railay – Een-Twee-Drie en Muai Thai – omdat ze een goede verscheidenheid aan routes hebben voor alle klimniveaus en bij laag tij vanaf het strand goed toegankelijk zijn. Houd in het hoogseizoen rekening met massa's mensen en lange wachttijden.

Tegen de wand op

De meeste gezelschappen in Railay geven een 3-daagse cursus om de beginselen van het klimmen te leren, met de huur van alle benodigdheden. Tegen het eind van deze cursussen moet je alle belangrijke touw- en knooptechnieken hebben geoefend, als leider van een klimteam zijn opgetreden (degene die als eerste van een paar naar boven gaat) en abseilen hebben geleerd. Het is belangrijk dat je vertrouwen hebt in je instructeur en de uitrusting: controleer ze allebei voor je aan een cursus begint.

Ik wilde het gewoon een keer proberen, dus Tex – een van Railays meest ervaren kliminstructeurs en de ster van een jongleershow met vuur, 's avonds op het strand – raadde me aan liever met een halve dan met een hele dag te beginnen. De meeste beginners merken trouwens dat hun spieren na een paar uur klimmen pijnlijk worden en ze leren in een hele dag niet veel meer dan alleen op een ochtend of middag.

Mijn halve dag begint om 8 uur, als het nog niet zo drukkend warm is en bij laagtij, als de Een-Twee-Drie-wand toegankelijk is. Nadat Jack, mijn gids met krullenkop, heeft laten zien hoe knopen in het touw moeten worden gelegd, steekt hij zijn handen in zijn magnesium

en klimt tegen de wand op, zonder schoenen en zo behendig als een aap. Ik probeer zijn bewegingen te onthouden, maar als ik eenmaal tegen de muur hang, heb ik al mijn concentratie nodig om er niet af te vallen.

Jack roept me van beneden bemoedigend toe en zegt dat ik moet kijken naar kalkvlekken op de rotsen die aangeven waar ik mijn handen moet zetten. Zijn andere tip is het rustig aan te doen, te zoeken naar de beste plaatsen voor mijn

LINKS EN UITERST LINKS Klimmen leren op de Een-Twee-Drie-wand op het strand van Oost-Railay
ONDER Zoals 007 het zag: een boot met toeristen vaart langs de kalksteenrotsen van de Phang Nga-baai naar het 'James Bond-eiland', Ko Khao Phing Kan

handen en voeten voor ik verder ga, te proberen me te ontspannen en af en toe te stoppen om van het uitzicht te genieten. Ik voel me geweldig als ik de laatste bout bereik en weet dat ik alleen nog naar beneden kan.

Boeddha's voetafdruk

Mensen die de rotsen van grote hoogte willen bekijken zonder tegen een van de wanden van Railay op te worstelen, hebben een andere mogelijkheid, en daarvoor ga ik terug naar Krabi. Maar pas op: wie op een 600 m hoge karst naar Boeddha's voetafdruk wil zoeken, zo'n 8 km ten noorden van Krabi, heeft het onderweg ook niet gemakkelijk.

Daarvoor moet je naar Wat Tham Sua, de Tijgergrottempel, zo genoemd omdat één rots op het terrein op een tijgerklauw lijkt. Bekijk de grote tempelhal, in de opening van de grot, getooid met een enorm roze boeddhabeeld en met een skelet in een glazen kist (om mensen aan de vergankelijkheid van het leven te herinneren). Dan kun je de gemakkelijke weg nemen en de ronde wandelroute achter de psychedelische tableaus van Kuan Yin, de Chinese godin van barmhartigheid, nemen, het dal in waar monniken en nonnen in houten chaletjes (*kuti's*) wonen die in de opening van andere grotten staan.

Ik neem echter de weg omhoog, naar **Boeddha's voetafdruk**, slechts 1272 schreden – en heb er al gauw spijt van dat ik maar één fles water heb meegebracht. Dit is een flinke klim, die moeizaam de berg op zigzagt en vanwaar de top pas te zien is wanneer je er vlak onder bent. Maar het zweet, het bonkende hart en de kortademigheid zijn vergeten zodra ik op de top kom met rondom een prachtig uitzicht op het omringende land.

Vanaf deze hoge rots kan ik zowel de karsten in zee als in het binnenland zien, waar zich als modderige linten rivieren omheen slingeren. Rubberplantages staan in keurige rijen. Het is het mooiste panorama van Zuid-Thailand, en wat meer is, als ik omlaag kijk, kan ik in een brok kalksteen inderdaad een menselijke voetafdruk onderscheiden. Misschien heeft Boeddha hier wel echt gestaan.

De Prinsessengrot

In de Prinsessengrot staat een schrijn voor een ongelukkige prinses die heel lang geleden in de baai verdronken is. De plaatselijke bevolking gelooft dat de geest van de prinses in de grot huist en vandaar hun lot op zee beheerst. Elke volle maan brengt de plaatselijke bevolking offergaven van bloemen en fruit naar de grot en wordt een ceremonie gehouden om haar zegen te vragen.

De grotten en lagunen van Railay

Als je niet van bergbeklimmen houdt, gaa je misschien liever de talloze grotten rond Railay bekijken. Aan de noordkant van het strand van Oost-Railay ligt de goed toegankelijke **Diamantgrot**, zo genoemd vanwege de glinsterende calciumafzettingen op een paar van de rotsformaties. De overlevering wil dat zich hier twee geliefden die het lot niet gunstig gezind was, voor boze familieleden verborgen. Er is een looppad door de grot gelegd en verschillende elementen zijn verlicht, zoals een waterval en een spectaculaire ruimte vol stalactieten en stalagmieten.

Het mooiste strand van het schiereiland is **Ao Pra-Nang** (ook wel Hat Ham Par Nag genoemd, tevens de locatie van de Prinsessengrot. Avontuurlijker types willen misschien de rots achter de grot beklimmen naar de weelderige, verborgen **Prinsessenlagune**. Vraag bewoners naar de beste weg, omdat het moeilijk kan zijn het goede pad te vinden en het is niet raadzaam om de klim alleen te maken, zeker in de regentijd als de modder het nog gevaarlijker kan maken. Wacht ook op hoog water, want het is een getijlagune.

ALLEEN ER OP UIT

HET BINNENLAND IN

Het belangrijkste internationale aankomstpunt voor Ao Phang Nga en Krabi is het eiland Phuket, dat aan de noordwestkust een vliegveld heeft. Er is ook een rechtstreekse busverbinding met Bangkok, maar die neemt zoveel tijd dat je beter kunt vliegen als je het kunt betalen. Afgezien van de bus (zie onder) is een alternatieve, ontspannen manier om de baai van Phuket over te steken, met een combinatie van veerboten, eerst 's morgens van Phuket naar Ko Phi Phi en vandaar met de middagboot naar Krabi. Deze route kan ook andersom worden genomen.

Reisbureaus in Phuket en Patong kunnen tochten per minibus met airco naar Krabi regelen voor ca. 300 baht ($8) voor een enkele reis. Deze 3 uur durende tocht gaat door het stadje Phang Nga, waar je moet uitstappen als je de baai met een georganiseerde boottocht wilt verkennen; probeer Sayan Tour of Mr Kaen Tour, allebei op het busstation van Phang Nga. Een halve dagtocht kost 200 baht ($5) per persoon voor minimaal vier personen, terwijl een hele dagtocht, inclusief lunch, 450 baht ($12) kost. Informeer voor een stijlvoller en duurder alternatief bij East West Siam naar tochten met hun traditionele Chinese jonk.

WANNEER?

De beste tijd is van november tot april. In de regentijd (zomer) kan zware regenval een probleem zijn en wordt de grond drassig. Voor het strand van Railay moet je in het hoogseizoen, december-januari, met een toeslag rekening houden.

EEN KAJAKTOCHT REGELEN

De beste kajaktochten heeft SeaCanoe. Dagtochten kosten ca. 2500 baht ($70) per persoon, de 3-daagse expeditie $550 en de 6-daagse expeditie $990. Als je al enige kajakervaring hebt, wil je misschien een van de moeilijker 6-daagse expedities nemen, zonder de volgboot, waarbij je 10-15 km per dag moet peddelen.

Een ander goed bedrijf is Santana, dat dagtochten rond Ao Phang Nga aanbiedt vanaf $85, 2-daagse tochten vanaf $170 en 3-daagse gecombineerde oerwoud- en kanotochten in het Khao Sok Nationaal Park vanaf $260.

EEN KLIMTOCHT REGELEN

Van de grote pier in Krabi vertrekken dagelijks boten voor de 45 minuten durende vaart naar Laem Pra-Nang. Ze stoppen bij het strand van Oost-Railay, vanwaar het strand van West-Railay via de smalle landengte 5 minuten lopen is.

Hou je aan al langer bestaande klimoperaties, zoals Tex Climbing, bij Coco House, King Climbers, achter Ya-Ya, en Pra-Nang Rock, aan het noordelijke eind van het strand van Oost-Railay.

Klimtochten van een halve dag tot 3 dagen, inclusief huur van uitrusting, kost 500-3000 baht ($14-$80). Alle bedrijven verhuren alle benodigdheden voor twee personen (inclusief gordel, schoenen, snelspanners, achtknopen, zelfzekeringen, touw en magnesium) van 500 baht ($14) per halve dag tot 800 baht ($20) per dag.

Middelmatige en gevorderde klimmers zullen de routegidsjes te pakken willen krijgen van ofwel King Climbers ofwel Pra-Nang Climbers; in de eerste staan ook bijzonderheden over klimmen op Ko Phi Phi.

MEE TE NEMEN

- ❑ Waterbestendig zonnebrandmiddel.
- ❑ Zwemspullen (inclusief masker, snorkel en zwemvliezen).

GEZONDHEID

- ❑ Breng je eigen flessenwater mee (twee flessen per persoon per dag), schil of was fruit en eet geen rauwkost.
- ❑ Neem een EHBO-doosje mee met ontsmettingsmiddel, pleisters en dysenterietabletten.
- ❑ Inentingen tegen hepatitis en bescherming tegen malaria zijn raadzaam, maar informeer ten minste een maand voor vertrek bij je huisarts.
- ❑ Zorg voor vertrek voor een goede ziektekostenverzekering.

ANDERE DINGEN DIE U IN RAILAY KUNT DOEN

Voor niet-klimmers is Railay ook een plaats om te snorkelen, duiken en kajakken. Phra Nang Divers is een PADI-centrum dat duikcursussen geeft, van een 4-daagse cursus in open water tot duiksafari's en duiktrips ter plaatse. Bij diverse chalets zijn kajaks te huur om de baaien rond het schiereiland te verkennen.

Fietsen in Isaan

door Ben Davies

In het noordoosten van Thailand vormen prachtige bergen, idyllische rijst verbouwende gemeenschappen en de geweldige Mekong het perfecte decor voor een 5-daagse (300 km) fietstocht door een paar van de mooiste en meest afgelegen regio's van het koninkrijk.

Het noordoosten, dat Isaan heet naar het grote Mon-Khmer-koninkrijk dat hier meer dan tien eeuwen geleden floreerde, is een van de mooiste, maar minst bezochte, bestemmingen in Thailand. In het noorden en oosten begrensd door Laos en in het westen door de Phetchabun-bergketen, omvat het een landschap dat grotendeels wordt gedomineerd door het zanderige Koratplateau. Langs de Mekong liggen talloze dorpen van rijstboeren en plattelandsgemeenschappen tegen de spectaculaire bergen van Laos.

Isaan is net zo befaamd om zijn natuurschoon als om zijn unieke cultuur (grotendeels beïnvloed door het naburige Laos), om zijn pittige voedsel en bovenal om de vriendelijkheid en *joi de vivre* van zijn 18 miljoen inwoners, voornamelijk arme boeren, van wie er veel uit Laos en Cambodja afkomstig zijn.

Om dit prachtige land te verkennen, nam ik een trein uit Bangkok naar **Nong Khai** (11 uur) en huurde een mountainbike bij het Mut Mee Guest House, aan de oever van de Mekong.

Trek, voor je uit Nong Khai vertrekt, een middag uit om de prachtige oude Frans-Chinese architectuur van Meechai Road te bekijken, die evenwijdig aan de rivier loopt, en de opvallende brahmaanse tempel van Wat Kaek, gebouwd door de beroemde Luang Puu (Eerbiedwaardige Grootvader). Nog een plek is de moeite waard: de overlevering wil dat toen het beroemde gouden beeld in Wat

RECHTS In Nong Khai laden mensen hun bezittingen op een boot die hen over de Mekong naar Laos brengt

ONDER Een tuk-tuk, zo genoemd vanwege het geluid van zijn tweetaktmotor, wacht op passagiers

Om zoveel mogelijk van je tocht te profiteren, moet je redelijk fit zijn en ca. 50 km per dag over voornamelijk asfaltwegen kunnen fietsen (het is mogelijk de route sneller af te leggen). Zeer aanbevolen zijn uitgestippelde fietsroutes (met volgwagen) via achterafwegen, waardoor je de cultuur van Isaan het beste leert kennen.

★★ Verwacht eenvoudig logies in pensions en bungalows aan de rivier. In de regentijd (van juni tot september) staan de meeste ervan altijd leeg.

Mountainbiketoebehoren worden verzorgd door georganiseerde groepstochten (meestal zijn minstens twee personen vereist). Fietsen kunnen ook worden gehuurd bij het Mut Mee Guest House in Nong Khai (bespreek van tevoren) of met de trein uit Bangkok worden meegebracht. Als je alleen gaat, neem dan extra binnenbanden en reparatiesetjes mee, want onderweg zijn geen fietsenmakers.

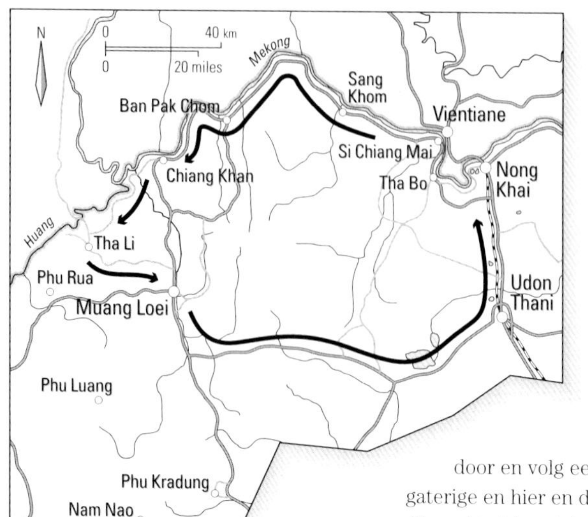

Een deel van de tocht door Isaan gaat langs de Mekong

Po Chai (aan Prajak Road) over de rivier uit het naburige Laos kwam, de boot die hem aan boord had, zonk. Maar het beeld kwam op wonderbaarlijke wijze boven en is sindsdien het meest vereerde beeld in Nong Khai.

Gaten in de weg en bananen

De volgende ochtend, uitgedost in een nauwsluitende zwarte fietsbroek (op de markt in Nong Khai gekocht), een lichtgevend oranje shirt (om op te vallen in het verkeer) en een van die nogal uit de toon vallende kunststof helmen die er idioot uitzien, maar levensreddend zijn, peddel ik zelfbewust richting Si Chiang Mai. Om bij deze stad te komen, moet je de spiksplinternieuwe snelweg 1 (richting Udon Thani) links laten liggen en naar het westen rijden, voorbij het station en onder de Friendship Bridge door. (De brug gaat over de Mekong naar Laos, en veel mensen combineren hun fietstocht door Isaan met een bezoek aan Laos.) Rij onder de brug door en volg een onaangegeven, gaterige en hier en daar zeer slechte weg die rechtuit loopt, langs een landelijk keur van dorpjes tussen palmbomen en stoffige markten naar **Tha Bo** (22 km).

Als je in deze stad komt – beroemd om zijn bananenplantages en groenten en andere planten –, moet je rechtsaf weg 211 op. Van hieraf is het een prettige rit over een rechte weg met bomen erlangs en een goed wegdek naar **Si Chiang Mai** (13 km).

Op korte afstand van de rivier, aan Rim Kong Road, ligt een klein pension en eenvoudig hotel – en, vlakbij, een aardige tempel in Lao-stijl (Wat Hat Pratum). En het beste is nog dat er rijen kraampjes langs de boulevard staan, waar je kunt picknicken met *somtam* (pittige mangosalade) en *ghai yang* (gebarbecuede kip), twee van Isaans grootste culinaire specialiteiten, die je het beste met *khao niau*, een soort kleefrijst, kunt eten. Rol een balletje van de doorzichtige korrels en doop dat in de pittige saus die midden op tafel zal staan.

OM HET NOG LONENDER TE MAKEN

Als je het allerbeste wilt meemaken van het land en de cultuur van Isaan, overweeg dan op stap te gaan met een Engelssprekende fietsgids. Deze zal je niet alleen over de plaatselijke bevolking en hun cultuur kunnen vertellen, maar meestal zal hij of zij ook transport en fietshuur kunnen regelen, en de nodige steun kunnen geven. Het belangrijkste: een gids die de streek kent kan je alle achterafweggetjes laten zien – en je veilig weer terugbrengen (zie Contacten).

TEMPELS EN WATERVALLEN

Als je tegen het eind van de middag in Sangkhom wilt aankomen, moet je vroeg uit Si Chiang Mai vertrekken. Hoewel de afstand maar 45 km is, zitten in de tweede helft van de tocht een paar stevige hellingen, waarvan met één waarschijnlijk een heel fitte fietser nog moeite zal hebben.

Het eerste stuk (weg 211) gaat door een vlak landschap met glinsterende rijstvelden en boomgaarden. Maar al gauw draait de weg door lage heuvels, met rechts een richtingwijzer naar het vredige meditatiecentrum van Wat Hin Maek Peng, met meditatieruimten op gigantische rotsblokken met uitzicht op de rivier.

Bij Sangkhom wordt het landschap indrukwekkender. De route gaat steil omhoog door de heuvels, langs de **Than Thong-waterval** rechts (alleen in de regentijd spectaculair). Dan weer omlaag, met vergezichten op de Mekong, die vol enorme rotsblokken ligt.

Vlak voor Sangkhom neem ik een kleine afslag naar links die hoog in de heuvels naar een tempel gaat van waaruit je de rivier door Isaan ziet kronkelen. Hier kun je het beste 's morgens vroeg komen, of tegen de schemering. Maar er is geen andere weg omlaag, dus moet ik terug naar de hoofdweg, vanwaar het nog 2 km naar het kostelijke dorpje Sangkhom is, en de aardige River Huts Bungalows.

DE WESTELIJKE ROUTE

Zonsopgang vanaf de oever van de Mekong in **Sangkhom** is een van de geweldige ervaringen in Zuidoost-Azië, zeker als je twee dagen hebt gefietst om hem te zien. Binnen een paar minuten wordt het water van grijs oranje en ten slotte de vieze bruine kleur die het kenmerk van deze machtige rivier is. Uit de mist schieten vissersbootjes over de rivier om dan weer te verdwijnen, de onzichtbare grens met Laos over. Afgezien daarvan is er alleen de stilte en het tropische landschap tegen de bergen erachter.

Nog steeds diep onder de indruk van de pracht van het tafereel stap ik weer op mijn fiets en rijd verder naar het westen langs de oever, waar de bewoners bananen drogen in de wazige ochtendzon. Van Sangkhom is het nog geen uur (14 km) naar de **Than Thip-waterval**, iets verderop links van de weg aangegeven. Hier ligt een aardig watervalletje in een bananenbosje met plassen koel bergwater dat van de helling komt.

Voorbij Than Thip loopt de weg met flauwe bochten de heuvels in en uit. Af en toe stop ik voor water of *khway tiao nam* (noedelsoep) in een van de dorpjes onderweg, voor ik doorrijd naar het slaperige stadje **Pak Chom**.

Hier schrijf ik me in bij het Pak Chom Guest House dat een beetje gevaarlijk op de rivieroever ligt. Ik drink Beer Singh (het plaatselijke brouwsel) met een Zweeds stel dat op huwelijksreis is, voordat ik vroeg naar bed ga en in slaap wordt gesust door de Mekong vlak buiten mijn bungalow.

RIJST EN STROOMVERSNELLINGEN

In vele opzichten is het stuk weg van 41 km van Pak Chom naar Chiang Kan een van de mooiste van de tocht, tegen en over lage bergen tussen rijst- en maïsvelden door.

NATIONALE PARKEN

Twee van de populairste nationale parken liggen in Isaan. Phu Reua ligt 50 km ten zuidwesten van Loei aan de prachtige weg 203. Om in Phu Kradung te komen, moet je weg 201 82 km naar het zuiden volgen. Het is een stevig eind trappen om bij allebei te komen en wees gewaarschuwd dat het Phu Kradung Nationaal Park dagelijks om 15 uur dicht gaat, zodat bezoekers de berg kunnen beklimmen (2-3 uur). Ook in de regentijd, van eind juni tot begin oktober, is het gesloten.

In de rijstvelden planten boeren met *paisins* (sarongs) en grote strohoeden de rijst. Die wordt 's nachts in water geweekt voor hij in kweekbedden wordt gezaaid. Na een maand worden de zaailingen opgenomen en op de rijstvelden uitgepoot, in rijen, waar ze nog drie maanden staan voor ze met de hand worden geoogst.

Ik laat een rij wuivende en '*choc dee*' (veel geluk) roepende rijstboeren achter me, die lachen bij het zien van een eenzame vreemdeling op de fiets. Ik vervolg mijn weg in de stekende hitte van de middagzon over deze smalle verharde weg.

Vlak voor Chiang Khan is een afslag naar rechts met een richtingaanwijzer waarop voorbij de tempel van Wat Tha Kaek de populaire stroomversnellingen van **Kaeng Kut Khu** staan aangegeven. Deze reeks stroomversnellingen kan na zware regenval per boot worden overgestoken (informeer bij de hotels in Chiang Khan). Maar als ik ze zie, zijn ze klein en teleurstellend; de enorme watervlakte wordt nauwelijks beroerd door de verraderlijke onderstroom.

Weer op de hoofdweg is het een gemakkelijke 3 km verder naar het westen, naar **Chiang Khan**, dat zich schier oneindig langs de oevers van de Mekong uitstrekt, tegen een achtergrond van bergen.

Monniken en verdienste

In de buitenwijken van Chiang Khan ligt een tempel tegen de berg die een voetafdruk van Boeddha zou bevatten. Elk jaar tijdens de vastenretraite van Khao Phansaa komen tienduizenden gelovige boeddhisten naar **Wat Pra Bhat** om wierook te branden, gewaden voor de monniken te brengen en verdienste te verwerven in de hoop op een betere positie in het volgende leven.

Er zijn nog veel meer tempels in dit schilderachtige stadje waar de monniken bij het aanbreken van de dag achter elkaar door de smalle straten lopen. Opzij van Chai Khong Road vind je de sierlijke tempel in Lao-stijl van **Wat**

Mahathat, de oudste in Chiang Khan, van driehonderd jaar oud. Verder naar het oosten ligt de aardekleurige **Wat**

Tha Khaek, vredig aan de rivier, op korte afstand van de stroomversnelling.

Maar Chiang Khan heeft meer dan alleen tempels. Het is een plek om van te genieten. Al heb je maar een middag, laat je fiets in het hotel of pension staan en slenter naar de waterkant, waar de inwoners tomaten, bonen en andere groente kweken. Verken dan de kleine *sois* (zijstraten) en bekijk de alleraardigste oude houten huizen opzij van Chai Khong Road, of bezoek het douanegebouw, waar boten boordevol vracht en mensen kriskras oversteken naar Laos, maar een paar honderd meter verderop, aan de overkant van de Mekong.

Grensgebied

Als ik een dag over straat heb gezworven en me heb ontspannen in de aan alle kanten uitgebouwde restaurantjes aan de rivier, stap ik weer op mijn fiets, lichamelijk en geestelijk voorbereid op het laatste en meest veeleisende stuk van mijn tocht door Isaan. Er gaan twee wegen van Chiang Kahn naar de provinciehoofdstad Loei. De kortste route gaat 50 km naar het zuiden via weg 201 en kan in een paar uur worden gefietst. De langere en veeleisender route gaat langs een adembenemend mooie, maar zelden gebruikte weg, helemaal tot Ban Pak Huay, waar je moet overnachten voor je doorrijdt naar Loei.

Ik kies voor de tweede route (weg 2195) en vertrek bij het krieken van de dag zodat ik mijn overnachtingsplaats halverwege de middag kan bereiken. Weldra klimt de weg de bergen in en laat ik stad en rivier ver achter me. Geleidelijk, bijna ongemerkt, verandert het landschap en maken rijstvelden en boomgaarden plaats voor onbebouwd land en ruige rotsen. Dit is wild landschap waar je net zo goed midden op de weg een kudde waterbuffels kunt aantreffen als

LINKSBOVEN Volop ruimte boven op het openbaar vervoer in Isaan

RECHTS Vroeg op weg om zoveel mogelijk te profiteren van de ochtendkoelte

BOVEN Oogsttijd op de rijstvelden

ander verkeer. Hier in de buurt braken eind 1987 na lange tijd van spanning grensgevechten uit tussen Laotianen en Thais, die uitliepen op een drie maanden durende grensoorlog. Tegenwoordig is het er bedrieglijk rustig en tenzij je deze streek goed kent, zoals ik, of veel in Isaan hebt gereisd, kunt je beter overdag de grens oversteken en bij voorkeur met een plaatselijke gids.

Eind van de middag kom ik in **Ban Pak Huay** aan, aan de oever van de Heung. Dit alleraardigste dorp heeft een paar heel eenvoudige bungalows aan de rivier (OTS Guest House). Als er niemand is, vraag dan maar naar Khun Oi, de opmerkelijke dame die er met behulp van haar zoon de leiding heeft.

Bij maanlicht baad ik in het ondiepe water van de Heung. De zadelpijn wordt verlicht door het koele water en door de duidelijke opwinding van deze aardige, vriendelijke gemeenschap die nog niet aan vreemdelingen gewend is. Minder dan 30 m verderop, aan de overkant van de rivier, schitteren een paar lichtjes van over de grens met Laos.

Het Siberië van het noordoosten

Mijn laatste dag fietsen is een prachtige rit door een van de aantrekkelijkste provincies van Thailand. **Loei** staat bekend als het Siberië van het noordoosten, en terecht. In de wintermaanden, van november tot januari, kan de temperatuur hier tot het vriespunt dalen en hangt er 's morgens vaak een dikke mist. Anderzijds kan het hier in het hete seizoen, van maart tot juni, wel 40°C worden.

De provincie Loei onderscheidt zich door nog tal van andere zaken. In februari vindt hier het jaarlijkse Katoenbloesemfestival plaats (met onder andere een Miss Katoenbloesem schoonheidswedstrijd), terwijl eind juni de mensen uit Dansai het Phi Ta Khon-festival (een vruchtbaarheidsritueel) vieren door felgekleurde maskers te dragen en een optocht te houden met enorme houten fallussen.

Vanaf Ban Pak Huay volg ik een kaarsrecht stuk weg tussen rijstvelden door naar **Tha Li** (8 km), een oud smokkelaarsnest waar een paar van de buitensporigste drinkers uit de provincie zouden wonen. Vlak voor het dorp sla ik linksaf naar weg 2114, via een ander prima stuk weg dat door lage heuvels kronkelt, overschaduwd door de bergen Khao Ngu en Khao Laem.

Op het laatste stuk van de route is er nog een omweg die de moeite waard is. Een afslag naar links, 11 km voor Loei, brengt je bij de beroemde meditatiegrot van **Tham Paa Phu**, met zijn in de rots gebouwde tempel en cellen. Hier vandaan moet je weer naar de hoofdweg om op de drukke tweebaansweg naar **Muang Loei** (letterlijk stad Loei) te komen, een lelijke, vormeloze stad die het eind van de reis betekent. Hartstochtelijke fietsers kunnen doorrijden naar de nationale parken van **Phu Reua** of **Phu Kradung** – prachtige ritten door de bergen, maar een zware klus voor zelfs de meest fitte fietser.

Na de inspanningen van mijn tocht neem ik liever de gemakkelijke weg naar huis en zet mijn fiets op het dak van een *songthaew* (open vrachtwagen); zo ga ik terug naar Nong Khai, een tocht van 5 uur waar ik geen enkele moeite voor hoef te doen.

Festivals in Isaan

De bevolking van Isaan gelooft dat ze, om Boeddha eraan te herinneren dat het tijd is voor de jaarlijkse regentijd, vuurpijlen de wolken in moeten sturen. Als je in mei toevallig in het noordoosten bent (Nong Khai of Loei zijn de beste plaatsen) zie je deze enorme vuurpijlen misschien door de lucht gaan, voortgedreven door wel 100 kg zelfgemaakte explosieven. Als je in juli komt, zie je de bevolking van Isaan misschien kaarsen van enorme afmetingen maken om met Khao Phansaa, de vastentijd, aan de monniken te geven.

ALLEEN ER OP UIT

HET BINNENLAND IN

Er gaan geregeld treinen (waaronder een comfortabele nachttrein) in 11 uur van het Hualamphongstation in Bangkok naar Nong Khai. Fietsen kunnen in de laatste wagon mee, maar dat moet je van tevoren op het station regelen. Minder populaire VIP-bussen doen 10 uur over dezelfde route. Airconditioned en gewone bussen onderhouden verbindingen tussen de grote steden in het noordoosten, en op de kleinere wegen in het binnenland rijden *songthaews* (open vrachtwagens).

WANNEER?

De beste tijd om in Noord-oost-Thailand te fietsen, is van oktober tot eind februari, als de hemel blauw is en de temperatuur gemiddeld een prettige 27°C. Maar pas op, het kan er 's nachts heel koud worden, met vroege ochtendmist. Van maart tot mei bereikt de temperatuur een broeierige 40°C met een hoge luchtvochtigheid. Fietsen in de regentijd, van juni tot september, kan leuk zijn, vooral met een groep, hoewel wegen glad en soms heel gevaarlijk kunnen zijn.

VOORBEREIDING

De meeste nationaliteiten krijgen bij aankomst in Thailand een toeristenvisum voor een maand, maar informeer bij de dichtstbijzijnde Thaise ambassade.

EEN FIETS RESERVEREN

Om in Noordoost-Thailand een fiets te huren, kun je het beste contact opnemen met een van de grote fietsreisbureaus in Chiang Khan of Bangkok. Als je vastbesloten bent alleen te gaan, kunnen mountainbikes worden gehuurd bij het Mut Mee Guest House in Nong Khai, hoewel je in het hoogseizoen (nov-feb) ruim van te voren moet reserveren om teleurstelling te voorkomen.

Zorg, voor je een fiets huurt, dat alles goed werkt, omdat je aansprakelijk bent voor schade als je de fiets terugbrengt.

Er zijn op het moment geen speciale vereisten voor toeristen die per vliegtuig een fiets mee naar Thailand willen nemen, maar informeer bij de betreffende luchtvaartmaatschappij.

LOGIES

Standaardhotelaccommodatie vind je in Nong Khai en Loei. Verwacht elders aan de Mekong niet veel luxe. Si Chiang Mai, Sangkhom, Pak Chom en Chiang Khan hebben pensions of aardige bungalows aan de rivier. In Ban Pak Huay staat een klein rijtje bungalows.

VERKEERSREGELS

- ❑ Het verkeer rijdt links (gewoonlijk).
- ❑ Het grootste voertuig heeft voorrang.
- ❑ Pas op voor gladde wegen na regenval.
- ❑ Ga in afgelegen streken nooit alleen fietsen.
- ❑ Ga nooit 's nachts fietsen.
- ❑ Draag reflecterende kleding en een kunststof veiligheidshelm.
- ❑ Handschoenen, zonnebril en een zonnebrandmiddel zijn heel belangrijk.

GEZONDHEID

- ❑ Zorg dat je goed geacclimatiseerd bent voor je gaat fietsen.
- ❑ Drink grote hoeveelheden water en neem rehydratiezout mee.
- ❑ Neem een EHBO-doosje mee met pleisters, ontstekingsremmende zalf en diarreetabletten.
- ❑ Zorg dat je alle tetanus- en andere inentingen hebt gehad die je huisarts heeft aangeraden.
- ❑ Zorg voor een goede ziektekostenverzekering.

REIZIGERSTIPS

- ❑ Fiets altijd minstens met z'n tweeën, want ongelukken en pech zijn bepaald niet zeldzaam.
- ❑ Als je pech krijgt, huur dan een *songthaew* (open vrachtwagen) om je naar de dichtstbijzijnde stad te brengen.
- ❑ Neem een recente kaart mee, een Thais woordenboek, en een bandenplaksetje. Als je alleen gaat, op je eigen fiets, neem dan ook een extra binnenband mee.
- ❑ Vertrek 's morgens vroeg, als het nog koel is, en zorg dat je halverwege de middag op je bestemming bent.
- ❑ Mensen die niet van fietsen houden, maar het land toch willen zien, kunnen een 100cc-scooter huren. Dit kan ook een goede 'hekkensluiter' zijn voor een groep fietsers.

Met de E&O Express

door Jill Gocher

De Eastern & Oriental Express, de luxetrein tussen Singapore en Bangkok, maakt een sprookjesreis. Onderweg stopt hij twee keer – een keer in Kachanaburi om de beroemde 'brug over de Kwai' te bezoeken, en de tweede keer in Butterworth voor de geneugten van het eiland Penang, 'parel van de Oriënt'.

Diep weggezakt in een pluchen bank in de observatielounge van de Eastern & Oriental Express, met een hoog glas gin-tonic met een tinkelend ijsklontje naast me, denk ik aan de vele treinreizen die ik heb gemaakt. Ik kom tot de conclusie dat wat treinen betreft de E&O Express tot de beste behoort. Het is een luxe avontuur, een nostalgisch herbeleven van de verfijnde begintijd van het reizen, toen stijl en glamour er nog deel van uitmaakten.

De 46 uur durende reis van Bangkok naar Singapore voert je door de groene rijstvelden van Zuid-Thailand en over de grens met Maleisië, over heel het Maleisische schiereiland voor je de Causeway naar het moderne Singapore over gaat.

Deze route vereist niets meer dan het vermogen je in luxe te ontspannen en te genieten van een elegante omgeving en een fijne keuken.

De coupés zijn zo comfortabel als in een smalle treinwagon maar mogelijk is.

Neem nette vrijetijdskleding mee voor overdag en een chique outfit voor 's avonds. Zoals de brochure het beknopt uitdrukt: 'Verzorgde kleding wordt op prijs gesteld.'

Singapore is een passend eindpunt voor een reis van formaat, op het meest zuidoostelijke puntje van Azie, even ten noorden van de equator. Ooit was deze moderne stad het koloniale hoofdkwartier – waar planters uit de binnenlan-

den van Maleisië kwamen voor rust en ontspanning – en de eerste Aziatische halte op heel wat wereldreizen. Hoewel veel van zijn koloniale schoonheid plaats heeft gemaakt voor hoge betonnen wolkenkrabbers in de Groot-Aziatische race om ontwikkeling, heeft Singapore nog iets van vroeger behouden. Veel van de bekende instellingen, zoals het Raffles Hotel, zijn zo gerenoveerd en opnieuw ingericht dat iets van de oude charme onmiskenbaar bewaard is gebleven.

ONDER De ranke lijnen van de E&O. Vanaf de ontvangst op het station (LINKS) wordt men de hele weg in de watten gelegd

De reis begint

U kunt in Bangkok of in Singapore op de trein stappen. Mijn metgezel en ik begonnen de reis in Bangkok, na een veel te kort oponthoud in het prachtige Oriental Hotel. Deze verfijnde oude dame speelde een grote rol in de oude handelstijd van Bangkok en is al meer dan een eeuw het belangrijkste hotel van de stad. Het stamt uit 1876 en werd het sociale trefpunt voor de elite van Bangkok en Europeanen die op reis waren. Tegenwoordig doet het alleraardigst denken aan vervlogen tijden – een nostalgisch genot.

We vertrekken voor de rit van vijf minuten naar het nabijgelegen centraal station, ruim op tijd om er voor 11 uur te kunnen zijn. In een stad die berucht is om zijn verkeersopstoppingen maakt het alle verschil als je dicht bij je bestemming bent. Na een paar minuten in de airconditioned wachtkamer worden we via het station naar de trein gebracht die in zijn groen met zilveren tooi staat te glimmen.

Het personeel is bezig het iedereen naar de zin te maken als de trein het station uitrijdt en dan gaan we naar de restauratiewagen voor de brunch. De tafels zijn prachtig gedekt met wit linnen; kristallen wijnglazen en zilveren bestek glanzen zacht in de ochtendzon, terwijl de wandlampen geel licht werpen op de houten betimmering van deze salon op wielen. Het wat hypnotische ritme van de bewegende trein maakt het gevoel van ontspanning en welbehagen alleen maar groter.

Als we de stad uitglijden, genieten we van een feestmaal van versgebakken brood, versgebrouwen Colombiaanse koffie en een eenvoudige soufflé van geitenkaas met zalmcroutons, gevolgd door vismedaillons met garnituur.

Treinreizen houden meestal een rechtstreekse interactie met de plaatselijke cultuur in, een confrontatie met de geuren, kleuren en geluiden van een vreemd land. Maar niet met de E&O Express. Hier krijgen reizigers een stijlvolle, geromantiseerde versie van Azië voorgeschoteld. De trein is eerder voor toeristen dan passagiers en is ontworpen om de rijken zo prettig mogelijk van alle luxe en gemakken te voorzien.

De passagiers worden behandeld als geëerde gasten en worden door het Thaise personeel met een *wei* of buiging begroet. De service is beleefd en vriendelijk. Vrouwelijke barkeepers zijn gekleed in rode *cheongsams* of traditioneel Thaise dracht, terwijl de stewards elegante kostuums in Thaise stijl dragen.

HEERLIJKE MAALTIJDEN

De reis wordt opgevrolijkt door licht amusement. De ene avond is het een Thais muziekrecital, de volgende een Maleisische dansvoorstelling. Een pianist speelt 's avonds in de bar en één middag is er een getalenteerde Thaise waarzegster om goede dingen over je toekomst te onthullen.

Dineren wordt als een van de speciale attracties van de reis beschouwd – een culinair avontuur waarin Thaise, Maleisische, Birmaanse en Indische smaken discreet in een voornamelijk westerse keuken worden gebruikt. Chef Kevin Cape heeft oosterse manieren van koken verkend en creatieve schotels bedacht die hem uitnodigingen opleveren voor internationale culinaire beurzen.

Een medaillon van 'geurige kabeljauw' ligt in een bouillon van koriander en waterkers, een hete loempia wijkt af van de typisch Chinese versie, terwijl een rundermedaillon vergezeld gaat van een Maleisische amandel-en-rozijnen-*ketupat*, of timbaaltje rijst, opgediend op een nestje van aubergine-en-kummelpuree – allemaal heerlijk en vaag exotisch zonder al te buitenlands te zijn. Een keur van Franse, Italiaanse, Australische, Duitse en Californi-

MALEISIËS FAVORIETE EILAND

Penang werd in 1786 door toedoen van kapitein Francis Light, na een overeenkomst met de sultan van Kedah, de eerste Britse kolonie in Straat Malakka. Munten werden het dichte oerwoud in geschoten om ontginning te bevorderen en vanaf dat moment groeide de jonge kolonie snel. Het aanbod van gratis land voor pioniers trok veel immigranten uit India, Maleisië, Birma, Thailand, Java, Sumatra en (de meerderheid) uit Zuid-China. Grote groepen Indiërs en Maleisiërs, en kleinere groepjes Atjeeërs en Javanen uit Indonesië, plus de afstammelingen van de eerste Arabische handelaars, zorgen voor een pittige multiculturele mix die Penang zijn kosmopolitische uitstraling en keuken geven.

BANGKOK

Bangkok, ook wel Krung Thep of Stad der Engelen genoemd, is een drukke stad vol beton en luchtvervuiling. Maar onder de soms charmeloze buitenkant ligt een levendige stad die moeilijk te weerstaan is. De trotse Thais zijn nooit door een Europese mogendheid gekoloniseerd en pas in 1855, na twee eeuwen van isolatie, stelde koning Rama IV het koninkrijk Siam open voor de wereld. Een jaar later kwamen de Engelsen – de eersten van een lange reeks Europeanen. Aan de Chao Phraya, vlak bij het Grote Paleis, verschenen al snel handelshuizen en *godowns* (pakhuizen). Net als moskeeën en Chinese tempels staan er hier veel van aan de rivier en in de kleine straatjes in de buurt van het Oriental Hotel.

sche wijnen zorgt voor voldoende verscheidenheid om aan ieders smaak te voldoen. Het menu verandert geregeld, zodat mensen die de reis meer dan eens maken, nieuwe ervaringen opdoen en voor elke maaltijd is er ook een à la carte-menu.

Treinmensen

Ik vraag me altijd af wat voor soort mensen graag met deze luxetrein gaan. Het antwoord is: allerlei soorten. Romantici, nostalgici en mensen die in luxe van de glamour van de 'exotische Oriënt' willen genieten; succesvolle zakenlieden, industriëlen, af en toe een lid van een koninklijk huis, modeontwerpers (de Japanse ontwerper Kenzo had vlak voor mij de trein genomen), gepensioneerden die in stijl willen reizen, af en toe een planter uit de tijd voor de onafhankelijkheid voor een nostalgisch bezoek, of een veteraan die hier in de Tweede Wereldoorlog is geweest. Eén oudere Engelsman met zijn vrouw komt voor het eerst in 43 jaar weer in het Oosten: hij was hier vlak na de Tweede Wereldoorlog met het Engelse leger geweest. De reizigers zijn voornamelijk Engelsen, Duitsers, Japanners en Amerikanen, met een paar andere nationaliteiten uit meer dan 60 landen.

De brug over de Kwai

Na ons vertrek uit Bangkok is ons eerste uitje maar de Kwai met haar beroemde brug, ca. 130 km ten westen van Bangkok. De film uit de jaren '50, *The Bridge on the River Kwai*, maakte de Engelse, Australische en Nieuw-Zeelandse geallieerde krijgsgevangenen die aan de brug en de Birmaspoorlijn werkten, onsterfelijk. Onder bevel van kolonel Nicholson, gespeeld door Alec Guinness, worden de troepen gedwongen een brug over de rivier te bouwen. Hun Japanse overheersers willen dat ze een Engels ontwerp gebruiken, omdat de Japanse versies onwerkbaar zijn. Na veel overtuigingskracht (marteling, een paar brute moorden e.d.) geeft de Engelse commandant toe en wordt de brug gebouwd binnen de krappe tijdsmarge die het Japanse hoofdkwartier had gesteld.

Wat de Japanners niet weten, is de sabotage die de mannen plegen, zelfs tijdens de bouw. Metalen bouten worden bijna doorgevijld, waardoor ze verzwakken zonder echt te breken, aangedraaide moeren worden na inspectie losgedraaid, uitrusting valt per ongeluk in de rivier en er worden termieten verzameld die naast onbeschermde funderingspalen worden begraven. Als de eerste trein over de brug rijdt, blazen Engelse commando's één overspanning op, waardoor de hele trein in de rivier stort.

De brug is het hoogtepunt van de hele Birma- of 'Doden'-spoorlijn. Het 415 km lange spoor door ruig en bergachtig oerwoud werd aangelegd voor Japanse transporten van troepen en krijgsgevangenen en ter ondersteuning van hun plannen om India binnen te vallen. Tegen mei 1943 gebruikten de Japanners 61.000 geallieerde gevangenen als arbeidskrachten uit de Engelse, Australische, Nederlandse en

Amerikaanse gevangenkampen uit heel Zuidoost-Azië. Daarnaast werden ca. 250.000 Aziaten als dwangarbeiders gebruikt, zonder het (twijfelachtige) voordeel van commandanten om namens hen te onderhandelen. Op bevel van het Japanse legerhoofdkwartier werden 'snelle', nonstopploegendiensten ingesteld, die zonder onderbreking 18 tot 30 uur moesten werken. De gevangenen kregen weinig voedsel of rust, er heerste malaria, dysenterie en cholera, ze kregen geen respijt en moesten werken tot ze erbij neervielen, in sommige gevallen tot ze eraan doodgingen.

Een geschat totaal van 16.000 geallieerde soldaten en ten minste 80-100.000 Aziatische arbeiders kwamen bij de aanleg om het leven – een hoge prijs voor de spoorlijn, die binnen vijf maanden werd aangelegd.

Kolonel Bogey en zijn mars

Ons bezoek aan de brug is gepland voor de middag van de eerste dag. De trein maakt een kleine omweg van het hoofdspoor naar de stad **Kachanaburi**. Waar hij maar stopt komen mensen nieuwsgierig kijken en willen zowel inwoners als buitenlandse toeristen zijn glanzende zilveren lijnen fotograferen. We voelen ons dus net VIP's als we uitstappen en ons voorbereiden op 'de brug'.

Weinig wijst op de verschrikkingen die mensen over de hele wereld zo ontstelden. Kachanaburi is tegenwoordig een rustige plaats en een populaire vakantiebestemming voor inwoners van Bangkok. De brede rivier ligt vol drijvende hotels en restaurants die tijdens de schoolvakanties overvol zijn.

Het is jammer dat we geen tijd hebben om over de brug te lopen of het museum te bezoeken, maar alle passagiers volgen de jonge gidsen gehoorzaam naar de rivier, onder de blikkerige klanken van 'de kolonel Bogey-mars' uit strategisch geplaatste luidsprekers.

Als we de brug van een afstandje hebben bekeken (de oorspronkelijk gebogen spanten uit Java zitten nog in de huidige, herbouwde versie), stappen we op een grote, schaduwrijke schuit, goed voorzien van koele drankjes en een geluidssysteem dat de gidsen enthousiast gebruiken als ze ons iets over de rivier en hun stad Kachanaburi vertellen. Gelukkig is de tocht betrekkelijk kort en als we de stille

LINKS De herbouwde 'brug over de Kwai' in Kachanaburi, een monument voor degenen die tijdens de Tweede Wereldoorlog omkwamen bij het werk aan de beruchte Birmaspoorlijn

Kachanaburi-oorlogsbegraafplaats bereiken, worden ons tijdens onze rondleiding verdere verklaringen bespaard. De begraafplaats is er een van de twee in de buurt – een groot veld met een gazon vol betonnen grafstenen ter herdenking van de geallieerde krijgsgevangenen die bij het werk aan de spoorlijn zijn omgekomen. We lezen de gedenkplaten, kijken naar de grafstenen en gaan in een wat sombere stemming terug naar de koele, welkome besloten ruimte van de trein, en onze reis gaat verder.

In de airconditioned bar met gin-en-tonic om weer op verhaal te komen, kijken we hoe de laagstaande zon lange schaduwen over de rijstvelden werpt als de trein verder naar het zuiden rijdt. De wereld staat in de gouden gloed die aan een spectaculaire tropische zonsondergang voorafgaat. De dag gaat over in nacht.

Nadat we om half zes bij het opkomen van de zon zijn gewekt, komen mijn metgezel en ik met tegenzin uit bed en stommelen, met onze camera's, door de slingerende gang naar het observatierijtuig, helemaal aan het eind van de trein. Het is altijd een goed idee om naar de zonsopgang te kijken, ingeval hij spectaculair is en mooi om te fotograferen. Tot mijn verbazing staan er al een paar andere enthousiasten slaperig in de koele ochtendlucht, met koffie in de hand. Terwijl we over koetjes en kalfjes praten, gaat de zon op – geen ontzagwekkend ochtendgloren, maar een goed begin van de dag. Een voor een verdwijnen we weer naar onze coupés voor het ontbijt en om ons klaar te maken voor de dag, terwijl we door de rijstvelden van zuidelijk Thailand razen.

Koloniale architectuur en etnische enclaves

Die middag, na weer een verzorgde lunch, bereiken we het eindpunt Butterworth, in de Noord-Maleisische staat Kedah. Van hier gaan we naar onze tweede geplande stop: een excursie over Straat Penang naar het historische eiland **Penang**. Een met oerwoud begroeide berg en een stad die een verrukkelijke mengeling is van moderne ontwikkeling, grillige koloniale gebouwen en kleurrijke Indische, Maleisische en Arabische wijken geven het eiland de bijnaam 'parel van de Oriënt'.

Er is tegenwoordig haast geen stad meer te vinden die de ontaarding van de modernisering bespaard is gebleven. Dankzij enige verlichte planning van 20 jaar geleden heeft veel van Penangs ontwikkeling buiten het oude centrum van Georgetown plaatsgevonden. Dus hoewel Penang bekendstaat om zijn talrijke flatgebouwen en een van Aziës grootste 'Silicon Valleys', is de prachtige bouwkundige nalatenschap van het oude Georgetown niet aangetast.

Een trishaw voert ons door de ene straat na de andere waar vervallen Chinese winkelwoonhuizen van voor de oorlog zich verdringen naast prachtige koloniale gebouwen uit de Engelse tijd (die in de jaren '60 eindigde met onafhankelijkheid). Ertussen staan talrijke tempels, gewijd aan een pantheon van goden. De oudste moskee, in Acheen Street, dateert uit 1808. Chinese tempels en de alleraardigste St.-George-kathedraal liggen in de Heritage-wijk. Je zou heel wat uurtjes kunnen doorbrengen met het verkennen van de wegen en zijstraten; onze korte excursie laat ons er iets van zien. Helaas wordt het E&O Hotel, ontworpen door de gebroeders Sarkies van het fameuze Raffles Hotel, uitvoerig gerenoveerd.

Na Penang gaan we naar het zuiden, langs Taiping, een 19e-eeuws centrum van tinwinning. Deze historische stad heeft een interessante geschiedenis met nog wat mooie koloniale architectuur en staat in een prachtig deel van het land. Met rondom beboste kalksteenbergen heeft het de meeste regenval van Maleisië; het landschap doet denken aan China's Guilin.

Tegen de tijd dat we in de Maleisische hoofdstad Kuala Lumpur komen, is het diep in de nacht en slapen de meeste passagiers, waardoor ze de koperen koepels en Moorse spitsen van het grootste station van de stad missen. Het is in 1911 volgens strakke richtlijnen van de Engelse spoorwegen gebouwd, met een sterk dak dat een meter sneeuw kan dragen. De meeste koloniale gebouwen in de buurt van het station van Kuala Lumpur zijn van begin 20e eeuw – de meeste in Moorse stijl en bij een andere gelegenheid zeker een bezoek waard.

Soepel verloop

De man die verantwoordelijk is voor het soepele verloop van de reis is de treinmanager, Christopher Charles Byatt. We zien zijn magere, kale gestalte hier en daar opduiken om gasten, voedsel en wijn te controleren en problemen op te lossen.

Mijn eerste indruk van deze kaarsrechte man, die zo kaal is als een biljartbal, is nogal negatief, maar Christopher blijkt een charmeur – een entertainer met een hele reeks verhalen. In perfect Engels vergast hij me op bloemrijke verhalen over vorige gasten die absoluut niet voor publicatie geschikt zijn. Christopher is een man om voor je in te nemen, een heer met boeddhistische neigingen en een brede ervaring van onder meer enkele jaren op de Venetië-Simplon Oriënt Express.

Kronkelend naar het zuiden

Na Kuala Lumpur rijdt de trein Zuid-Maleisië in, waar meer dan 21.000 km² oliepalm- en rubberplantages aan het regenwoud zijn ontworsteld. Maleisië, ooit de rijkste rubberproducent ter wereld, staat nu op de derde plaats, achter Thailand en Indonesië, terwijl de palmolieproductie zo is toegenomen dat ze een van de belangrijkste inkomstenbronnen van het land is en het hoog op de wereldranglijst heeft geplaatst. In Maleisië zit palmolie in bijna alles wat het land produceert, van bakolie, zeep, kaarsen, scheercrème en smeervet tot melkproducten, koekjes en ijs. Momenteel wordt onderzocht of het geschikt is als brandstof voor auto's.

Als we **Johor Baru** bereiken, zijn we op het zuidelijkste puntje van het Aziatische continent, maar we hebben meer belangstelling voor het ontbijt dat in onze knusse coupé wordt geserveerd, en we passeren het aardrijkskundige punt bijna ongemerkt.

Een moeiteloze rit over de Causeway voert ons naar Singapore en een snelle stop bij het nieuwe Woodlands-douane- en immigratiekantoor dat miljoenen heeft gekost, waar we uitstappen voor de douaneformaliteiten – een ruw ontwaken uit het beschutte bestaan van de laatste paar dagen. Gelukkig is dit de enige halte waar gasten moeten uitstappen.

Na een rit door de oudere, bosrijke delen van Singapore doemen de contouren van het moderne Singapore en het Tanjong Pagar Station op. We zijn er.

Om Robert Louis Stevenson te parafraseren: 'Het is beter in luxe te reizen dan aan te komen.' Zoals treinmanager Christopher me vertelt, is elke tocht een nieuw avontuur, omdat de sfeer van elke groep gasten anders is. Velen kiezen ervoor de reis op een later tijdstip te herhalen. Als ik de kans kreeg, zou ik het morgen zo weer doen.

ALLEEN ER OP UIT

Het binnenland in

U kunt met de gewone dienstregeling tussen Singapore en Bangkok dezelfde route volgen als de E&O (zonder de luxe). Dan moet je drie keer overstappen.

De nachttrein van Singapore naar Kuala Lumpur (KL) geeft aansluiting op de ochtendtrein naar Butterworth. Er gaat ook een middagtrein, waardoor je een paar uur heeft om de Maleisische hoofdstad te bekijken. Vlak bij het station staan al een paar van KL's aantrekkelijkste historische gebouwen, die beslist een bezoek waard zijn.

Van Butterworth (met eventueel gelegenheid voor een paar dagen in Penang) gaat de Bangkok International Express naar Bangkok. Hij stopt in de grensplaats Hat Yai voor douaneformaliteiten.

Er zijn slaapcoupés van Singapore naar Kuala Lumpur en weer van Butterworth naar Bangkok. Doorgaande reizen kunnen in zowel Singapore als Bangkok worden geboekt.

Wanneer?

Voor de E&O Express is elke tijd van het jaar goed, omdat de belevenis niet echt wordt beïnvloed door het weer. Het zal wel van invloed zijn op verdere tochten.

Voorbereiding

Hoewel de meeste mensen de hele reis in één keer willen maken, kan ook een deel van de reis per E&O Express worden geboekt – van Singapore naar Kuala Lumpur of Butterworth, of van Bangkok naar Butterworth. Voor sommige tochten kan meteen een doorreis naar Chiang Mai in Noord-Thailand worden geboekt.

De bagage voor onderweg moet in een kleine reistas zitten die in de coupé kan blijven. Grotere koffers worden in de bagagewagen voor aan de trein bewaard en daar kun je onderweg niet bij.

Gezondheid

- Informeer een maand voor vertrek naar de benodigde inentingen.
- Zorg voor een goede ziektekostenverzekering.

MEE TE NEMEN

- Bagage voor onderweg in een kleine koffer of reistas.
- Baar geld of creditcards voor extra aankopen en drankjes in de trein. (Een fles van je favoriete drank zal de kosten drukken.)
- Wandelschoenen en een zonnehoed voor excursies.
- Keurige vrijetijdskleding voor overdag (spijkerbroek en T-shirt worden niet aanbevolen) en chiquere kleding voor 's avonds.
- Sommige mensen hebben de eerste nacht wat moeite met het bewegen van de trein – een slaapmiddel kan helpen.
- Een goed boek voor als je even niet met anderen wilt praten.
- Extra geld voor fooien voor cabine- en bedienend personeel.
- Luxe toiletartikelen liggen in je coupé, maar wellicht wil je ook je eigen cosmetica meebrengen.

OP HET MENU

Naast de maaltijden van het menu, heeft E&O ook een à la carte menu, met Schotse gerookte zalm, Beluga-kaviaar met blinis, en runder-medaillon in gembersaus met citroengras, of gefrituurde schaaldieren. Je kunt maaltijden zonder kruiden krijgen.

NAOORLOGSE ONTMOETING

Treinmanager Christopher vertelt een huiveringwekkend verhaal van twee oudere heren, een Engelsman en een Japanner, die in de oorlog allebei met de Birmaspoorlijn te maken hadden. Ze werden zich van elkaars bestaan bewust en waren een keer toevallig – of omdat het zo was voorbeschikt – alleen in de bar. Nadat ze elkaar een paar minuten nerveus hadden bekeken en ze gingen beseffen in wat voor situatie ze zich bevonden, zaten ze samen zwijgend te drinken. Toen ze opstonden, bogen ze naar elkaar voordat ze ieder huns weegs gingen. Een oude rekening was vereffend.

Leren duiken in Phuket

door Simon Richmond

Phuket, dat de meeste avontuurlijke activiteiten van alle eilanden van Thailand biedt, ligt bij de Similaneilanden in de Andamanse Zee, een van de beste duikplekken op aarde. Het was een ideale plaats om mijn duikbrevet te halen en mijn eerste tocht onder water te maken.

Als het giet in Phuket – het grootste eiland van Thailand en een trekpleister voor meer dan een miljoen genotzoekende bezoekers per jaar – kun je maar beter in het water liggen. Maar toen ik huiverend in het zwembad op het dak van een berghotel in de toeristenplaats Patong voor de derde keer probeerde mijn volgelopen duikbril leeg te krijgen door door mijn neus te blazen, vroeg ik me af of onder water zijn wel zo'n goed idee was.

'Je zult duiken heerlijk vinden,' zeiden mijn vrienden die ervaren duikers waren. 'Als je eenmaal onder water bent, wil je er niet meer uit,' zeiden ze. Ik wist het nog zo net niet. Ik ben dol op aquaria en die sierlijke schildpadden en sluipende haaien, maar ik had het altijd prima gevonden om ze veilig vanachter glas te bewonderen. Ik zag graag bonte vissen en koralen bij het zwemmen, maar dat was gemakkelijk, aan de oppervlakte, met een snorkel.

Maar als je echt de hele wereld wilt verkennen, is het niet slim om je af te snijden van de onderwatermysteries en avonturen van oceanen en meren – die

Als je wil leren duiken, moet je gezond zijn en goed kunnen zwemmen, ten minste 183 m, en 10 minuten kunnen watertrappelen. Je moet ook heel wat duiktheorie leren om voor het examen te slagen. Lees de betreffende hoofdstukken in het handboek voor je aan de cursus begint.

Het onder de knie krijgen van vaardigheden als het laten vollopen en leegmaken van een duikbril is moeilijk en kan je aanvankelijk nerveus maken. Als je eenmaal zelfvertrouwen krijgt, verdwijnen ongemakken. Wat logies en eten betreft, heeft Phuket iets voor elke smaak en elk budget, van een paar van de meest luxe hotels van Thailand tot slapen op het strand van Patong.

Of je nu leert duiken of alleen maar wilt snorkelen, de beste uitrusting om te hebben zijn een bril, snorkel en zwemvliezen. Alle fatsoenlijke duikorganisaties en veel overnachtigsmogelijkheden zullen deze gratis of tegen geringe vergoeding ter beschikking stellen, maar ze kunnen in slechte toestand zijn en passen misschien niet zo goed als een uitrusting die op je is toegesneden. Meer ervaren duikers of mensen die de sport serieus willen gaan beoefenen, kunnen overwegen hun eigen decometer en ademhalingsapparatuur te kopen. Het water is warm, maar een duikpak of Lycra bodysuit zal het drijfvermogen bevorderen en tegen zonnebrand beschermen.

meer dan de helft van de aardbol bedekken. Mijn angst had veel te maken met het feit dat ik niet zo goed kon zwemmen, maar zoals Jeroen, mede-eigenaar van Fantasia Divers in Phuket, me verzekerde: 'Dat hoeft ook niet. Als je maar goed kunt zinken!'

Paradijs voor duikers

Phuket is een van de beste plaatsen in Thailand om te leren duiken. Andere eilanden, zoals Ko Tao en Ko Samui, voor de oostkust zijn ook populair, maar hebben lang niet zoveel duikcentra als Phuket en vooral **Patong**, de grootste badplaats, die allang van idyllisch toevluchtsoord voor hippies in een echte toeristenplaats is veranderd, met tal van souvenirwinkeltjes, restaurants en bars. Door concurrentie blijven de prijzen laag en de duikattracties in de buurt zorgen dat er genoeg volleerde duikmeesters uit verschillende landen zijn om les te geven in zoveel verschillende talen als nergens anders ter wereld, en in Thailand al helemaal niet.

Eén reden voor al die duikzaken is dat Phuket vlak bij de negen Similaneilanden in de Andamanse Zee ligt, zo'n 60 km uit de kust en in de jaren '80 tot

BOVEN Kleine rifvissen zwemmen tussen de koralen van de Andamanse Zee als een duiker (INZET) onder water tegen de zon in wordt gefotografeerd
LINKS Scubaduikers, op weg naar dieper water

nationaal zeepark gemaakt. Duikenthousiasten zullen je vertellen waarom de eilanden zo beroemd zijn; dat ze, op twee na, onbewoond zijn en onbedorven door toeristen; dat de omringende wateren vol planten en vis zitten, waaronder maanvissen (*Pomacanthus paru*) en papegaaivissen (*Scarus lepidus*), zeesterren (*Acanthaster planci*), schildpadden en haaien; dat het zicht in het blauwe water wel 30 m of meer is. En omdat veel van het koraal en visleven maar een paar meter onder de oppervlakte ligt, kan een tocht naar de Similaneilanden ook voor niet-duikers de moeite waard zijn.

De beste tijd om de eilanden te bezoeken, is van november tot april, buiten de regentijd. Maar zelfs als je in de natte zomermaanden in Phuket komt, zijn er nog volop duikmogelijkheden rond de Rajah-eilanden, in het zuiden, of in de Phang Nga-baai, in het oosten. Snorkelen is op al deze plaatsen mogelijk en als je geen tijd of geld hebt voor een 3- of 4-daagse cursus om een duikbrevet te halen, geeft dat niet. Eendaagse of 'resort'-duiken zullen je bekendmaken met de beginselen van het duiken in veilig water. Maar om toegang tot het diepere onderwaterparadijs te krijgen, om met de grote vissen te kunnen zwemmen, moest ik het goed leren en dat betekende: weer naar school.

Theorie en praktijk

Ik gaf me op voor een 4-daagse cursus die werd gegeven onder auspiciën van de PADI (Professional Association of Diving Instructors), de Amerikaanse organisatie die zo'n tweederde van alle duikers ter wereld opleidt. Omdat het heel belangrijk is dat je je instructeur goed begrijpt en omdat je een tijdje met hem moet optrekken, is het de moeite waard om te kijken van wie je het gaat leren en misschien af te spreken elkaar van tevoren te ontmoeten. Kijk ook hoeveel andere leerlingen er in je groep zullen zijn; hoe kleiner de groep, hoe meer tijd de instructeur voor je heeft.

Mijn cursus had nog twee leerlingen: Issiah, een steward uit Singapore die zich aan zijn GSM vastklampte of het een knuffelbeest was, en Kira, een Engelse tiener en de enige van ons die al eens een dag had gedoken. Duncan, onze hoofdinstructeur en voormalig kok en vakantiekampleider uit Engeland, probeerde ons op ons gemak te stellen door ons voor te houden dat duiken niet alleen een sport voor 'woeste, taaie spierbundels' was en dat het een volkomen veilige vrijetijdsbesteding was zolang we de beginselen maar in acht namen.

Een van deze beginselen was het invullen van een medische vragenlijst voor aanvang van de cursus. Zelfs iets ogenschijnlijk kleins als een verstopte neus na een kou kan ernstige gevolgen

Het vegetarisch festival

De hoofdstad van het eiland, Phuket-stad, is met zijn levendige markt, fascinerende antiek- en kunstnijverheidswinkeltjes, en resten vervallen maar indringende Sino-Portugese architectuur een prima tegenhanger van de strandcultuur. Ga zo mogelijk eind oktober, aan het begin van de negende maand van de Chinese maankalender, om getuige te zijn van de exotische en soms weerzinwekkende rituelen van Ngan Kin Jeh, het vegetarisch festival.

Het hoogtepunt van dit festival (zo genoemd vanwege het strikt vegetarische dieet dat in de maand van rituele zuiveringen wordt gevolgd) is de optocht van de *nagas*, religieuze volgelingen die zich opzwepen tot een derwisjachtige trance, zodat ze hun vlees kunnen bewerken met metalen staven, over hete kolen kunnen lopen, en andere gevaarlijke stunts kunnen uithalen zonder kennelijk last te hebben van een van de gebruikelijke gevolgen.

Voor wie te gevoelig is voor deze uitingen van ritueel masochisme, biedt het festival volop zang en dans, in de hele stad staan fleurige altaren voor winkels, en 's avonds is er vuurwerk. De beste plaats om het festival mee te maken, is bij de Wat Jui Tui aan Ranony Road.

hebben voor je vermogen om veilig te duiken, het is dus belangrijk de vragenlijst eerlijk in te vullen. Als je met kinderen reist, is het ook belangrijk te weten dat de minimumleeftijd voor het PADI-brevet 12 jaar is, en dat 12- tot 15-jarigen als 'junior duikers' gelden en altijd vergezeld moeten gaan van een volwassene.

Bij elke duikcursus hoort een fors brok theorie en in dat opzicht verschilt PADI niet. De studie is verdeeld in vijf modules, met elk een videoband en een uiteenzetting door een duikmeester. Het tweede deel van de cursus bestaat uit training in besloten water – de beginselen van het duiken leren in een kunstmatige omgeving, zoals een zwembad of ondiep water. Voor het laatste deel ga je naar open water voor vier duiken, om de pas geleerde vaardigheden te oefenen. Om voor de cursus te slagen moet je (a) ten minste 75 procent van het multiple choice theorie-examen halen en (b) laten zien dat je een reeks belangrijke duikvaardigheden beheerst.

Het water keuren

Duncan begon met uit te leggen wat we de komende vier dagen gingen doen. De eerste ochtend zouden we in de klas zitten om de modules een en twee te bestuderen, voor we 's middags naar het zwembad gingen om bekend te raken met duikbenodigdheden en om verschillende vaardigheden te oefenen. Op dag twee, als we de resterende drie modules van de cursus hadden gehad, zouden we examen doen. Dag drie en vier zouden worden gebruikt voor vier duiken in open water.

Niet alle PADI-cursussen hoeven zo te verlopen. Een van de voordelen van het systeem is dat het flexibel is. Cursussen kunnen ook drie of vijf dagen duren, afhankelijk van hoe snel instructeur en leerlingen willen gaan.

Algauw werd me duidelijk waarom ik, om te leren duiken, niet gewoon mijn scubaspullen kon aandoen en in het water springen. Duiken en onder water ademhalen hebben belangrijke gevolgen voor het lichaam waar rekening mee moet worden gehouden als het veilig en leuk moet blijven.

Als je bijvoorbeeld afdaalt, komt er een onbehaaglijke druk op je oren te staan. De eenvoudigste techniek om hiermee af te rekenen, is je neus dicht te knijpen en er voorzichtig door te blazen als je afdaalt. Belangrijker is echter dat je altijd de gulden regel van het scubaduiken volgt: houd nooit onder water je adem in en blijf voortdurend ademen. Als je je adem toch inhoudt, kunnen je longen beschadigen en zelfs scheuren.

Het stuk gereedschap waardoor je bij het duiken kunt ademen, is de scuba of Self-Contained Underwater Breathing Apparatus. Hij bestaat uit een tank (een hogedrukcilinder met samengeperste lucht), een ventiel om de luchtstroom aan en af te zetten, een regulator (het mondstuk waardoor duikers een bepaalde hoeveelheid lucht ademen) en een drukmeter om de luchtvoorraad in de gaten te houden.

De eerste duik

Hoe zwaar een scuba-apparaat ook is, het is dikwijls niet zwaar genoeg om het natuurlijk drijfvermogen van het lichaam te overwinnen. Daarom dragen duikers riemen met meerdere loden gewichten van 1 kg om ze te helpen zinken. Maar niet iedereen heeft evenveel lood nodig.

'Doe maar liever een paar van die gewichten af,' zei Duncan, toen ik meteen naar de bodem van het zwembad zonk. Ik kreeg een les uit de eerste hand in negatief drijfvermogen, iets wat we eerder in het theoretisch gedeelte hadden geleerd.

Een van de belangrijkste duikvaardigheden is te leren hoe onder water het drijfvermogen te beheersen. Dit gaat door een combinatie van diep, rustig ademen en een BCD (*buoyancy control device*) – een opblaasbare blaas, dikwijls in de vorm van een vest, dat automatisch kan opblazen of leeglopen om je aan de oppervlakte te laten drijven of onder water gewichtloos te maken. De bedoeling is van de bodem te blijven en niet tegen gevaarlijke rotsblokken of breekba-

BOVEN Strand van Patong, Phuket

re koralen te botsen. De minste aanraking kan organismen beschadigen of doden die tientallen jaren nodig hebben gehad om te groeien.

Andere vaardigheden die moeten worden geoefend, hebben te maken met rustig te blijven bij problemen zoals water in je duikbril krijgen, de duikbril verliezen, de regulator terugdoen als hij uit je mond gaat en zonder lucht komen te zitten.

Met gebruik van amateur-psychologie vroeg Duncan ons te beginnen met wat volgens hem het moeilijkste van alles was: een minuut onder water door ons scuba-apparaat ademen zonder duikbril. Wat ik moeilijk vond, was het onder de knie krijgen hoe ik onder water het water uit mijn duikbril kreeg. Ik kromp in elkaar, telkens wanneer ik water in mijn neus kreeg.

Toen gaf de co-instructeur, Thomas, me een tip: knijp je neus dicht terwijl je in- en uitademt en hou je hoofd een beetje achterover. Dit ging goed en toen ik weer door de lege duikbril kon kijken, was ik dolblij dat ik Thomas me het oké-signaal zag geven ten teken dat ik deze vaardigheid onder de knie had gekregen.

Examen

We moesten de eerste avond een paar uur huiswerk doen, toen moesten we op dag twee de modules drie tot vijf afmaken, met onderwerpen als de onderwaterwereld, te volgen procedures bij het duiken vanaf een boot en hoe een kompas te gebruiken voor eenvoudige navigatie. Het belangrijkste was dat we leerden wat de gevolgen zijn van het inademen van lucht op een bepaalde diepte en hoe duiken, als het niet goed in de gaten wordt gehouden, kan leiden tot decompressieziekte, ook wel caissonziekte genoemd.

Decompressieziekte ontstaat wanneer belletjes overtollige stikstof (die door het lichaam worden opgenomen door bij verhoogde druk lucht in te ademen) bij het stijgen in bloedvaten en weefsels blijven steken. Om deze gevaarlijke aandoening

te vermijden, moet men leren duiktabellen te gebruiken, waardoor de maximale veilige tijd en uiterste diepte voor elke duik berekend kunnen worden, en hoeveel tijd men tussen duiken door aan de oppervlakte moet blijven.

Sommige leerlingen struikelen over het leren gebruiken van deze tabellen. Er is echter maar weinig oefening voor nodig en ik was blij dat ik voor de cursus het handboek had doorgenomen en niet had beknibbeld op het huiswerk dat Duncan had gegeven.

Tegen de middag deden we het examen van 50 multiplechoicevragen. Kira slaagde niet, maar omdat ze de volgende avond nog een kans kreeg, was alles nog niet verloren. Duncan was bemoedigend: van de 300 leerlingen die hij had gehad, waren er maar drie gezakt: twee waren bang voor water en de ander was medisch ongeschikt.

Op weg naar open water

Dag drie brak aan en bij ons groepje voegden zich nog drie leerlingen voor het duiken in open water. Cillian, een zelfverzekerde Ierse knul, had het eerste deel van de cursus in zijn hotel in een ander deel van Phuket gedaan, terwijl

ONDER Een krab rust uit (INZET), terwijl een duiker boven oranje zeewaaierkoraal zwemt

moeder en dochter Fern en Tamalin hun examen hadden afgelegd en de training in besloten water in Zuid-Afrika hadden gedaan voor ze hier kwamen.

Dit is nog een voordeel van de modulaire PADI-cursus; je kunt de theorie alvast in je eigen tempo en klimaat doen en dan de plezierige openwaterdelen bij een duikschool doen die in een warmer klimaat PADI-cursussen geeft, zoals in Thailand. Daarom had Christopher Knowles dan ook voor zijn PADI-cursus op Borneo gekozen (► 198-207).

Fern was aangemoedigd om het te leren door haar man, een enthousiast duiker, maar moest er nog van overtuigd worden of mensen zich eigenlijk wel onder water moesten wagen. Met het gevoel voor humor dat ik wel begon te mogen, maakte Duncan haar mijn duikmaatje en noemde ons 'de nerveuze tweeling'. Kira en Tamalin waren 'de jonkies' en Issiah en Cillian 'de koele kikkers'.

Het is om verschillende redenen belangrijk met een partner of 'buddy' te duiken. Hij of zij kan je voor het duiken met je uitrusting helpen, je herinneren aan diepte, tijd, luchtvoorraad en zo nodig noodhulp verlenen. Afgezien van dat alles is het veel leuker om met andere mensen te duiken dan in je eentje.

Op de boot naar de riffen voor het eiland Rajah Yai, nam Duncan het duikplan van die dag door. We zouden verschillende vaardigheden oefenen en dan onze eerste echte duik van ca. 40 minuten maken. Hij nam ook de handsignalen door die we zouden gebruiken om onder water met elkaar te communiceren. Dat is standaard bij elke duik: stel van tevoren met je partner een duikplan op en houd je er dan aan.

Een andere wereld in

De onderwaterwereld is verre van stil, maar het belangrijkste wat nieuwelingen als ik opmerken, is de eeuwige stroom belletjes uit hun scuba-apparaat – en misschien hun hart dat bonkt van opwinding. Alle angst verdwijnt zodra het echte duiken begint, dat op zijn best een prachtige natuursafari is en veel ontspannender dan een vergelijkbare zwerftocht over land.

Zelfs in de ondiepten rond Rajah Yai werden we omzwermd door scholen gestreepte zwart met gele cobia's. Toen we dieper kwamen, werd het koraal spectaculairder en toen ik stekelige zee-egels zag en kransen puntkoralen die van de bodem oprezen, besefte ik waarom het zo belangrijk is het drijfvermogen te beheersen. Je zou gemakkelijk in je eigen wereldje kunnen verdwijnen en gefascineerd raken door een enkele vis of plant.

Op de laatste dag van de cursus beloofde een strakblauwe hemel een goede duikdag en mijn medeleerlingen waren in een opperbeste stemming – vooral Kira, die met 94 procent voor haar herexamen was geslaagd. Ik moest mijn tien minuten watertrappelen nog doen (ik had er in het zwembad nog geen vijf gehaald), maar rekende op succes, omdat zout water je laat drijven en ik van Fern de tip had gekregen mijn benen ver uit elkaar te houden.

We gaan naar het zuiden, naar de Bungalowbaai van Rajah Yai, waar een paar van onze onderwatervaardigheidstesten worden gedaan in aanwezigheid van een nieuwsgierige gele vinvis. Als onze training voorbij is, is het tijd voor ontspanning en om van het zeeleven om ons heen te genieten. Ik zie een murene door een doolhof van koraal glijden en blijven hangen als scholen zilveren visjes als een glanzend gordijn langsgaan. We zien een leeuwvis en een octopus, maar we blijven uit de buurt van een territoriale vrouwelijke trekkervis met scherpe tanden.

Als Duncan het signaal geeft dat we omhoog moeten, besef ik tot mijn verbazing dat ik eigenlijk nog niet uit deze fascinerende nieuwe wereld weg wil. Ik ga op mijn gemak door het rustige blauwe water omhoog. Ik ben al aan het bedenken wanneer ik weer kan duiken. Als ik aan de oppervlakte kom, hoor ik de beste woorden van de afgelopen vier dagen: 'Welkom terug aan boord, zes nieuwe gediplomeerde duikers.'

ALLEEN ER OP UIT

HET BINNENLAND IN

De belangrijkste internationale toegang tot Phuket is de luchthaven, ligt aan de noordwestkust (► 40-49).

WANNEER?

November tot april is de beste tijd voor de Similaneilanden. Maar 's zomers, in de regentijd, is het nog steeds goed duiken in de Phang Nga-baai (► 40-49) of de Rajah-eilanden.

DUIKCENTRA

De meeste duikcentra zitten in en rond Patong, maar omdat veel touroperators en duikcentra een gratis ophaaldienst hebben van hotels waar ook op het eiland, is er geen dringende reden om daar te logeren, tenzij je dat wilt.

De webside van het eiland Phuket (zie Contacten) heeft links naar lokale duikcentra, plus foto's van zeeleven.

DUIKCURSUS KIEZEN

Informeer, voor je je voor een cursus opgeeft, wat precies bij de kosten is inbegrepen. Als je bijvoorbeeld al een duikhandboek en duiktabellen hebt gekocht, hoef je niet extra te betalen voor een cursus waarbij je die nogmaals krijgt.

Controleer de apparatuur die je gaat gebruiken en ga referenties van het personeel na. Kies een centrum dat PADI- of NAUI- (National Association of Underwater Instructors) cursussen geeft. Informeer of het duikcentrum lid is van Divesafe Asia, die de enige decompressieruimte in Phuket heeft.

Introductiecursussen van één dag beginnen bij ca. 3000 baht ($80); de 3- of 4-daagse openwatercursussen zijn ca. 11.000 baht ($300). De meeste duikcentra geven een 2-daagse openwatercursus voor gevorderden, een 2-daagse reddingscursus, een 1-daagse eerstehulpcursus en andere cursussen.

Voor gediplomeerde duikers gaan dagtrips in de buurt van Phuket onder meer naar Ko Rajah Noi en Ko Racha Yai, zo'n 30 km ten zuiden van de eilanden, en naar Shark Point (Hin Mu Sang) en Ko Phi Phi aan de oostkant van de Phang Nga-baai.

DUIKEXPEDITIES

De beste manier om bij de Similaneilanden te duiken is met een van de 2- tot 4-daagse expedities mee te gaan die in Phuket worden aangeboden, op basis van logies aan boord. Meestal zijn eten, drinken en duikbenodigdheden bij de prijs inbegrepen en op langere tochten zal een hele reeks duikplekken worden aangedaan. Een dagtocht van Phuket naar Ko Similan is mogelijk, maar de reis duurt 3 uur, heen en terug, zodat er weinig tijd voor het zeeleven overblijft. Langere tochten kunnen ook geregeld worden, naar de noordelijker Ko Surin-eilanden, de ondergelopen Burma Banks en de honderden eilanden en riffen van de Mergui-archipel van Myanmar – plaatsen waar haaien en mantaroggen zijn gezien.

MEE TE NEMEN

- Waterbestendig zonnebrandmiddel.
- Badpak en/of lycra bodysuit of duikpak, duikbril, snorkel en zwemvliezen.

GEZONDHEID

- Neem EHBO-doos mee.
- Informeer een maand voor vertrek wat voor inentingen je nodig hebt.
- Zorg voor goede ziektekostenverzekering.

ANDERE AVONTUREN OP PHUKET

Naast duiken, snorkelen en zeekajakken (► 40-49) heeft Phuket ook verschillende avonturen op het land. Tropical Trails organiseert mountainbiketochten, oerwoudwandelingen en olifanttochten in drie verschillende delen van het eiland. Als je er alleen op uit wilt, kun je ook een Amerikaanse Trek- en/of Haro-mountainbike met 21 versnellingen huren, met helm, slot, bidon en kaart. Mountainbiken kun je ook bij Siam Safari, die eersteklas eco-natuurtochten organiseert met olifanttochten van 30 minuten, wandeltochten en tochten per opblaaskano door de mangrovemoerassen. The Travel Company kan al deze activiteiten voor je regelen en biedt ook meerdere avontuurlijke safari's van een halve of hele dag op het eiland met kleine terreinwagens. Deze kunnen worden gecombineerd met olifanttochten. Langere tochten naar de bossen en watervallen van Phang Nga en naar het Khao Sok Nationaal Park, allebei ten noorden van Phuket, zijn ook mogelijk. Zie Contacten voor bijzonderheden over al deze organisaties.

Per stoomboot naar Mandalay

door Jill Gocher

The Road to Mandalay is de naam van een luxe cruiseschip dat op de legendarische rivier de Ayeyarwady vaart. Na een bezoek aan de vlakte van de tweeduizend pagoden, voer ik mee van Bagan naar Mandalay. Landtochtjes zijn onder meer bezoeken aan kloosters, een pottenbakkerij, een bladgoudatelier – en de grootste luidende klok ter wereld.

Myanmar (het voormalige Birma) verkennen, is een stap terug zetten in de tijd. Het bestaan van een elektronisch tijdperk valt moeilijk te geloven als de middelen van transport nog paard en wagen, ossenwagens, fietsen, gammele plattelandsbussen en roestige oude auto's zijn. Industriële ontwikkeling bestaat praktisch niet en, afgezien van een paar nieuwe luxehotels in de hoofdstad, Yangon, en in Mandalay, gaan zaken rustig en traditioneel. De mensen, gelovige boeddhisten, zijn vriendelijk en aardig.

De meeste bezoekers weten niets over Myanmar. Door zijn gesloten grenzen is het zo lang van de wereld afgesloten geweest, dat het een bijna vergeten land is geworden. Vage herinneringen aan *Burmese Days* (1935) van George Orwell en verschillende beschrijvingen van 'een gouden land' verhouden zich slecht met recentere verslagen van journalisten die alles willen weten over politieke dissidenten.

Iedereen kan deze reis over de rivier maken, al vereist gebruik van plaatselijk transport in plaats van het luxe vaartuig een zeker uithoudingsvermogen.

★ *The Road to Mandalay* is de hele weg vijfsterrenluxe. Wie rugklachten heeft, kan de rit met paard en wagen tijdens de excursie naar Ava beter overslaan. In Yangon en Mandalay is voor elke beurs logies te vinden. Bagan heeft talrijke pensions en meerdere aardige driesterrenhotels.

Neem een zonnehoed, wandelschoenen, muskietenwerend middel en zonnebrandmiddel mee. Een blouse met lange mouwen is raadzaam voor mensen die snel verbranden.

De vlakte van de tweeduizend pagoden

De Air Yangon-vlucht van Yangon naar Bagan komt 's morgens vroeg aan en na een snelle douanecontrole en betaling van $10 per persoon voor een bezoekersvisum, verlaten we het vliegveldje en treffen een verscheidenheid aan taxi's, reisbussen en ponywagens aan. Ik ben een dag te vroeg en kan Bagan dus verkennen voor ik op de boot stap, en ik besluit een taxi te nemen. Na enig marchanderen om tot een goede prijs te komen, vertrekken we naar het oude Bagan, ca. 5 km ten zuiden van het dorp Nyaung U.

Pagan, of **Bagan**, zoals het tegenwoordig heet, op de oostelijke oever van de Ayeyarwady, is maar een van de vele klassieke beschavingen die in de wijde, vruchtbare vlakten van Midden-Myanmar zijn opgekomen. Mandalay en de oude, bijna mythische steden Ava, Amarapura, Prome (Pyi), Sagaing, Mingun en Shwebo zijn allemaal opgekomen en ondergegaan aan de Ayeyarwady. Dit was waarschijnlijk de grootste van deze steden. Op de brede locatie van 42 km² op de vlakte van Bagan stonden, op het hoogtepunt van haar macht, 13.000 monumenten.

Verspreid onder de ca. 2000 pagoden, bibliotheken, kloosters, stoepa's en chedi (of *zedi*) die er nog staan, zijn meer dan 100 monumenten – een complex dat alleen wordt geëvenaard door Angkor Wat in Cambodja en de Borobudur in Indonesië.

Het oude Bagan is een heerlijke verrassing. Door negatieve berichtgeving over de gedwongen verhuizing van de dorpelingen uit het oude Bagan, plus verhalen over nieuwe wegen en opdringerige touringcars, had ik eigenlijk een of ander steriel themapark met archeologische monumenten verwacht. Maar dat is beslist niet het geval. Hoewel er een nieuwe weg over het terrein loopt, zijn alle sporen van een vroegere toeristenplaats volkomen verdwenen en het land wordt nog steeds volop gebruikt. Tussen de pagoden en stoepa's liggen velden

BOVEN Onze boot in Mandalay
ONDER De zon gaat onder over de vlakte van Bagan met zijn oude monumenten

met maïs, sesam, pinda's en groente, en waarschijnlijk zul je ossenwagens krakend over de karrensporen zien gaan.

Naast de archeologische pracht heeft Bagan een tijdloze ambiance en een ondefinieerbare charme die je iets doen. De afgelopen jaren is de Birmaanse regering, samen met UNESCO en UNDP, aan een hele reeks renovaties begonnen en een paar van de mooiste monumenten zien er wat gelikter uit omdat ze iets van hun vroegere contouren hebben teruggekregen. Uiteindelijk hoopt de regering alle monumenten te restaureren.

The Road to Mandalay

Ik ga rond het middaguur aan boord van *The Road to Mandalay* (*RTM*). Als ik mijn bagage heb weggebracht, kijk ik op het schip rond. De boot is van Duitse origine en is een paar jaar geleden door de Eastern & Oriental Company (E&O) voor vijf miljoen dollar zo gerenoveerd en ingericht dat hij aan E&O-normen voldoet.

De luxehutten zijn buitengewoon ruim en chic, met een eigen douche- en toiletruimte. Wijn in een ijsemmer, een schat aan toiletartikelen, een tv met CNN en twee videokanalen, en een prachtig uitzicht op de rivier beloven een aangename reis – genoeg om de rijken en soms beroemden te trekken.

Dan is het tijd om naar de eetzaal te gaan, de andere gasten in ogenschouw te nemen en de lunch te keuren. Als eerste maaltijd wacht ons een uitgebreid buffet met Indiase specialiteiten. Curry's, dhal, salades en Indiase broodsoorten zijn prachtig uitgestald. Obers staan klaar om bij het minste of geringste toe te schieten, en het ijswater, de thee en wijn worden prompt en met een glimlach geserveerd.

De ca. 40 gasten zijn een gemengd gezelschap. Een grote groep rijke Mexicanen staat op het punt zich in te schepen voor het tweede deel van hun reis, terug naar Mandalay. Een Zwitserse fysiotherapeut met zijn moeder en zuster vormen een klein gezelschap. Een groep Japanse journalisten en een Oostenrijkse groep lijken zich goed te vermaken en een chic uitziend Engels echtpaar lijkt iedereen aan boord te kennen. *RTM* trekt een interessant en zeer vermogend volkje.

Die middag is er een georganiseerde tocht door Bagan, maar ik regel mijn uitstapjes liever zelf en vertrek naar een paar pagoden met mijn vertrouwde koetsier, Win Ko.

Win Ko (wagen nr. 134) is een verrukking. Hij is geboren en getogen in Bagan, gelovig boeddhist en een eenvoudig man. Hij weet veel van de monumenten en net genoeg van zaken om met de zorg voor zijn passagiers zijn karige brood te verdienen. Hij weet ook hoe hij voor zijn paard moet zorgen, dat hij 'gras en kousenband' voert – en de glanzende vacht van het dier bewijst zijn goede zorg. Win Ko huurt elke dag een wagen

Birmaanse thee en groene-theesalade

De kwaliteit van het voedsel is geen probleem op *The Road to Mandalay*, maar zelfs luxereizigers willen misschien plaatselijke gerechten eens proberen. Het is meestal wel veilig om in kleinere kraampjes te eten, zolang je je maar aan de regels houdt – probeer wat er goed uitziet; laat links liggen wat er riskant uitziet. Een van de heerlijkste maaltijden die ik heb gehad, was aan een open kraampje op de oever van de Ayeyarwady in Mingun, waar een inwoonster versgebakken riviervis serveerde.

Misschien wil je de Birmaanse thee eens proberen, die in theewinkels wordt verkocht. Deze dikke thee, die eruitziet als chocola, wordt gebrouwen met melk en suiker en is heel smakelijk. Hierbij verbleken (zowel qua kleur als smaak) gewone theesoorten.

Groene-theesalade is een Birmaanse salade met een pikante smaak – daar kun je van gaan houden. Hij bestaat uit groene theebladen met sesamzaad, gebakken erwten, pinda's, garnalen, knoflook, gember en geroosterde kokos.

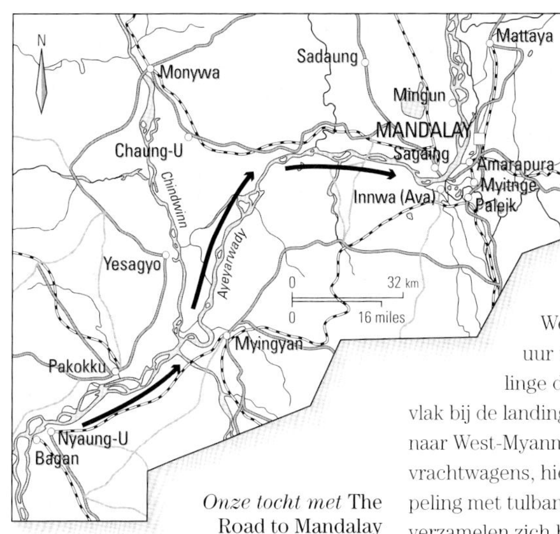

Onze tocht met The Road to Mandalay

den; spinazie en tomatenpasta met sesam en gebrande piment; chocoladetruffels; en een keur aan kaas.

ONDER STOOM

We vertrekken rond 10.30 uur uit Bagan in een plotselinge drukte, omdat onze boot vlak bij de landingsplaats van de veerboot naar West-Myanmar ligt. Ossenwagens, vrachtwagens, hier en daar een Shan-dorpeling met tulband en plattelandsbussen verzamelen zich hier, samen met voetgangers die onder een grote boom gaan zitten wachten. De kraampjes met voedsel doen goede zaken als borden met kruidige, gebakken noedels en koppen dampende Birmaanse thee aan enthousiaste klanten worden uitgereikt. Op de rivier draagt een verzameling schuiten, sampans en bamboevlotten, op weg naar markten stroomafwaarts, aan de fleurige opstopping bij.

De boot stoomt de brede rivier op, richting Mandalay. De Ayeyarwady is een belangrijke transportroute, midden door het land. Hoewel ze niet overdreven druk is, gebruiken allerlei soorten vaartuigen de waterweg om goederen, personen en

(hij kan nooit de ca. 60 dollar bij elkaar schrapen om er een te kopen) en is tevreden met zijn lot.

's Avonds nemen we de wagen naar het nabijgelegen **Minglazedi**, een favoriete plek om naar de zonsondergang te kijken. De helft van de toeristen uit Bagan verdringt zich op de steile trappen van de *zedi*. Als de zon achter de Ayeyarwady verdwijnt, klikken bijna gelijktijdig camera's en verspreidt de kleine menigte zich.

Die avond is er een chic diner aan boord en gaan we vroeg naar bed, om in Bagan de zon te zien opkomen voor de korte ochtendtrip met de groep. Het ontbijt is een verrukking: vers brood, parmaham, Franse kaasjes, omelet, vers fruit en vruchtensap, verse espressokoffie en thee. De lunch is zo flexibel als een buffet – een Birmaanse maaltijd met Shan-gerechten, een Chinees en een geweldig Indiaas feestmaal. De hoogtepunten van het diner zijn onder meer Birmaanse groentesamosa's met een lichte chilisaus; gegrilleerde runderlende met shii-takepaddestoelen, sjalotjes en een confit van prei; lamszadel op Kasjmierse wijze op een bedje van gekruide spinazie en waterkers; hutspot van zeebanket met rosellablad en *chat marsala* (milde kruiden); gemarineerde lamsbrochettes met groente en Shan-krui-

BIRMAANSE MAKE-UP

De vreemde make-up die door de meeste Birmanen, mannen en vrouwen, wordt gedragen, staat bekend als *thanaka*. Het poeder, uit de bast van een aromatische boom, wordt in allerlei artistieke vormen, grote en kleine cirkels en strepen, aangebracht – het zou de huid voeden en tegen zonnebrand beschermen. Voor een Birmaan is het ondenkbaar zonder uit te gaan. Thanaka is in kleine stukken op de markt te koop. Er is verschil in kwaliteit: een goede is zijdezacht, gemakkelijk met water te mengen en glad op de huid aan te brengen.

priesters te vervoeren. De rivier is over een lengte van 1500 km, meer dan de helft, bevaarbaar door een stoomboot en geeft al heel lang toegang tot het binnenland. De Engelsen noemden haar 'The Road to Mandalay', een naam die ons schip heeft overgenomen.

De middag gaat rustig voorbij terwijl we naar het noorden varen. Elke paar honderd meter staat aan de Ayeyarwady wel een pagode of *zedi* – een voortdurende herinnering aan de toewijding van de bevolking aan hun godsdienst en de rol die deze in hun dagelijks leven speelt. Die avond ankeren we midden in de rivier, tegenover een pottenbakkersdorpje dat het halve land van prachtige aarden potten voorziet. We gaan aan land, vergezeld door giechelende jonge dorpelingen, en kijken hoe een jonge vrouw haar vaardigheden aan de draaischijf demonstreert. Binnen een paar tellen is de klont klei meesterlijk veranderd in een pot en even later nog een. Het is al donker als we naar het schip teruggaan.

Alle vervoer over de Ayeyarwady komt 's nachts tot stilstand. Vanwege de grillige stroming en het voortdurend veranderen van de zanderige bodem wordt de rivier alleen overdag bevaren, en zelfs dan is het gevaarlijk en moet het water voor ons uit voortdurend worden gecontroleerd door kleine bootjes waarvan de schippers de diepte en stroming met bamboestokken peilen.

De volgende ochtend vroeg, lang voor het ontbijt, zijn de machines gestart en zijn we weer onderweg naar de legendarische stad Mandalay. Het is onbeschrijflijk prettig om over de brede rivier te varen, ook al is er niet veel te zien. De hoge oevers liggen ver van elkaar, met uitgestrekte vlakten erachter, en het tafereel wordt opgefleurd door af en toe een verre pagode die de oever bewaakt, een ossenwagen die langsgaat, of een groep kinderen die naar passerende boten kijken.

Aan boord van een schip is tijd voor kleine genoegens. Sommige gasten kiezen

EEN MACHTIGE RIVIER

De Ayeyarwady begint haar 2170 km lange loop in het noorden van Myanmar, hoog in uitlopers van de Himalaya, waar veel van Aziës legendarische rivieren ontspringen – de Ganges, de Mekong, de Brahmaputra en de Indus. De brede rivier stroomt naar het zuiden door de ruige en afgelegen Kachin-staten, voor ze de vruchtbare vlakte bereikt waar veel oude koninkrijken hebben gelegen. Ten slotte komt ze aan de delta in het zuiden, waar rijst wordt verbouwd en waar ze zich in negen armen splitst die in de Andamanse Zee uitkomen.

BOVEN Rivierboten uit de streek
ONDER De U Bein-brug over het Taungthamonmeer in Amarapura, gebouwd met hout uit de ruïnes van Ava

voor luieren bij het zwembad, anderen genieten van de airconditioning in de salons en zoeken een rustig plekje om een boek te lezen of iets kouds te drinken. *RTM* heeft geen spelletjes of andere vervelende dingen die de rust verstoren. Andere georganiseerde activiteiten dan de tochten vallen alleen op omdat ze er niet zijn. De privacy wordt gerespecteerd, maar de bar is het ontmoetingscentrum.

We genieten van weer een heerlijke lunch, terwijl we naar de verre oevers kijken. Het buffet heeft een Birmaans thema met onder meer een uitstekende varkensstoofschotel uit de Shan-staten. De enthousiastere gasten begeven zich naar het bovendek als de door de Engelsen gebouwde **Avabrug** in zicht komt – de enige brug over de Ayeyarwady in zijn hele loop van 2170 km. Als we dichterbij komen, krijgt een groep Japanse fotografen het druk en klikt er lustig op los.

We komen langs meer pagoden, glanzend wit in de sterke middagzon, en dan zijn we er. Aan de overkant van de rivier wenkt de legendarische berg Sagaing. Met meer dan 600 kloosters en pagoden is het de geestelijke hoofdstad van Myanmar.

We ankeren buiten het dorpje **Shwe Kyet Yet**. Het ligt ca. 20 km stroomafwaarts van Mandalay en zal de komende twee dagen onze basis zijn. Het dorpje, dat vlak aan de rivier ligt, is de moeite van het verkennen waard en is typisch Birmaans. 's Morgens vroeg zie je er monniken voor hun dagelijks bedeltocht in hun kastanjebruine gewaden door de mistige straten gaan en zie je de gelovigen knielen om hun rijst te geven.

Het oude Ava

Die middag staat een bezoek aan de oude en sfeervolle ruïnestad **Ava**, dat tweemaal de hoofdstad van het koninkrijk Myanmar is geweest, op het programma. We komen bij de wallen van de oude stad en nemen een van de schilderachtige wagens met paard die ons staan op te wachten. De enorme houten wielen bonken ongemakkelijk over de slechte wegen die tussen ondergelopen rijstvelden door lopen.

Onze doldwaze, maar goedaardige jonge voerman stopt elke paar minuten een in blad verpakt pakketje betelnoot met kalk in zijn mond. Tussen heel slechte stukken weg door, draait hij zich om, lacht met zijn rode betelmond en schettert als een hyena. Het is een jolige rit die ons bij een oud houten klooster brengt dat er op mysterieuze wijze in

geslaagd is meer dan 150 jaar overstromingen, hongersnood, brand en aardbevingen te overleven.

Nadat we ons door een groepje souvenirverkopers heen hebben geworsteld, met het inmiddels vertrouwde refrein 'heel oud, mevrouw, mijn vader heeft het gevonden toen hij het land omspitte', gaan we het donkere, houten interieur in en horen het vage geluid van een hoog psalmodiëren.

Om de hoek stuiten we op een groepje heel jonge monniken. In het licht van de invallende stralen van de namiddagzon knielen ze aan lage tafeltjes en reciteren de schrift. Een voor een gaan ze naar hun leraar toe en na drie buigingen, waarbij hun hoofd de grond raakt, reciteert ieder zijn verzen tot tevredenheid van de leraar.

De berg Sagaing

Verspreid op de berg **Sagaing** ligt 'klein-Bagan', waar 600 kloosters en pagoden met gouden daken glanzen in de avondzon. Terwijl Bagan een oud monument is, is Sagaing springlevend en de spirituele hoofdstad van Myanmar. De pagoden zijn levende relikwieën die voortdurend worden gebruikt In de kloosters huizen meer dan 3000 monniken. Monniken komen hier uit heel Myanmar voor hun retraite.

De bladgoudmakers

In de binnenstad van **Mandalay** gaan we naar de straat van de bladgoudmakers. Deze mannen, in rustieke hutten met bamboedaken, beoefenen een kunst die eeuwenlang niet is veranderd. We wurmen ons een hutje binnen – en zien een middeleeuws, vaag erotisch tafereel: drie mannen in *lunghi's*, opgerold als lendendoek, met een bruine huid die glimt van het zweet, staan met massief houten stampers op stapels bladgoud te slaan.

Het goud wordt met zorg gemaakt volgens een oud procédé. Driehonderd bladen puur goud, al dunner geslagen dan papier, worden tussen vellen speciaal vervaardigd bamboepapier gelegd en bijeengebonden met een laag hertenhuid. Met een primitieve (maar nauwkeurige) zandloper van kokosdoppen, slaan de mannen elk blok 3 uur lang, tot het goud flinterdun is. Na het slaan wordt het tere bladgoud naar een ander huis gestuurd, waar het wordt gesneden en verpakt voor de verkoop. Gewichten en maten en ingewikkelde weegschalen zijn niet nodig. Het is zo'n oud, beproefd procédé dat iedereen precies prijs en gewicht kent. De prijs is 100 kyat per stuk (minder dan 30 cent) en dat lijkt een koopje.

Een zeer grote klok

Ons laatste uitje gaat naar het dorp **Mingun**, 11 km ten noorden van Mandalay. We zijn hier om de grootste 'luidende' klok op aarde te zien. Op gemakkelijke rotanstoelen in een overdekte platbodemveerboot stomen we ongeveer een uur stroomopwaarts. Als we naderen, stromen vrouwen, kinderen en ratelende ossenwagens naar de landingsplaats van de veerboot om hun diensten aan te bieden. Leuke jonge dingen komen met verse bloemen. Onze groep valt uiteen in kleine groepjes die met een gids in verschillende richtingen verdwijnen.

Als we door het dorp hebben gezworven – en zijn gestopt voor wat heerlijke gebakken riviervis –, gaan we naar de beroemde bronzen klok. Met zijn 88 ton en 3,7 m hoogte is hij inderdaad enorm – 14 keer zo groot als de klok in de St.-Paulskathedraal in Londen, en ongeveer half zo groot als de grootste gegoten klok ter wereld (die gebarsten is).

De klok, die koning Bodawpaya voor zijn pagode had besteld, werd in 1790 gegoten. Toen hij klaar was, werd de maker geëxecuteerd, om te voorkomen dat hij er nog een zou maken. De Mingun-pagode (Mantara Gyi) , begonnen tussen 1790 en 1797, moest de grootste van Myanmar worden met een hoogte van 150 m, maar de koning overleed voor hij klaar was en het project werd opgegeven. De pagode wordt aan de kant van de rivier bewaakt door de ruggen van de grootste griffioenen ter wereld. Bij de aardbeving van 1838 verdwenen hun voorkanten in de Ayeyarwady. Hun ruggen steken wel 9 m boven de oever uit en zien er imposant uit.

ALLEEN ER OP UIT

HET BINNENLAND IN

Naar Mandalay kun je het beste per vliegtuig. Er gaan dagelijks ochtend- en middagvluchten van Air Yangon tussen Yangon en Bagan of Mandalay. Er gaan twee sneltreinen per dag in beide richtingen tussen Yangon en Mandalay ('s morgens en 's avonds). Er gaan ook bussen en huurauto's.

Een vlucht boeken bij Air Mandalay of Yangon Airways in Yangon is veel goedkoper dan via een buitenlands reisbureau.

WANNEER?

De beste tijd om over de rivier te reizen is aan het eind van de regentijd, van oktober tot januari. Dan is het land nog weelderig groen van de regen en staat de rivier hoog. In oktober kan het nog heel warm zijn, maar tegen november begint het af te koelen. Op de vlakten is een lichte jas of trui genoeg, maar in de bergen heb je een warme jas nodig. Als de droge tijd vordert, wordt het land bruin en de zonsondergang roder.

WAAR VAREN?

Het stuk Ayeyarwady van Mandalay tot Bagan is bij toeristen het populairst, maar is niet het enige; Myanmar heeft meer dan 8000 km bevaarbare rivieren en de Ayeyarwady alleen 1500 km. Omdat allerlei soorten boten beroepsmatig over de Ayeyarwady heen en weer pendelen, zijn er tal van cruisemogelijkheden. Boten en veerboten bevaren een groot deel van haar loop vanaf het noorden. Een van de mooiste stukken is, naar men beweert, het stuk tussen Mandalay en Bhamo. Andere veerboten gaan stroomafwaarts naar Twante en Pathein, in de delta.

Een heel interessante mogelijkheid voor mensen met tijd en een avontuurlijke geest is van Mandalay helemaal naar Yangon.

EEN CRUISE REGELEN

Afspraken hangen af van het soort cruise dat je wilt. *The Road to Mandalay* vaart alleen van oktober tot april, daarna staat de rivier te laag. Veerboten varen het hele jaar. Informeer bij de veerdienst in Yangon.

BESPARINGEN

Wissel je geld in Scott's Market in Yangon voor *kyat* (zeg 'chat') voor de gunstigste koers.

Reserveer je vlucht bij aankomst in Myanmar. De twee aanbevolen luchtvaartmaatschappijen, Mandalay Airways en Yangon Airways, bieden hun tickets ten minste $10-20 goedkoper aan dan reisbureaus in het buitenland. Beide maatschappijen vliegen met nieuwe Franse propellervliegtuigen. Met de schaarste aan buitenlandse toeristen is het niet moeilijk een plaats te bemachtigen, zelfs op de dag voor vertrek. Dat geldt ook voor de nieuwe internationale hotels waar, door het huidige overschot, zelfs in de beste hotels kan worden afgedongen.

GAAN OF NIET

Met zoveel negatieve publiciteit over Myanmar, is het moeilijk om te weten of je moet gaan of niet. Mijn advies is: gaan. Probeer ervoor te zorgen dat je geld terechtkomt bij de mensen die het verdienen. Neem liever een eigen gids dan een grote touroperator. Zoek in Bagan liever een eigen voerman met paard en wagen dan een touringcar te nemen. Wees positief. Probeer je bezoek aan dit prachtige land te laten gelden. Elk beetje dat we privé-winkeltjes en mensen betalen, zal helpen het leven een beetje minder moeilijk te maken.

MEE TE NEMEN

- ❑ Lichte katoenen kleding
- ❑ Muskietenwerend middel.
- ❑ Zonnebrandmiddel.
- ❑ Een goede hoed.
- ❑ Wandelschoenen.
- ❑ 's Winters een trui of lichte jas voor de vlakte.
- ❑ Nette kleding voor aan boord van *The Road to Mandalay*.

GEZONDHEID

- ❑ Neem een EHBO-doos mee.
- ❑ Informeer een maand voor vertrek naar welke inentingen je nodig hebt.
- ❑ Zorg voor een goede ziektekostenverzekering.

REIZIGERSTIPS

Praat niet in het openbaar met Birmanen over politiek; dat kan gevaarlijk voor hen zijn. Als je er toch het fijne van wilt weten, probeer dan met je gids te praten, maar niet waar anderen bij zijn. Toen iemand van de groep onze gids een gevoelige vraag stelde, moest hij proberen zich er met een grapje af te maken en zei hij: 'Er zijn overal spionnen.' Maak liever geen slapende honden wakker, tenzij je weet dat er niemand in de buurt is.

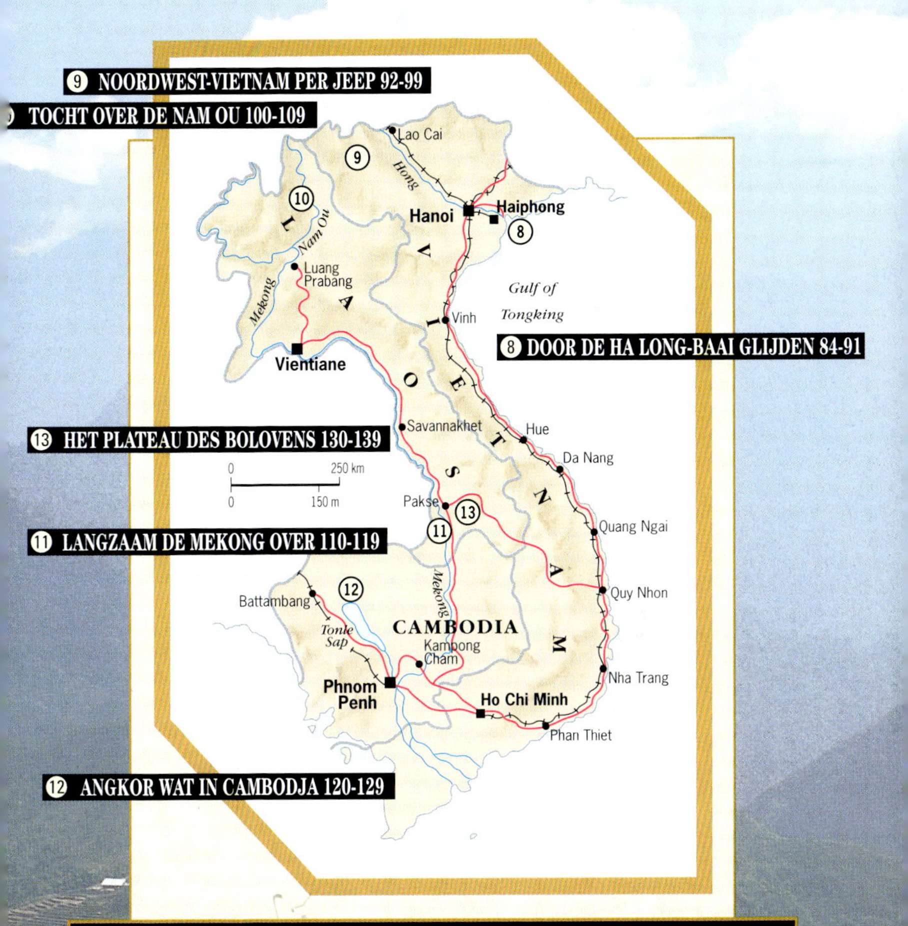

VIETNAM• CAMBODIA•LAOS

Laos is een van de onontdekte juweeltjes van Zuidoost-Azië – wilder dan Vietnam, minder ontwikkeld dan Thailand, met een rust die voortkomt uit zijn diepgewortelde boeddhisme. Het leuke van reizen door dit prachtige land, dat vrijwel nergens aan zee grenst, is het spannende van een bezoek aan een van de minst bekende bestemmingen van Azië. In het naburige Cambodja ligt Angkor, die wereldberoemde, betoverende stad van tempelruïnes, een ongeëvenaarde belevenis voor mensen die geschiedenis en avontuur willen. Vietnam, dat zowel aan Cambodja als aan Laos grenst, is in vele opzichten een land van tegenstellingen, dat overeenstemt met het klassieke beeld van mistige rijstvelden en kalksteenrotsen, bootvluchtelingen, koeliehoeden en waterbuffels.

Een overweldigende blik op Sa Pa in de Tonkinese Alpen, Vietnam

Door de Ha Long-baai glijden

door Jill Gocher

Door het rustige smaragdgroene water en het bovenaardse natuurschoon is de Ha Long-baai ideaal voor zeekanoën. Ik combineerde mijn verkenning van de wel 1000 eilanden, verlaten stranden en bizarre zeegrotten met een ontspannen verblijf op een strand en een trektocht door het Cat Ba Nationaal Park op het eiland Cat Ba.

Ik heb me dikwijls afgevraagd hoe zeekanoën zou zijn en nu, op een van de mooiste plekken op aarde, was het tijd om het te proberen. Nadat ik in Hanoi dagenlang vruchteloos naar de juiste trip had gezocht, zag ik een veelbelovende advertentie in een toeristisch tijdschrift. Een nieuw bedrijf bood eenvoudige weekendkanotochten naar de Ha Long-baai voor ze met een uitgebreider programma kwamen. Mr. Kien, manager van Buffalo Tours, was zeer enthousiast over zijn nieuwe onderneming, waarop kano-enthousiasten nieuwe kano's en een Amerikaanse uitrusting zouden meekrijgen.

Door een tyfoon voor de kust van de Filippijnen moesten mijn twee toekomstige metgezellen hun reis afzeggen, dus was ik de enige gast voor het weekend. Ik besloot toch te gaan, maar, hoe leuk het ook is om alleen te reizen, ik zou voor dit soort avontuur toch een grotere groep aanraden – twee of drie mensen is prima.

Voor deze route moet je goed gezond en redelijk fit zijn – fit genoeg om het leuk te vinden in een tent op nogal harde grond te slapen en 5 uur per dag of meer op je gemak te peddelen, afhankelijk van de route die je neemt.

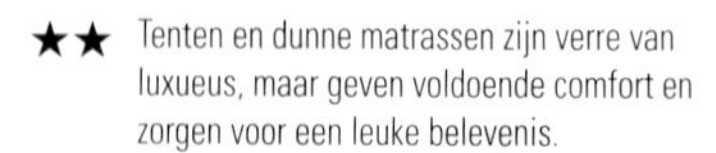

★★ Tenten en dunne matrassen zijn verre van luxueus, maar geven voldoende comfort en zorgen voor een leuke belevenis.

Neem waterbestendige zonnebrand met hoge beschermingsfactor mee, een zonnebril, hoed, korte broek, T-shirt met lange mouwen, badpak en muskietenwerend middel. Een laken is nuttig.

Naar zee

De reis naar de Ha Long-baai is niet zo'n veelbelovend begin van dit avontuur. Kien haalt me om 7.30 uur op en dan is het een rit van 160 km, 4 tot 5 uur, over hobbelige wegen naar Baie Chai, de haven voor tochten op de Ha Long-baai. We rijden een uur of drie langs rijstvelden en dorpjes en komen uiteindelijk in **Dong Trieu**, een dorp waar ze keramiek maken. We gaan naar de 'Hong Noo Fast Foods'-zaak voor een pauze en een zeer welkome kop koffie.

Na Dong Trieu wordt de weg plotseling nog slechter. Vietnam heeft niet veel wegen, dus een nieuw, glad stuk wordt gevolgd door een hobbelig en stoffig stuk waar onze snelheid terugloopt tot rond 10 km/uur. Ik ben dan ook erg opgelucht als we uiteindelijk, anderhalf uur later, aankomen.

In de nieuwe haven, een kilometer voor Baie Chai, de grootste stad van Ha Long, liggen tientallen aangepaste vissersboten op passagiers te wachten. Om het toeristen naar de zin te maken, zijn ze allemaal uitgerust met tafels en lange banken, in een open kajuit. Met namen als *Ha Long Princess*, of variaties op dat thema, zijn deze boten de ruggengraat van het toerisme aan de Ha Long-baai, want elke bezoeker aan Baie Chai maakt ten minste één tocht door de baai – en de Ha Long-baai is een van de grootste toeristische trekpleisters van Vietnam.

Er is nauwelijks tijd om kennis te maken met mijn gids, Nam, en een fles

SLAGEN OM HA LONG

Deze prachtige baai was tweemaal het strijdtoneel met de Chinezen, die de baai in 938 v.C. wilden bezetten en nogmaals in 1288. Het lukte de Vietnamezen, innovatief in hun gebruik van natuurlijke afweermiddelen, hun vijand te slim af te zijn. Na het ingraven van scherpe bamboestaken met een ijzeren punt in de bedding van een riviermond in de buurt, gebruikte generaal Ngo Quyen mannen in kleine boten om de Chinezen naderbij te lokken. Toen de Chinezen de val bereikten, werd het eb en werden hun boten door de bamboestaken doorboord. De Chinese bevelhebber, admiraal Hung-ts'ao Too, verdronk, samen met meer dan de helft van zijn manschappen. Driehonderd jaar later gebeurde hetzelfde op bijna identieke manier. Ditmaal was het de Vietnamese generaal Tran Hung Dao die de val zette en weer was het gevolg zo beslissend dat de Chinezen er niet meer over peinsden Vietnam vanuit zee binnen te vallen – ten minste niet in de buurt van de Ha Long-baai.

water te kopen, voor ik in de wachtende boot wordt gezet en we naar zee en de wachtende eilanden vertrekken.

Opeens is er lunch, in de primitieve kombuis door de bemanning van vissers bereid. De Vietnamezen, die moeilijke omstandigheden gewend zijn, kunnen met het minste gerei een feestmaal klaarmaken. Geef ze een wok en een houtskoolbrander, verse groente en de alomtegenwoordige gefermenteerde vissaus '*Nuoc Mam*', en ze komen met een tiental heerlijke gerechten. Onze lunch is een ruime keuze aan gebakken vis, krab, garnalen, vlees en groente, op die vreemde oosterse 'westerse manier' klaargemaakt die je in zoveel reizigerscafés vindt. Maar het is veel en het smaakt goed.

DE KARSTDOOLHOF IN

We eten terwijl we door de baai naar de kalksteenrotsen in de verte varen. Er gaan heel wat bootjes voorbij – vissersbootjes, sampans, af en toe een boot met toeristen, een schuit boordevol kool uit het mijnstadje Hon Gai in de buurt. De schilderachtige jonken die je zo vaak op foto's ziet, zijn voor het grootste deel uit de Ha Long-baai verdwenen en de enige die ik heb gezien, was een boot met toeristen. We naderen de kalksteenformaties, volgens de overlevering door een enorme draak van het vasteland afgesneden toen hij met zijn staart in zee sloeg. Aan het eind van de middag, als de zon zakt, krijgt de baai een nieuwe magie. Bundels licht vallen tussen de kalksteenkarsten voor ons uit en de zee sprankelt met duizenden dansende lichtjes.

Vannacht kamperen we op het eiland **Ba Cat**, een onbewoond eiland midden in de Ha Long-baai. Het moet niet worden verward met het bekendere eiland Cat Ba, met het Cat Ba Nationaal Park en daarmee een snelgroeiende toeristenindustrie.

We varen de doolhof van de karst in, vreemde overblijfselen van een oude zeebodem die bij een of andere oude aardverschuiving uit het water is geduwd. Het water is diep smaragdgroen en ziet eruit of er inderdaad draken kunnen huizen – of de Tarasque, een 30 m lang, zwart, slangachtig wezen dat in de baai zou huizen.

Als we onze bestemming naderen, mindert de boot vaart. De bemanning is kennelijk ergens naar op zoek. Dan verschijnt er een kleinere vissersboot, veel minder luxueus dan de onze, vanachter een kalksteenrots. Dit moet de extra boot zijn die ons naar het eiland Ba Cat zal brengen en

VISSERSCORACLES

De gelakte en gevlochten houten coracles van de vissers zijn een Vietnamese specialiteit en een oude traditie. Ze hebben een ronde bodem die cirkel- of ruitvormig is, en geen roer. Het zijn net grote tobbes, maar de vissers gaan er moeiteloos mee om als ze voorbijpeddelen met één lange peddel – een techniek die men niet snel even leert.

dan de volgende dag onze bagage van Cat Ba zal meenemen, als wij per kano gaan.

De nogal norse bemanning lijkt eerder op een legerpatrouille dan op bonafide vissers. Kennelijk is de Ha Long-baai lang een smokkelaarsnest geweest en hebben zich er ongure types opgehouden die de grotten gebruikten om soorten wapentuig, buit en ammunitie te verstoppen, en vindt het reisbureau (of regering) het een goed idee vreemdelingen te beschermen. Ik voel me gepast gerustgesteld.

Nadat we in volle zee zijn overgestapt, varen we tussen meer kalksteenkarsten door. Ze steken recht uit zee op en torenen boven ons uit. Ten slotte gooien we onder een hemel die roze kleurt vlak bij het eiland het anker uit en dan hevelen we fotospullen, tenten, tassen en mensen voorzichtig in de lage

LINKS Bij het eiland Cat Ba wemelt het van de vissersboten, terwijl boten met toeristen (BOVEN en INZET) het kalmer aan doen

kano's over en peddelen naar land. Het is een nogal lastige manoeuvre, maar het lukt ons zonder ongelukken.

Kamp opslaan

Het kleine eilandje Ba Cat bestaat hoofdzakelijk uit steile rots en miezerige begroeiing met een strandje waar zo nodig net een tiental tenten op kan staan. Met vanavond maar twee tenten is er ruimte genoeg. Terwijl ik de ondergaande zon fotografeer, zetten Nam en zijn assistent, Nguyen, de tenten op – ruime tweepersoonstenten met vliegennetten en genoeg ritsen en hor om nachtelijke bezoekers te ontmoedigen. Ik weet niet wat voor soort wild ik op Ba Cat kan tegenkomen, maar dan toch liever buiten dan binnen. Later gaan we terug naar de boot voor rijst en gebakken varkensvlees met groente en verse krab die voor sigaretten en een paar dong van een plaatselijke visser is gekocht.

Als de avond valt wordt het stil en bijna volmaakt vredig. We peddelen het stukje naar het eiland en zeggen welterusten. De matrassen zijn die nacht dun, maar ze geven voldoende bescherming tegen koraalsteen en isolatie tegen het koude zand. De drie bewoners van het eiland slapen weldra als een roos.

Geluid draagt ver over het stille water van de Ha Long-baai. Een paar vissers op inktvisjacht roepen iets en klinken of ze maar een paar meter van ons vandaan zijn. Hun roep dringt mijn dromen binnen waarin een groep stamoudsten bij de ingang van de tent rond een kampvuur zit. Ze verdwijnen als ik mijn ogen open om te weten te komen waar het geluid van andere vissers vandaan komt.

Om een uur of zeven, als de eerste zonnestralen op het strand vallen, word ik wakker bij de aanblik van kalm groen water, glanzend in het ochtendlicht. Schuine stralen vallen door spleten in de steile rotsen. Vlakbij maakt een vissersboot aanstalten om in beweging te komen en met tegenzin maken ook wij ons klaar voor vertrek. Terwijl de jongens opbreken, maak ik foto's van dit tafereel van serene schoonheid om het moment op film vast te leggen.

Een dag kanoën

Na een ontbijt van gebakken noedels en koffie maken we ons plan voor die dag. We zullen in ca. 5 uur van Ba Cat naar Cat Ba kanoën. Onze multiplex kajaks zijn van Vietnamese makelij. Als een walvis of zeedier zijn ze op het land zwaar en log, maar verrassend licht en zeewaardig als ze eenmaal in het water liggen. Hun lange waterlijn maakt dat ze met de minste moeite door het water glijden. Zelfs een nieuweling zou de beginselen zo onder de knie hebben. Ik neem de kleinste eenpersoonskano terwijl Nam en Nguyen de grotere tweepersoons nemen, waarin ze samen peddelen.

We glippen vanaf de boot de kano's in, zetten af tegen de boot en glijden in de ochtendkoelte door het kalme water. Als de zon hoogte wint, stijgt ook de temperatuur en tegen 10 uur is het zweten geblazen, verlicht door ons dikwijls met water af te spoelen en af en toe even te zwemmen. We gaan dicht langs rotsachtige uitsteeksels, langs zeegrotten en nog meer enorme kalksteenrotsen die recht uit het water oprijzen.

Vanaf het water ziet het leven er anders uit. Alles is directer en je voelt je meer betrokken bij de omgeving. Bij het passeren van vissersbootjes kun je met Vietnamese vissers praten die, altijd al vriendelijk, enthousiast reageren. Met

REIZIGERSTIPS

- Zet je tent niet te dicht bij zee. Als het 's nachts vloed wordt, kun je natte voeten krijgen.
- Neem water mee wanneer je gaat kanoën of koop wat voor je op de boot naar de Ha Long-baai stapt. Op onbewoonde eilanden is het niet te koop. Je hebt het nodig als je in de zon peddelt.
- Neem een laken(zak) mee, bij voorkeur van zijde (behaaglijk en licht). Ze zijn voor een paar dollar te koop in de Hang Gai-straat in Hanoi.

vrouw, baby, kinderen, en soms grootmoeder, zitten ze samengeperst in een ruimte ter grootte van een badkamertje.

Als we de **Cat Ba-baai** opvaren, is er een lichte deining, net genoeg om het spannend te maken. Als we de ingang voorbij zijn, wordt het water weer vlak en stil. De schaduw van een hoge kalksteenrots geeft even een paar minuten welkom respijt van de brandende zon. Als we eenmaal in de baai zijn, steken we onze handen en gezicht niet meer in het water. Er liggen honderden boten voor anker en hoewel ze er kleurrijk en exotisch uitzien, wordt het water al snel een riool – er worden voedselresten, afval, plastic zakken en andere onnoembare dingen in gegooid. Zelfs wat van de peddel druipt, wordt verdacht.

Als wij per kano de Cat Ba-baai inkomen, hebben de vissers iets om naar te kijken. Ze roepen vaak naar ons en gebaren dat we langszij moeten komen voor een bezoek. Ik ga naar een paar boten toe en wissel een paar beleefdheden en veel glimlachjes uit. Dan is het tijd om verder te gaan – tenzij ik aan boord klim en een kop Vietnamese thee meedrink.

Het afgelegen eiland Cat Ba is verrassend verstedelijkt. Vlak bij elkaar op een strook grond staan een paar nieuwe hotelletjes met mooi uitzicht over de baai, die voor een paar dollar kost en inwoning bieden. Op bijna elke hoek zijn karaokebars, zelfs op boten in de baai, maar voor een paar dagen is het er wel prettig toeven.

Het Cat Ba Nationaal Park

Later die dag heb ik het **Cat Ba Nationaal Park** bezocht. Het is 16 km of een half uur met de motor midden over het eiland. Een motor huren is op Cat Ba buitengewoon gemakkelijk, of het nu bij een van de mensen is die op straat op zoek zijn naar een vrachtje, of bij een van de cafés met open voorkant, waar borden hun diensten aanprijzen.

Er rijden (ongeregeld) bussen naar het park, en groepen worden per bus gebracht, maar de beste manier om het land te bekijken is per motor, of je nu achterop zit of zelf rijdt. Nadat je uit het hete stadje Cat Ba omhoog bent gereden, geeft de weg een spectaculair uitzicht op het stadje en de Ha Long-baai. Dan neemt de begroeiing het over als de weg door schilderachtige dalen met felgroene padi's gaat. Overal liggen piepkleine dorpjes en Chinese boerderijen.

Achter de ingang van het park bij Trang Trung loopt de weg naar meer kalksteenkarsten en een stuk van de kronkeli-

De grotten van de Ha Long-baai

De schilderachtige en dikwijls mistige Ha Longbaai heeft generaties Vietnamese dichters geïnspireerd. De naam 'Ha Long', wat betekent 'waar de draak in zee afdaalt', is poëtisch.

Ook de kalksteengrotten hebben tot de verbeelding van bezoekers gesproken, wat heeft geleid tot romantische namen en verbeeldingsvolle volksverhalen. De Vietnamezen zijn dol op het idee te sterven uit liefde of te lijden uit eer, en veel verhalen zijn dan ook variaties op deze thema's. De Maagdengrot dankt zijn naam aan het verhaal van een rijke oude man die zijn boot aan een arm stel verhuurde. Het stel had een beeldschone dochter, Nang He, en toen ze hun schuld niet konden betalen, dwong de booteigenaar hen hem met hun dochter te laten trouwen. Toen ze weigerde zijn bed te delen, liet hij haar door zijn bedienden slaan; toen ze nog steeds niet wilde toegeven, liet hij haar opsluiten in een grot waar ze uiteindelijk doodhongerde. Later vonden vissers haar lichaam en begroeven haar daar. Het vreemde is dat er een rots verscheen die op de beeldschone Nang He leek.

De Dau Go-grot of Grotte des Merveilles (grot der wonderen) is de beroemdste van Ha Long. Hij heeft zijn naam te danken aan een paar dappere Franse toeristen die hem eind 19e eeuw bezochten en zit vol stalactieten en stalagmieten die op dieren, vogels en mensen lijken.

ge kustlijn van Cat Ba, 17 km verderop. Als je een paar dagen op het eiland hebt, zou je de wandelroutes en uitnodigende paden buiten de stad kunnen verkennen.

De typisch Vietnamese entree tot het park, van betonblokken, is niet bepaald uitnodigend. Maar verderop, voorbij het dierentuintje met apen en herten, verdwijnt de beschaving en maken betonnen paden plaats voor uitnodigender onverharde paden en het begin van laaglandbos. Dit is niet het ongerepte equatoriale regenwoud van de lagere hoogten. Hier staat een lichter, dunner oerwoud, waar een verscheidenheid aan wild in leeft. Het zichtbaarst zijn de bonte vlinders die rond de waterpoelen fladderen. Onder de 21 soorten vogels zijn haviken en neushoornvogels, en een tijdelijke populatie trekvogels in de mangrovebossen en op de stranden. Er huizen konijnen, gibbons, eekhoorns, vleerhonden, papegaaien en makaken in het oerwoud.

De terugrit, vlak voor zonsondergang, is eenvoudig prachtig. De temperatuur is gedaald, het is heerlijk koel en er komt avondmist opzetten. In de dalen en over de rijstvelden hangt rook van houtvuren en de hemel kleurt eerst roze en dan een donkerder tint paars.

De volgende ochtend vertrekken we helaas met de veerboot van 6 uur naar **Hai Phong** en zien onderweg een geweldige zonsopgang. Door onze vroege start hebben we genoeg tijd voor een kort bezoek aan de oude havenstad. Hai Phong, met zijn schaduwrijke straten met oude koloniale gebouwen, is een interessante plaats die een paar uur waard is. Reisgezelschappen wordt in hoog tempo een pagode en een tapijtfabriek getoond, maar de ontspannen sfeer van de stad noodt tot een trager tempo en ik zwerf gewoon door de oude straten en gebruik een vroege lunch voor ik de trein van 14 uur naar Hanoi neem. De zitplaatsen zijn van hout en zitten hard, maar de slingerende beweging is hypnotisch en een welkome afwisseling na de hobbelige autorit.

LINKS Bewoners verzamelen koraal om aan toeristen te verkopen
ONDER Bij zonsondergang tussen karsten door

ALLEEN ER OP UIT

HET BINNENLAND IN

Van Hanoi gaan treinen, bussen en auto's naar de Ha Long-baai. De trein naar Hai Phong doet er 2 uur over en van daar is een verbinding mogelijk met een van de twee veerboten per dag naar het eiland Cat Ba. Van Cat Ba zijn 1- of 2-daagse cruises rond de Ha Long-baai te boeken. Van hieruit is het goedkoper dan vanuit Baie Chai. Voor het gemak en een redelijke prijs (nog geen $30 voor 2 dagen) maken veel bezoekers liever een georganiseerd uitstapje vanuit een van de reizigerscafés in Hanoi (zie Contacten).

WANNEER?

De beste tijd om te kanoën is in de hete maanden augustus en september, maar houd rekening met regen. Oktober, of misschien november, is waarschijnlijk de beste maand, als het weer bijna gegarandeerd zonnig en warm is, de nachten koel zijn en er geen regen wordt verwacht. De wintermaanden zijn meestal mistig, en de ene week warm en zonnig en de week erna kil en bewolkt.

KANOTOCHTEN OP ZEE

Maar één bedrijf, Buffalo Tours (zie Contacten), organiseert kanotochten op zee. Dat kan met overnachting, een week, of zelfs langer. Het bedrijf heeft 40 nieuwe kajaks van Amerikaanse makelij. Drie tot zeven mensen zijn een handzaam aantal, hoewel het bedrijf grotere groepen kan hebben.

ANDERE AVONTUREN IN DE HA LONG-BAAI

De cafés aan de kust van de Ha Long-baai bieden een beperkt aantal activiteiten, waaronder wandeltochten met een gids door het Cat Ba Nationaal Park en tochten per motor over het eiland. Motoren, meestal stevige oude, met Russische versnellingen in plaats van gemakkelijk te berijden automatische Honda Dreams, kunnen met of zonder chauffeur worden gehuurd voor ca. $5 per dag (minder als je afdingt).

Als je een paar uur de tijd hebt en over een eenvoudige kaart beschikt, kun je het eiland oversteken om het park en de dorpjes aan de andere kant van de ingang te bezichtigen.

De beste parkexcursie is een 4 tot 5 uur durende voettocht over ca. 7 km aan steile paden over zeven pieken naar een afgelegen strand. Lunch hier voor je de wachtende boot terug naar Cat Ba neemt. Ga zo vroeg mogelijk, voor het heet wordt.

Als je langs het water loopt, zullen vissers naar je roepen omdat ze je graag een uurtje, een dag of zelfs een week in hun sampan meenemen voor een tochtje rond de haven of een langere tocht door de Ha Long-baai. Het is hier goedkoper dan in Baie Chai.

Alsje je wilt ontspannen is luieren op een van de twee stranden populair, ca. 1 km van Cat Ba – goed te voet te bereiken via een nauwe pas ten oosten van de stad.

GEZONDHEID

- Het eten is over het algemeen veilig. Vers en gebakken voedsel is beter dan voedsel dat al ligt. Als je aan een restaurant twijfelt, eet er niet.
- Flessenwater is raadzaam en is in heel Vietnam verkrijgbaar. De prijzen verschillen enorm.
- IJs zou van behandeld water zijn gemaakt, maar mensen met een gevoelige spijsvertering kunnen het beter vermijden.
- Neem een muskietenwerend middel mee. Er zijn weinig muskieten, maar wees voorzichtig. Knokkelkoorts en malaria kunnen een probleem zijn.

VIETNAMEES LEREN

De meeste westerlingen hebben de grootste moeite met Vietnamees, laat staan dat ze het goed leren. Alleen al een paar getallen, 'koffie met melk', 'kippensoep met noedels', 'het station van Hanoi' en 'dank u' kosten enorm veel moeite. De finesses van een normaal gesprek gaan iedereen ver te boven, behalve iemand die de hele dag aan het leren is. Een deel van het probleem is het gebruik van tonen. Een gewoon woord, 'ga', kan kip, station, en tal van andere dingen betekenen, afhankelijk van uit welk deel van de keel het komt.

Noordwest-Vietnam per jeep

door Jill Gocher

Dit is een spectaculaire reis langs de noordwestgrens van Vietnam – ruim 1000 km over de slechtste wegen van het land, over ruige bergen, hoge, mistige passen, door weidse rijstvelden en ongerept oerwoud. De route wordt verlevendigd door kleurrijke markten, bergdorpen en, als schril contrast, historische gevangenissen en slagvelden.

De afgelegen, noordwestelijke provincies van Vietnam worden nog weinig bezocht en beloven werkelijk avontuur voor mensen die er graag op uitgaan. Op de onverharde, slechte wegen schiet je niet op – ze zijn heet en stoffig in de droge maanden, koud en modderig in de natte. Vanaf Hanoi gaat de weg naar het noordwesten, vlak langs de Chinese grens bij Lao Cai voor hij afbuigt naar het noorden, naar het vroegere Frans-koloniale toevluchtsoord Sa Pa en het eind van de 'beschaving' zoals wij die kennen. Daarna is het onvervalst Vietnam, waar kale, nieuwe dorpen van Vietnamese kolonisten in schril contrast staan met de aardse dorpen van minderheden, verborgen in bergachtig gebied. De historische slagvelden van Diên Biên Phu, waarop de Fransen in 1954 door de Viet Minh beslissend werden verslagen, en de Franse gevangenis van Son La, waar ooit Vietnamese vrijheidsstrijders zaten, zijn sombere herinneringen aan een recent verleden.

Op een heldere dag...

Ik nam allereerst de nachttrein van Hanoi naar Lao Cai, aan de Chinese grens, boven aan het dal van de Rode Rivier. Op deze manier bespaarde ik mezelf 380 km onnodig reizen over land. Van Lao Cai naar **Sa Pa** is een aangename busrit door de Tonkinese Alpen met mooie vergezichten.

Als ik in de handelsstad in de bergen aankom, is de vroege ochtendlucht helder en het zicht buitengewoon. Mount Fang Xi Pang (of Mount Fansipan) steekt met zijn 3143 m hoog boven de vervallen gebouwen van de stad uit – zo dichtbij dat het haast lijkt of ik hem aan kan raken, hoewel hij in werkelijkheid op een dikke twee of drie dagen lopen ligt. Dit is een zeldzaam gezicht in Sa Pa en een om te koesteren: de vorige keer dat ik in Sa Pa was, was het zicht vijf dagen lang 5 m – en dat was op goede dagen.

Sa Pa is een van de toeristenplaatsen van Vietnam die zijn aantrekkingskracht heeft behouden. Op heuvels in de buurt staan nog een paar Franse villa's uit koloniale tijd – de meeste zijn tijdens de Chinese invasie in de jaren '70 verwoest. Sa Pa is vanouds ook een handelscentrum: de minderheden komen voor een dagje uit naar de weekmarkt, om bijgepraat te worden en – de jongeren tenminste – op zoek naar een vrijer.

Met hun opvallende indigo geverfde, zelfgeweven kleding en zilveren sieraden zijn de Zwarte Hmong zowat de zichtbaarste van de minderheden die in Sa Pa wonen. De minder vlotte vrouwen van de Rode Zao zijn goed te herkennen aan hun buitengewoon geborduurde indigo panta-

U hoeft alleen maar wat ongemak te kunnen verdragen als je per jeep reist. Met een airconditioned Land Cruiser zou de tocht minder vermoeiend zijn, maar ook minder leuk.

★★ Logies varieert van eenvoudig via goed tot luxe (in Sa Pa).

In de wintermaanden is een warme jas nodig. Neem stevige wandelschoenen of laarzen mee als je van plan bent de bergen in te gaan.

DE MINDERHEDEN VAN NOORDWEST-VIETNAM

In Vietnam wonen 57 verschillende etnische groeperingen – meer dan in de meeste andere landen van Zuidoost-Azië. Een groot deel van deze minderheden woont in de bergen rond Sa Pa en in het noordwesten. Ze zijn meestal van Sino-Tibetaanse afkomst en zijn eeuwen geleden uit Zuid-China gekomen, en in de dalen en hoogvlakten van Noord-Birma (nu Myanmar), Thailand, Laos en Vietnam neergestreken.

lons, lange geborduurde jasjes en, het opvallendst van allemaal, hun felrode hoofddoeken, in lagen omgeslagen en gevouwen, die doen denken aan de gravin in *Alice in Wonderland*. Tot voor kort kwamen meisjes van de Rode Zao op zaterdagavond op de 'liefdesmarkt' van Sa Pa samen om met traditionele liederen te worden toegezongen. Maar om aan de nieuwsgierige blikken en het geplaag van de Vietnamezen te ontkomen, zijn ze nu naar een geheime plek uitgeweken.

Hoewel veel bergbewoners erg verlegen zijn, trekt het toerisme veel van de oudere Hmong- en Zao-vrouwen elke dag naar de stad in de hoop hun waren te verkopen. Authentiek zilveren sieraden behoren tot het verleden en alles wat nu te koop is, is niet oorspronkelijk. Maar er zijn nog altijd mooi geweven stoffen en er is volop nieuwe 'toeristische kleding' te vinden.

De markt domineert het stadscentrum. Het vroegere, sfeervolle houten gebouw is vervangen door een nieuwe markt van beton. De oude markt was hol en donker, met eenvoudige kraampjes, bemand door vrouwen die enorme kommen dampende noedelsoep (*pho*), versgebakken doughnuts en dikke troebele *café su'ua* verkochten en was een populaire hangplek voor zowel minderheden als westerse toeristen. Misschien krijgt de nieuwe markt, als hij een paar jaar in gebruik is, een wat behaaglijker groezeligheid.

DE BESTE PLANNEN

Ik was oorspronkelijk van plan een dag of twee in Sa Pa te blijven, een paar kleine uitstapjes naar de omringende dalen te maken, en dan een jeep naar het westen te nemen, naar Phong Thô en Lai Chau, voor ik verder zou gaan naar Diên Biên Phu. Maar Nam, mijn gids, merkt terloops op dat morgen (donderdag) marktdag in Phong Thô is, dus veranderen we onze plannen en besluiten na de lunch te vertrekken. De beste markt in de regio, nog bijna niet door toeristen ontdekt, wil ik niet missen.

Nam komt weldra terug met een legerjeep met chauffeur. Deze oude Russische jeeps mogen dan niet mooi zijn, ze zijn stevig, betrouwbaar en sterk – als een paard.

De weg naar Phong Thô is lang, heet en hobbelig – en de Russische jeep, ontworpen voor de strenge toendrawinters, heeft niet bepaald veel ramen. Het piepkleine driehoekje raam in de hoek vangt niet veel wind als je met 5 km per uur voorthobbelt. Het houdt echter wel wat van het stof buiten.

Het is maar 80 km naar **Pong Thô**, maar het duurt drie lange uren door prachtig landschap om er te komen. Verlicht door de late middagzon en een opkomende avondmist, staan de bergpieken in een gouden gloed. De weg stijgt naar het Hoang Lien-gebergte, bij de Fransen bekend als de Tonkinese Alpen. **Mount Fan Xi Pang** is de hoogste top. Deze oude wegen volgen de contouren van de bergen, langs het uiterste randje, en zijn dus lang en kronkelig, met een paar steile passen. Nadat we om het grootste deel van Mount Fan Xi Pang heen zijn gereden, komen we op een open vlakte waar vreemde kalksteenrotsen uit het boerenland omhoog steken.

De nieuwe stad Phong Thô is een grote teleurstelling. Ze ligt midden in een prachtig dal, omringd door deze vreemde, bijna surrealistische kalksteenbergen en bestaat uit slecht gebouwde, armoedige betonnen dozen. *Pho-* (noedelsoep) winkels en karaokebars zijn tekenen des tijds. Tegenover het betonnen hotel van de stad, in de *pho*-winkel van mr. Tuan, gebruiken we een avondmaal van heerlijke loempia's, gebakken varkensvlees in groente, garnaalsnippers, gebarbecued varkensvlees, bergen groente, soep en een paar flessen *tzao*, de plaatselijke koppige sterke drank, om het bier mee weg te spoelen. Het was helemaal niet slecht.

Beton en luidsprekers

De dagen beginnen vroeg in Vietnam. Om 5 uur (of was het 5.30 uur?) verscheuren de luidsprekers de nachtelijke stilte met rauwe communistische propaganda, volgens Nam ten behoeve van de minderheden, hoewel de meeste minderheden ver van de stad wonen. Waarom en voor wie

BOVEN EN LINKS Kwetsbaar uitziende hangbruggen komen in het spectaculaire en indringende landschap van het noordelijk hoogland veel voor
INZET RECHTS Onze jeep met de ramen er nog in

het ook is, het is hard en vervelend, en het is nog niet eens licht. Aan de overkant starten vrachtwagens, die voor de nacht waren gestopt, luid hun motoren, terwijl andere chauffeurs luidruchtig toilet maken.

De markt, blijkt, is een paar kilometer terug, vlak buiten Phong Thô en ver van enig toeristisch hotel. Dus na een dampende kom verplichte *pho* gaan we terug naar onze jeep en weer op weg tot we het dorp bereiken.

De markt is gemakkelijk te vinden. Mensen in verschillende soorten exotische kledij drommen over de hoofdweg. Aan de kant van de weg staan piepkleine pony's van Hmong-mannen gezadeld te wachten, misschien om snel weg te kunnen. Midden in een ommuurd gebied bruist de markt van activiteit met kraampjes waarin een levendige handel wordt gedreven.

Nam vertelt dat zondag de eigenlijke marktdag is, maar de donderdagmarkt is voor mij druk en kleurrijk genoeg. Tegen een muur zitten verschillende vrouwen

met blauwe handen bergen van een kleverige pasta te verkopen. Het is indigo, een natuurlijke verfstof van de indigoboom die door veel etnische groeperingen wordt gebruikt om hun geweven stof in het vereiste blauwzwart te verven. Ook blauwe spijkerbroeken werden waarschijnlijk oorspronkelijk met deze natuurlijke stof geverfd. Deze specifieke pasta komt uit China, te paard via lokale handelsroutes aangevoerd, ver van de bemoeizuchtige blikken van de autoriteiten.

Nog geen 80 km buiten Sa Pa hebben we de mensen van de Rode Zao al achter ons gelaten en zijn we in het gebied van de Zwarte Zao, wier vrouwen lagen zwarte kleding dragen, heel chic samengesteld. Hun lange haar wordt in dunne vlechten om het hoofd gewikkeld, heel modieus. Ik zie ook een paar meisjes van de Rode Hmong. Deze meisjes vlochten vroeger paardenhaar door hun eigen dikke haar om een enorme wijd uitstaande bos te krijgen, om hun hoofd gewikkeld met zilveren sieraden erbovenop. Nu gebruiken ze een soort wol om een even aantrekkelijk effect te krijgen. Het is heel bizar om deze sensationeel geklede mensen zo natuurlijk bezig te zien, zo helemaal niet zelfbewust tegenover een stroom bezoekers.

De rest van de ochtend wordt in beslag genomen door een lange en zeer hete rit naar **Lai Chau**, provinciehoofdstad tot Diên Biên Phu dat werd. Tegen de tijd dat onze jeep aankomt, na onderweg een paar heel aantrekkelijke dorpen te zijn gepasseerd, is het er vol zweterige, knorrige mensen – maar de redding is nabij. In het enige hotel-restaurant van Lai Chau zit een grote Canadees, Steve, die meewerkt aan een mineralenonderzoeksproject. Steve geeft me de beste raad van de hele tocht: om in een Russische jeep te overleven, moet je de chauffeur zover zien te krijgen dat hij het raam eruit haalt. Dat zit maar met drie bouten vast en kan er heel gemakkelijk uit worden genomen. Binnen een paar tellen ligt dat vervloekte raam achterin en Anh, de chauffeur, haalt zijn raam er ook uit. De rit 's middags is een makkie.

Naar Diên Biên Phu

Als we het beboste bergland in rijden, komen we in het gebied van de Rode Hmong. Eenvoudige dorpen, die op die in Noord-Thailand lijken, doemen op. Ze lig-

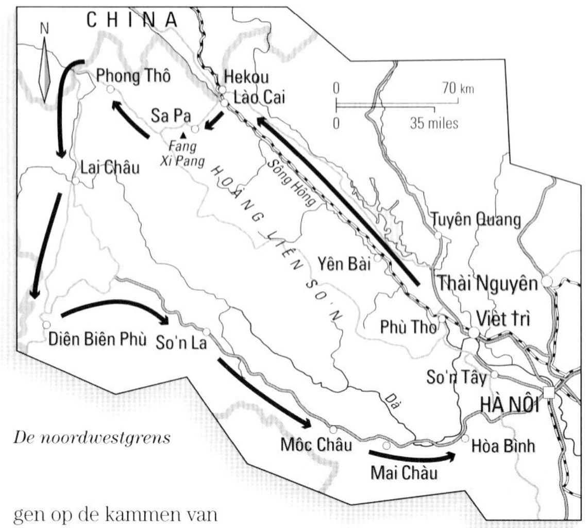

De noordwestgrens

gen op de kammen van beboste heuvels en zien er stoffig en warm uit. Kennelijk liggen ze ver van water af. De eenvoudige bamboehuizen hebben rieten daken, maar in het late middaglicht zien ze er prachtig uit. Over straat lopen een paar Hmong-meisjes met uitdagend zwaaiende brede, geverfde plooirokken van hennep.

We komen na donker in **Diên Biên Phu** aan en gaan op zoek naar een hotel – moeilijk, omdat veel van de betere vol zijn. Op mijn aandringen komen we ten slotte bij het Airport Hotel, een heel acceptabele gelegenheid met maar één bescheiden neonbord waar de naam op staat.

Diên Biên Phu, dat midden op een brede vlakte ligt, is stoffig en vlak, een cowboystad, met karaokebars en discotheken en nieuwe welvaart, die aan alle kanten open is. De stad ligt rommelig langs één kant van dezelfde landingsbaan waar de Fransen in 1954 hun troepen hebben ingevlogen. Aan de overkant van de landingsbaan liggen vlakke velden. Een smalle weg markeert de grens tussen stad en land. Aan de ene kant ligt de stad, aan de andere kant soja-akkers.

Nam heeft zich in zijn recente studietijd toegelegd op strategische oorlogvoering en wil zijn kennis graag kwijt. We gaan dus naar het museum, een paar stoffige blokken verderop. Het museum, ondergebracht in weer zo'n vierkante betonnen blokkendoos in revolutionaire stijl omringd door oorlogspuin, blijkt heel interessant. In de hal staat in een hoek een airconditioner, speciaal voor ons aangezet, zonder veel resultaat te puffen. Als we de toegangsprijs hebben betaald, mogen we wandbrede zwart-wit oorlogsfoto's, glazen kasten vol oorlogssouvenirs, en een video in het Engels, Frans of Vietnamees bekijken. Die laat oude oorlogsopnamen zien met een redelijke beschrijving van de strijd, geholpen door een grote maquette van de vlakte van Diên Biên Phu. Ondanks mijn openlijke gebrek aan belangstelling is het museum de moeite waard.

We zijn er nog niet en trekken zwetend naar de top van Eliane 1, de gaafste van een paar Franse versterkingen. Er staat roestig prikkeldraad omheen met een poort die af en toe opengaat om een bezoeker door te laten en bevat een monument voor Vietnamese helden van buitengewone heldenmoed, en nog een paar roestige tanks. De tunnels die door de Viet Minh zijn gebruikt, zijn vervallen en kunnen niet worden bezocht.

Het uitzicht op de stad vanaf de heuvel geeft een idee van de opzet die kolonel de Castries voor zijn grote overwinning had gepland. De meeste slagvelden hebben plaatsgemaakt voor 'urbanisatie', maar er is nog genoeg om ons een idee te geven hoe de onfortuinlijke strijd is verlopen.

Later bezoeken we de bunker van De Castries aan de 'landelijke' kant van de stad. Deze bunker, die tussen soja-akkers ligt, was vroeger het commandocentrum. Anders dan de Cu Chi-tunnels in Zuid-Vietnam is de bunker van De Castries kaal en er is geen enkele uitleg bij. Er is nog veel meer te zien, zoals een Franse en Vietnamese oorlogsbegraafplaats met stenen ter ere van de oorlogshelden.

LAND VAN DE ZWARTE T'AI

Vlak buiten de stad buigt de weg naar het westen, naar de Laotiaanse grens, een streek die de moeite van het bekijken waard is, maar wij gaan naar het zuiden, richting Son La en het land van de Zwarte T'ai, het schilderachtigste deel van de reis.

De T'ai bouwen hun stevige paalwoningen graag naast stromend water. Hun idyllische landbouwgrond ligt in vruchtbare dalen. In hun kleine dorpjes liggen de huizen met bamboedaken dicht op elkaar en kijken uit over hectaren smaragdgroene rijstvelden op de beboste heuvels erachter. Het is oogsttijd en onderweg vinden overal landbouwactiviteiten plaats.

De T'ai-vrouwen staan bekend om hun handweefkunst; ze weven van zelfverbouwde katoen en zijde decoratieve stukken zoals de zwarte hoofddoeken die ze allemaal dragen. Elk dorp heeft zijn eigen patronen. Het zachte geklak van een rugweefgetouw bevestigt dat weven nog deel uitmaakt van het dorpsleven, hoewel door de langzame modernisering de vrouwen minder tijd aan weven besteden.

NAAR SO'N LA

Laat in de middag komen we in **So'n La**, een bergstad waarvan de voornaamste attractie een oude Franse gevangenis is. Ze stamt uit begin 20e eeuw en bood onderdak aan Vietnamese vrijheidsstrijders en later, toen de zaken er heel anders voorstonden, Franse politieke gevangenen. Veel van de gevangenis werd tijdens de Vietnamoorlog door Amerikaanse bommen verwoest, maar een bezoek is nog steeds de moeite waard. Je wordt er koud van als je de zware ijzeren deuren van de isoleercellen in de kelder openduwt. Deze konden gemakkelijk onder water worden gezet, en wanneer gevangenen te onhandelbaar werden, hoefde men de kraan maar open te draaien om ze tot zwijgen te brengen. Uit deze gevangenis is nooit iemand ontsnapt.

Een paar kilometer buiten de stad liggen hete bronnen waar verschillende badhuizen zijn neergezet. Voor heel weinig geld kun je na de ontberingen van je reis een verfrissende duik nemen.

HET PRACHTIGE MAI CHAU

Onderweg naar **Mai Chau**, een stadje in een van de mooiste dalen van Vietnam, is nog meer natuurschoon te zien. Ingesloten door torenhoge kalksteenpieken is het net Shangri-La. In het dal liggen dorpen van de Witte T'ai, met hoger tegen de berg Hmong- en Muong-gemeenschappen. De dikwijls nevelige bergtoppen en dalen geven het landschap een surrealistische schoonheid. Hier kan men bijzonder mooie tochten maken.

Toeristen kunnen goed in een dorp van de Witte T'ai terecht. Elke maandag, woensdag en zaterdag stromen de dorpen vol westerse reisgezelschappen die

DE SLAG BIJ DIÊN BIÊN PHU

De Franse commandant, kolonel de Castries, dacht dat de wijde vlakte van Diên Biên Phu, ingesloten door bergen, een onneembare basis zou zijn vanwaar hij de Viet Minh van Ho Chi Minh kon aanvallen. Hij onderschatte hun vasthoudendheid en dapperheid echter en zette onbedoeld een val voor zijn eigen leger. Op 20 november 1953, toen zes bataljons Franse troepen aan parachutes in Diên Biên Phu neerkwamen, nam generaal Giap met 55.000 Viet Minh positie in. Zo'n 200.000 dragers sleepten zware artillerie steile berghellingen op naar sleutelposities boven het dal en de Fransen. Tegen maart 1954 begon het bombarderen en vielen de Franse versterkingen stuk voor stuk. De Fransen gaven zich over en op 24 juli 1954 werd Vietnam langs de 17e breedtegraad verdeeld – het noorden voor de communisten en het zuiden voor de kapitalisten. Het was geen vrede die lang zou duren.

BOVEN Berglandschap
INZET tank in Diên Biên Phu
ONDER Hmong-vrouwen in indigo kleding

een nacht blijven. Andere nachten is het er betrekkelijk stil. De huizen zijn groot, schoon en heel gerieflijk. Op de grond, omringd door matten en kussens, eten we van bladen op de grond een heerlijk maal van gebakken kip, rijst en groente en drommen dan naar een huis waar we ons bij een Vietnamese groep voegen die naar de dorpsspecialiteit kijkt – een cultureel optreden. Gesterkt met een paar glazen *tzao*-rijstwhisky en wat Mekong-vuurwater uit Thailand, kijken we op ons gemak naar een paar T'ai-dansers.

Het publiek zit op de grond langs de muren en kijkt hoe de meisjes een volksdans ten beste geven. Als de Vietnamezen aanstalten maken om hun karaoke te laten zien, besluiten we dat het tijd wordt om naar een ander huis te gaan, waar een Belgische groep een voorstelling geeft. Deze is beter, vooral de speciale dans aan het eind – een feestelijk drinklied. Na veel zingen en wuiven komen we waar we zijn moeten: een grote pot van aardewerk die in het midden op de grond staat, met een tiental holle bamboerietjes. Dit soort ceremoniële alcoholpot is populair bij bergvolken in Zuidoost-Azië. Iedereen danst om de pot heen, op een wijsje van doedelzakken en accordeon, en drinkt op zijn beurt van de zoete rijstwijn en danst dan nog wat. Als de wijn op en de dans voorbij is, gaan we naar huis door het slapende dorp. Ondanks het extra geld dat de dorpelingen door de toeristen verdienen, zijn het de boeren die bij het krieken van de dag opstaan om land te bewerken.

Tijdens onze afwezigheid hebben muskietennetten en gordijnen ons huis een slaapzaal veranderd met knusse afgescheiden slaapruimten. Geluiden van voorbereidingen voor de nacht worden weldra minder als iedereen rustig inslaapt.

De volgende ochtend, na het ontbijt met kommen dampende *pho*, dwalen we door de velden in de buurt en dan is het tijd om terug te gaan naar Hanoi.

Als we in deze stoffige, oververhitte sauna op wielen voorthobbelen, vraag ik me af of dit is wat ik wil. Waarom is dit een reis die me al jaren intrigeert? Er is geen antwoord op. Soms, vooral als de ramen eruit zijn gehaald, is het heerlijk.

ALLEEN ER OP UIT

HET BINNENLAND IN

Huur in Hanoi bij een van de toeristencafés een auto of zoek op de prikborden in de toeristencafés in de oude wijk van Hanoi naar anderen die een groep willen vormen.

U kunt ook een nachttrein nemen (alleen slaapwagens met houten banken) van Hanoi naar Lao Cai, dan een bus naar Sa Pa (dit bekort de reis per auto met 380 km).

WANNEER?

De beste tijd voor de tocht is in de koele, dikwijls mistige maanden, november-januari, als de temperatuur varieert van 8 tot 20°C. Oktober is bijna perfect, zij het wat warm, en omdat het 't einde van de regentijd is, is het land groen en weelderig.

De regentijd ligt niet vast, maar meestal regent het van juni tot september. Februari en maart kunnen ook nat zijn.

EEN AUTO MET CHAUFFEUR REGELEN

Jeeps en gidsen die het land kennen zijn er in Sa pa (hoewel hun Engels niet perfect is). Vraag ernaar in de Auberge of bij een van de kleine reisbureaus aan de marktstraat. Zodra mensen weten dat je op zoek bent, weten ze je wel te vinden.

Praat voor vertrek met je gids, zodat je allebei weet wat je wilt. Als je een chauffeur neemt die niet veel Engels spreekt, informeer dan bij het bedrijf of hij weet wat zijn passagiers willen. Als je minderheden wilt bezoeken of wilt fotograferen, zorg dan dat de gids-chauffeur bereid is om te stoppen wanneer je wilt. Als je gids je het gevoel geeft dat je je moet haasten, kan dat je tocht bederven.

VOORBEREIDING

Bedenk dat alle auto's met chauffeur zijn. Er zijn geen jeeps waarmee je zelf kunt rijden, maar je kunt wel een motor huren. Een alternatief voor de Russische jeep is een airconditioned Land Cruiser – die is natuurlijk comfortabeler, maar dat maakt het ook minder spannend.

GEZONDHEID

Inentingen tegen hepatitis zijn raadzaam, evenals malariatabletten. Neem een EHBO-doos mee met pleisters, lomotil, antibiotische crème en tabletten, en pijnstillers. Als je een stofallergie hebt, zorg dan voor antihistaminetabletten (of neem liever een Land Cruiser dan een jeep).

REIZIGERSTIPS

- ❑ Als je niet erg veel belang stelt in militaire geschiedenis, sla Diên Biên Phu dan over en bezoek andere leuke plaatsen.
- ❑ Als je een Russische jeep neemt, laat de chauffeur de ramen er dan uithalen door de drie grote bouten eronder los te draaien.
- ❑ Blijf ten minste 2 of 3 dagen in Sa Pa. Zelfs een week is niet te lang. Op die hoogte is het koel – perfect voor wandeltochten door het omringende landschap.
- ❑ Probeer toestemming te krijgen voor je mensen fotografeert. Een glimlach, een knikje, een aanduiding dat je een foto wilt maken, is het enige wat nodig is. Als iemand niet wil, respecteer dat dan.
- ❑ Deel nooit westerse medicijnen uit, tenzij je daartoe bevoegd bent.
- ❑ Neem snoepjes, pennen en boeken mee voor de dorpskinderen. Dat zijn nog zeldzame verrassingen. Sommigen hebben nog nooit iets anders gesnoept dan suikerriet.

MEE TE NEMEN

- ❑ Flessenwater.
- ❑ Wandelschoenen.
- ❑ Insectenwerend middel.
- ❑ Laken(zak) (koop er een van zijde bij Hang Gai in Hanoi).
- ❑ Een zaklamp.
- ❑ Tissues en toiletpapier.
- ❑ Zonnebrandmiddel en hoed.
- ❑ Eenvoudige EHBO-doos.
- ❑ Kleine coupures voor aankopen.
- ❑ Een (water)dichte tas om stof en vocht uit camera's en andere elektronica te houden.
- ❑ Een warm en/of regenjack (het kan koud zijn in Sa Pa). 's Winters is het in het hele noordwesten koud, neem dus een muts en trui mee.

Tocht over de Nam Ou

door Ben Davies

De Nam Ou stroomt vanuit het verre noorden van Laos door een wildernis van oerwoud en ruige rotsen naar de wonderbaarlijke stad Luang Prabang. Ik ben op een van de grote avonturen van Laos via de rivier naar het noorden gereisd en over land teruggegaan.

Hoog in de noordelijke regionen van Laos wordt de Nam Ou smal en kronkelt ze, gehuld in een dichte, tropische vegetatie, om gigantische rotsblokken en steil oprijzende kalksteenrotsen heen. Op smalle banken gezeten, klampen we ons aan de kant van de boot vast als hij door de stroomversnellingen schiet en gordijnen van water over onze rugzakken laat vallen (die goed zijn ingepakt in plastic). Alleen het zware gedreun van de motor en de juichkreten van mijn metgezellen (een Australische fotograaf en zijn lieftallige Thaise vrouw) dringen tot me door als we verder stroomopwaarts varen, naar Ban Hat Sa en de Chinese grens.

Een tocht over de Nam Ou is een opwindende ervaring. Het is niet alleen het wilde en prachtige landschap waar je doorheen gaat, of de vluchtige indruk van dorpen van etnische minderheden door het welige groen van het oerwoud heen. Het is eerder de spanning tot diep in het hart van een van de minst bekende landen van Zuidoost-Azië door te dringen. Tot voor kort werden westerse toeristen geweerd uit dit bergachtige gebied dat in het noorden en westen wordt geflankeerd door China en in het oosten door Vietnam. Nog steeds zijn de wegen erbarmelijk slecht. Maar voor mensen die tijd en een avontuurlijke geest hebben, is een reis naar Noord-Laos een unieke kans naar een van Aziës laatste grote grensgebieden te reizen en, met een beetje geluk, ook weer helemaal terug.

Verwacht het onverwachte met boottochten, zeer ongemakkelijke bustochten – en een ongeëvenaard gevoel van avontuur. Als je het jezelf gemakkelijker wilt maken, bespreek dan een gids via Sodetour (zie Contacten).

★ Als je comfort wilt, kun je kiezen uit een hele reeks uitstekende hotels in Luang Prabang (dit is een stad die zelf heel goed als vakantiebestemming kan worden beschouwd). Aan de Nam Ou is logies heel eenvoudig met bedden als in slaapzalen, gedeelde badkamers en nauwelijks toeristische voorzieningen.

Neem een verrekijker mee om in het oerwoud en langs de rivier naar vogels te kijken. Je hebt wandelschoenen nodig, een zonnehoed en een zonnebrandmiddel voor de bootreis.

Koningsstad uit de oudheid

Mijn tocht stroomopwaarts over de Nam Ou was een dag eerder begonnen in de wonderbaarlijke stad **Luang Prabang**, gelegen aan de samenvloeiing van de Mekong en de Khan. Deze koningsstad uit de oudheid (zetel van de laatste Lao-monarch, koning Savang Vatthana) lijkt wel zo ongeveer een berg-Shangri-La, met zijn prachtige tempels en zijn slaperige tuinpaden, gehuld in de zware geur van *Brachychiton acerifolium* en welige onderbegroeiing.

'Als de zon niet zo brandde, zou het een paradijs zijn,' schreef de grote ontdekkingsreiziger Henri Mouhot toen hij kort voor zijn dood in 1861 in Luang Prabang aankwam. Een eeuw later valt op die radicale bewering nog steeds niets aan te merken.

Als je de stad op haar mooist witl zien, moet je opstaan voor het licht wordt en de straat opgaan om naar de monniken te kijken als ze achter elkaar door de smalle steegjes rijen boeddhistische gelovigen voorbijlopen die voedsel geven en af en toe lotusbloemen om verdienste te verwerven. Loop na een ontbijt met toast en koffie – of neem een fiets (te huur bij bijna elk hotel of pension) – naar de 16e-eeuwse **Wat Xieng Thong** (Gouden Stad-tempel), op een stille binnenplaats aan Xiengthong Road. Dit is de oudste tempel van Luang Prabang, beroemd om zijn houtsnijwerk en mozaïeken, en om zijn sierlijke, aflopende daken en elegante *sim* (wijdingskapel). Nog mooier is **Wat Mai**, een eindje naar het westen, naast het koninklijk paleis. Dit opmerkelijke gebouw, de vroegere zetel van de boeddhistische leider Phra Sangkharath, is versierd met basreliëfs van puur goud die een van de laatste reïncarnaties van Boeddha voorstellen.

Diep onder de indruk van zoveel moois neem ik het steile pad van 329 treden naar **Mount Phousi**. Letterlijk vertaald betekent de naam 'prachtige berg'. Vanaf deze imposante top, naast de glanzende, gouden spits van Wat Chom Si, word je beloond met een prachtig uitzicht op de stad ver onder u, omringd door bossen en bergen.

Na alle inspanningen is er maar één manier om de dag af te sluiten. Ga in een van de restaurants aan de rivier zitten met uitzicht op de Nam Khan of de Mekong, bestel een *Beer Lhao* (het heel drinkbare plaatselijke brouwsel), een bord *larb moo* (pittig varkensvlees) en kijk hoe de zon ondergaat achter de moeder van alle rivieren.

MOUHOTS LAATSTE LIEFDE

Een paar van de mooiste vroege beschrijvingen van Laem Prabang uit het midden van de 19e eeuw zijn van de grote Franse ontdekkingsreiziger en natuurvorser Henri Mouhot. Mouhot, die de oude Khmerruïnes van Angkor Wat zou hebben herontdekt, kwam in 1860 in Laos na meer dan vier jaar door de meest afgelegen regionen van Siam en Indo-China te hebben gereisd. Zijn liefdesverhouding met Luang Prabang zou zijn laatste zijn en in 1861 overleed hij aan malaria. Hij ligt in een eenvoudig wit graf niet ver van zijn geliefde stad aan de oever van de Khan.

DE MEKONG-CONNECTIE

Van Houei Xai, aan de Laotiaanse grens met Thailand, gaan geregeld langzame en snelle boten over de Mekong naar Luang Prabang. De tocht duurt ca. 5 uur met een snelle boot en 10 met een langzame, hoewel je prettig kunt overnachten in Pak Beng, dat halverwege ligt. Mekong Land organiseert ook riviertochten van 2 dagen en 1 nacht, waarbij wordt overnacht in een verblijf in Lao-stijl aan de waterkant bij Pak Beng (zie Contacten).

GROTTEN EN WATERVALLEN

De meeste hotels en reisorganisaties in Luang Prabang hebben dagtochten naar de mooiste plekjes in de buurt. Eén in het bijzonder mocht ik niet missen. Een uur gaans met een gehuurde jeep ten zuiden van de stad brengt ons naar de **Kwang Sy-waterval**, een van de mooiste in heel Laos (het mooist van september tot februari). De waterval is niet hoog, maar het schouwspel van water dat in een aantal stappen van de berg afkomt en in een oase terechtkomt, omringd door palmen en weelderige tropische plantengroei, is het perfecte sluitstuk na de tempels van Luang Prabang. Zelfs de slechte weg naar de waterval wordt meer dan goedgemaakt door glimpen van jagers, gekleed in hun traditionele *phasins* (zwarte geborduurde wikkelkledij) met prachtig bewerkte, maar antiek uitziende musketten op zoek naar gevogelte voor hun avondmaal.

Nog een aardig uitstapje is naar de **Pak Ou-grotten**, een tocht van 20 minuten per speedboot de Mekong op. Er staan meer dan 4000 houten en gouden boed-

dhabeelden van wel 300 jaar oud. Weer in Luang Prabang charteren we een snelle boot om ons naar Nam Ou te brengen en nemen een bestuurder en goede navigator in dienst om een koers uit te zetten rond de rotsen en stroomversnellingen die nu des te gevaarlijker zijn door gebrek aan regen (de 5 uur durende tocht naar Muang Khua zal je ca. $75 kosten).

De volgende ochtend om 6 uur nemen we een gemotoriseerde driewieler, een 'jumbo', naar de oever in Ban Don, waarbij we onderweg bij de markt (Talaht Sou) stoppen om flessenwater, stokbrood en 'Vache qui rit'-kaas te kopen, die in heel Azië verkrijgbaar is.

We zetten onze valhelmen op en doen onze reddingsvesten aan (ga niet zonder) en Souvanna, onze bootverhuurder, laat de 40pk Toyota-buitenboordmotor razen en in een vloek en zucht schieten we de Mekong op, voor we rechts de Nam Ou op gaan, onder een uitsteeksel van indrukwekkende kalksteenrotsen door.

BOVEN EN ONDER Tijdens onze tocht op de rivier zien we overal hoge kalksteenrotsen
RECHTS Het dorpje Muang Noi vanaf de brug over de Nam Ou

VOGELS EN INSECTEN

Laos heeft een verbluffende flora en fauna met meer dan 400 soorten vogels, 69 soorten vleermuizen, 6 soorten vliegende eekhoorns, evenals tijgers, luipaarden en Maleisische beren. De oorspronkelijke naam van het koninkrijk, Lane Xang, die het in de 14e eeuw kreeg, betekent 'land van duizend olifanten'. Alleen met heel veel geluk zul je wilde olifanten te zien krijgen. Maar hou je ogen open voor prachtige en zeldzame vogels zoals de honingvogel (*Nectarinia arachnothera*). Laos heeft ook meer dan 1000 soorten wilde orchideeën, zoals de spectaculaire blauwe *Vanda caerulea*. Andere bloeiende planten zijn de hibiscus, frangipani en acacia.

STROOMOPWAARTS DE NAM OU OP

Als we zo over de rivier bonken dat we trillen als gelatinepudding, worden twee feiten overduidelijk. Laos is een adembenemend mooi land. En de Nam Ou is een van de laatste grote kansen om het afgelegen noorden te verkennen voordat het massatoerisme toeslaat.

Het uitzicht vanuit onze speedboot is ontzagwekkend: met palmen omzoomde bergen, *heua ha pa* (houten raderboten) met passagiers met fleurige parasols tegen de zon, en dorpjes, geflankeerd door jonge teakplantages.

De eerste grote nederzetting die we (na 2 uur) bereiken, is heel indrukwekkend. Muang Noi ligt aan de voet van gigantische kalksteenrotsen die tot in de wolken steken. Langs de hoofdweg staat een rij lage hutten, samen met een paar pasgeopende pensions en speelhallen. Vanaf de nabijgelegen betonnen brug heb je een prachtig uitzicht over de rivier en de bergen erachter.

Van Muang Noi gaan we verder naar het noorden door een verlaten land, vlak langs plotselinge draaikolken of groepjes rotsblokken die uit het water steken. Laat in de middag bereiken we **Muang Khua**, als het licht zachter wordt. Aan de waterkant staat een groep bewoners zich in het water te wassen, keurig in sarong, vanwege het fatsoen. Mijn vrienden voegen zich bij hen en duiken het snelstromende water in dat dit verbazingwekkend prachtige land van golvende heuvels en regenwoud doorsnijdt.

In Muang Khua, net als in veel andere noordelijke steden, staat luxe logies niet hoog op de prioriteitenlijst. Het voornaamste hotel (75 m hoog, links) heeft niet eens een naam. De kamers zijn Spartaans en wat vochtig, maar wel stijlvol. De beste manier om hiermee om te gaan, is te doen als de inboorlingen: grote hoeveelheden *Lao Lao* (sterke rijstwijn) of *Beer Lao* drinken en heel vroeg naar bed gaan.

Naast dit hotel zonder naam en de prachtige hangende brug over de Nam Phak aan de andere kant van de stad heeft Muang Khua nog een historische aanspraak op roem: de Fransen zaten hier tot 1954, toen hun troepen in de nasleep van de beruchte slag bij Diên Biên Phu werden verdreven (➤ 96-97).

DE BOVENSTE REGIONEN

De volgende dag maken we, in gezelschap van een plaatselijke politieman (die maar een derde van ons tarief hoeft te betalen), het laatste en mooiste deel van onze riviertocht naar de afgelegen bovenste regionen van de Nam Ou. Volgens onze nieuwe bootverhuurder (een plaatselijke opschepper die Soung heet), huizen in dit afgelegen gebied olifanten, tijgers en zeldzame gevlekte luipaarden (*Leo nebulosa*), hoewel we daar niets van zien. De mensen die aan dit deel van de rivier wonen, heten Lao Loum, of laagland Lao. Deze zeer vriendelijke mensen, die in de 6e en 7e eeuw uit Zuid-China zijn gekomen, leven in opmerkelijke eenzaamheid. Misschien zie je ergens een eenzame hut met strodak, halverwege tegen een berg, bewoond door een boer en zijn vrouw. In het volgende dal staat een bijna identieke hut, en een kilometer verderop een derde. Wie even bij de buren langs wil voor glas gefermenteerde rijstwhisky, moet een hele avond lopen.

Van Muang Khua is het 2 uur met een snelle boot over het moeilijke, maar prachtige laatste stuk rivier naar **Ban Hat Sa** (de rivier is in de droge tijd, van februari tot juli, vaak onbevaarbaar). De Nam Ou gaat van hier verder naar het noorden, naar Ban Suayngam en de Chinese grens, maar een reeks stroomversnellingen verhindert de doorvaart.

Er is echter alternatief vervoer. Elke dag vertrekt rond de middag – of wanneer hij zo vol is dat hij eruitziet of hij helemaal nergens heen kan – een openbare jeep uit Ban Hat Sa. Deze oude auto kruipt dan over zo'n 20 km pijnlijk slechte onverharde weg met een maximumsnelheid van 20 km/uur. Af en toe stopt hij om de chauffeur of monteur een paar belangrijke machineonderdelen te laten vervangen. Ten slotte komen we na 2 uur in de provinciehoofdstad Phongsali.

Etnische groeperingen

In **Phongsali** is een enige kleine markt in het oude deel van de stad, waar een verscheidenheid aan onherkenbare wortels, vruchten en groenten te koop is en waar zowel de inwoners als etnische minderheden komen. De markt weerspiegelt, net als de stad zelf, de rijke en bonte schakering van deze afgelegen provincie, hoog in de bergen bij de Vietnamese en Chinese grens. Voor het Sino-Franse verdrag van 1895 was Phongsali een onafhankelijk vorstendom dat aan Zuid-China vast lag. Het is nog steeds de meest geïsoleerde provincie in het verre noorden, waar minderheden wonen, opiumvelden liggen (kom er in geen geval in de buurt) en steeds meer Chinezen komen wonen die worden aangetrokken door de handelsmogelijkheden over de grens.

Nadat we ons hebben ingeschreven in het Phongsali Hotel, een groot, lelijk gebouw dat op een gunstige plaats staat in dit stadje van 20.000 inwoners, dineren we met *khao phoun* (noedelsoep) en *kayo cuon* (loempia's) voor we dit zeer schilderachtige stadje met zijn oude houten huizen en smalle geplaveide steegjes gaan bekijken.

Achter Phongsali strekt zich een ononderbroken bergketen naar het noorden uit tot de Chinese grens en naar het zuiden tot de stad Oudomxay, meer dan 220 km verderop. Deze hooglanden worden bewoond door wel 25 etnische minderheden, waaronder de Phou Noi (herkenbaar aan hun witte beenwindsels), de Akha (of Ekaw) met hun zwarte hoofddoeken, versierd met zilveren munten, en de krijgshaftige Hmong, die midden jaren '60 en begin jaren '70 door de CIA werden aangetrokken om tegen de Laocommunisten of Pathet Lao te vechten. Volgens de plaatselijke overlevering kwamen deze mensen, herkenbaar aan hun zware zilveren halskettingen en enorme tulbanden, op een vliegend tapijt in Laos aan. Volgens antropologen komen ze echter oorspronkelijk uit Zuid-China, waar ze enthousiaste opiumtelers waren.

We blijven een dag in Phongsali, verkennen de stad, beklimmen de nabijgelegen Mount Fou Fa ('berg in de hemel') en volgen paden het land in, waar de bergvolken soms dagenlang op blote voeten onderweg zijn met zakken aubergines, maïs en opium die ze ruilen voor huishoudelijke artikelen. (Voorlopig verbiedt de Laotiaanse regering overnachtingen in hun dorpen.)

Reis over land

De volgende dag begint koel en bewolkt. We staan om 7 uur (de officiële vertrektijd) bij de bushalte voor het Phongsali Hotel. Er is geen bus, maar er zijn passagiers genoeg met zakken rijst, varkens verpakt als kerstkalkoen, en bossen bamboe.

Uiteindelijk komt de bus (een omgebouwde vrachtwagen) in een wolk zwarte uitlaatgassen puffend in zicht. Iedereen schuift aan op de zitplaatsen (dat zijn houten planken) en we vertrekken. Met de bus reizen mag dan de ongemakkelijkste manier zijn om door Noord-Laos te reizen, het heeft zijn compensaties – zoals de pracht van het landschap en de intrigerende tafereeltjes uit het dagelijks leven die je meemaakt, om het nog niet te hebben over de euforie van echt, spontaan avontuur. Weldra wordt het uitzicht nog mooier, tot zelfs het ongemak van de volle bus en de geur van binnendringende uitlaatgassen bijna vergeten zijn. In **Ban Yo** (74 km), een dorpje aan de voet van de bergen, stappen een paar door elkaar gerammelde passagiers uit

LINKS Een openbare jeep rijdt dagelijks van Ban Hat Sa naar Phongsali – een langzame en ongemakkelijke reis
ONDER Inschepen in Luang Prabang op de Mekong. Luang Prabang is een alleraardigste oude stad die bekend is om zijn tempels, zoals (INZET) Wat Xieng Thong

en worden vervangen door pezige boeren en bergbewoners voor wie gaten en kuilen heel gewoon zijn.

Het is al mooi dat er wegen zijn, gezien de bittere armoede van het Laotiaanse volk. Het gemiddelde jaarinkomen wordt geschat op $200 per persoon. Wat meer is, de bevolkingsdichtheid in het verre noorden is maar negen personen per vierkante kilometer, zo ongeveer het laagste in Zuidoost-Azië.

Van Ban Yo loopt een onverharde weg door het ruige land langs **Akha-dorpen** die zich gevaarlijk vastklampen aan open plekken tegen de berg. Hier en daar zijn hele stukken weg door aardverschuivingen verdwenen. Op andere plaatsen rolt de bus naar één kant om gigantische rotsblokken te vermijden die ons de doorgang belemmeren.

Het duurt 9 uur voor we in **Udom Xai** zijn, een karakterloze handelsstad waar we overnachten (er zijn diverse hotels en pensions). De volgende morgen nemen we een van de lijnbussen voor de 5 uur durende reis naar Luang Prabang en het zacht kabbelende water van de Mekong en de Khan.

Tempels en ruïnes

Op mijn laatste dag neem ik een vlucht van 40 minuten naar **Vientiane**, de tegenwoordige hoofdstad van Laos. Deze stad, aan de oevers van de Mekong, heeft talrijke invasies meegemaakt. In 1828 werd ze volledig verwoest door de Thais (haar koning lieten ze achter in een mand boven de rivier), ze is aangevallen door Vietnamezen, Birmanen en Khmers en, nog niet zo lang geleden, bezet door Fransen. Wat rest is een verrukkelijk, maar onsamenhangend mengsel van vervallen oude koloniale villa's, brede boulevards, tempels, pagoden en, tegenwoordig, lelijke winkelwoonhuizen en zelfs verkeersopstoppingen.

Het beste logies biedt de Auberge du Temple, een aardige, verbouwde villa aan de rand van de stad. Als ik me heb ingeschreven, neem ik een driewieler naar het meest vereerde monument van de stad. **That Luang** ('grote heilige stoepa') zou een stukje van Boeddha's borstbeen bevatten. Hij werd eerst geplunderd door de Chinezen en Birmanen voor hij door de Siamezen werd verwoest. In de 19e eeuw is hij gerestaureerd en tegenwoordig domineert zijn 30 m hoge spits het silhouet van de stad: hij heeft de vorm van een lotusknop, waarop een gestileerde bananenbloem en een parasol staan.

PLA BUK

De beroemde Pla Buk, die als een van de grootste riviervissen ter wereld geldt en ook wel *Pangasianodon gigas* wordt genoemd, kan wel 300 kg per stuk wegen. Van deze enorme vis die op de rivierbodem huist en groter wordt dan een volwassen mens, geloofde men vroeger dat hij in gouden onderwatergrotten leefde. Zoals veel van Laos' talrijkste soorten wordt hij de laatste jaren door overbevissing met uitsterven bedreigd, maar er is hoop dat een nieuw fokprogramma dit monster van de Mekong nieuw leven kan inblazen.

Vientiane heeft nog twee andere opmerkelijke godsdienstige monumenten. In het westen, tussen de ochtendmarkt en de rivier, ligt **Wat Sisakhet**, het oudste (en indrukwekkendste) tempelcomplex met meer dan 2000 boeddhabeelden in prachtige nissen. Bij Thanon Setthathirat bevat de **Wat Ongtu** (tempel van de zware Boeddha) een 16e-eeuws bronzen beeld dat 3 ton weegt.

Op mijn laatste avond wandel ik de Thanon Fa Ngum door, de straat die is genoemd naar de langst regerende vorst; ik verbaas me over de geweldige teak- en casuarinabomen langs deze drukke promenade en blijf staan bij de bonte kraampjes van straatventers om *nan wan* (zoete gelei in kokosmelk) te bestellen en naar de zonsondergang boven de Mekong te kijken. Morgen vlieg ik terug naar Bangkok. Maar nu ben ik nog in een van de meest afgelegen en boeiendste landen van Zuidoost-Azië.

ALLEEN ER OP UIT

HET BINNENLAND IN

Luang Prabang kan worden bereikt met een binnenlandse vlucht van 40 minuten met Lao Aviation vanuit de Laotiaanse hoofdstad Vientiane of met een tocht per speedboot van 6 uur vanuit Chiang Kong, op de grens met Thailand.

Boten de Nam Ou op naar Ban Hat Sa kunnen bij aankomst in Luang Prabang worden besproken. Als er echter geen openbare boot gaat, moet je misschien voor de hele boot betalen (ca. $100).

De bussen zijn overvol en gaan ongeregeld, maar tenzij je voor je eigen transport zorgt, zijn ze de enige manier om je te verplaatsen. Ze vertrekken meestal 's morgens vroeg en komen ergens voor donker op hun bestemming aan.

VOORBEREIDING

De beste tijd om met een boot de Nam Ou op te gaan, is in de koele tijd van oktober tot begin februari, als de rivier na de regentijd hoog genoeg staat.

In het hete seizoen van februari tot juli is het vaak meer dan 35°C en is de rivier dikwijls onbevaarbaar.

Van juni tot eind september is het regentijd, als tropische stortbuien worden afgewisseld met mooie dagen en wegen zonder terreinwagen praktisch onbegaanbaar zijn.

EEN BOOT VINDEN

Van Luang Prabang gaan speedboten over de Nam Ou heen en weer naar Muang Noi (2 uur), Muang Khua (4 uur) en Ban Hat Sa (6 uur). Langzame boten doen er twee keer zo lang over, maar kosten minder en kunnen een aardig alternatief zijn. Zorg dat je voor vertrek een prijs afspreekt (buitenlanders moeten altijd meer betalen dan plaatselijke bewoners). Als er geen openbare boten zijn, wees dan bereid de hele boot te huren (meestal ca. $20 per uur voor een snelle boot). Wees gewaarschuwd dat van begin februari tot juli de rivier misschien te laag staat om bevaarbaar te zijn, zeker het laatste stuk van Muang Khua naar Ban Hat Sa.

Er zijn een paar reisbureaus die tochten of verzorgde uitstapjes op de Nam Ou organiseren (zie Contacten).

LOGIES

Luang Prabang en Vientiane hebben een breed aanbod aan logies, van prachtige hotels in koloniale stijl tot goedkope pensions. In de kleinere steden aan de Nam Ou is logies heel eenvoudig en bevatten hotelkamers dikwijls weinig meer dan eenpersoonsbedden met een gezamenlijke douche op de gang.

MEE TE NEMEN

- Water en voedsel voor op de boot.
- Zonnehoed en zonnebrandmiddel.
- Plastic tas om dingen droog te houden.
- Toiletartikelen en toiletpapier.
- Een zaklamp en lucifers.
- Binnenlands geld om boot, bus, hotel en voedsel te betalen.
- Warme kleren voor de koele maanden.

GEZONDHEID

- Noord-Laos is malariagebied. Ga voor vertrek bij je huisarts langs voor de beste malariatabletten.
- Neem insectenwerend middel en muskietennet mee, en draag 's avonds lange mouwen en een lange broek.
- Neem een EHBO-doosje mee met ontsmettende crème, pleisters en dysenterietabletten.
- Drink alleen flessenwater.
- Was of schil alle fruit en eet geen ijs.
- Inentingen tegen hepatitis zijn raadzaam, maar informeer bij je huisarts.
- Zorg voor uitgebreide ziektekostenverzekering.

VERGEET JE NIET TE MELDEN

Als je in Noord-Laos verblijft, vergeet je dan niet bij aankomst en vertrek bij de plaatselijke vreemdelingenpolitie te melden. Ze kan kantoor houden bij de riviersteiger of, als passagiers per vliegtuig uit Luang Prabang komen, op het vliegveld. Als je geen aankomst- en vertrekstempel haalt, kun je een boete krijgen of kan dat tot veel bureaucratische rompslomp leiden.

Langzaam de Mekong over

door Ben Davies

In de zuidelijke regionen van Laos, voorbij de steden Savannakhet en Pakxe, stroomt het mooiste stuk Mekong langs de pre-Angkor ruïnes van Champassak naar het eiland Khong en de spectaculaire stroomversnellingen van Khone. Ik heb drie dagen aan boord van de luxe Vat Phou *over dit prachtige stuk water gevaren.*

De grootste rivier van Zuidoost-Azië ontspringt hoog in het Tibetaanse Himalayagebergte, in een van de verste uithoeken van de wereld. Vanaf dit nietige begin stroomt de Mekong, bekend als de 'moeder van alle rivieren', door de ruige bergen van Zuidoost-China, via Birma en Thailand, voor ze bij de stad Houei Xai Laos binnenkomt. Dan stroomt ze wel 1900 km door dit weelderige en prachtige land en gaat dan Cambodja en Vietnam binnen voor het laatste stuk van haar reis naar de Zuid-Chinese Zee.

Tientallen jaren van oorlog en politieke onrust hebben tot voor kort avonturiers van de Mekong weggehouden en daarmee de droom van ontdekkingsreizigers uit het verleden verstoord om de rivier over haar volle lengte af te reizen. Tegenwoordig, nu Laos, Cambodja en Vietnam open zijn, is het weer mogelijk per boot over bepaalde stukken van de Mekong te reizen.

Het populairste stuk is van Chiang Khong aan de Thais-Laotiaanse grens naar de prachtige oude stad **Luang Prabang** (► 100-101), een reis van ca. 5 uur per snelle boot (of 2 dagen met een langzame boot). Maar voor reizigers die iets luxers willen, is het zuidelijke stuk Mekong van Pakxe (Pakse) naar de stroomversnellingen van het eiland Don Khong een nog dankbaarder alternatief.

Dit 140 km lange stuk water, dat het hele jaar bevaarbaar is, gaat door een zeer gevarieerd landschap en maakt het tevens mogelijk de antieke hindoe- en khmertempel van Wat Phu (of Phou) te bezoeken. Bovenal geeft het de kans op een prachtige cruise op een van de mooiste rivieren op aarde.

De beste tijd voor een reis op de Mekong is in de wintermaanden, van oktober tot eind februari, als de temperatuur gematigd is en de rivier op haar mooist. Dan staat het water na de regentijd nog hoog. En dan worden ook een paar van de beroemdste godsdienstige feesten van Laos gehouden, zoals Bun Pha Wet, om koning Vessanthara's reïncarnatie als Boeddha te vieren, en Magha Puja, dat het eind van Boeddha's kloostertijd markeert.

Zoals in elk tropisch land, moet je aardig fit zijn om in de hitte te wandelen. Van maart tot mei zijn de temperaturen dikwijls hoger dan 35 °C.

Als je in comfort over dit stuk van de Mekong wilt reizen, is de beste keus een 3-daagse cruise aan boord van de Vat Phou. Het 34 m lange schip heeft 12 rozenhouten hutten (met tweepersoonsbedden), een eetzaal en een prachtig panoramadek. Reserveer van tevoren via Mekong Land (zie Contacten).

Neem een paar gemakkelijke wandelschoenen mee om de Khmertempels en stroomversnellingen te verkennen. Zorg in de regentijd voor regenkleding en een muskietenwerend middel.

ONDER De Vat Thou, *met haar elegante zonnedek (INZET) geeft een prachtig uitzicht over de zuidelijke regionen van de Mekong. Deze reis kun je het beste van oktober tot februari maken, als dit stuk rivier er het spectaculairst uitziet*

'De moeder van alle rivieren'

Halverwege de ochtend vertrekt de *Vat Phou* van haar ankerplaats in de oude Franse stad Pakxe en vaart naar het midden van de Nam Se voor ze de eigenlijke Mekong op vaart. Vanaf het dek kan ons samengeraapte groepje passagiers – een excentrieke Italiaanse journalist en zijn vrouw, twee Franse tandartsen met hun gezin, een Spaanse leraar en ik – net de bergen van de provincie Champassak in het zuiden onderscheiden en, verderop, het wazige silhouet van Thailand in de verte zien verdwijnen.

Terwijl we van onze *Vat Phou*-vruchtencocktail nippen, varen we stroomafwaarts langs groepjes houten huizen en glinsterende boeddhistische tempels die uit de welige onderbegroeiing lijken op te schieten. Met elke bocht van de rivier wordt het landschap wilder en ruiger, met hoge kalksteenrotsen aan weerszijden van de Mekong tot Pakxe algauw nog maar een stipje in de verte is.

Eerlijk gezegd was ik helemaal niet van plan geweest om Zuid-Laos per luxe boot te verkennen en zeker niet om me bij een reisgezelschap aan te sluiten voor een georganiseerd avontuur. Zoals veel reizigers had ik bij een avontuur op de rivier altijd gedacht aan boomstamkano's, duidelijk onveilige antieke kruisers en oevers, vergeven van de muskieten. En toch merkte ik dat ik dit wel leuk vond. Een georganiseerde reis spaart tijd en problemen. En omdat er een gids is (die Engels en Frans spreekt) leer je meer dan anders over de mensen en de omgeving waarin ze wonen. En meer dan wat ook stelt een luxe cruise je in staat op je gemak van de Mekong te genieten, zonder je zorgen te hoeven maken over waar je nu weer heen gaat en wat je moet doen.

Het leven aan boord van de *Vat Phou* krijgt weldra een vast ritme. Na een ontbijt van Frans brood, roereieren en verrukkelijk tropisch fruit (zoals exotische ramboetans en feloranje papaja's) gaan we naar het zonnedek waar we luieren op prachtige bamboebanken en rotan matten en naar het prachtige rivierlandschap kijken dat langzaam aan ons voorbijgaat. Om 12.30 uur wordt de lunch geserveerd door personeel in prachtig geweven Laosarongs. Dan is er alle tijd voor een tochtje aan de wal, een middagdutje, of gelegenheid om iets van het prachtigste landschap van heel Laos te bewonderen.

Tempels en regentijd

Het regent al als we afmeren, op korte afstand van de antieke stadje **Champassak**. Dit stadje, vroeger een van de machtscentra van het 6e-eeuwse Chenlarijk, is nu eerder bekend als vertrekpunt naar de khmertempel **Wat Phu**, een kwartier met de bus naar het zuidwesten.

Hoewel Wat Phu niet te vergelijken is met de bekendere Angkor Wat-tempel in Cambodja, geeft zijn imposante ligging aan de voet van de Phou Pasak de vervallen muren en het verweerde metselwerk iets heel bijzonders. Hij werd in 1866 ontdekt door de Franse ontdekkingsreiziger Francis Garnier, maar zijn eerdere bestaan is in nevelen gehuld. Archeologen denken dat het oorspronkelijke hindoecomplex al in de 6e eeuw is gebouwd, ten minste 200 jaar voor het werk aan

BRON VAN DE MEKONG

De eerste opgetekende poging om de bron van de Mekong te vinden, vond plaats in juni 1866, toen twee kanonneerboten onder commando van Douart de Lagree uit Saigon vertrokken met het doel de rivier helemaal op te varen. De reis zou echter in een tragedie eindigen toen ze gedwongen werden het schip te verlaten. Latere expedities liepen ook vast op de stroomversnellingen van Keng Luang en verder stroomafwaarts bij Khemmarat. Pas in april 1995 kondigde een Frans-Engelse expeditie aan dat ze de bron van de Mekong hadden ontdekt, op 5000 m hoogte, op de top van de Rup-Sa Pas in Tibet.

DE SMAAK VAN LAOS

Als je nog nooit eerder Laotiaans voedsel hebt gegeten, probeer deze plaatselijke specialiteiten dan eens:

- *Laap*, gemaakt van fijngehakt vlees, gekruid met uien, citroen en cayennepeper.
- *Khao niao*, een soort kleefrijst die bij bijna elke maaltijd in kleine rotan mandjes wordt geserveerd.
- *Neung paa*, een gestoomde vis.
- *Tam maak hung*, een pittige salade, ook sotam genoemd, van gesnipperde groene papaja en cayennepeper.
- *Khao phun* of meelknoedels.
- *Tom khaa kai*, een pittige soep van kip met kokosmelk.
- Probeer als plaatselijke brouwsel Beer Lao of *lao lao*, een straffe rijstwhisky.

Angkor begon. In de 11e eeuw werd de tempel door de Khmers veranderd in een boeddhistisch heiligdom waarvan de bouw tijdens de regering van koning Jayavarman VI (1080-1107) begon.

We naderen de brede processiegang vanuit het oosten en volgen onze gids langs een paar vervallen zandstenen paviljoens met reliëfs van Shiva, de hindoegodheid. Maar hogerop, voorbij een paviljoen gewijd aan Nandi de Stier (ook een veelvoorkomend hindoe-element), komen we bij het belangrijkste heiligdom van de tempel, gelegen bij een ondiepe grot waar een heilige beek door stroomt. Hier zien we de prachtigste reliëfs, van dansende hemelse nimfen (*apsaras*) tot Indra op een driekoppige olifant.

Bezoekers die enthousiast zijn geworden door beelden van de 'Lost Ark' van Indiana Jones, zullen het eigen geheim van Wat Phu wel leuk vinden. De overlevering wil dat ergens in het complex een kostbare smaragden boeddha is verborgen, hoewel daar tot dusverre niets van is ontdekt.

Tegen de tijd dat we van het bovenste niveau afdalen, wordt de tempel volledig verduisterd door een stortbui. Weer aan boord varen we tussen de ruige uitlopers van het Annamitegebergte door, aan weerszijden van de rivier. Aan het eind van de middag ankert de *Vat Phou* bij het dorp **Ban Boun** en krijgen we een rondleiding door dit eenvoudige dorp te midden van groene rijstvelden aan de oevers van de Mekong.

VIERDUIZEND EILANDEN

Bij het eerste licht komen de motoren van de *Vat Phou* sputterend tot leven. Als we onze reis voortzetten, komen we op een stuk water dat zo breed is dat het wel een zee lijkt. Alleen de dorpen in de verte en de rijen zwaaiende kinderen aan de overkant zeggen ons dat we heel langzaam richting Cambodjaanse grens en Khone-waterval varen.

Weldra ziet de Mekong er heel anders uit en splitst zich in een doolhof van kanalen die het prachtige land doorsnijden als de tentakels van een inktvis. De Laotianen noemen dit deel van de rivier See Pan Done (vierduizend eilanden), naar de talloze eilanden die uit deze gigantische waterweg opduiken. Men zegt dat de Mekong in de regentijd wel 14 km breed wordt, verraderlijke draaikolken en plotselinge wervelstromen krijgt waardoor verdergaan steeds gevaarlijker wordt.

Als we aan het noordelijke puntje van **Don Khong**, het grootste eiland in de Mekong, zijn afgemeerd, worden we naar **Wat Chom Thong** gereden, een tempel met Khmerinvloeden die ergens begin 19e-eeuw is gebouwd en nu wordt bewoond door boeddhistische monniken in prachtige saffraankleurige gewaden. Deze vervallen tempel, te midden van kokospalmen en stevige mangobomen, is vermaard om zijn prachtig bewerkte houten luiken.

Tempels zijn niet het enige waar dit schilderachtige eiland met 55.000 inwoners om bekendstaat. In december houdt de bevolking, die wel van een geintje

houdt, een 5-daags bootracefestival op de Mekong (Bun Suang Heua), waarbij hun energie met enorme hoeveelheden rijstwijn op peil wordt gehouden. Als je deze belevenis wilt bijwonen, of alleen de heilige grotten en tempels op het eiland wilt bekijken, kun je het beste een fiets huren bij de Auberge Sala Done Khong, een oud teakhouten hotel in Muang Khong.

Van Wat Chom Thong steken we met een rustieke catamaran van olievaten en houten planken over naar het vasteland. Daarna is het nog een prachtige rit van 30 km door glinsterende rijstvelden naar de breedste stroomversnelling van heel Zuidoost-Azië. In de verte markeert het Khong Hai-gebergte de grens tussen Cambodja en Laos.

De stem van de Mekong

We horen de machtige **Khong Phapheng-waterval** lang voor we de oever

BOVEN Een van de vele watervallen van de woeste stroomversnelling van Khong Phapheng. Hier in de buurt kun je de zoetwaterdolfijnen van de Mekong zien
RECHTS Een rustiger tafereel aan de waterkant bij Pakxe

WATERVALLEN EN PLATEAUS

Als je bij het afzakken van de Mekong zin krijgt om het omringende land te verkennen, probeer de cruise dan te combineren met een bezoek aan het prachtige Plateau des Bolovens en de waterval van Tadlo, 2 uur rijden ten noordoosten van Pakxe (► 130-137). De werkelijk avontuurlijken kunnen de bus (of een dagtocht) naar een van de verste grensstreken voorbij Attapeu nemen, aan de bergachtige grens met Vietnam.

bereiken en als we dichterbij komen, wordt het bulderend geraas steeds luider. De waterval is 10 km breed en bestaat uit letterlijk honderden woeste cascades en steile doorgangen die, niet verrassend, door plaatselijke bewoners 'de stem van de Mekong' worden genoemd.

In de schaduw van deze reusachtige waterval gebruiken we een onlogische lunch van verse vis, zongedroogd rundvlees en salade, geserveerd op porseleinen borden die door bemanningsleden van boord zijn meegebracht. Naderhand slenteren we via het pad naar de waterkant.

Het was Garnier (► 112) die in 1866 als eerste het bestaan van de waterval meldde, toen hij er onderweg naar China door werd gedwongen zijn schip te verlaten en zijn reis over land te vervolgen. Ook dromen van latere ontdekkingsreizigers om de hele Mekong af te varen werden door deze woeste stortvloed ruw verstoord.

Eind 19e eeuw legden de Fransen 5 km smalspoor aan om vracht langs de Kong Phapheng- en Li Phi-waterval te vervoeren (de oude locomotief is nog te zien bij de spoorbrug van Ban Khone). De Fransen gingen zelfs zo ver dat ze hun boten stuk voor stuk ontmantelden en aan de andere kant van de stroomversnelling weer in elkaar zetten.

Bewoners zullen je vertellen dat je aan de andere kant van de waterval weleens zoetwaterdolfijnen kunt zien. De dolfijnen, met hun blauwgrijze tint, zijn het beste te zien in de wintermaanden, van december tot mei, als ze zich aan het eind van de middag verzamelen. Maar tegenwoordig wordt hun bestaan bedreigd door met springstof te vissen, een populaire hobby aan de overkant van de grens met Cambodja.

REIS STROOMOPWAARTS

Vroeg in de middag vertrekken we weer, deze keer stroomopwaarts, langs dorpen die half verscholen liggen achter dikke bossen bamboe en papajabomen. Af en toe zetten vissersbootjes van de oever af. Verder zijn er weinig tekenen van leven. Een van de opvallendste dingen aan het Laotiaanse volk is hun laat-maar-waaien-mentaliteit. Waar de Chinezen bekendstaan om hun zakelijk inzicht en de Vietnamezen om hun harde werk, zijn de Laotianen lang als voorbeeld gesteld om hun verrukkelijke traagheid.

Dit kan deels te wijten zijn aan hun onverzadigbaar verlangen naar *lao lao*, een straffe plaatselijke rijstwijn die bijna overal wordt gevonden, hoewel gebruik ervan officieel wordt ontmoedigd. De Laotianen zijn zo dol op dit

DOLFIJNEN VAN DE MEKONG

Ze worden *Orcaella brevirostris* of *paa khaa* genoemd, hebben een uitstekend blauwgrijs voorhoofd en zouden in kleine aantallen in de rivieren van Laos, Myanmar en Cambodja leven. De beste tijd om dolfijnen in de Mekong te zien, is eind van de middag, als je ze af en toe uit het donkere water kunt zien opspringen. En dolfijnen zijn niet de enige Mekong-specialiteit: op noordelijke stukken rivier kun je ook de zeldzame *pla buk* tegenkomen, ook wel het monster van de Mekong genoemd (► 108).

geduchte drankje, dat ze er zelfs glaasjes van neerzetten als offer aan hun huisgeesten.

Maar er is nog een reden voor de *joie de vivre* van het volk, want hier, aan de Mekong, is hard werken door de overvloedige gaven der natuur bijna overbodig.

We stoppen eind van de middag in het dorp **Baan Paou**, waar de eenvoudige onafhankelijkheid van de mensen bijna tastbaar is. Zoals zoveel andere dorpelingen aan de Mekong zijn ook de bewoners van Baan Paou volkomen afhankelijk van de rivier voor hun voedsel, hun water, hun irrigatie en zelfs hun vervoer. 's Avonds zien we hoe hele gezinnen zich in de rivier wassen of visnetten uitgooien op haar troebele oppervlak. Verder stroomafwaarts worden kleren gewassen en keurig op de oevers te drogen gelegd.

Die avond breekt recht boven ons een enorme bui los. De stromende regen loopt langs de ramen van onze luxeboot. Buiten, op de oever, spelen een paar blote kindertjes in de regen. Hun gelach sterft weg en is nauwelijks hoorbaar boven het rollen van de donder.

Oerwoudtempel

De volgende morgen is het bewolkt en gaat de zon schuil achter dikke regenwolken. Maar het is koel en voelt prettig aan, en op de rivier staat een fris windje. Kort voor 10 uur ankert de *Vat Phou* bij **Ban Noi**, weer een prachtig dorpje op de vruchtbare oever. Vanhier volgen we onze gids over een smal pad dat 1 km tussen hoge bomen door loopt naar de oude ruïnes van **Oum Muang** (ook wel Oup Muang of Muang Tomo genoemd), diep in het oerwoud.

Oum Muang, gebouwd tussen de 6e en 9e eeuw, ongeveer in dezelfde tijd als Wat Phu Champassak aan de overkant, ligt volkomen geïsoleerd. Hier zijn geen drommen mensen of gidsen, hier is alleen een gevoel van volkomen verlatenheid. De resten van twee stenen heiligdommen zijn het enige wat er nog staat. Elders, verspreid over een terrein ter grootte van een voetbalveld, liggen prachtige met mos bedekte platen lateriet, vervaagde zandsteenreliëfs en de resten van een zevenkoppige nagaslang die het tempelcomplex nog steeds bewaakt. Waarschijnlijk is de tempel eind 13e eeuw door de oorlogszuchtige Khmer verlaten en sindsdien aan de natuur overgeleverd.

Van Oum Muang lopen we door dit schilderachtige dorp met houten huizen terug voor we onze reis stroomopwaarts vervolgen.

Later die middag gaan we aan land en klimmen naar **Wat Phou Ngoy**, een boeddhistische wijkplaats met een prachtig weids uitzicht over de Mekong. Dan vertrekken we weer, nippen een cocktail en genieten van onze laatste nacht op de Mekong. De volgende morgen om precies 7 uur stoomt de *Vat Phou* **Pakxe** binnen, en dat betekent het einde van ons korte verblijf in het paradijs.

Passagiersschepen op de Mekong

Voor avontuurlijke reizigers die niet genoeg geld hebben om met de *Vat Phou* de rivier af te zakken, is alles nog niet verloren. Je kunt een prachtige, zij het minder weelderige boottocht maken met een van de gemotoriseerde passagiersschepen die uit Pakxe vertrekken.

De boten doen er 2 uur over naar Champassak (u kunt daar het beste overnachten) en nog eens 8 uur naar Don Khong. Het maakt in prijs niet uit of je in de overvolle boot reist of op het ondeugdelijke dak (de meeste mensen geven aan het laatste de voorkeur, vanwege het prachtige uitzicht). Als je geen zonnesteek wilt oplopen, moet je een hoed of paraplu meenemen. Stokbrood, flessen water en andere snacks zijn hun gewicht in goud waard op deze lange tocht op een overvolle boot, die zeer de moeite waard is.

ALLEEN ER OP UIT

Het binnenland in

U kunt naar Pakxe door de lucht (er gaat twee keer per dag een vlucht vanuit Vientiane), of over land via de Thaise grensovergang bij Chongmek. Als je uit Bangkok komt, is de gemakkelijkste en prettigste manier om naar Pakxe te komen, naar Ubon Ratchathani in Noordoost-Thailand te vliegen, waar je op het vliegveld een taxi naar Chongmek kunt nemen (600 baht/$16). Als je de grens met Laos eenmaal over bent, brengt een keur aan stokoude bussen en auto's passagiers naar Meun Khao, vanwaar het nog maar tien minuten over de rivier naar Pakxe is.

De meeste reisbureaus zullen vervoer naar Ubon kunnen regelen, evenals verdere verbindingen.

Wanneer?

De beste tijd voor een cruise op de Mekong is in het koele seizoen, van oktober tot eind februari, als de hemel blauw is en de temperatuur varieert van 15 tot 30°C. Van maart tot mei is het dikwijls meer dan 35°C en kan de lage waterstand vervoer over water bemoeilijken.

Van juni tot eind september is de regentijd, dan worden tropische stortbuien afgewisseld met mooie dagen.

Voorbereiding

Vóór aankomst in Laos heb je een toeristenvisum nodig. Dit kun je via je reisbureau of bij reisbureaus in Bangkok krijgen (reken op 2 dagen).

Een boot bespreken

De *Vat Phou* vaart volgens een vaste dienstregeling van 3 dagen/3 nachten vanaf Pakxe voor ca. $450 per persoon, met onderbrekingen bij de Wat Phou-tempel, het Oum Muang-heiligdom, het eiland Khong en de Phapheng-waterval. De prijzen zijn inclusief ruime tweepersoonshutten, eten en uitstapjes. Je moet van tevoren reserveren via Mekong Land in Bangkok (zie Contacten). Zij kunnen ook vervoer naar Vientiane, Ubon Ratchathani of de prachtige voormalige hoofdstad van Laos, Lung Prabang, regelen.

Mensen die in hun eentje willen gaan, kunnen een van de officiële openbare boten nemen die van de steiger in Pakxe naar Champassak gaan en er 2 uur over doen (buitenlanders betalen bijna altijd meer dan inboorlingen). Helemaal naar Don Khong gaan ook overvolle veerboten, die er ca. 10 uur over doen. Reisbureaus in Pakxe kunnen boten naar Don Khong charteren voor groepen tot 20 personen.

Logies

Logies in Pakxe varieert van het dure maar lelijke Champassak Palace Hotel tot een hele reeks goedkope hotels en pensions rond het marktplein. Elders in de provincie Champassak en op het eiland Khong zijn naast een handvol standaardhotels verschillende goedkopere pensions.

Gezondheid

- Zuid-Laos is malariagebied. Informeer voor vertrek bij je huisarts en tref voorzorgsmaatregelen.
- Neem een insectenwerend middel en een muskietennet mee; draag 's avonds lange mouwen en een lange broek.
- Neem een EHBO-doosje mee met ontsmettingsmiddel, pleisters en dysenterietabletten.
- Drink uitsluitend gekookt of flessenwater.
- Was of schil alle fruit en eet geen ijs.
- Zorg voor een uitgebreide ziektekostenverzekering.

LINKS Achter onze gids aan door het oerwoud naar de tempelruïne van Oum Muang
BOVEN De ruïne van Wat Phou, een fantastische verloren stad bij Champassak

Angkor Wat in Cambodja

door Ben Davies

Het grootste archeologische complex in heel Zuidoost-Azië ligt in de noordelijke regionen van Cambodja, achter de klotsende oevers van het Tonlé Sapmeer. Angkor Wat is op zich een bestemming die zeer de moeite waard is en kan het beste worden opgenomen in een 5-daagse bootreis naar de prachtige hoofdstad Phnom Penh.

Zonsopgang boven Angkor Wat moet zo ongeveer de mooiste aanblik op aarde zijn. Als de eerste stralen over de horizon komen, staan de vijf majestueuze torens, elk 65 m hoog, tegen de Cambodjaanse hemel afgetekend.

Angkor is nog groter dan Pagan in Myanmar (Birma) of de khmertempel Pimai in het naburige Thailand en is in Zuidoost-Azië ongeëvenaard. Zijn prachtige kunstwerken en alleen al het aantal tempels (meer dan 400) geven hem een overweldigende pracht en praal die zelfs tientallen jaren van oorlog en politieke beroering niet hebben kunnen afzwakken.

We naderen de tempel uit het westen en volgen onze jonge Khmergids over een enorme stenen toegangsweg voor we het hoofdcomplex van Angkor ingaan. Angkor Wat, in de 12e eeuw door koning Suryavarman II gebouwd, is door wel 100.000 slaven dag en nacht te laten werken, in 30 jaar neergezet. Het heet letterlijk 'de stad' en is aan de hindoegodheid Vishnu gewijd, wiens volgelingen hem als de opperste redder beschouwen.

Ook in de galerijen die van het hoofdcomplex aflopen, zijn de kunstwerken niet minder mooi. Kunstzinnig bewerkte bas-reliëfs van wel 800 m lengte variëren van prachtige *apsaras*, of hemelse dansers, met hun fijn gebeeldhouwde armbanden en blote borsten (vermoedelijk ontworpen naar het voorbeeld van de harem van de koning) tot de apenkoningen uit het hindoe-epos *Ramayana*.

Maar het beroemdste reliëf van allemaal is het '**Karnen van een zee van melk**', een gedenkwaardig kunstwerk met 88 *asuras* (duivels) en 92 *devas* (goden), die oorlog voeren met behulp van een enorm serpent dat om de berghelling is gewikkeld. De twee groepen proberen onsterfelijkheid te verkrijgen, gadegeslagen door hemelse vrouwelijke geesten die zingen en dansen ter aanmoediging.

Als we 2 uur later uit Angkor Wat weggaan, staat de zon al hoog aan de hemel en komen de eerste groepen toeristen aan; die hebben de zonsopgang gemist. Zeer beloond voor ons vroege opstaan, trekken we ons terug in een groepje theehuizen bijna recht tegenover de ingang van de tempel en ontbijten met stokbrood, gebakken eieren en koffie voor we de weg naar het noorden nemen, naar Angkor Thom.

In het hete seizoen, van maart tot mei, moet je in Angkor waarschijnlijk in de verstikkende hitte lopen. Afgezien daarvan is een globaal fitnessniveau voldoende.

★★ Logies in Siem Reap, het slaperige stadje 7 km ten zuiden van Angkor, varieert van luxe vijfsterrenhotels tot eenvoudige pensions. In hotels en restaurants vind je een goede Europese en Aziatische keuken. Je kunt ook ontbijten of lunchen in de kleine theehuizen recht tegenover de ingang van Angkor Wat.

Neem ten minste twee keer zoveel film mee als je denkt nodig te hebben. Wandelschoenen, zonnehoed en zonnebrandmiddel zijn noodzakelijk, èn regenkleding als je van plan bent in de regentijd te reizen.

Angkor verkennen

Mijn tocht naar Angkor was de dag tevoren begonnen, toen ik me in Bangkok bij een paar vrienden aansloot voor de 1,5 uur durende vlucht met Bangkok Airways naar Siem Reap in Noord-Cambodja. Op het vliegveldje gekomen, namen we een taxi voor de 7 km lange rit naar het centrum en schreven ons in bij het Apsara Guest House, een prettig hotel van twee verdiepingen met een open terras en eenvoudige, bescheiden tweepersoonskamers.

Hoewel de meeste bezoekers van Angkor ruim van tevoren reserveren, is het net zo gemakkelijk en aanzienlijk goedkoper om dit bij aankomst te regelen. De beste manier om de tempels te bekijken is door een motor met chauffeur te huren (de meesten zijn tevens gids); dat kan door je hotel worden geregeld. Auto's met chauffeur zijn er ook. Zo ben je veel flexibeler dan met een groep. Het betekent ook dat je net zo lang of zo kort in een bepaalde tempel kunt blijven als je wilt.

Voor de meeste mensen zijn drie dagen in Angkor wel voldoende om alle bezienswaardigheden te bekijken, zoals Angkor Wat, Angkor Thom, Ta Phrom en Bantei Srei (ook wel de 'grand tour' genoemd). Als je weinig tijd hebt, kun je de belangrijkste tempels net in een 1-daagse 'petit tour' proppen.

Om zoveel mogelijk van Angkor te genieten, zijn twee dingen heel belangrijk. Sta bij het krieken van de dag op om de tempels te bekijken en ga dan op het heetst van de dag naar je hotel terug om te lunchen, te zwemmen en een dutje te doen. Dan kun je halverwege de middag doorgaan waar je bent opgehouden. Zo zul je de oude monumenten in het beste licht zien. En loop je ook niet pijlsnel van de ene tempel naar de andere te hollen, zoals veel vurige bewonderaars van Angkor doen.

Ommuurde stad

Van Angkor Wat volgen we een weg met bomen erlangs 3 km naar het noorden, naar **Angkor Thom**, een complex dat in sommige opzichten net zo indrukwekkend is. In haar bloeitijd woonden in deze ommuurde stad wel een miljoen mensen, verspreid over 9 km², en deed de stad qua schaal en schoonheid niet onder voor wat destijds in Europa stond.

Als we de oude stad via een van de vijf grote toegangswegen binnenkomen, passeren we bewerkte borstweringen met *nagas*, de legendarische watermonsters die in heel Zuidoost-Azië worden geroemd, evenals goden, demonen en driekoppige stenen olifanten.

Het belangrijkste van Angkor Thom, zowel fysiek als symbolisch, is de **Bayontempel**. Hij is eind 12e eeuw door koning Jayavarman VII gebouwd en bestaat uit een bovenste en onderste binnenhof met meer dan 1000 m gebeeldhouwde reliëfs en een van de opmerkelijkste prestaties van de Khmers: fijn afgewerkte stenen torens met enorme glimlachende gezichten die vanuit alle hoeken op je neer lijken te kijken.

Volgens onze gids zouden deze 200 sereen glimlachende gezichten de 'Bodhisattva' voorstellen, iemand die na vele geboorten, doden en wedergeboorten een verlichte toestand bereikt, maar onzelfzuchtig blijft om anderen te helpen

KHMERBOUWKUNST

De tempels van Angkor zijn meer dan alleen kunstwerken. Het zijn ook symbolen van de Khmerkosmos. De centrale *prasat*, of toren, staat voor Mount Meru, de mythische behuizing van de goden in het centrum van het universum. De zuilengalerijen en binnenhoven staan voor de bergen, terwijl de gracht voor de zee staat. Niet alle tempels zijn hetzelfde gebouwd. Tegen de 12e eeuw was de manier van bouwen veel uitvoeriger geworden, omdat de god-koningen van Angkor elkaar qua formaat en ingewikkeldheid van hun creaties probeerden te overtreffen.

zalig te worden. De beste tijd om de Bayon te bekijken is 's morgens vroeg of eind van de middag, als het licht zacht is en het er vreemd verlaten is. Tegen de tijd dat we uit de Bayon vertrekken, is het zwaar bewolkt en vallen de eerste regendruppels. We schuilen onder een enorme poort, die zo hoog is dat er een olifant onderdoor kan, compleet met parasols. We stappen met onze gidsen weer op onze motoren en rijden terug naar Seam Reap, 7 km naar het zuiden.

Goden en koningen

Een van de opmerkelijkste dingen van Angkor is het aantal koningen dat er heeft geheerst. In totaal hebben 23 monarchen de scepter gezwaaid over een koninkrijk dat zich in zijn bloeitijd uitstrekte van Birma tot Zuid-Laos, en helemaal tot Noordoost-Thailand.

De eerstbekende god-koning was Jayavarman II (bewind 802-850) die het Khmerrijk stichtte en de traditie van

tempelbouw instelde. Maar van Jayavarman VII (bewind 1181-1201) weten we dat hij in Angkors bloeitijd het gezag voerde. Tijdens zijn bewind bouwde hij niet alleen Angkor Thom en de Bayon, maar ook Preah Khan en Ta Prohm.

Hoewel Jayavarmans opvolgers nog twee eeuwen zouden heersen, ging het bergafwaarts met Angkor. In 1431 werd ze aangevallen door de Siamezen en ten slotte door de Khmers verlaten.

De geschiedenis van Angkor is door Cambodja's tumultueuze verleden des te pikanter. Hoe kon een natie die zo groot was meer dan 200 jaar door burgeroorlog worden versierd? Sommige geleerden voeren echter aan dat hetzelfde autocratische element dat Angkor schiep, ook verantwoordelijk was voor de opkomst van de Rode Khmer, het radicale maoïstische leger dat meer dan een miljoen

LINKS Mystieke momenten in Angkor als de zon opgaat boven Srah Srana en (ONDER) als het slecht weer wordt
UITERST LINKS Jonge bootverhuurders gaan het water van Tonlé Sap op

onschuldigen ombracht in een poging het land weer terug te brengen bij af.

Na de lunch in de stad rijden we in 20 minuten op de motor van Angkor naar het oosten, naar **Ta Prohm**, een van de aardigste tempels van heel Angkor. De Franse natuuronderzoeker Henri Mouhot was de eerste die deze oude ruïne, die boven het bladerdak van het oerwoud uitstak, in 1860 toevallig ontdekte. Ta Prohm is sindsdien grotendeels overgelaten aan de elementen. Bomen van 30 m hoog steken uit oude gangen omhoog met wortels als immense tentakels die zelfs de goden van Angkor niet hebben kunnen tegenhouden.

Diep onder de indruk van de immensiteit van het tafereel zitten we in stilzwijgen tot de schaduwen lengen en het gevlekte licht vervaagt. Dan voegen we ons bij onze gidsen en rijden in 10 minuten terug naar de oostelijke ingang van Angkor Wat, vanwaar we de zon boven dit paleis van de goden zien ondergaan.

Tempels en leprozen

De volgende ochtend staan we vroeg op, zodat we voor het eerste licht bij de ruïnes kunnen zijn. We klauteren achter onze gidsen aan door de duisternis en klampen ons gezamenlijk aan één enkele zaklamp vast, tot we eindelijk de top van **Phnom Bakheng** (60 m) bereiken, om de zon te zien opgaan boven deze eenvoudige bergtempel die een ongeëvenaard uitzicht op het omringende land biedt.

Het is maar een klein eindje van Wat Bakheng naar de 11e-eeuwse **Baphuontempel**, gebouwd door koning Udayadityavarman II en aan Shiva gewijd. Dit piramidevormige bouwwerk, in de vorm van Mount Meru, de woning der Khmergoden, wordt nu gerenoveerd, maar is beschreven als een van de mooiste tempels van Angkor.

Nog een prachtig kunstwerk ligt twee minuten lopen verder naar het noorden. Het **Olifantsterras** en, een eindje verderop, het **Terras van de leprozenkoning** bevatten prachtige 7 m hoge beelden van leden van de koninklijke familie, evenals mooi gebeeldhouwde olifanten, *garudas* (half mens half vogel), en het vijfkoppige paard Balaha, dat een incarnatie van de Bodhisattva was. Het terras van de leprozenkoning zou het werk van Jayavarman VII zijn geweest, een monarch die wellicht aan lepra heeft geleden.

Aan het begin van de middag gaan we weer op stap, deze keer volgen we een onverharde weg die 5 km voorbij het vliegveld naar het enorme **Westelijke Baray Reservoir** kronkelt. Op deze enorme, stille watermassa, aangelegd door Udayadityavarman II, is het mogelijk (maar alleen na de regentijd) boottochtjes naar westelijk Mebon midden in het meer te maken. Het reservoir is ook beroemd om zijn vogels, zoals zilverreigers, blauwe reigers en wilde eenden – de beste tijd is van januari tot mei.

Tocht naar Bantei Srei

Op onze laatste dag in Angkor staan we weer vroeg op en zien de zon boven het rituele reinigingsmeer van Srah Srang opkomen voordat we verder naar het noorden gaan voor een 25 km lange tocht naar **Bantei Srei**. Dit spectaculaire uitstapje is alleen al vanwege het landschap de moeite waard: een smalle onverharde weg gaat door een reeks dorpen en rijstvelden, pas beplant met jonge rijstplanten. Veel hotels en reisbureaus sturen hier minibusjes heen, soms met een

OVER LAND

Als je een echt avontuur wilt, ga dan over land van Poipet aan de Cambodjaanse grens met Thailand naar Sisophon en Siem Reap. Dat duurt minstens 6 uur en is ongelooflijk ongemakkelijk (u gaat met een open bestelwagen), maar geeft fantastische uitzichten op het landschap. Zorg dat je voor vertrek een Cambodjaans visum hebt, omdat je er bij de grens geen kunt regelen. Informeer ook bij de Cambodjaanse ambassade hoe veilig het is: als er twijfel bestaat aan veiligheid, ga dan per vliegtuig.

gewapend escorte. Maar met de motor is het leuker, en net zo veilig, zolang je gidsen voor vertrek maar naar de veiligheidssituatie informeren.

Bantei Srei was een van de eerste tempels in Angkor die in de jaren '30 een grootschalige restauratie onderging onder leiding van de Franse École Française d'Extrême Orient. Enorme bomen staan om de kleine binnenplaats heen, en hier wijst onze gids op een paar van de mooiste voorbeelden van Khmerbeeldhouwwerk: prachtige reliëfs van Shiva en zijn echtgenote Uma, evenals roze zandstenen beelden van goden, bewakers en mythische dieren. Deze hindoetempel, eind 10e eeuw gebouwd door de brahmaanse mentor van koning Rajendravarman, markeert met zijn reeks miniheiligdommetjes een van de hoogtepunten van de vroege Angkorperiode.

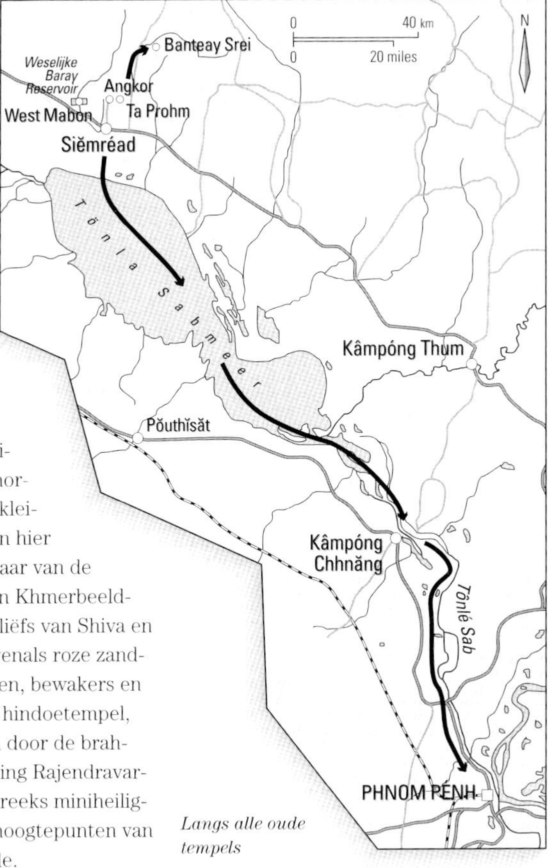

Langs alle oude tempels

In de hitte van de middagzon hebben zelfs avonturiers in spe rust nodig, dus gaan we terug naar Siem Reap voor een lunch van kip-curry, weggespoeld met royale hoeveelheden Angkorbier, het ongemeen lekkere plaatselijke brouwsel.

's Middags halen onze gidsen ons voor de laatste keer op om ons naar **Preah Khan** te brengen, een 12e-eeuwse tempel, een eindje ten noorden van Angkor Thom. Deze tempel, die minder bekend is dan de beroemde Ta Prohm, waarvan de naam letterlijk 'Gelukkige Stad der Overwinning' betekent, is in bepaalde opzichten net zo indrukwekkend. Door de lange, gewelfde galerijen en over de processiegangen hebben ooit 97.000 mensen gelopen, onder wie 444 koks en 2298 bedienden die met het onderhoud waren belast. Tegenwoordig kruipen door de donkere gangen boomwortels en weelderig groene klimplanten, waarachter rijk versierde balken en panelen schuilgaan. Veel hiervan worden op het moment gerestaureerd onder auspiciën van het World Monuments Fund.

TOCHT OP DE RIVIER

Na drie dagen van het 'grand' Angkorcircuit, zijn we klaar voor het volgende deel van onze reis naar het zuiden, over het prachtige **Tonlé Sapmeer** naar Phnom Penh.

Als we in het hotel ons kaartje hebben gekocht ($25 voor een enkele reis, inclusief overstap), gaan we in het dorp Jong Khneas aan boord van een passagiersschip. We varen langs een bonte schakering vissersdorpen op palen en een paar drijvende markten die plaatselijke heerlijkheden verkopen die je het

water in de mond doen lopen, zoals eendeneieren (worden gegeten vlak voor ze uitkomen), gedroogde gezouten vis, en bananen in alle vormen en maten.

Twintig minuten later stappen we over op een stevige Maleisische stalen speedboot met 76 zitplaatsen voor onze tocht over het grootste zoetwatermeer van Zuidoost-Azië. Alleen al het formaat van Tonlé Sap is overweldigend. In de regentijd, van half mei tot begin oktober, wordt het van 3000 tot 7500 km², zet het 't omringende land onder water en verdrijft het de dorpelingen naar hogere grond. Maar in de droge tijd stroomt het water van Tonlé Sap naar het zuiden, de Mekong in.

De hoeveelheid vis is niet minder uitzonderlijk. Tonlé Sap (letterlijk 'groot meer') geeft wel 10 ton vis per vierkante km, waarmee het een van de rijkste

BOVEN De zilveren pagode in Phnom Penh
ONDER Boeddhistische monniken in saffraankleurige gewaden in Angkor
RECHTS De natuur heeft beslag gelegd op Ta Prohm, waar bomen uit de tempels groeien

inlandse visgronden ter wereld is. Zelfs de vis heeft opvallende kenmerken. De beroemde lopende meerval, ook wel *hok yue* of olifantsvis genoemd, kan uren zonder water, zodat hij over land naar diepere poelen kan trekken.

Van Kompong Chnang, een levendig vissershaventje op tweederde van de route naar Phnom Penh, komen we van het grote meer op de rivier de Tonlé Sap. Weldra schieten rivierboten uit vissersdorpjes aan de oever, overschaduwd door mangroven en groen tropisch gebladerte, het water op.

Beneden, in de grote airconditioned hut, bestaat het vermaak uit een paar heftige Khmervideo's en een klein en zeer smakeloos cakeje dat elke passagier krijgt uitgereikt. Daarnaast is er weinig te doen, behalve naar het prachtige landschap kijken of slapen. Ten slotte, na 5 uur, legt de boot aan bij de gemeentelijke landingsplaats voor veerboten in **Phnom Penh**.

VERVALLEN BOUWKUNST

De overlevering wil dat de Cambodjaanse hoofdstad werd gesticht op de plaats waar een rijke oude vrouw, die Penh heette, vier boeddhabeelden vond. Om dit fortuinlijke gebeuren te gedenken, bouwde ze in 1372 een tempel op een heuvel in de buurt. Die tempel (Wat Phnom Penh) is sindsdien een geëerd monument geworden, en de kleine nederzetting is in de loop der jaren een bruisende hoofdstad aan de waterkant geworden.

Als je maar tijd hebt voor één bezienswaardigheid in de stad, zorg dan dat dat het **Koninklijk paleis** is, aan de Samdech Sothearos Boulevard. Dit gebouw, uit 1866, bevat een van de mooiste heiligdommen ter wereld. De vloer van de **Zilveren Pagode** is bedekt met 5329 zilveren tegels, die elk 1,1 kg wegen.

De meeste dagen zullen er ook rondleidingen naar het prachtige **Nationale Kunstmuseum** gaan (ook Musée des Beaux Arts genoemd) aan 13 Street, en de Russische markt aan 182 Street, met zijn antieke theekasten, ruwe zijde, lakwerk en prachtige Khmerhoofddoeken.

Maar achter haar levendige buitenkant verschuilt Phnom Penh een diepe melancholie. Toen de zegevierende Rode Khmer op 17 april 1975 de hoofdstad binnenvielen, werd de hele bevolking naar het platteland weggevoerd, als onderdeel van Pol Pots poging om een extreem-maoïstische, agrarische samenleving te scheppen. Honderdduizenden inwoners kwamen om van honger of uitputting. Anderen werden in massale vernietigingskampen doodgeknuppeld.

Het bewijs van deze wreedheden waar men koud van wordt, is te vinden in het **Tuol Sleng Museum**, bekend als het genocidemuseum, aan 103 straat (niet voor lafhartigen), evenals op de beruchte **Killing Fields van Choeung Ek**, 9 km ten zuiden van de stad.

Op onze laatste middag in Phnom Penh huren we een driewieler om de stad te verkennen. We rijden over de brede boulevards met bomen langs prachtige koloniale villa's, bijna een eeuw geleden door de Fransen gebouwd. Aan de drukke waterkant kijkt een verzameling bars en goede restaurants uit over de Tonlé Sap en zorgt voor een perfect einde van onze 5-daagse reis door dit prachtige, maar gekwelde land.

ETEN EN DRINKEN

In Cambodja vind je van alles, van de meest uitgelezen Franse keuken tot talloze plaatselijke specialiteiten, zoals *trey chorm hoy*, of gestoomde vis, en *samla machou bangkang*, een pittige garnalensoep. Andere populaire Khmergerechten zijn *khao phoun*, een soort rijstnoedels, of *an sam chruk*, een rolletje kleefrijst gevuld met sojabonen en varkensgehakt. Zorg altijd dat het voedsel vers bereid is en dat je fruit altijd schilt om spijsverteringsproblemen te voorkomen. Flessenwater is bijna overal verkrijgbaar, net als het populaire, plaatselijk gebrouwen Angkorbier.

ALLEEN ER OP UIT

HET BINNENLAND IN

Van Bangkok gaan dagelijks vluchten naar Siem Reap (1,5 uur) met Bangkok Airways. Er zijn ook frequente verbindingen met Phnom Penh met Thai Airways International (50 minuten). Airconditioned speedboten gaan in 5-6 uur van Siem Reap naar Phnom Penh, hoewel ze midden in het droge seizoen misschien niet varen. Je kunt ook over land van Aranyaprathet aan de Thaise grens naar Poipet, Sisophon en Siem Reap, maar informeer voor je vertrekt naar de veiligheidssituatie.

WANNEER?

De beste tijd voor een bezoek aan Cambodja en de tempels van Angkor is in de wintermaanden, van eind oktober tot eind februari, als de hemel blauw is en de temperatuur gemiddeld een prettige 27°C.

Van maart tot mei is de temperatuur gemiddeld 32°C en kan zelfs oplopen tot 38°C. Van mei tot oktober is het regentijd, hoewel plotselinge stortbuien meestal worden afgewisseld met zonnige perioden.

Op het hoogtepunt van de droge tijd, van maart tot mei, staat de Tonlé Sap misschien te laag om bevaarbaar te zijn.

VOORBEREIDING

Informeer voor vertrek naar Cambodja bij de ambassade naar de meest recente gegevens over veiligheid en naar de laatste visumvereisten.

DE RUÏNES BEKIJKEN

De beste en meest flexibele manier om Angkor te bekijken is bij je hotel of pension een motor met gidschauffeur te huren. Chauffeurs rekenen een vast bedrag per dag en kennen meestal de ligging en geschiedenis van tempels in de buurt.

Anders is bij de grootste hotels wel een auto met chauffeur beschikbaar. Je kunt bij pensions zelfs fietsen huren (het is 7 km van Siem Reap naar Angkor).

Een hele serie reisbureaus in Phnom Penh en in Europa/VS organiseren tochten naar Angkor, van een dag tot een week. Deze tochten worden dikwijls gecombineerd met een kort verblijf elders in de regio, zoals Saigon en Hanoi in Vietnam, Luang Prabang in Laos en Bangkok in Thailand.

Toegangsprijzen voor Angkor variëren van $20 dollar voor een dagkaart tot $60 voor een weekkaart. Hierin zijn alle bezienswaardigheden van het hele Angkor-complex begrepen, met uitzondering van Bantei Srei.

LOGIES

Als één plek op aarde een uitspatting in een luxehotel waard is, is het Angkor wel. Maar goede hotels zijn niet goedkoop. Het prachtige oude koloniale Grand Hotel d'Angkor, opgeknapt door de Rafflesgroep, kost vanaf $130 per nacht. Maar voor mensen met een krappere beurs is er een ruime keus tot maar een paar dollar per nacht.

MEE TE NEMEN

Zie pag. 120.

GEZONDHEID

- Informeer ten minste een maand voor vertrek bij je huisarts naar verplichte inentingen evenals bescherming tegen malaria, die buiten de grote steden van Cambodja veel voorkomt.
- Drink, om kans op ziekte te verminderen, flessenwater, schil of was alle fruit en eet geen rauwkost.
- Neem een EHBO-doosje mee met ontsmettingsmiddel, pleisters en dysenterietabletten.
- Het allerbelangrijkste: zorg voor je vertrek voor een uitgebreide ziektekostenverzekering.

PERSOONLIJKE VEILIGHEID

Ondanks twee democratische verkiezingen en een van de duurste vredesoperaties uit de geschiedenis van de Verenigde Naties, blijven gezag en ordehandhaving in Cambodja een probleem. Reizigers die rechtstreeks naar Siem Reap en Angkor vliegen, hebben niets te vrezen. Alle belangrijke bezienswaardigheden zijn beveiligd, maar informeer naar plaatselijke omstandigheden voor je de afgelegen tempels bezoekt. Wijk nooit van gebaande wegen af, want grote stukken land liggen vol mijnen. En als je van plan bent over land vanaf Thailand te reizen of de boot naar Phnom Penh te nemen, informeer dan eerst bij je ambassade naar de meest recente situatie.

Verkenning van het Plateau des Bolovens

door Ben Davies

In een verre uithoek van Laos liggen in het uitgestrekte regenwoud prachtige watervallen, oerwoudrivieren en de dorpen van etnische groeperingen. Ik heb me in dit afgelegen gebied gewaagd voor een 6-daagse reis met oude auto, bus, boot en olifant.

De auto die ons van de Thaise grensplaats Chongmek naar Zuid-Laos bracht, was anders dan andere auto's. Zijn deuren werden door plakband bij elkaar gehouden, de voorruit was gebarsten en de motor klonk als een opstijgende jumbo. De remmen waren net zo oud als het verwaarloosde interieur (het was een stokoude Morris Minor). Telkens wanneer de chauffeur vaart wilde minderen, moest hij met veel vertoon van zijn dunne beentjes pompend remmen, waarna we geleidelijk tot stilstand kwamen.

Deze onbevredigende situatie duurde een minuut of twintig, terwijl we met een slakkengangetje door het mooist denkbare landschap reden. Toen gebeurde het onvermijdelijke. Toen we over een smal bruggetje reden, kwamen we een tegenligger tegen. Weer nam onze chauffeur de pomphouding aan. Maar deze keer gebeurde er niets. Langzaam, onvermijdelijk, reden we door tot we knerpend met het naderende voertuig in aanraking kwamen en met een schok boven een opgedroogde rivierbedding midden in de wildernis tot stilstand kwamen.

Reizen in Zuid-Laos is vol verrassingen. Allereerst zijn er bijna totaal geen toeristische voorzieningen (er is momenteel maar een handjevol reisorganisaties die reizen naar Attapu samenstellen, met privé-vervoer). Dan is er de primitieve aard van de hotels, waar je dikwijls een badkamer moet delen en zelfs boven het toilet moet hurken. Ten slotte is er een opmerkelijke gebrek aan spoed bij het Laotiaanse volk, wat inhoudt dat dingen zelden precies zo lopen als je had verwacht.

Maar als je naar een van de meest afgelegen en mooiste landen van Azië wilt, moet je naar Laos. Hier zul je niet alleen prachtig natuurschoon, oerwoudrivieren, etnische groeperingen en mooie watervallen vinden, maar een paar van de vriendelijkste volken en een van de rijkst denkbare culturen. Bovenal zul je de ware geest van avontuur vinden die zelfs in de verste uithoeken van Zuid-

RECHTS We schommelen achter de mahout, of menner, de jungle in, zittend op bamboe zetels die onder de olifantsbuik zijn vastgesnoerd

Reken erop dat je in de regentijd, van juni tot eind september, moet uitstappen om auto's, zelfs bussen, over zeer slechte stukken weg te duwen. In andere tijden van het jaar maken wolken muskieten en langdurige boottochten en busritten ook onvermijdelijk deel uit van dit geweldige avontuur.

★ U zult onderweg niet al te veel geneugten vinden, behalve in het aardige vakantieoord Tad Lo (met bungalows met uitzicht op de waterval) of in het Champassak Palace Hotel in Pakxe, dat er niet uitziet. Verwacht elders eenvoudige kamers met muskietennetten en gedeelde badkamers. Omdat er nauwelijks toeristische voorzieningen zijn, kun je een gids en vervoer beter van tevoren regelen (zie Contacten).

Gemakkelijke wandelschoenen zijn raadzaam, net als zwemspullen, een zonnebrandmiddel en een hoed (voor op de boot).

oost-Azië snel aan het verdwijnen is.

Banken en bussen

De stad Pakxe ligt aan de samenvloeiing van de Mekong en de Don, op korte afstand van de beroemde Khmer-ruïnes van Wat Phu en het eiland Dong Kong (➤ 100-109). Het is een stad vol stijlen die niet bij elkaar passen, met een bonte centrale markt, omringd door lelijke nieuwe winkels en verbleekte koloniale villa's. Gesticht door de Fransen als administratief centrum in 1905, heeft ze zelf weinig andere attracties dan als overslagplaats voor weg- en watervervoer.

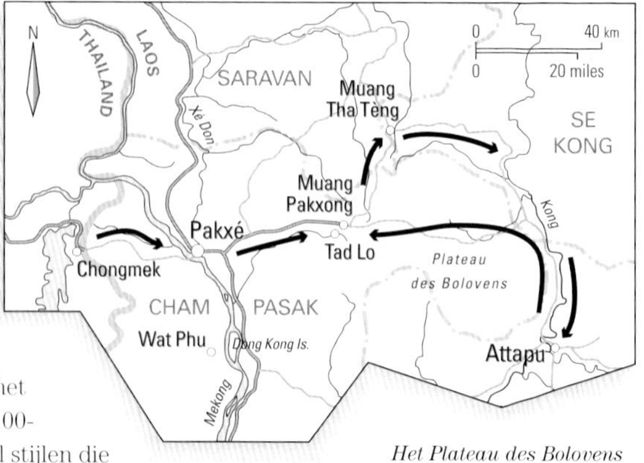

Het Plateau des Bolovens

Bij de plaatselijke bank wisselen we ons geld voor de gedenkwaardige plaatselijke valuta die Lao Kip heet. Het grootste onderscheid is de geweldige hoeveelheid papiergeld: voor een biljet van $50 krijg je een stapel bankbiljetten ter grootte van een straatsteen.

Van Pakxe nemen we een driewielig gemotoriseerd geval dat een jumbo wordt genoemd naar het busstation, dat 2 km ten zuidoosten van de stad ligt. Als je nou denkt dat bussen moderne voertuigen zijn, geschikt voor verkeer, met stoelen die achterover kunnen en airconditioning, heb je het mis. Normaal persen zich zeker 70 passagiers op rijen houten zitplaatsen (letterlijk planken) die voor maximaal 30 mensen zijn bestemd. Dan zitten er nog zo'n twintig mensen boven op de bus, waar ze zich vrolijk vastklampen aan een verzameling manden, groenten en reservebanden.

Telkens wanneer een van deze opmerkelijke voertuigen een politiebureau nadert, komt het krakend tot stilstand zodat de passagiers die bovenop zitten, naar binnen kunnen klimmen. Zodra de bus de controlepost dan voorbij is, stopt hij om de passagiers weer op het dak te laten klimmen, als apen in het oerwoud.

Van Pakxe is het een prachtige rit van 2,5 uur naar het noordoosten, naar het dorp Tad Lo, aan de voet van het Plateau des Bolovens, op de grens van de provincies Saravan en Champassak.

Bij een smalle afslag wankelen we vreselijk opgelucht de bus uit en volgen de onverharde weg die langs knorrende varkens en kakelende kippen door het dorp kronkelt, naar het vakantieoord **Tad Lo** en de waterval, volgens de richtingwijzer 1,5 km verderop.

Olifanten en watervallen

Tussen schaduwrijke bomen met uitzicht op de kabbelende Tad Hang-waterval, vormt het groepje eenvoudige (maar te dure) bungalows van het vakantieoord Tad Lo een ideale uitvalsbasis om de omgeving te voet – of per olifant – te verkennen.

We staan de volgende dag bij het ochtendgloren op en gaan naar de waterkant om in de Xe Xet te zwemmen. Na een ontbijt van stokbrood en omelet in het restaurant van het vakantieoord, gaan we op weg voor nog een specialiteit van Tad Lo: een ritje op een olifant.

Op de afgesproken tijd (7 uur) arriveren onze twee mahouts (olifantmenners) op hun grote viervoeters – een 40-jarige olifant met een onstilbare trek in suikerriet en palmbladen en haar jongere zusje dat een halve ton lichter is – bij het vakantieoord. Het is gemakkelijk om op deze oerwoudreuzen te klimmen. Van de tweede verdieping van het vakantieoord zet je domweg één voet op de kop van de olifant en dan laat je je met behulp van de mahout op de tweepersoons bamboezitplaats zakken die stevig om zijn enorme lijf is gebonden. Dan gaan we op weg, schommelend over de onverharde weg naar het zuiden, voor we de rivier doorwaden naar de schilderachtige dorpen en het groene oerwoud aan de overkant.

Olifanten zijn in Laos zo ongeveer een nationaal symbool. In het tweede deel van de 14e eeuw, onder de Laotiaanse prins Fa Ngoum, stond het land zelfs bekend als Lane Xang, 'land van miljoen olifanten'. Tegenwoordig zie je niet zoveel olifanten meer (men denkt dat nog maar 3000 Aziatische olifanten – kleiner dan de Afrikaanse soort – in het wild leven). Maar onze twee voortsjokkende zusjes doen prettig denken aan een glorieus verleden.

Tegen de tijd dat de zon recht boven ons hoofd staat, is het nieuwtje van het rijden op een olifant er een beetje af, dus gaan we terug naar het prachtige restaurant van Tad Lo voor een lunch van coq au vin (niet aanbevolen), gebakken rijst en fruit, gevolgd door een luie zwempartij in de beschaduwde poel boven de **Tad Hang-waterval**.

RATTEN EN VLEERMUIZEN

Qua eten en drinken heeft Laos een paar specialiteiten die tot de ongewoonste gastronomische vormen van voedsel ter wereld behoren. Probeer als drankje *Beer Lao* of *lao lao*, een sterke plaatselijke rijstwhisky. Als je iets sterkers wilt, vraag dan naar *choum*, een meedogenloos sterke drank van gefermenteerde bananen die in potten wordt bewaard waaruit het met een rietje wordt gedronken. Dan zijn er een paar Laotiaanse heerlijkheden die je thuis niet vindt, zoals gebarbecuede rat, geroosterde vleermuis of soep van varkensdarmen. Voor meer behoudende eters zijn er noedels, verse vis en andere alledaagse gerechten.

Etnische groeperingen

Als olifanten één specialiteit van Tad Lo zijn, zijn etnische groeperingen de andere. Dus gaan we de volgende ochtend in gezelschap van Souk, onze onstuitbare Laotiaanse gids die Thais spreekt (maar geen Engels), op zoek naar dit volkje. In totaal wonen in Laos zo'n 45 minderheden, van wie er 12 in de buurt van Tad Lo worden gevonden. Ze variëren van de Alak (een Austro-Indonesische etno-linguïstische groep) tot de Nge, de Xouei en de Ta-oy.

Verwacht echter geen fleurige kleding. Hoewel deze halfnomadische volken, collectief bekend als de Lao Theung, veel van hun tradities en bijgeloof hebben behouden (de Alak testen huwelijkskandidaten bijvoorbeeld door een kip te slachten), dragen ze meestal een sarong en een T-shirt. Ze wonen in hutjes met strodaken die dikwijls herkenbaar zijn aan hun ronde daken.

Een van de fascinerendste van de etnische groepen is de Katou, een Mon-Khmerstam die in de jaren '60 en '70 naar het plateau is getrokken om te ontkomen aan de Amerikaanse bombardementen van de Ho Chi Minh-route in het oosten. Volgens Souk offeren deze verlegen mensen, die beroemd zijn om hun felgekleurde *paisin* of sarongs, elk jaar wel zes buffels (in februari of maart) in een kostbaar ritueel om de geesten zoet te houden.

Als je geen gids hebt (u kunt er beter van tevoren een regelen via Sodetour in Pakxe, zie Contacten), wanhoop dan niet. Je kunt een aardige wandeling van 2 uur maken over het smalle pad stroomopwaarts langs de bovenloop van de Tad Lo-waterval naar de dorpen Baan Tad Soon en Baan Kien Tang Le. Vanaf de hoofdweg (bij de bushalte) kun je ook terug over de brug naar een paar andere dorpen aan de waterkant, en onderweg stoppen om te zwemmen. De Laotiaanse regering heeft toeristen echter verboden in de dorpen te overnachten, je moet aan het eind van de dag dus wel terug naar Tad Lo.

's Avonds, als de zon achter de heuvels ondergaat, zitten we op het terras van het vakantieoord en luisteren naar het kwaken van de boomkikkers, het zingen van de cicaden en het verre geluid van de waterval.

Tocht op de rivier

De weg van Tad Lo naar Tha Teng en Sekong, door de Franse kolonisten die hier in de jaren '20 en '30 kwamen de 'koffieroute' gedoopt, voer je door iets van het vruchtbaarste land ter wereld. Door de hoge ligging (1200 m boven zee) en het milde klimaat is het niet alleen ideaal voor arabica- en robustakoffie, maar ook voor teakhout, kardemom en zelfs doerian, de beruchte ovale vrucht die gewaardeerd wordt vanwege zijn eigenschappen als afrodisiacum.

Ondanks de recente regentijd, die hele stukken weg in een modderbaan heeft veranderd (we stappen twee keer uit om te duwen), hebben we maar iets meer dan een uur nodig om Tha Teng (35 km) te bereiken en dan is het nog 2 uur naar de stad Sekong in het verre oosten van het land.

Na een overnachting in Sekong, een lelijke bakstenen stad die het bekendst is om haar lichtgevende, groengeverfde kakkerlakken die op de markt aan touwtjes worden opgehangen, vertrekken we de volgende ochtend met onze gids voor het spannendste deel van de hele reis – een tocht de **Kong** af.

Een boot, of, juister, een gemotoriseerde kano naar Attapu huren, kost $10-15 per persoon (minimaal $40 per boot) en de tocht duur 6 of 7 uur. Maar je door afgelegen oerwoud heen werken, langs rotswanden die alleen door minderheden worden bewoond (er is lang beweerd dat VS-soldaten die in Vietnam vermist werden, hier werden vastgehouden) is elke minuut waard.

Soms gaan we over plotselinge stroomversnellingen, en soms staat het water zo laag dat we de kano bijna door de smalle spleet tussen steil oprijzende rotswanden moeten duwen.

Tegen het eind van de middag regent het en hangt er een zware nevel over het land. Voor ons uit maakt de rivier een laatste bocht om de heuvels heen. Om onze verkrampte benen te strekken, leggen we aan en stappen uit op de modderige oever van de Kong, omlijst door de verre bergen van het Plateau des Bolovens.

De laatste grens

Het wordt al donker als we in de stad **Attapu** aankomen, aan de samenvloeiing van de Kong en de Sekhaman. Deze schilderachtige stad, onder de Laotianen bekend als 'tuinstad', vanwege haar prachtige ligging met lanen vol bloemen en weelderige tropische planten, die tot

BOVEN Een tiental van de 45 halfnomadische etnische minderheden van Laos woont in dorpen die vanuit Tad Lo te bereiken zijn
LINKS Een typische overladen bus stopt in de buurt van Attapu

twee jaar geleden voor toeristen verboden terrein was, is een van de grote onbekende bestemmingen van Laos.

Attapu heeft geen mooie hotels of nachtclubs (we logeren in een Spartaans Tavivaans pension). Na 22 uur, als de generatoren worden afgezet, is er niet eens elektriciteit. Maar wat de stad aan moderne infrastructuur mist, vergoedt ze door haar charme, met haar vreemde oude houten huizen, haar rustieke bewoners die zich samen met hun waterbuffel in de rivier wassen en haar levendige ochtendmarkt waar rotan manden, vissen van monsterlijke afmetingen en massa's bananen in alle vormen en maten worden verkocht.

Als je maar één zin in het Laotiaans leert, zorg dan dat dat '*sabai dee*' is. Dit betekent letterlijk goedendag en is de beleefde vorm van begroeting. Als je het maar enthousiast genoeg zegt, maak je er nog vrienden mee.

Ten oosten van Attapu, in de buurt van de Vietnamese grens, ligt de beruchte Ho Chi Minh-route. Deze loopt door de bergen en oerwouden van Cambodja en Laos en was de voornaamste aanvoerroute voor de Vietnamese communistische troepen die tegen de door de VS gesteunde Zuid-Vietnamezen vochten. Tegen de tijd dat de oorlog in 1975 voorbij was, was er meer dan een miljoen ton aan bommen op dit gebied gegooid, het grootste tonnage per vierkante km ooit. Zelfs nu, meer dan 20 jaar later, liggen in de grensstreek nog overal onontplofte bommen en het wordt ten sterkste ontraden al te ver weg te gaan zonder gids.

We besteden weinig meer dan een dag aan het verkennen van de prachtige groene omgeving en de watervallen van Attapu, onder druk van tijd en de aanhoudende moessonregens. Deze bedreigen de wegen in de buurt nu met aardverschuivingen, waardoor we hier wel eens een paar dagen vast zouden kunnen komen te zitten, afgesneden van de buitenwereld.

Over de bergen

Van Attapu is er maar één manier om weer in Pakxe te komen: via een spectaculaire maar zeer slechte weg (180 km) die met kronkels en bochten over berghellingen loopt, met prachtige uitzichten, eerst op rijstvelden, dan op met oerwoud begroeide bergen en ten slotte op weelderige koffieplantages. Twee keer stappen we uit onze oude bus: één keer om de chauffeur een overstroomde rivierbedding te laten oversteken, en nog een keer om hem een band te laten verwisselen die door de scherpe stenen aan flarden is gegaan.

Maar deze busrit van 7 uur is niet alleen een test voor het menselijk uithoudingsvermogen. Hij geeft ook inzicht in een van de grootste natuurproblemen waar Laos tegenwoordig mee te maken heeft. Langs sommige stukken weg zijn enorme lappen regenwoud (voornamelijk Aziatisch rozenhout, teakhout en andere soorten hardhout) uit het oerwoud gehakt. Er wordt zogenaamd gekapt om ruimte te maken voor nieuwe nederzettingen en voor koffieplantages en boomgaarden. Maar er is een andere, meer duistere reden. Officieel wordt per jaar minder dan 0,9% van het Laotiaanse bos gekapt, een van de laagste niveaus van alle omringende landen. Onofficieel zou dit cijfer wel eens 4% kunnen zijn, door grootschalige en dikwijls illegale kap.

Voor een glimp van een van de hoogste watervallen in heel Laos, springen we in Ban Pak Kud van de bus (naast het KM38-bord, 20 minuten rijden ten westen van Pakxong). Hiervandaan staat **Tad Phan** links aangegeven (1 km) aan het eind van een pad dat langs koffieplantages loopt. Tad Phan stort een verbluffende 130 m de berg af en het is er werkelijk prachtig. Maar pas op: de modderige paden naar de waterval zijn steil en glibberig, en mogen in geen geval in de regentijd worden geprobeerd.

Van Pakxong nemen we een open bestelwagen, een *songthaew* (letterlijk 'twee rijen') voor het laatste deel van onze reis over weg 23 naar Pakxe, het eind van ons avontuur door een van de laatste grote grensgebieden van Azië.

ALLEEN ER OP UIT

HET BINNENLAND IN

Ga door de lucht (er zijn dagelijks twee vluchten van Vientiane) of over land via de Thaise grensoversteek bij Chongmek naar Pakxe.

Als je uit Bangkok komt, is de gemakkelijkste en prettigste manier om in Pakxe te komen, naar Ubon Ratchathani in Noordoost-Thailand te vliegen, waar je op het vliegveld een taxi kunt nemen tot helemaal naar Chongmek. Als je de grens met Laos eenmaal over bent, brengen oude bussen en auto's passagiers naar Meun Khao, vanwaar je in 10 minuten over de rivier naar Pakxe kunt.

Van Pakxe gaan bussen naar Tad Lo, Sekong en Attapu. Veel wegen zijn echter slecht, vooral in de regentijd.

WANNEER?

De beste tijd voor een bezoek aan Zuid-Laos is van oktober tot begin februari, als de hemel blauw is en de temperatuur varieert van 15 tot 30°C.

Van eind februari tot mei is het dikwijls warmer dan 35°C en kan de Kong onbevaarbaar zijn.

Van juni tot eind september is de regentijd, als tropische stortbuien worden afgewisseld door mooie dagen. In deze tijd van het jaar zijn sommige stukken weg rond Attapu en Sekong zonder terreinwagen slecht begaanbaar. Dan is het land echter op zijn mooist en zijn er heel weinig toeristen.

VOORBEREIDING

Voor aankomst in Laos heb je een toeristenvisum nodig. Dit kan worden verkregen via reisbureaus in Bangkok (duurt meestal 2 dagen) of bij de Laotiaanse ambassade.

LOGIES

Logies in Pakxe varieert van het dure maar lelijke Champassak Palace Hotel tot diverse eenvoudige hotels en pensions. In Tad Lo is een aardig vakantieoord (het Tad Lo Resort), al kun je dat beter van tevoren via Sodetour reserveren. Elders in Sekong en Attapu is logies zeer eenvoudig.

EEN GIDS VINDEN

Sodetour organiseert tochten of reizen op maat naar Tad Lo, Sekong en Attapu met eigen terreinwagens die het hele jaar alle wegen kunnen berijden.

Misschien kun je een gids per bus met je laten meereizen, hoewel je in het hoogseizoen sterk wordt aangeraden dingen van tevoren te regelen.

U kunt een auto met chauffeur huren bij het Champassak Hotel voor $50-$70 per dag. Sodetour verhuurt ook auto's met chauffeur (zie Contacten).

Hoewel je heel goed op eigen houtje naar Sekong en Attapu kunt, kan de reis, door gebrek aan toeristische voorzieningen, op zijn minst tijdrovend en op zijn slechtst onaangenaam zijn.

MEE TE NEMEN

- ❑ Warme kleding (november-februari).
- ❑ Waterdichte zakken.
- ❑ Kaart en kompas.
- ❑ Wandelschoenen.
- ❑ Laken(zak).
- ❑ Waterfles.
- ❑ Toiletartikelen en tissues.
- ❑ Zaklamp en lucifers.

GEZONDHEID

- ❑ Neem malariatabletten in.
- ❑ Draag 's avonds een lange broek en een blouse met lange mouwen.
- ❑ Neem een EHBO-doosje mee.
- ❑ Zorg voor je vertrek voor een goede ziektekostenverzekering.

REIZIGERSTIPS

- ❑ Wil je je reis zo goed mogelijk benutten, regel dan van tevoren een gids.
- ❑ Tijd is in Laos een rekbaar begrip. Dingen gebeuren zelden precies zoals ze verondersteld worden te gebeuren.
- ❑ Boten en bussen vertrekken meestal bij zonsopgang en komen voor donker aan.
- ❑ Wissel maar kleine beetjes vreemd geld tegelijk in Lao Kip, want veel hotels worden liever in dollars betaald.
- ❑ Bij aankomst in Pakxe en Attapu wordt aangeraden je bij de plaatselijke vreemdelingenpolitie te laten registeren.
- ❑ Verwacht niet dat mensen Engels spreken. Als je beslist alleen wilt gaan, neem dan een woordenboek mee.
- ❑ Houd in de regentijd, van juni tot september, rekening met veel extra tijd als je met het openbaar vervoer reist, omdat de wegen in het zuiden zeer slecht kunnen zijn.

MALEISIË

Maleisië, land met de oudste regenwouden ter wereld en met de hoogste, meest schitterende wolkenkrabbers, zit vol ontstellende tegenstellingen. Er wonen niet alleen de meeste etnische groeperingen van heel Zuidoost-Azië, het is ook een van de meest stabiele landen daar: de vriendelijkheid van de mensen en hun relatieve welvaart maken het een vreugde om er te reizen. Hoewel de islam de grootste godsdienst is, spelen animistische Maleisische, Chinese en Indiase culturen een belangrijke rol en zorgen met hun voedsel en kleur, met hun tempels en festivals, voor iets pikants. Maleisië heeft tal van mogelijkheden voor trektochten, wild kijken, duiken, snorkelen en andere watersporten. Zijn nevelige oerwoud zit vol exotisch, dikwijls uniek dieren- en plantenleven; in 11 nationale parken kunnen trektochten worden verzorgd en er zijn tal van andere officiële bosparken en reservaten waar minder toeristen komen en dus meer kans is wilde dieren te zien. De idyllische eilanden van Langkawi, voor de noordwestkust van het schiereiland, bieden, ver van de luxe vakantieoorden, trektochten door mangrovemoerassen en regenwoud, bezoek aan kalksteengrotten en spannend duiken.

Theeplantage, Cameron Highlands, Midden-Maleisië

Het oerwoudspoor van Maleisië

door Simon Richmond

De oostelijke kuststad Kota Baharu, waar vanouds Maleisische hobby's en kunsten worden gecultiveerd, is ook het beginpunt van het oerwoudspoor naar Taman Negara, het grootste nationale park van het land met de meeste trektochten.

Wie door Maleisië reist, lijkt vaak twee verschillende landen te bezoeken. Wie naar hightech Kuala Lumpur vliegt en onderweg naar de stad om de glanzende Petronas Towers van glanzend staal en glas te zien (momenteel het hoogste gebouw ter wereld) in een file komt te staan, denkt dat het land helemaal bij de moderne wereld hoort. Wie naar de noordoostelijke kuststad Kota Baharu gaat, waar trishaws door de stille straten rijden en de avondmarkt kort wordt onderbroken voor het avondgebed, beseft dat die eerste indruk moet worden bijgesteld.

4 Het hangt er maar vanaf wat je in het nationale park doet: er zijn een paar gemakkelijke routes van niet meer dan een halve dag, terwijl de langere trektochten heel uitdagend kunnen zijn, vooral de afdaling van de Gunung Tahan, de hoogste berg van Maleisië. Het boomkruinpad is niet voor mensen die hoogtevrees hebben.

★★ De derdeklas treinreis is zonder enige franje, maar is verre van ondraaglijk; neem veel eigen eten en drinken mee, dan gaat het prima. In Taman Negara hangt het er maar vanaf wat je besluit te doen: de beste chalets in het vakantiepark zijn uiterst comfortabel, maar verwacht niet veel slaap als je kiest voor een nacht in een van de zeer eenvoudige wildobservatiehutten (schuilhutten). De schuilhutten en vishutten hebben matrassen die niet goed tegen de vochtige oerwoudomstandigheden kunnen, al worden ze in metalen kasten bewaard. Neem eigen lakens mee (of huur ze bij de huishoudelijke dienst van het vakantieoord) en een muskietennet. Als het heeft geregend, wees op wandelingen dan voorbereid op een bloedig treffen met bloedzuigers.

• Voor trektochten in Taman Negra: wandelschoenen en onopvallende kleding (om het wild niet te verschrikken). Voor tobbedansen op de rivier: een T-shirt om tegen zonnebrand te beschermen.

Kota Baharu, hoofdstad van de deelstaat Kelantan, heeft lang haar eigen wetten gesteld. De stad, die door de geweldige lap oerwoud en de bergen die midden over het schiereiland lopen, afgesneden is van de rest van het land, is een van de meest islamitische plaatsen van Maleisië, extreem trots op haar plaatselijke tradities en kunsten als wajangspelen en de fabricage van gigantische vliegers.

De meeste mensen stoppen er onderweg naar de idyllische Perhentiaanse eilanden, zo'n 60 km zuidelijker, voor de kust van de buurstaat Terengganu. Terwijl ze op de volgende bus wachten, ontdekken ze de rare musea van Kota Baharu, de fantastische markt in het centrum, met zijn overvloed aan bonte fotomogelijkheden, en de avondmarkt, waar het heerlijkste eten van het land te koop is.

Maar ik was om een andere reden in Kota Baharu: om een reis te maken met wat bekendstaat als het oerwoudspoor van Tumpat, aan de kust, midden over het schiereiland naar Gemas, ten zuidoosten van Kuala Lumpur. Ik had geen haast en de langzame dagtrein is dé manier om een glimp op te vangen van het leven aan de rand van het oerwoud onderweg naar het nationale park en de avontuurlijkste bestemming van Maleisië: Taman Negara.

De rivier over

Ik had een dag in Kota Baharu voordat ik vroeg in de morgen op de oerwoudtrein zou stappen, dus koos ik voor een tocht over de brede en modderige Kelantan, in het aangename gezelschap van Roselan Hanafiah, de zeer aanbevolen stadsgids. Roselan, organisator van Kota Baharu's gratis culturele voorstellingen (zie kader onder), leidt ook halve dagtochten die een bezoek aan een meester-poppenmaker en vliegerbouwer combineren met een aardige tocht op de rivier.

'Dit staat niet op toeristenkaarten,' houdt Roselan op ironische toon vol, zeker omdat ik in gezelschap van twee Italiaanse toeristen op een tocht ben die hij waarschijn lijk al honderden keren heeft gemaakt. Maar er steekt enige waarheid in wat hij zegt, want het is verbazingwekkend hoe weinig bezoekers van Kota Baharu de omliggende dorpen verkennen. En als ze het wel deden, zagen ze zeer waarschijnlijk alleen stoffige en nogal onaantrekkelijke dorpen. Maar met Roselan als gids gaan deuren open en kom je in het fascinerende gezelschap van Pak Su, een poppenmaker en top *Wayang Kulit* (wajang) speler.

Pak Su zit met gekruiste benen bij het raam van de woning waar hij met zijn 13 gezinsleden woont. Hij werkt aan een van zijn poppen, gemaakt van doorzichtige buffelhuid. Hij houdt zich aan traditionele patronen voor elk van de figuren in de wajangspelen, die hij met paraplubaleinen en motorgereedschap uit de huid slaat. Hij schildert er kleuren op met verfstoffen en viltstiften en bevestigt touwtjes door snel aantippen met zijn altijd gloeiende sigaret.

Na thee, cake en de onvermijdelijke kans om een pop te kopen, vertrekken we per auto voor nog een boottocht van een steiger bij de eilanden die in de Kelantandelta bij elkaar liggen. De boot vaart puffend stroomafwaarts naar een dorp waar de tocht wordt afgerond met het bekijken van een batikfabriek en de werkplaats van Ismail Bin Jusoh, een oude vliegerbouwer. Hij laat zich kort zien om te demonstreren toe het filigreinpatroon op zijn lichtgewicht creaties wordt aangebracht. Als je meer van dit soort werk wilt zien, ga dan naar Kampung Kijang, 10 minuten met de bus vanuit het centrum van Kota Baharu, en ga op zoek naar Shapie Ben Yussof. Je kunt zijn werkplaats aan de hoofdweg niet missen, er staan twee grote zwarte vliegers buiten.

De lange treinreis

Hanen kraaien als ik onderweg ga naar **Wakaf Bharu**, hoewel de hemel nog inktzwart is, met een verbijsterend aantal sterren. Op het station begint het perron met passagiers vol te stromen, voornamelijk struise marktvrouwen met pakken en manden producten op weg naar steden in het binnenland. In een kleine ruimte verderop op het perron rollen oude dames hun gebedsmatten uit, trekken witte gewaden aan en knielen richting Mekka.

De trein komt om 6.20 uur op tijd binnen. Een paar van de gescheurde leren zitplaatsen in de armoedige derdeklas rijtuigen zijn al bezet door passagiers die aan het beginpunt in Tumpat zijn opgestapt. Een paar Hollandse toeristen zorgen voor opwinding als ze onderhandelen om ruimte voor hun gekochte vlieger. Ramen worden geopend zodat dikke handen bananen, zakken stinkende doerianvruchten en andere pakken kunnen verstouwen in de 5 minuten durende stop van de trein.

Het zal meer dan 10 uur duren voor ik op mijn bestemming ben – Jerantut, een van de toegangen tot het Taman Negara Nationaal Park – en ik begrijp algauw waarom: de trein stopt zo ongeveer elke

CULTUREEL KOTA BAHARU

Kota Baharu is een van de beste plekken voor traditionele Maleisische kunst en hobby's. Van maart tot oktober worden maandags, woensdags en zaterdags gratis voorstellingen gegeven in het cultureel centrum Kelantan, aan Jalan Mahmood, 5 minuten gaans vanaf het State Museum. Typische voorstellingen zijn demonstraties van *Rebana Uni*, het spel op gigantische siertrommels; *Gasing Uri*, het draaien van grote houten en metalen borden, en *Gasing Pangkah*, een strijd tussen twee draaiende borden; *Bulu Ayam*, volleybal dat alleen met de voeten wordt gespeeld, met een shuttle van kippenveren; en *Silat*, een combinatie van dans en krijgskunst. Toeschouwers kunnen al deze activiteiten uitproberen. Avondvoorstellingen zijn er op woensdag (wajangspelen) en zaterdag (traditionele muziek en dans).

10 minuten bij een of ander stoffig stationnetje of eenzame halte om passagiers en hun bezittingen te laten in- en uitstappen. Maar dat is het juist: het oerwoudspoor loopt sinds 1931 500 km door het binnenland van Maleisië; het staat gelijk aan een busdienst in een gebied waar nog maar weinig wegen zijn.

Als je onderweg wel wat zou lusten, heb je de keus tussen ofwel het onaantrekkelijke aanbod van de restauratiewagen (plastic bakjes met onappetijtelijke kip met rijst of vis-curry met rijst) of kopen van de vrouwen die door de wagons lopen en plastic zakjes met gekookte gespikkelde eieren, bosjes ramboetans, noten en snoep verkopen. Ik kies voor een gekookt ei en een plastic bekertje thee van het buffet en eet terwijl ik eindelijk in een caleidoscoop van kleuren de zon door de palmen van het oerwoud zie opkomen.

RECHTS In het Taman Negara Nationaal Park zijn veel mogelijkheden om het regenwoud te verkennen, dat met zijn 130 miljoen jaar het oudste ter wereld is
ONDER In de trein zitten vrouwen tussen zakken producten die ze op de markt verkopen
UITERST RECHTS De markt in het centrum van Kota Baharu

Naar het zuiden

Tegen het eind van de ochtend is de vroege ochtendkilte een slaapverwekkende hitte geworden, die alleen wordt verlicht door het briesje door de open ramen en de draaiende fans. Veel van de marktvrouwen stappen uit in de eerste grote stad, **Kuala Kerai**, waar ik op het perron een vistank en keurige bloembedden zie. Toch is het nog steeds druk in de trein, met meer

vrouwen met versierde hoofddoeken, te midden van zakken en manden, kindertjes die op snoepjes sabbelen en oude mannen die roken en roddelen.

Over de bergpieken in de verte hangen wolkenslierten als de trein het dorp **Dabong** binnenrijdt; ten zuiden van hier ligt het Jelawang Country Park, een gewild plekje om te kamperen en om trektochten vanuit Kota Baharu te maken. Het land is echter het mooist bij de grensstad **Gua Musang**, 50 km naar het zuiden, diep in het binnenland van Maleisië. Hier steken imposante kalksteenrotsen vol grotten uit het oerwoud omhoog, vlak langs de spoorbaan.

Vlak na het vertrek uit Gua Musang overschrijdt de spoorlijn de provinciegrens tussen Kelantan en Pahang en loopt door naar de voormalige hoofdstad **Kuala Lipis**, eind 19e eeuw belangrijk om haar goud- en tinwinning. Met moderne methoden zijn de maatschappijen die goud winnen onlangs in de streek teruggekomen, maar de stad heeft nog een koloniale sfeer. Op vrijdag, wanneer honderden bergbewoners en inwoners zich voor de drukke avondmarkt van Kuala Lipis verzamelen, is het of de tijd heeft stilgestaan.

Kuala Lipis geeft ook toegang tot het **Kenong Rima State Park** (128 km²), met wandelroutes, veel grotten en een paar watervallen. De voorzieningen hier zijn eenvoudiger dan in Taman Negara (u zult een paar nachten buiten moeten slapen), maar minder bezoekers betekenen dat er eerder wild te zien zal zijn. Hoewel het mogelijk is het park in je eentje te verkennen, zul je er meer aan hebben als je een gids huurt of met een georganiseerde tocht uit Kuala Lipis meegaat.

Voor mensen die echter een pure oerwoudervaring willen, is Taman Negara – het eerste en grootste nationale park van Maleisië (4345 km²) – moeilijk te kloppen. De trein komt iets na 16 uur in het stadje **Jerantut** aan, als de laatste sampans die de Tembeling naar het hoofdgebouw van het park op varen, al een paar uur weg zijn. Maar omdat ik er moet overnachten, kan ik de gratis lezing in het Sri Emas Hotel bijwonen over activiteiten in het park en de vele keuzemogelijkheden voor de komende paar dagen overdenken. Ik ga ook winkelen, omdat provisie voor een trektocht hier in Jerantut goedkoper is dan bij de paar winkels in het park.

Taman Negara in

Zelfs op de kortste tocht zul je tijd hebben voor een paar van de gematigde oerwoudervaringen van **Taman Negara**: de Bukit Teresek op – de 342 m hoge piek bij het hoofdgebouw van het park; het boomkruinpad over – de 450 m lange touwbrug door de boomtoppen; met een boot of binnenband de Tembeling af. Als je een paar dagen hebt, neem dan een van de langere routes en kampeer of overnacht in een van de vishutten of wildobservatiehutten (schuilhutten); hoe verder je van het hoofdgebouw van Kuala Tahan af komt, hoe groter de kans dat je wild ziet.

Maar eerst moest ik nog naar het park zelf toe. Van de twee routes (over water of over land) is de landbouwkundige tocht per minibusje, georganiseerd door het Sri Emas Hotel, de snelste en interessantste. Het busje stopt onderweg bij cacao-, rubber- en palmolieplantages en de gids geeft een korte uitleg over het gewas. Je mag ook zelf proberen de enorme bolvormige oranje palmolievruchten af te hakken met een gevaarlijke sikkel aan het uiteinde van een lange, heel zware stok.

Tegen de middag is het busje in **Kuala Tahan** gekomen, het dorp tegenover het hoofdgebouw van het park en het Taman Negara Resort. Veel bezoekers kiezen tegenwoordig voor een verblijf in Kuala Tahan, omdat logies en voedsel goedkoper zijn dan in het vakantieoord, waar het enige goedkope logies de jeugdherberg of de camping is. Omdat bijna 40.000 toeristen per jaar Taman Negara bezoeken, is het dus belangrijk als je van plan bent er in de vakantieperiode te overnachten, ruim van tevoren te boeken en er rekening mee te houden dat het op de kortere routes druk is.

Het oerwoud verkennen

Ik steek de Tembeling over naar het park met de 30 seconden-shuttle. Als ik me bij het vakantieoord inschrijf, landt er een biddende mantis op mijn been en glijdt een felgroene slang langzaam over de houten treden – de ontvangst van het oerwoud had nauwelijks beter geënsceneerd kunnen worden.

Taman Negara heeft een van de oudste tropische regenwouden ter wereld. Het begon zijn leven als het Guning Tahan Game Reserve, in de jaren '20 opgezet voor wildbehoud in de staten Pahang, Kelantan en Terengganu. In 1939 werd het bekend als het Koning George V Nationaal Park en het kreeg zijn huidige naam toen Maleisië in 1957 onafhankelijk werd.

De hoogste berg op het schiereiland, de Gunung Tahan (2187 m), ligt in het park. Om de berg te beklimmen, via een golvend pad van 55 km lengte vanaf het hoofdgebouw, is een week nodig; je komt door alle soorten oerwoud, van nevelig laaglandoerwoud en rivieren tot de bovennatuurlijke bossen van grotere hoogte – een vreemde, vochtige wereld met onvolgroeide bomen, begroeid met mos, varens, korstmos en orchideeën. Dit is de enige route door het park waarop je een gids mee moet nemen, die je voor 7 dagen ca. $135 kost; informeer bij de Park and Wildlife Offices naast het vakantieoord naar tochten waar je je bij kunt aansluiten.

De meeste bezoekers nemen de gemakkelijker routes, over redelijke, goed gemarkeerde paden. Het populairst is de route naar het boomkruinpad, 1,5 km ten oosten van het vakantieoord, langs Bukit Teresek. Als je hoogtevrees hebt, of bang bent voor zwaaiende touwbruggen met planken, ga er dan niet heen. Het 450 m lange circuit, bestaande uit 9 bruggen tussen acht platforms in de boomkruinen, is een zwerftocht door het bladerdak van het oerwoud, waar de meeste dieren en vogels actief zijn. Je hebt er een mooi uitzicht op de Tembeling en je kunt 30 m naar beneden kijken, door de bomen heen, naar de bodem van het oerwoud.

De Tahan op

Als je een vergunning koopt, kun je in het park vissen. Populaire plekjes zijn Kuala Kenian en Kuala Perkai, zo'n 28 km ten noordoosten van Kuala Tahan, en Lata Berkoh, 8 km naar het noordwesten. **Lata Berkoh** – een schilderachtige reeks cascades in de Tahan – is ook een favoriete bestemming voor motorsampans uit Kuala Tahan. Ik kies ervoor de 4 uur durende voettocht erheen 's middags te maken, met een overnachting in de vishut en de volgende ochtend de boot terug te nemen, om de massa's te vermijden die er elke dag picknicken en zwemmen.

Als ik net bij het hoofdgebouw van het park weg ben, zie ik een varaan over het pad waggelen, het grootste dier dat ik op mijn wandeling te zien krijg, al zie ik wel duizenden kleine insecten, zoals termieten, reuzenmieren en paarse en blauwe vlinders. Af en toe ligt er een omgevallen boom over het pad, bijna alsof het oerwoud expres obstakels heeft opgeworpen om het spannend te maken. Ik moet door een paar ondiepe stroompjes waden en een klein eindje bergopwaarts, maar niets te veeleisends.

Ik kom nauwelijks mensen tegen, alleen een groep Orang asli – oorspronkelijke bewoners van het Maleisisch schiereiland – die op een open plek een kampje van bamboehutten hebben opgeslagen. Kinderen scharrelen verlegen de hutten in en uit en in een hoekje knielt een man bij een vuurtje en houdt een rij blaaspijltjes in de gaten, die door de Orang asli nog bij de jacht worden gebruikt. Op een briefje aan een boom staan blaaspijltjes te koop, geprijsd naar lengte. Er staat ook dat het RM5 ($1,50) kost om een foto te maken.

Zingende cicaden zwengelen het namiddaglawaai aan als ik de Tahan oversteek naar de vishut, die twee slaapkamers heeft, elk met een paar stapelbedden, een overdekte veranda, stromend water en toilet. Mijn metgezellen voor de nacht zijn Roded uit Israël, Lieke uit Holland, Gavin uit Australië en Nicole uit Engeland. Roded en Lieke zijn die dag uit Kuala

Het oerwoudspoor

Trenggan gekomen, 12 km naar het oosten, waar het vakantieoord een paar dure oerwoudhutten heeft. Gavin en Nicole zullen over een paar dagen dezelfde kant uitgaan, naar de schuilhut, Kumbang, waar je bijna zeker 's nachts een keer een tapir kunt zien eten.

Bij het vallen van de avond zitten we allemaal op de veranda van de vishut en genieten van een maal bij kaarslicht van gebarbecuede vis, vers uit de Tahan. Bliksemflitsen verlichten het oerwoud even, regen trommelt op het blikken dak en ergens in het donker krijst wild een leguaan.

Oerwoudnachten

's Morgens krijst de leguaan nog steeds. Als de eerste dagjesmensen onze oerwoudidylle verstoren, ga ik met de boot over het tanninekleurige water van de Tahan

terug naar Kuala Tahan. Zo is Taman Negara het mooist. Nerambomen hangen over het water en klampen zich met hun wortels aan de oevers vast. Lianen hangen omlaag als in een Hollywood-jungle en drijvende stammen doen slapende krokodillen na als de boot door bochten en over onschuldige stroomversnellingen glijdt.

Door de nachtelijke regen staat de rivier hoger, wat een spannende wildwatervaart met een binnenband op de Tembeling belooft – een activiteit die de meeste drijvende restaurants in Kuala Tahan bieden. Eerst word je per boot zo'n 4 km stroomopwaarts, voorbij een paar onschuldige stroomversnellingen, afgezet en dan moet je in een paar uur terugdrijven naar Kuala Tahan, dobberend in een gigantische zwarte rubber doughnut. Dit is grotendeels luieren, omdat de stroomversnellingen te ver uit elkaar liggen en te licht zijn om meer dan een lichte opwinding te veroorzaken.

Veel spannender is de nachtelijke tocht met Wan, een gids van het Parks and Wildlife Department. Aan het begin van de één uur durende verkenning van het oerwoud vlak bij het vakantieoord, laat Wan ons onze zaklampen uitdoen om totale duisternis te ervaren en om te beginnen naar dierengeluiden te luisteren. We volgen het pad voorzichtig en blijven staan als het licht van Wans zaklamp op de schuilplaats van een schorpioen in de spleet van een boom blijft rusten en op een exotisch langwerpig oranje insect op een blad.

Halverwege de tocht blijven we staan, doen onze zaklampen weer uit en wachten tot we langzamerhand de blauwgroene gloed van fosforescerende schimmels op de grond gaan zien. Er klinkt geritsel in de struiken. Het geluid komt dichterbij en opwinding met iets van angst slaat door de groep. Even later is het geluid vlak achter ons en zien we in het licht van onze zaklampen een stekelvarken, dat waarschuwend naar zijn mede-oerwoudbewoners krijst, terwijl wij het uitgieren van de pret.

LINKS Boomkruinpad, Taman Negara

ALLEEN ER OP UIT

HET BINNENLAND IN

Er gaan vluchten naar het vliegveld van Kota Baharu, 9 km ten noordoosten van het centrum, vanaf KL, Penang en Alor Setar. Een taxi Kota Baharu in kost RM16 ($4). Langeafstandsbussen komen ofwel bij het busstation van Langaar, ofwel bij dat van Hamzah aan, een paar kilometer ten zuiden van het centrum. Het regionale busstation ligt naast de avondmarkt; daar stoppen bussen uit de deelstaat Terengganu. Voor bijzonderheden over treinen, zie onder.

WANNEER?

In de droge tijd – van november tot mei – staan bomen en planten in bloei en komen trekvogels uit Siberië en China. Van mei tot augustus, de regentijd, is de beste tijd om oerwouddieren te zien.

EEN TOCHT OP DE RIVIER EN VERBLIJF REGELEN

Roselan Hanafiah is de man die je bij de VVV moet hebben als je een tocht op de rivier of verblijf bij particulieren rond Kota Baharu wilt regelen. De tochten op de rivier zijn dagelijks, behalve op vrijdag, er kunnen meestal maximaal drie personen mee. Het verblijf bij particulieren, 3 dagen/2 nachten, kan bij een poppenmaker of vliegermaker zijn en is inclusief lessen in elk handwerk.

TOCHT MET DE OERWOUDTREIN

Een taxi van Kota Baharu naar Wakaf Baharu, het dichtstbijzijnde station, 7 km ten westen van de stad, kost RM15 ($4). Er gaan dagelijks treinen naar het zuiden: ochtendtreinen zijn alleen derdeklas; avondtreinen gaan sneller en hebben tweedeklas slaapplaatsen die de extra kosten alleen waard zijn als je doorgaat naar Singapore, omdat de trein om 2 uur 's nachts in Jerantut aankomt. De andere kant uit gaan twee nachttreinen van Jerantut naar Kota Baharu. Er gaat ook een rechtstreekse nachttrein van Jerantut naar KL. Vertrektijden veranderen nogal eens, dus informeer bij VVV's en KTM (Keretapi Tanah Melayu, de spoorwegmaatschappij).

PER BOOT EN BUS NAAR TAMAN NEGARA

Het Sri Emas Hotel en het Jerantut Guesthouse, allebei in Jerantut, organiseren twee manieren om naar Kuala Tahan en het hoofdgebouw van Taman Negara te komen. De tocht per busje van 2 uur wordt steeds populairder. Het traditionelere alternatief is naar de pier in Kuala Tembeling te rijden en een motorsampan 3 uur stroomopwaarts te nemen. Het is een idee met de bus naar het park te rijden en de boot terug te nemen, omdat de tocht stroomafwaarts korter is dan stroomopwaarts. Als je haast hebt, kun je de speedbootservice van het Taman Negara Resort nemen (1 uur). Van het Istana Hotel in KL gaat dagelijks een rechtstreekse busverbinding (4 uur) naar de pier van Kuala Tembeling, met aansluiting op boten naar Kuala Tahan.

GEZONDHEID

Neem malariatabletten in en gebruik muskietenwerend middel. Neem EHBO-doosje mee en zorg voor een ziektekostenverzekering. Een T-shirt is verstandig tegen de zon als je gaat tobbedansen.

BELANGRIJK VOOR HET TAMAN NEGARA-PARK

- ❑ Laat je bij aankomst in het park registreren in het hoofdgebouw of op de Tembelingpier.
- ❑ Koop een toegangsbewijs en fotovergunning in het hoofdgebouw.
- ❑ Boek een overnachting in een van de vishutten van Lata Berkoh of Kuala Perkai, of in een schuilhut in het park.
- ❑ Huur kampeerbenodigdheden op het kampeerterrein bij hoofdgebouw.
- ❑ Neem wandelschoenen mee.

TIPS VOOR OERWOUDWANDELAARS

- ❑ Harde geluiden verschrikken het wild. Je kunt het beste in kleine groepjes lopen. Blijf staan om te luisteren: misschien zie je niet veel dieren of vogels, maar je hoort er een boel.
- ❑ Doe het rustig aan. Het is heet en vochtig, van rondrennen gaat je je alleen maar onprettig voelen.
- ❑ Lees een gidsje voor je begint, zodat je weet waar je naar moet kijken. Neem een zaklamp, een hoed en water mee.
- ❑ Felgekleurde kleding verschrikt het wild.
- ❑ Let op kleine dingen. De kans dat je groot wild ziet, zoals olifanten en tijgers, is klein. Maar er zijn kleinere diertjes en planten, van exotische varens en vlinders tot termietenkolonies en schimmels. Neem een verrekijker mee.

Eilandhoppen rondom Langkawi

door Simon Richmond

Buiten de luxe vakantieoorden en de bizarre legenden van de 99 eilanden van Langkawi, ligt voor de noordwestkust van Maleisië een wereld van ongerepte natuur en bekoorlijke landelijke charme. Oeroude regenwouden, mangrovemoerassen en grotten zijn enkele van de attracties buiten de gebaande toeristenpaden.

Een van de vele legenden die op de eilanden van **Langkawi** worden verteld, is dat ze ooit vervloekt waren. Mahsuri, een beeldschone, aardige jonge vrouw werd door haar jaloerse schoonmoeder ten onrechte van overspel beticht. Toen het mes van de beul haar hart doorboorde, spoot er wit bloed uit om haar onschuld te bewijzen, en toen Mahsuri haar laatste adem uitblies, vervloekte ze Langkawi zeven generaties lang.

Mensen op de eilanden zullen zweren dat dit verhaal waar is, al varieert de datum van de veronderstelde gebeurtenissen van 200 tot 750 jaar geleden. De History Association van Kedah gelooft, samen met het Kedah State Museum, dat ze Mahsuri's rechtstreekse afstammelingen op het eiland Phuket, Thailand, hebben opgespoord. Hoe het ook zit, de vloek is allang uitgewerkt, want Langkawi is tegenwoordig een van de duurste vakantiebestemmingen van Maleisië, een welvarend eiland met stille stranden, ongerept oerwoud en over het algemeen ingetogen nieuwbouw.

De katalysator voor deze verandering was de komst op het eiland, 40 jaar geleden, van een jonge arts uit Alor Setar, de hoofdstad van de deelstaat. Toen ik de Straat van Malakka overstak naar **Kuah**, de hoofdstad van Langkawi, wilde ik graag precies te weten komen wat deze dr. Mahathir Mohammed, toekomstig premier van Maleisië, zo diep had geraakt dat hij er in 1987 op heeft aangedrongen het eiland als belastingvrije haven aan te wijzen, waardoor de stad een pitstop voor de internationale jetset is geworden.

Van de eilanden die Langkawi telt en die zo'n 30 km uit de noodwestelijke kust van Maleisië bij elkaar liggen, zijn er maar twee permanent bewoond: het grootste, Pulau Langkawi, en Pulau Tuba, 5 km ten zuiden daarvan, met een kleine vissersgemeenschap. De meeste bezoekers komen hier om verwend te worden in de luxe vakantieoorden, op het strand te liggen en zich te ontspannen. Maar mensen die onschuldig avontuur zoeken, worden ook niet teleurgesteld. Pas aangelegde wegen zorgen voor een prettige rit per motor of auto langs de verspreid liggende bezienswaardigheden van Langkawi. Men kan in een halve dag van het ene eiland naar het andere gaan, in een zoetwaterzwembad zwemmen, wild kijken en zelfs parachute-

1 Het spannendste wat je kunt doen, afgezien van het risico van een duik met een onbetrouwbare gladjanus, is parachutezweven. Het duurt maar 5 minuten en het is geweldig leuk – zelfs als je bij het opstijgen en landen in zee valt.

★★ Langkawi heeft de beste hotels van Maleisië, de wegen zijn er in uitstekende staat en er is nauwelijks verkeer. Een voertuig huren is praktisch de enige manier om overal op het eiland te komen. Dit is geen bestemming voor mensen zonder geld; als je weinig te besteden hebt, zijn andere eilandvakanties in Maleisië of het nabije Thailand betere waar voor je geld.

Naast je fototoestel en verrekijker heb je geen speciale apparatuur nodig.

•

zweven om de eilanden van bovenaf te bekijken. De beste activiteiten zijn echter wandelingen in het oerwoud en een cruise naar de fascinerende mangrovebossen.

De beste tijd voor een bezoek aan Langkawi is de droge tijd, van november tot mei, als op het eiland trekvogels uit Siberië en China huizen en de bomen en planten volop in bloei staan. Zelfs in de regentijd, in de rest van het jaar, is er voor een natuurliefhebber genoeg te zien en te doen. De tijd waarin bomen vrucht dragen, van mei tot augustus, is de beste tijd om dieren in het oerwoud te zien eten. Vuurvliegjes zijn er van juni tot juli, en begin augustus heb je misschien het geluk Langkawi's vreemdste natuurfenomeen te zien: visjes die op hun kieuwen door de rijstvelden flappen, nadat ze in droge grond hebben overwinterd.

Een tocht per motor

Laat je niet foppen door het formaat. Langkawi mag dan maar 500 km² groot zijn en per auto in 1,5 uur over te steken, maar per motor moet je nog opschieten om alle belangrijke bezienswaardigheden op één dag te zien en je zult merken dat je op een rondrit wel 70 km kunt afleggen. Als je geen haast hebt, huur dan een paar dagen een fiets en kijk op je gemak rond.

Ik vertrek vroeg en ga van mijn hotel in Pantai Cenang langs de kust naar het noorden, rond de landtong die is aangelegd voor de nieuwe startbaan van het vliegveld, naar de **Telaga Tujuh-** of 'Zeven Bronnen'-waterval. Een weg die als een achtbaan over en rond heel wat heuvels loopt, en langs Pantai Kok – een van de mooiste stranden van het eiland – brengt me naar de voet van de heuvel, vanwaar het een steile klim van 200 m naar de waterval is.

De schilderachtige waterval, die eindigt met een val van een rotsrichel met uitzicht op zee, ontleent zijn naam aan de zeven met mos begroeide poelen die door het water in een rotsblok zijn uitgesleten. Als de waterval op zijn krachtigst is, kan men van de ene poel in de andere glijden, maar dit is niet raadzaam, tenzij je een gekneusde rug wilt. We weten dus wat we moeten denken van de legende dat hier het liefst elfjes baden en dat ze het water een genezende kracht hebben gegeven.

Ik ga weer terug de hoofdweg en rijd zo'n 20 km naar het oosten, dwars over het noordelijk deel van het eiland, langs talrijke rijstvelden waarin waterbuffels ploeteren, naar het slordige geheel van het **Kompleks Budaya Kraf**, het culturele kunstnijverheidscomplex. Dit is bedoeld om te laten zien wat Maleisië allemaal aan kunst en kunstnijverheid heeft en bestaat bijna uitsluitend uit toeristenwinkeltjes, maar wordt deels gebruikt voor demonstraties manden maken en stof weven door lachende vrouwen uit de regio. Ik breng een aardig halfuurtje zoek met het traditionele knikkerspel *congkak* met een paar meisjes die giechelen om mijn onhandige pogingen om de regels door te krijgen.

Een nog vreemdere attractie ligt zo'n 10 km verderop, voorbij het verkeersplein met bovenop wat een enorme hoop buffelstront lijkt, richting Kuah. Dit is de **Galleria Perdana**, met meer dan 2500 geschenken en prijzen die de premier, dr. Mahathir, en zijn vrouw hebben gekregen. Er is van alles te vinden, van porselein en auto's tot sieraden en Japanse poppen, maar twee cadeaus die eruit springen zijn een portret van de goede dokter, uit Beijing, gemaakt van paardenhaar (de bewaker vertelt trots dat er 100 mensen drie maanden onafgebroken aan hebben gewerkt) en een lange astrakanjas met capuchon van de president van

DE PADANG MATSIRAT

Eén legende van Langkawi gaat over de Padang Matsirat, of 'veld van verbrande rijst'. Niet lang na de dood van prinses Mahsuri werd de rijstoogst in brand gestoken, hetzij door de dorpelingen omdat de Siamezen een inval deden, hetzij door de rovende, plunderende Siamezen. Bewoners beweren dat in het zand nog geblakerde rijst te zien is, vooral na zware regen.

ONDER en LINKS Pulai Langkawi is het grootste van de ca. 100 eilanden waaruit Langkawi bestaat. Het eiland kan het beste worden verkend door in de hoofdstad, Kuah, of bij vakantieoorden aan het strand, een motor of terreinwagen te huren. Ook tochtjes tussen de eilanden zijn populair

RECHTS Langkawi heeft een keur aan goede hotels. Bij Bon Ton kun je in een opgeknapte kampung (dorpshuis) logeren. Een van de beste restaurants van Langkawi maakt deel uit van hetzelfde complex

Turkmenistan – uitermate geschikt voor tropisch Maleisië.

De adelaar is geland

In **Kuah** zelf hoef je niet lang rond te kijken. Het grootste pluspunt is dat het de meeste winkels van het hele eiland heeft. Op de pier staat een enorm beeld van een bruine adelaar – het symbool van Langkawi – met gespreide vleugels, klaar om weg te vliegen naar de aanlokkelijke eilanden in het zuiden. Vlakbij staan in de tuinen van Lagenda Langkawi Dalan Taman nog meer enorme, bonte beelden die met de legenden van het eiland te maken hebben. Door gebrek aan schaduw is het er echter te warm om er lang te blijven.

Voor ik naar mijn hotel terugga, moet ik nog één plek bezoeken: **Makan Mahsuri**, het graf van de ongelukkige schoonheid. Hoewel het een toeristische trekpleister is, is het graf verrassend moeilijk te vinden en ik moet de richtingaanwijzers goed in de gaten houden. De meeste bezoekers die er komen, lopen het eenvoudige witmarmeren mausoleum haastig voorbij naar het traditionele *kampung* (dorps)huis op palen dat met zorg is gerestaureerd, en de bron waar Mahsuri ooit water heeft geput. Ik knabbel een *kuih peneram*, een zoet hapje dat ik bij een kraampje op het terrein heb gekocht, en luister hoe plaatselijke musici op trommels slaan, terwijl ik me afvraag wat Mahsuri nu van Langkawi zou vinden.

Van het ene eiland naar het andere

Het op één na grootste eiland van de groep is **Palau Dayang Bunting**, Eiland van de Zwangere Maagd. Het zoetwatermeer dat er ligt, Tasik Dayang Bunting, is een aardige plek om een paar uur zoek te brengen, en is een vast onderdeel van alle eilandtochten rond Langkawi. Het is de eerste halte op mijn tocht vanaf het Pelangi Beach Hotel met een groep van 12 andere gasten en voor we aanleggen voor de korte wandeling naar het meer staat de bootverhuurder even stil bij de mogelijke reden voor de naam van het eiland: het silhouet van een zwangere vrouw, gevormd door de golvende heuvelkam (zie kader boven voor nog een verhaal).

Magisch water

Mahsuri is niet de enige vermaarde dame van de eilanden. Pulau Dayang Bunting, Eiland van de Zwangere Maagd, ontleent zijn naam aan de hemelse prinses Putri Dayang Sari. Eén verhaal wil dat Sari door een sterfelijk prins werd verleid en uit hun verbintenis een kind voortkwam dat na zeven dagen stierf. De radeloze prinses gooide haar dode baby in het zoetwatermeer van het eiland, zegende het water, en ging terug naar de hemel. Tegenwoordig komen vrouwen die een kind willen, nog steeds in het magische water van het meer baden.

Het Italiaanse stel in onze groep, Paulo en Isabella, vindt dat het meertje, met steile, beboste heuvels erachter, op een Schots *loch* lijkt. Maar er is een verschil: het smaragdgroene water is heerlijk warm om in te zwemmen. Voor wie niet van zwemmen houdt, zijn waterfietsen en kano's te huur en er is een drijvend houten zonnedek vanwaar je van het uitzicht kunt genieten. Veel te snel moeten we weer naar onze boot, langs de nieuwsgierige makaken die uit de bomen omlaag klauteren om naar ons te kijken, en dan gaan we naar het volgende eiland.

Palau Singa Besar, het Eiland van de Grote Leeuw, is aangewezen als wildreservaat en als je geluk hebt, zul je hagedissen, dwergherten, meer apen en neushoornvogels zien als je het speciaal aangelegde pad over het eiland volgt. Maar je zult eerder dieren tegenkomen die mensen naar het eiland hebben meegebracht, zoals paarden, herten en pauwen, die er allemaal wat verloren uitzien in de vreemde omgeving van de camping op Pulau Singa Besar.

Er is niet genoeg tijd om het hele pad tussen de mangroven door te verkennen voor mijn boot van Pulau Singa Besar naar de laatste bestemming van de dag vertrekt. Het is een korte tocht naar het eilandje **Pulau Beras Besah** (Eiland van de Kleefrijst), een goede plek om te zwemmen, met een mooi zandstrand. Hier besluit ik te gaan parachutezweven. Een medegast waarschuwt me dat ik er misselijk van kan worden, maar dat gebeurt niet. Ik voel me gewoon opgetogen als de wind onder de parachute slaat en ik van het strand word opgetild en als een vlieger achter de speedboot onder me word meegesleurd. Van bovenaf ziet het eiland er weergaloos uit. Maar ik kan niet voor altijd in de lucht blijven en veel te gauw moet ik weer op het strand landen en de volgende klant aan de beurt laten.

Snorkelen en duiken in Pulau Payar

Een uur met de boot ten zuiden van Langkawi, tussen de kleinere eilanden Pulau Kaca, Lembu en Segantang, is **Pulau Payar** een van de beste plekken in de regio om te snorkelen en te duiken, met de kans bonte tropische vissen te zien, evenals rifhaaien en enorme schildpadden. Vanwege zijn enorme collectie koralen (men zegt de mooiste in Maleisië), is het gebied tot zeepark verklaard, maar dat heeft de grootste reisorganisator, Langkawi Coral, er niet van weerhouden pal boven het rif een enorm drijvend ponton te leggen voor zijn populaire snorkel- en duiktochten.

Het is een schande dat reisbureaus niet milieubewuster zijn, want Payar is zeker een bezoek waard. Pas vooral goed op bij het uitzoeken van een duikbedrijf (zie kader Veiligheid voor alles, pag. 157). Het bedrijf waar ik mee in zee ging, nam niet de minimale veiligheidseisen in acht waar elke duiker op moet letten. Wij kregen geen kans onze gehuurde spullen voor vertrek te controleren en daardoor ging er bij onze duik het een en ander ernstig mis. Ook werd geen enkel lid van de groep naar duikervaring gevraagd.

LICHTE LECTUUR

Zo'n 5 km ten westen van Kuah, naar het midden van het eiland, is het Boekendorp een halfslachtige poging om Langkawi tot een Mekka voor liefhebbers van tweedehands boeken te maken. De bungalows met hun mooi aangelegde tuinen hebben maar weinig boeken om uit te kiezen; de interessantste winkel is er een met een keur aan oude tijdschriften van over de hele wereld, goed voor op het strand of bij het zwembad.

Het oerwoud in

Wat Langkawi de laatste jaren echt op de internationale vakantiekaart heeft gezet, is de opening van diverse luxe vakantieoorden op afgelegen delen van het eiland. Het beroemdste is misschien wel het Datai, een van de slechts twee hotels die samen het exclusieve gebruik hebben van het prachtige strand **Pantai Datai**. Het ligt in het uiterste noordwesten van Langkawi en heeft uitzicht op de zuidelijkste eilanden van Thailand. Het Datai, gebouwd van plaatselijke steen- en houtsoorten, past bijna naadloos in zijn prachtige oerwoudomgeving. En die ging ik verkennen bij het grauwe ochtendlicht, met de gids van het hotel die natuurkenner was, Irshad Mobarak, een ex-bankier die natuurbeschermer was geworden.

Vanaf de weg naar het Datai wijst Mobarak door de bomen naar de rafelige rand van de Gunung Mat Cincang, een kalksteenmassief, gehuld in ongerept oerwoud. 'Dat is de oudste rotsformatie van Maleisië, meer dan 550 miljoen jaar oud,' kondigt hij aan, voor hij vol vuur begint aan een gedetailleerde en levendige uitleg van de flora en fauna om ons heen. We beginnen met de weg, omdat we hier het meeste kans hebben om wild te zien – het oerwoud is zo dicht dat er weinig licht is om dieren bij te zien.

Mobarak blijft staan voor wat mij drie met elkaar verstrengelde bomen lijken en legt uit dat we getuige zijn van een langzame moord. De verstikkende vijg is eigenlijk een klimmende liaan die groeit door zijn wortels van de bovenste takken van zijn gastheer naar de grond te laten zakken. In de loop van 30 jaar of meer

wordt het leven uit de gastheer geknepen als de vijg toepast wat Mobarak, in bankierstaal vervallend, een 'vijandige overname' noemt.

Een groepje apen gaat zwaaiend door de boomtoppen als we weer halt houden om iets te horen te krijgen over de medicinale eigenschappen van verschillende oerwoudplanten die kunnen worden gebruikt om natuurlijke adstringerende, ontsmettings- en voorbehoedmiddelen te maken. Aan onze voeten hebben twee soorten termieten drukke wegenstelsels aangelegd, waarlangs duizenden werktermieten naar en van hun verafgelegen nesten stromen, een amusant vertoon van natuurlijke coördinatie.

U hoeft geen gast van het Datai te zijn om aan deze boeiende wandelingen

mee te doen en je hoeft ook niet bij het krieken van de dag op te staan. Mobarak leidt ook groepen rond bij zonsondergang, een tijd wanneer er civetkatten te zien zijn, vliegende rode reuzeneekhoorns en de culogo (*Cynocephalus volans*) een zeldzaam lid van de vliegende maki's, evenals verschillende soorten vogels en vleermuizen.

Vogelkijkers zullen met hem mee willen op een tocht bij zonsondergang naar de **Gunung Raya**, met zijn 883 m de hoogste top van Langkawi, goed toegankelijk via een bochtige weg van 11 km lengte die grotendeels ter hoogte van het bladerdak van het oerwoud loopt, met veel planten- en dierenleven en waar de grote neushoornvogel (*Buceros bicornis)* huist. Met zijn 115 cm lengte van het puntje van zijn gele snavel tot het eind van zijn zwart-witte staart, is dit de grootste vogel van de eilanden.

LINKS Kuah, de hoofdstad van Langkawi, ligt langgerekt aan zee, met uitzicht op de eilanden in het zuiden
LINKSONDER Maak, om over epifyten – en meer – te weten te komen, vanaf het Datai een oerwoudwandeling met de natuurhistoricus van het hotel
ONDER Rijst planten

De mangroven in

Aan de noordoostelijke kaap van Langkawi ligt **Tanjung Rhu**, Kasuarbaai, waar kasuar(ijzerhout)bomen een strand omzomen waarover je bij laag water naar de eilanden Pulau Pasir, Pulau Gasing en Pulau Dangli kunt lopen. Aan een steigertje bij de ingang van de lagune ligt een groep bootjes die kunnen worden gehuurd om **Gua Cherita**, de Verhalengrot, te bereiken, die alleen via zee toegankelijk is. Neem een zaklamp mee om de vage sporen van zeer oud schrift op de wanden te vinden. Eén verhaal wil dat dit twee versies van de koran zijn, een ander dat ze de laatste krabbels zijn van overlevenden van een Indiaas schip dat hier in de 13e eeuw verging.

De interessantste tocht vanaf Tanjung Rhu combineert het verkennen van grotten met vogels kijken langs de ruige kust met varen in de mangrovebossen langs de Kilim en de Kisap, verder naar het zuiden. Ik maak een halve dagtocht met drie jonge vrouwelijke dierenartsen, twee uit Engeland en één uit Maleisië, en een groepje van vier Duitse toeristen. Onze gids is Osman, een parttime slangenbezweerder die vandaag, zie ik tot mijn genoegen, alleen een felgroene leguaan in zijn rugzak heeft meegebracht.

De eerste halte is bij een van de drijvende viskwekerijen in de lagune. Onder water zijn netten gespannen tussen een schaakbord van houten planken die op blauwe plastic vaten drijven; elk vierkant net bevat een ander soort vis of zeevruchten. We gluren in een net en zien een enorme baars bovenkomen voor een hapje dode sprot. Zijn scherpe tanden glanzen even in de zon voor hij weer onder water verdwijnt. Niet alles hier eindigt op een bord; de kwekerij kweekt ook bonte tropische vissen voor de aquaria op het eiland.

De houtskoolfabriek

Als we uitvaren langs de spectaculaire kalksteenrotsen, gevormd door eeuwenlange blootstelling aan de elementen, zien we heel wat soorten vogels, maar met een verrekijker zijn ze beter te zien. Zeearenden en witbuikzeearenden zweven boven ons hoofd als we de opening van Gua Dedap in varen om de grotingang te bekijken. Hier is de boot te breed om door de lagune erachter te varen, maar we komen probleemloos in de volgende grot, aan de opmerkelijke mooie Kilim.

Gua Kelawar kan alleen bij hoog water bereikt worden, als de smalle doorgangen tussen de mangroven bevaarbaar worden. De scherpe geur van uitwerpselen maakt duidelijk dat de grot door duizenden vleerhonden wordt bewoond, maar Osman schijnt met zijn zaklamp toch in hun oogjes om ons te laten zien hoe ze aan de zoldering hangen. Een houten pad loopt door de grot rond, de ene ingang in en de andere weer uit, en op een gegeven moment waden we tot onze schenen door het water.

Voor we weer naar de boot gaan, vertelt Osman ons over de twee voornaamste soorten mangroven die hier groeien. De Raisufara kan worden omgehakt en er kan houtskool van worden gemaakt, maar de Barbutah moet hoe dan ook worden vermeden. Hij breekt een blad af en laat ons het wittige sap zien. 'Als dit in je ogen komt, word je blind,' waarschuwt hij, 'en als je drie druppels in iemands thee doet, krijgt hij maagkramp, geeft bloed op en sterft binnen drie dagen.' Het enige tegengif komt van de wortels van dezelfde boom.

Als we naar de kust gaan, komen we een boot vol mangrovestammen tegen en volgen hem naar de houtskoolfabriek aan de Kisap verder naar het zuiden. Het tafereel dat we daar bij aankomst aantreffen kan zo uit een boek van Dickens komen en geeft een blik op het leven onder de vloek van Mahsuri. Naakte kinderen zwaaien vanaf stapels stammen aan de oever, voor een huis en een fabriek van hout en palmbladeren, bijna helemaal overdekt met roet. De Thaise man en zijn gezin, die hier houtskool maken, krijgen we te horen, zijn gelukkig omdat ze hier meer verdienen dan in Thailand. Dat is een climax die aan het denken zet, van zowel de natuurtocht van een halve dag en mijn week in luxe en schoonheid op de rest van Langkawi.

ALLEEN ER OP UIT

HET BINNENLAND IN

Op de luchthaven van Langkawi, aan de westkant van het eiland, komen dagelijks vluchten aan uit KL, Penang en Ipoh, evenals internationale vluchten uit Singapore, Taipei en Kansai International in Japan.

Er gaan tal van veerboten naar de eilanden. Van Kuala Perlis aan de Thaise grens gaan dagelijks negen snelle boten die er 45 minuten over doen (enkele reis). Langzamer veerboten gaan vanuit Kuala Kedah, verder naar het zuiden, 8 km van de stad Alor Setar. Uit Penang gaat één veerboot per dag, om 8.30 uur, die er 2,5 uur over doet. Als je uit Thailand komt, gaat er ook driemaal daags een snelle veerboot vanuit Satun.

WANNEER?

In de droge tijd, van november tot mei, staan bomen en planten in bloei en komen trekvogels uit Siberië en China. De regentijd, van mei tot augustus, is de beste tijd om oerwouddieren te zien.

EEN MOTOR HUREN

Motorverhuurbedrijven zijn er volop in de badplaats Pantai Cenang, de goedkoopste modellen zijn al voor ca. 30 baht ($8) per 24 uur te huur.

Kijk de motor na en maak een proefrit voor je betaalt.

Vraag om een helm; weinig mensen dragen er een, maar het is de wet en je kunt een bekeuring krijgen als je zonder wordt betrapt.

U zult moeten tanken, zorg dat je weet waar de dichtstbijzijnde benzinepompen zijn.

EEN AUTO HUREN

Auto's zijn ook te huur op de veerpier in Kuah en bij verschillende hotels op het eiland; kijk of de mensen van wie je huurt wel over de nodige vergunningen beschikken. Bij zowel Pelangi Beach als zijn zusterorganisatie, the Burau Bay, kan een soort Vitara Jeep-achtig voertuig worden gehuurd voor RM150 ($40) per 24 uur.

BOTEN NAAR EILANDEN

Boten van het ene eiland naar het andere, die Tasik Dayang Bunting, Pulau Singa Besar en Pulau Beras Besah aandoen, vertrekken tweemaal daags van de veerpier in Kuah. Voor extra geld sturen de meeste hotels in Pantai Cenang hun eigen boten naar dezelfde eilanden; als je die neemt, hoef je niet heen en weer naar Kuah.

Duurder en stijlvoller zijn de dagtochten van Dynamite Cruises, geleid door Nieuw-Zeelander Lin Ronald, met een zeilschip van 18 m, de *Dynamo Hum*. De tocht start in de haven van Porto Malai aan de zuidwestpunt van Langkawi en is inclusief lunchbuffet en drankjes. Afhankelijk van weer en seizoen biedt Dynamite Cruises een tocht door de mangrovebossen en langs rotsachtige inhammen aan de noordoostkust van Langkawi.

GEORGANISEERDE NATUURWANDELINGEN

Het bedrijf Wildlife Langkawi van Irshad Mobarak organiseert natuurwandelingen rond het Datai, evenals de natuursafari langs de kust van Tanjung Rhu de mangrovebossen in, een tocht bij zonsondergang naar Gunung Raya om neushoornvogels te kijken en langere oerwoudtochten rond Gunung Mat Cincang. Een andere natuurliefhebber die oerwoud- en mangrovetochten aanbiedt, is Jurgen Zimmerman, een geëmigreerde Duitser.

MEE TE NEMEN

- ❑ Waterdichte tassen als je in de regentijd gaat.
- ❑ Waterfles.
- ❑ Toiletartikelen en tissues.
- ❑ Zonnebrand en hoed.
- ❑ Verrekijker.

GEZONDHEID

- ❑ Neem malariatabletten in.
- ❑ Gebruik muskietenwerend middel en klamboe.
- ❑ Draag 's avonds lange broek en blouse met lange mouwen.
- ❑ Neem EHBO-doosje mee.
- ❑ Zorg voor je vertrek voor een goede ziektekostenverzekering.
- ❑ Informeer huisarts naar inentingen.

VEILIGHEID VOOR ALLES

Wat je moet doen voor je aan duik- of snorkeltocht begint:

- ❑ Vraag, voor je in de boot stapt, of je de apparatuur mag controleren die je gaat gebruiken.
- ❑ Informeer of de duikinstructeur gediplomeerd is en ervaring heeft, en of het bedrijf is aangesloten bij een betrouwbare organisatie als PADI.
- ❑ Zoek uit met wat voor boot je gaat; bij ruwe zee zijn de kleine open bootjes die de meeste bedrijven gebruiken, geen goede plaats om te zijn als je gevoelig bent voor zeeziekte.

SUMATRA • JAVA

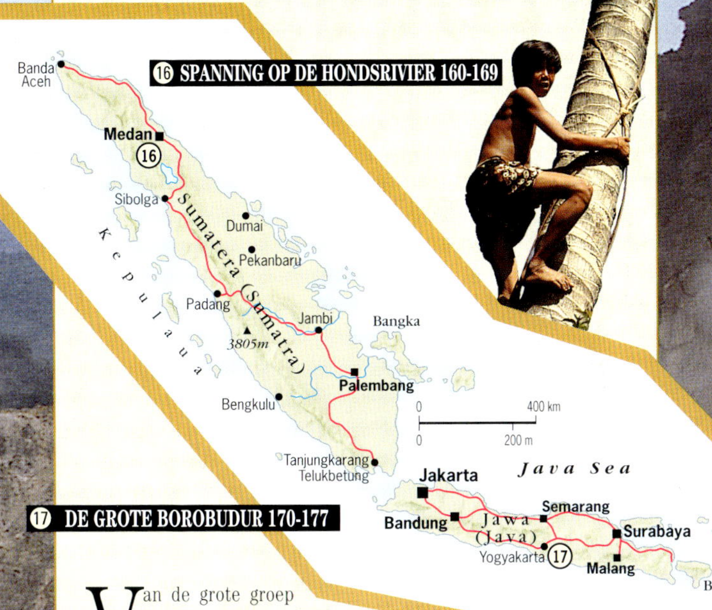

Van de grote groep eilanden waaruit Indonesië bestaat, zijn Java en Sumatra waarschijnlijk de bekendste. Sumatra, een paradijs van prachtige natuurlandschappen waar tal van etnische groeperingen wonen, is dunbevolkt voor zijn oppervlakte, met een bevolking van maar ca. 40 miljoen. Toch is het heel belangrijk voor de Indonesische economie, met 60 procent van de olieproductie van het land. Wat natuur betreft is het bergachtig en zeer vulkanisch. De explosie waardoor het Tobomeer ontstond is waarschijnlijk de grootste in de geschiedenis van de aarde. Java, in het zuidoosten, is het culturele centrum van Indonesië. Hoewel het veel kleiner is dan Sumatra, woont 60 procent van de bevolking er, het merendeel van Indonesiës vele luisterrijke koningen is er geboren en de geweldigste kunst komt er vandaan. Het is niet alleen een politiek centrum. Java heeft 120 vulkanen, waarvan er ca. 30 actief zijn. Daardoor heeft Java zo ongeveer de vruchtbaarste grond ter wereld, die zijn enorme bevolking voedt en die, volgens Sir Standford Raffles, in hoge mate verantwoordelijk was voor de geweldige Javaanse beschaving.

De met water gevulde krater van Mount Sinabung, Noord-Sumatra

Spanning op de Hondsrivier

door Simon Richmond

Avontuurlijke belevenissen op Noord-Sumatra zijn onder meer actieve vulkanen beklimmen, door verraderlijk oerwoud sjokken en de stroomversnellingen van genadeloze rivieren trotseren. Daarna is het heel belangrijk te gaan kijken bij de orang-oetangs in Bukit Lawang, aan de rand van het Gunung Leuser Nationaal Park.

Bij het ochtendgloren wordt er op de deur van mijn pension geklopt. We zouden om 4 uur de vulkaan beklimmen, om de zonsopgang boven het bergstation Brastagi te zien, maar 2 uur later zijn we nog maar net begonnen. Ik ben nog geen dag op Noord-Sumatra en ik besef dat ik al vervallen ben tot wat de inwoners *jam karet*, rekbare tijd, noemen. De onvoorspelbare aard van het reizen op de vele eilanden van Indonesië maakt deel uit van de aantrekkingskracht. Je weet nooit precies wat, of wanneer, er nu weer komt, maar je weet wel zeker dat het je zal heugen.
Het plan voor mijn week op Noord-Sumatra werd kort nadat ik in **Medan** was aangekomen, de hoofdstad van het op vier na grootste eiland ter wereld, onthuld door Halim die zelf nogal een verrassing was. Hij bleek een energieke Duitser – die vroeger Georg heette (hij had zijn naam veranderd toen hij islamiet werd) – die gek was van roekeloze avonturen op onstuimige rivieren en in wild oerwoud.

Samen met zijn jonge assistent, Igun, zouden we meteen naar **Brastagi** rijden en 's nachts aan het Kawarmeer kamperen, waar ik enige kano-ervaring zou opdoen. De volgende ochtend zouden we Mount Sinabung beklimmen, de hoogste van twee vulkanen in de buurt van het bergstation dat nog uit Hollands-koloniale tijd dateerde, dan zouden we een terreinwagen met chauffeur huren om ons naar een afgelegen bergdorp te brengen. Vandaar zouden we door het oerwoud naar de bovenloop van de Wampu trekken en naast een machtige waterval kamperen. De laatste dag zou een 6 uur durende kanovaart worden, om de stroomversnellingen in de Wampu te trotseren, die zou eindigen op korte afstand van Bukit Lawang, bekend om zijn Orang-oetang Herintegratiecentrum.

Mij is verzekerd dat de bovenloop van de Wampu een III heeft op de wildwaterschaal (zie kader, pag. 164) en dat de benedenloop deel uitmaakt van een standaard wildwatervaart vanaf Bukit Lawang, prima voor een beginnende kanovaarder als ik. Maar wanneer ik vraag waarom de Wampu plaatselijk ook Laubiang (Hondsrivier) wordt genoemd, zegt Harim: 'Omdat alleen een hond het overleeft als hij erin valt.'

De avontuurlijkste activiteiten op Sumatra – zoals wildwatervaren op de bovenloop van de Wampu of de Asahan, dichter bij het Tobameer – zijn niet voor lafhartige of onervaren mensen. Er zijn vriendelijker wildwatermogelijkheden voor reizigers die lijf en leden niet op het spel willen zetten. Voor de jungletocht en het beklimmen van de vulkaan moet je redelijk fit zijn.

★★★ Denk niet dat je je op Sumatra aan een strak tijdschema kunt houden, en weet dat de normen in de betere hotels lager zijn dan elders in Zuidoost-Azië. Aan de pluskant is het mogelijk met beperkte middelen redelijk stijlvol te reizen. Een andere factor waar je rekening mee moet houden, is de mogelijkheid van onlusten.

• Een paar stevige wandelschoenen zijn noodzakelijk voor oerwoudtochten, evenals regenkleding. Waterdichte tassen zijn belangrijk als je bij het wildwatervaren je spullen droog wilt houden. Een lichte blouse met lange mouwen en een lange broek zullen oerwoudinsecten geen kans geven en voor zowel Bukit Lawang als Brastagi heb je 's avonds warmere kleding nodig.

De vulkaan op

Rond Brastagi staan een paar gave villa's uit de Hollandse tijd, maar tegenwoordig is het weinig meer dan een aftands stadje met één straat dat een makkelijke pitstop vormt onderweg van Bukit Lawang naar het Tobameer in het zuiden. Op 1300 m boven zeeniveau op het Karo Plateau, 68 km van Medan, is het ook een koel (en regenachtig) toevluchtsoord, neem dus warme, waterdichte kleding mee.

Kamperen en Mount Sinabung beklimmen gaan niet door vanwege de hevige regen; het pad de 2451 m hoge vulkaan op zal te glibberig zijn. In plaats daarvan nemen we kamers in een pension aan de voet van de Gundaling, ten noorden van het centrum, maar dichter bij **Mount Sibayak**, zodat we een goede uitgangspositie hebben voor de beklimming, de volgende dag, van de nog rokende 2095 m hoge vulkaan.

Gidsen zat in Brastagi, maar voor de klim van 3 uur de Sibayak op, een veelgebruikte route die ten noorden van de bonte groente- en fruitmarkt van de stad begint, heb je er geen nodig. Bij een hut aan het eind van de slechte weg betalen we een klein bedragje voor het beklimmen van de Sibayak, drinken versterkende kopjes dikke koffie en volgen dan een pad dat zijwaarts om de vulkaan heen gaat en meer omlaag dan omhoog lijkt te lopen.

Twee km van de top loopt een nieuwe weg met haarspeldbochten naar betonnen treden en een pad over een richel als een maanlandschap lijkt, met hier en daar onheilspellend groene poelen zwavelhoudend water en spuitende geisers. Op de laatste 100 m naar de gekartelde top, met bovenop een onbemand weerstation, ligt te veel gruis om veilig zonder bergsportbenodigdheden te beklimmen, maar we hebben een spectaculair uitzicht op Mount Sinabung en de bergen rond het Tobameer. Neem wel warme kleding mee, want de wind kan snijdend koud zijn.

We nemen een moeilijker weg terug, naar het hete-bronnendorp Semangat Gunung. Van de ca. 2000 treden op de steile helling zijn er maar weinig intact, de meeste zijn weggespoeld, waardoor een pad met gevaarlijke kuilen is ontstaan. Ik doe het rustig aan, maar ik sta te trillen op mijn benen tegen de tijd dat we uit het oerwoud komen bij de wirwar van roestige pijpen die water naar het thermale krachtstation pompen. Een bord vermeldt de mensen die vermist zijn of bij het beklimmen van de Sibayak in de problemen zijn gekomen, dit benadrukt hoe belangrijk het is je aan de officiële route te houden.

Een middag in Perbesi

Het volgende deel van de reis gaat door het vruchtbare platteland rond Brastagi, het thuisland van het Karo Batak-volk. Het ligt bezaaid met hun schilderachtige *atak*-huizen, goed herkenbaar aan hun opvallende strodaken, versierd met bonte puntgevels en buffelhoorns. De meer afgelegen Karo-dorpen, zoals **Barusjahe** en **Dokan,** zijn beter om heen te gaan, omdat ze minder toeristisch zijn dan plaatsen als **Lingga**, waar je om geld wordt gevraagd als je foto's van de inwoners maakt.

Op onze bestemming, de stoffige pitstop van Perbesi aan de hoofdweg ten zuiden van Brastagi, staan geen mooie huizen, maar hier willen we ook alleen maar een terreinwagen huren die de zeer slechte en modderige weg naar het dorp Rih Tengah in het hoogland aankan. Om 13.30 uur wordt de deal gesloten, we laden onze tassen in de Toyota Land Cruiser en moeten dan 4 uur wachten, terwijl de chauffeur en de dorpsmonteurs zorgen dat hij de veeleisende reis aankan. Ik breng de middag door met de inwoners, wier lippen vuurrood verkleurd zijn door het kauwen van *sirih* (betelnoot). Vermaak biedt een krijsend varken dat stevig in een zak is gebonden en op het dak van een bus wordt gehesen, die al overvol is.

Het gebrek aan openbaar vervoer houdt in dat we, als de Land Cruiser eindelijk klaar is, nog 8 mensen moeten meenemen. Ze komen goed van pas wanneer de auto onderweg uit een modderige kuil moet worden geduwd. De nacht valt en hult de golvende heuvels in volkomen duisternis. De modderige weg wordt nog slechter,

maar de bekwame, kettingrokende chauffeur rijdt door. 2,5 uur later komen we, zeer tot onze opluchting, in **Rih Tengah**, waar we door nieuwsgierige dorpelingen worden begroet. In een van de huizen met blikken daken worden slaapmatten voor ons uitgerold en de avond eindigt met drankjes bij kaarslicht, omdat de dorpsgenerator het heeft begeven.

LINKS De krater van een rokende Mount Sibayak
BOVEN EN ONDER De decoratieve woningen van het Batak-volk aan het Tobameer zijn te herkennen aan hun scherpgepunte zadeldaken

Veldloop

Het regent de volgende dag als we onze 4 uur durende tocht van het dorp naar onze kampeerplek aan de **Wampu** maken. Er is even sprake van of we een ossenwagen zullen nemen om de bagage een deel van de weg te vervoeren, maar uiteindelijk huurt Halim drie dorpelingen in als dragers, van wie er een zijn geliefde 'tweede vrouw' draagt – een hemelsblauwe kajak van dwarsverbonden polyethyleen, een supersterke kunststof die voor moderne wildwaterboten wordt gebruikt. Ze zijn ons weldra een eind voor op de route langs de groente- en rijstvelden van Rih

Tengah, naar de zuidoosthoek van het Gunung Leuser Nationaal Park.

Het pad loopt een schaduwrijk dennenbos in en komt dan op een plateau uit, waar gras met scherpe randen tot onze oksels reikt. Overal om ons heen liggen mooie bergen die tussen mistige wolken uitsteken en in de verte hoor ik stromend water, een teken dat we de Wampu naderen. Op het 1,5 km lange stuk omlaag naar de rivier word ik door een van de dragers, die stevig op hun benen staan, bij de hand genomen langs een angstig steil pad door een dicht woud met stekelige bomen. Alsof dat nog niet zenuwslopend genoeg is, is er een laatste stuk van 800 m over glibberige rotsen langs de bruisende rivier voor we de kampeerplaats bereiken, vlak bij de 30 m hoge Wampu-waterval.

We moeten de rivier over om bij de kampeerplaats te komen, dus wordt de zwarte rubber opblaaskano uitgepakt en opgepompt. Halim en Igun zetten mij en onze bagage over en we hebben net genoeg tijd om afscheid te nemen van de dragers en een van onze tenten op te zetten voor het weer begint te regenen. Het blijft het grootste deel van de middag gieten. Tegen 17 uur is de bui zover afgenomen dat we het kamp beter kunnen inrichten, maar de rivier is een paar meter gestegen en is schuimig chocoladebruin geworden. Misschien moeten we nog een dag in het oerwoud blijven voor de omstandigheden beter worden.

WILDWATERFEITEN

De beste rivieren voor wildwatervaren, kanoën of kajakken in Noord-Sumatra zijn de Alas, die door het Gunung Leuser Nationaal Park stroomt, de Wampu bij Bukit Lawang, en de Asahan, ten zuiden van het Tobameer. Op de internationale stroomversnellingenschaal (van I voor gemakkelijk tot VI voor zeer gevaarlijk) is de grootste uitdaging de Asahan, die tussen de IV en V haalt; een tocht hierover moet niet worden ondernomen door mensen die geen ervaring hebben.

De benedenstroom van de Wampu en de Alas zijn prima voor beginnelingen. Weet dat de Amerikaanse wildwaterspecialist Sobek geen trips op de Alas meer maakt, en dat Pacto (een van de grootste reisorganisatoren in Medan) het afraadt, vanwege de schade die in 1997 door bosbranden aan het oerwoud is aangericht.

Wildwatervaren is een gevaarlijke activiteit, dus voordat je tekent:

- Zorg dat je een helm en zwemvest krijgt die in goede conditie zijn.
- Inspecteer het vlot of de kano op slijtage.
- Controleer of er voldoende peddels zijn, voor als je er onderweg een of meer kwijtraakt.

De woeste rivier

De volgende dag is het water gezakt en ligt de Wampu weer te glinsteren in de zon. Halim denkt dat we betrekkelijk veilig over de stroomversnellingen kunnen, dus breken we op en bereiden ons voor op de tocht over de rivier. Halim gaat in zijn kajak vooruit, ik ga voor in mijn kano zitten en Igun stuurt aan de achterkant. Ik krijg een korte les in peddeltechniek voordat onze bagage in het midden van de kano wordt geladen en dan gaan we op weg naar de eerste stroomversnellingen.

Hoe dichter je bij de bron van een rivier komt, hoe meer stroomversnellingen er zijn. Door het hogere waterpeil is de stroom sterker, waardoor er minder tijd is om tussen de stroomversnellingen bij te komen en wordt de tocht gevaarlijker – of spannender, afhankelijk van hoe je het ziet. Zoals ik het zie, geknield in de boeg, met mijn benen strak tegen de kanten geklemd, is het in één woord doodeng, zoals de rotsen zich snel verheffen en schuimend water rond me opspat.

Bedenk dat je bij zo'n wildwatervaart uit de kano of van het vlot kan worden geworpen. Halim had me de avond tevoren verteld wat ik in zo'n geval moest doen: me stevig aan mijn peddel vasthouden en proberen mijn benen voor me uit te steken, zodat ik me tegen de rotsen kan afzetten. Het kan lijken of je tijden zwemt, maar je komt in rustiger water, waar je een tak of een steen op de oever kunt grijpen en kunt wachten op de expeditieleider.

We zijn pas een kwartier de Wampu aan het af peddelen als we al in de knel komen. In een woeste stroomversnelling slaan we met een klap tegen een enorm zwart rotsblok, stuiteren er aan één kant af en komen in een diepe maalstroom terecht. Voor ik het weet, lig ik in de rivier, klamp me vast aan een verbogen peddel en schreeuw wanhopig om hulp als ik menselijk wrakhout word. Halim is gauw naast me en ik grijp me aan zijn kajak vast, om tassen meegesleurd te zien worden. De bagage die wordt gered, is de mijne.

BESCHERMD GEBIED

Nu veel van de bossen in het laagland van Sumatra zijn gekapt, is het Gunung Leuser Nationaal Park een belangrijk toevluchtsoord geworden voor de zeldzame dieren van het eiland, zoals orang-oetangs, neushoorns, olifanten en tijgers, om het nog maar niet te hebben over de duizenden andere soorten flora en fauna, waarvan sommige uniek zijn. Het park beslaat 800.000 ha van Noord-Sumatra en de provincie Aceh en omvat de Gunung Leuser – met 3455 m de op één na hoogste berg van het eiland – en was een van de vijf nationale parken die in 1980 door Indonesië zijn aangewezen, maar is al sinds de jaren '30 beschermd gebied.

EEN TWEEDE DUIK

De volgende grote serie stroomversnellingen wordt voorzichtiger benaderd. Door een recente aardverschuiving ligt de rivier vol gevaarlijk scherpe stenen en rommel en de snelheid is te groot om er per kano tussendoor te varen, dus zijn we een uur bezig om de vaartuigen via de oever naar veiliger water te sjouwen. Dan slaat de kano door een navigatiefout weer om en leg ik nogmaals, als een razende hond, een hele kilometer Wampu zwemmend af.

Donkere wolken pakken zich samen en het rommelt dreigend als we verderpeddelen, met de bedoeling voor het vallen van de avond onze landingsplaats bij Bohorok te bereiken. In tegenstelling tot het dreigende weer en de boosaardige rivier is het weelderige groen van het ongerepte oerwoud, onderbroken door watervallen en cascades, prachtig.

De perioden van rust tussen de stroomversnellingen worden langer, de regen blijft uit en tegen 14 uur komen we op het punt waar de dagtrips uit Bukit Lawang beginnen. Het oerwoud wordt dunner en op de oevers of in boten zien we mensen verschijnen die vissen, zich wassen of gewoon in het hier rustige water spelen. We hebben nog een paar lastige stroomversnellingen voor de boeg, maar vergeleken met wat we al hebben gehad, lijken ze kinderspel en vreemd genoeg merk ik dat ik de extatische spanning van wat ik heb doorgemaakt, mis.

Om 17 uur stoppen we bij de kiezelbanken, na 8 verpletterende uren op de rivier. Halim en Igun zijn bijna hun hele uitrusting kwijt, maar we zijn dolblij dat we alles wat de Wampu heeft gedaan om ons van de wijs te brengen, hebben overleefd. Eddy, een grinnikende inwoner, komt met zijn busje om ons de laatste paar kilometer naar de vakantiehuisjes in Bukit Lawang te brengen en mijn eerste behoorlijke nachtrust in drie dagen.

HET GUNUNG LEUSER NATIONAAL PARK EN ZIJN ORANG-OETANGS

De meeste bezoekers komen niet naar **Bukit Lawang** om te wildwatervaren, maar om door het **Gunung Leuser Nationaal Park** te trekken, de natuurlijke habitat van zo'n 2000-3000 orang-oetangs. Trektochten door het park en het omringende oerwoud worden voornamelijk georganiseerd vanuit Bukit Lawang, dat ten oosten van het park ligt, en **Kutacane** in het centrale Alasdal. Het hoofdgebouw van het park staat in **Tanah Merah**, 5 km ten noorden van Kutacane, en je moet hier of in het kantoor in Bukit

Lawang een kaartje kopen. Als je de opmerkelijk menselijke, maar bedreigde apen beslist wilt zien – ze leven alleen op Sumatra en Borneo –, kun je het beste naar het **Orang-oetang Herintegratie-centrum** gaan in het uiterste westen van Bukit Lawang, en de voornaamste reden waarom het dorp de afgelopen twintig jaar een belangrijke pitstop in het Sumatraanse reiscircuit is geworden. Toen de soort met

uitsterven werd bedreigd, werd het centrum door het World Wide Fund for Nature opgezet om de apen te leren hun leven in het bos weer op te pakken nadat ze jaren in een kooi of als huisdier hadden

BOVEN Wildwatervaren en tobbedansen – twee manieren om je door de rivieren op Noord-Sumatra te laten meevoeren
ONDER Voedertijd in het Orang-oetang Herintegratiecentrum van Bukit Lawang

geleefd (er is op Sumatra een zwarte markt voor deze schattige dieren als huisdier). Nu er sinds het centrum in 1973 begon ca. 200 orang-oetangs met succes zijn uitgezet, is hun aantal toegenomen.

Ik ga 's middags kijken als de orang-oetangs die in het park zijn vrijgelaten, worden gevoerd. Het is een stevige tippel van een kwartier naar het kijkplatform in het oerwoud boven de Bohorok en het eerste halfuur verschijnen er geen apen. Misschien heeft het opzettelijk eentonige menu van bananen en melk ze er inderdaad toe gebracht elders in het bos op zoek te gaan naar voedsel.

Ten slotte komt een wijfje, met een baby aan haar borst, het platform op zwaaien voor een middaghapje. Nu er geen andere eters zijn, mag ze alles opschrokken en ze verrukt de bezoekers door als een supermodel voor de camera's te poseren.

Als ik naar het centrum van Bukit Lawang terugga, kom ik langs verschillende mensen die in rubber banden op kristalheldere Bhorok drijven, een populaire activiteit die door veel plaatselijke pensions wordt aangeboden. Het ziet er leuk en verfrissend uit, maar nu ik net de bulderende Hondsrivier heb overleefd, hoef ik niet meteen weer een duik te nemen in een van de wilde rivieren van Sumatra.

Het Tobameer

Er is geen betere plek om in Noord-Sumatra rond te zwerven dan op **Samosir**, een schiereiland dat als een eiland in het prachtige **Tobameer** (Danau Toba) 160 km ten zuiden van Medan ligt. Het Tobameer, zo'n 75.000 jaar geleden door een enorme vulkaanuitbarsting gevormd, is het thuisland van het Batak-volk, wier opvallende cultuur – met prachtig versierde huizen met scherpgepunte dakpunten, bewerkte graven en traditionele zang en dans – in de dorpen van Samosir gedijt.

De beste plaats om op Samosir te verblijven is **Tuk Tuk**, een gedrongen uitsteeksel aan de westkant van het eiland, en de ideale manier om er rond te kijken is door een brommer te huren (ca. 30.000Rp ($4) per dag inclusief brandstof). Waag je niet aan de hele 90 km lange rondrit helemaal om Samosir heen; het beste stuk weg met de beste uitzichten loopt van Tomok, bij Tuk Tuk, naar Pangururan aan de westkust, vanwaar je omhoog kunt rijden naar Mount Belirang voor een panoramisch uitzicht, of om kunt rijden naar een hete bron. Stop onderweg wel in Simanindo, voor een van de dansvoorstellingen die tweemaal daags (op zondag eenmaal) worden gegeven, in het Batak Museum.

Nog een populaire manier om Samosir te verkennen is door de 45 km lange trektocht door het steile hoogland te maken. Dit kan in één lange dag, als je vroeg vanuit **Pangururan** op pad gaat. Je kunt ook in Tomok, aan de oostkust, beginnen, en overnachten in het centraal gelegen dorp **Ronggurni Huta**. Dit houdt in dat je het steilste deel van de klim het eerst neemt, maar zo kom je wel op het hoogste punt voor de middagbewolking boven het meer ligt en je het uitzicht beneemt.

De kortste weg is het steile, kronkelige pad vanaf **Ambarita**, langs de prachtige **Simangande**-waterval, die van de steile rotsen stort, naar het dorp **Dolok** in de bergen – een klim van ca. 4 uur. Dan is het nog 12 km naar het kleine **Sidihonimeer**, vanwaar het verder omlaag gaat naar Pangururan.

Denk er goed over na voor je dit perbrommer doet, want de weg is buitengewoon slecht. Bij de Gokhan-boekwinkel in Tuk Tuk is een heel eenvoudige kaart verkrijgbaar, maar informeer evengoed bij de bewoners onderweg of je op de juiste weg bent.

De Gunung Leuser beklimmen

Het beginpunt voor de beklimming van Mount Leuser is het dorp Blangkerjeren, vlak buiten de noordwesthoek van het park. Reken op ten minste 10 dagen voor de klim, die van ongerept regenwoud via steil, rotsig bergbos naar open alpenweiden gaat.

ALLEEN ER OP UIT

HET BINNENLAND IN

Medan, de grootste stad op Sumatra, is de internationale toegang tot het noordelijk deel van het eiland. Het Polonia International Airport ligt midden in de stad, terwijl veerboten aankomen in Belawan, 26 km noordelijker. Er is geen reden om langer dan nodig in Medan te blijven, dus als je vroeg genoeg aankomt, kun je nog dezelfde dag naar Bukit Lawang, Brastagi of het Tobameer.

De rommelige busstations voor langeafstandsbussen liggen allebei aan de buitenkant van Medan; de Amples Terminal, 5 km ten zuiden van het centrum, is voor bestemmingen naar het zuiden, waaronder het Tobameer, terwijl de Pinang Baris Terminal, 9 km ten noordwesten van het centrum, voor noordelijke bestemmingen is, zoals Bukit Lawang, Brastagi en Aceh.

Buskaartjes zijn goedkoop, taxi's zijn niet erg duur en voor lange afstanden de moeite waard; Poltak zit aan Jl Brig. Jen. Katamso en je kunt wachten op een gedeelde taxi, of de hele taxi huren.

Er gaan ook privé-minibusdiensten naar de voornaamste toeristenbestemmingen op Noord-Sumatra.

WANNEER?

De droogste tijd van het jaar om door Noord-Sumatra te reizen, is van mei tot september, met het begin van de regentijd van september tot oktober. Het is er echter altijd heet en vochtig en als je door het oerwoud trekt, kun je in elke tijd van het jaar op regen rekenen.

MEE TE NEMEN

- ❑ Waterdicht jack.
- ❑ Wandelschoenen.
- ❑ Warme kleding.
- ❑ Insectenwerend middel.
- ❑ Lichte blouse met lange mouwen en lange broek.
- ❑ Waterdichte tassen om dingen droog te houden.

RIVIERTOCHTEN

In Bukit Lawang worden de beste 1-daagse wildwatervaarten aangeboden door Bohorok Adventures, bij het reisbureau Seven C's bij de Bukit Lawang Cottages (ca. \$30). Wild River Adventures, bij de brug naar de Anggrek Leuser Inn, en het Back to Nature Guesthouse, stroomopwaarts richting Orang-oetang Herintegratiecentrum, organiseert goedkopere tochten, maar hun uitrusting is niet zo goed.

Neem voor langere trektochten en wildwatervaarten op de Wampu en andere rivieren contact op met Indonesia Adventure Holidays van P.T. O'Leary (zie Contacten).

HET GUNUNG LEUSER NATIONAAL PARK

Haal voor bijzonderheden een kopie van een uitstekende brochure door Mike Griffiths, verkrijgbaar bij het bezoekerscentrum in Bukit Lawang en het hoofdgebouw van Tanah Merah.

Het Orang-oetang Herintegratiecentrum is dagelijks van 8-9 en van 15-16 uur open. Je moet eerst een toegangsbewijs kopen bij het PHPA-kantoor (dagelijks van 7-15 uur), in het centrum van Bukit Lawang, waar je je paspoort moet tonen en 4500Rp (\$0,60) betalen.

Een gids huren voor een trek- of oerwoudtocht kost vanaf \$10 per persoon. 2- en 3-daagse trektochten, inclusief maaltijden, kampeerspullen en toegangsbewijzen kosten van \$35 tot \$50 per persoon. Binnenbanden om de Bohorok af te drijven, kunnen bij veel bedrijven voor 1500-2000Rp (\$0,20-0,25) per dag worden gehuurd.

De bus van Bukit Lawang naar Brastagi gaat via Medan; je kunt ook gaan lopen. De traditionele route, die 3 dagen duurt, gaat door gebieden waar het oerwoud grotendeels gekapt is en kost ca. \$70 voor een gids, kampeerspullen en maaltijden. Informeer bij de VVV naar een 4-daagse tocht over een nieuw pad door het oerwoud voor ca. \$100.

GEZONDHEID

Malaria is gemeld uit Pulau Weh en uit arme, afgelegen delen van het vasteland. Het risico is groter op Nias, voor de westkust, en op de meeste afgelegen eilanden, dus als je daarheen wilt, moet je voorzorgsmaatregelen nemen.

MEER TOCHTEN

Pensions in **Brastagi** kunnen een gids verzorgen voor voettochten zowel Mount Sibayak als Mount Sinabung op. Ze bieden ook tochten naar de Karo-dorpen in de buurt en het oerwoud in, inclusief tochten naar het Gunung Leuser Nationaal Park en wildwatervaarten op de Alas. De pensions van de Sibayak-keten zijn goed voor een eerste overnachting. In **Bukit Lawang** is het ook de moeite waard te informeren naar tochten naar de nederzetting Tangkahan, waar je in het Bamboo River Guesthouse kunt logeren. Het regenwoudonderzoekscentrum in Ketambe kun je het beste vanuit **Kutacane** bereiken.

De grote Borobudur

door Christopher Knowles

Te midden van bergen vol palmbomen en rokende vulkanen, op korte afstand van het bruisende sultanaat Jogjakarta, ligt de boeddhistische piramide die Borobudur wordt genoemd, een bewijs van het karakter van de vroeg-Javaanse beschaving.

Het is een lange geschiedenis om van Manilla naar Jogjakarta te komen. En als je op het vliegveld van Manilla wordt verzekerd dat je bagage de hele weg meekan, geloof het dan maar niet. De route gaat via Singapore en Jakarta waar je helaas door de douane moet, een procedure die enige tijd kan vergen. Zeker lang genoeg om een aansluitende vlucht te missen, als die binnen een uur na landing vertrekt, zoals in mijn geval. Hoewel het Indonesische volk in het algemeen de vriendelijkheid zelve is, heeft het douanepersoneel op het vliegveld van Jakarta zacht gezegd geen enkel medeleven met de geplaagde reiziger. Anderzijds was Garuda Airlines volkomen bereid mijn ticket te wijzigen en me op de volgende vlucht te zetten, 3 uur later.

ONDER Een paar van de 72 van latwerk voorziene stoepa's, met in elk een boeddhabeeld verborgen

JOGJA BIJ NACHT

Het was al donker in **Jogjakarta** toen mijn vlucht aankwam, maar de hitte was nog net zo verstikkend als midden op de dag. Toen ik in de aankomsthal kwam, kreeg ik een bos zoetgeurende bloemen in handen geduwd en stelde Roswitha zich voor. Ze was met een Indonesiër getrouwd en woonde al 12 jaar in Jogja, zoals het tegenwoordig heet, maar kwam oorspronkelijk uit Münster, Duitsland. Zo duidelijk half verliefd op en half woedend als ze over het leven in Indonesië was, was ze een exacte weerspiegeling van de bonte, tegenstrijdige aard van het land.

Mijn hotel, de Jogjakarta Village Inn, was een bijzonder aantrekkelijke verblijfplaats. Hij ligt centraal, om een tropische tuin heen vol bloemen en struiken die een zwembad afschermen. De slaapkamer, in de aardekleuren groen en oker die kenmerkend zijn voor de Indonesische batik-

Een bezoek aan de Borobudur is alleen moeilijk voor mensen die de enorme hitte ondraaglijk vinden. De bezienswaardigheid ligt in de volle zon en om er ten volle van te genieten, moet je meerdere trappen op. Maar met een zonnehoed en water hoeft dit geen probleem te zijn, als je het maar langzaam doet.

★★ In Jogja is allerhande logies voorhanden, maar je kunt maar beter proberen een hotel in het centrum te vinden om goed van de sfeer van de stad te genieten. De Jogjakarta Village Inn is prima gelegen, heel aantrekkelijk en redelijk van prijs.

Voor de beklimming van Mount Merapi kun je beter wandelschoenen hebben, maar sportschoenen of stevige schoenen zijn ook goed, als het maar niet geregend heeft. Een zaklamp krijg je waarschijnlijk van de gids, maar een goede eigen is raadzaam. Het kan kil zijn als je bij zonsopgang vertrekt, maar het wordt snel heet. Een regenjas is altijd een goed idee. Neem iets te eten, een fles water en je camera mee. Een parasol, paraplu of zonnehoed is bij een bezoek aan de Borobudur heel belangrijk.

kunst, had een ijzeren hemelbed en traditioneel meubilair. Voor gebruik door de gasten zijn keramische potjes met verschillende zalfjes neergezet. De eetzaal is een halfopen hal met mooi bewerkt hout met de structuur van vruchtencake en kijkt uit op zwembad en tuin.

Maar er was niet veel tijd om van dit alles te genieten. Roshitha nam me mee voor het diner en daarna voor een korte tocht door Jogjakarta bij nacht. We zwierven over de groentemarkt, waar we twee zeer mannelijke travestieten zagen, en gingen toen naar het park voor het paleis van de sultan, of *kraton*, waar een vreemde gewoonte heerst. Midden in het park staan een paar grote bomen; aan de kant van de weg verhuurt een verkoper blinddoeken aan voorbijgangers. Doe je blinddoek om en probeer van de rand van het park naar een punt tussen de bomen te lopen: als je dat lukt, mag je een wens doen die zal uitkomen. Het behoeft geen betoog dat wat gemakkelijk lijkt, praktisch onmogelijk blijkt. De kans is groot dat wat beslist een rechte lijn lijkt, een bocht van 90 zal blijken. Dat ontdekte ik tenminste, hoewel het onderdrukte gegiechel van Roswitha, die dacht dat ze me stiekem volgde, niet erg hielp.

Markten en marktkooplieden

Jogjakarta, op Midden-Java, ca. 40 km van de Indische Oceaan, is een aantrekkelijke, rusteloze stad met winkels, markten, paleizen en klassieke Hollandse bouwkunst. Jogja wordt algemeen als het culturele hart van Java beschouwd, met een eigen identiteit en tot op zekere hoogte zelfs een heel eigen leven. De stad is geweldig trots op haar tradities en bovenal op haar koninklijke familie.

Dit alles hoorde ik de volgende dag van Mathias, die me die middag naar de Borobudur zou brengen. Maar 's morgens had ik gelegenheid me in het functioneren van de stad te verdiepen. Op een districtsmarkt leerde ik de verschillende vruchten, granen en noten uit de regio kennen, en de verschillende soorten soja. De marktkooplieden, die er met iets van kennelijke tevredenheid en eindeloos geduld zaten, wilden hun waren graag aan een buitenlander slijten, gewoon voor de lol – maar eerlijk gezegd kon ik niet veel met een kilo tapioca. Het was wel interessant om te merken hoe naburige kooplieden zonder duidelijke jaloezie in dezelfde waar leken te handelen, een gemoedelijke homogeniteit die ik ook zag in de pottenbakkerswijk, aan de rand van Jogja, bijna een dorp op zich, dat uitsluitend uit pottenbakkerijen bestaat. Hoewel elk artikel prachtig gekleurd en voortreffelijke gemaakt is, meestal met de hand, kan veel ervan zowel voor praktische doeleinden als voor de sier worden gebruikt, terwijl het ook nog eens heel erg goedkoop is.

Hoewel de **Borobudur** maar zo'n 40 km ten noordwesten van Jogja ligt, duurde het een vol uur voor we er waren, door de onbestendige aard van het verkeer. En er waren meer obstakels die onze voortgang verhinderden: telkens wanneer we bij een kruising, of bij verkeerslichten, tot stilstand kwamen, verschenen er jonge muzikanten aan de ramen om ons een serenade te brengen – niet, moet ik helaas zeggen, uit liefde voor muziek en levenslust, maar vanwege de benarde economische situatie in Indonesië. Binnen Indonesië is vooral Java met zijn enorme bevolking zwaar getroffen. Het was ironisch dat in een land dat op het eerste gezicht zo-

MET SUCCES BEHOUDEN

Het piramidecomplex van de Borobudur is enorm, en het is verbazingwekkend dat het monument nog zo compleet en gaaf is. Gelukkig voor ons is het tot 1815 onder vulkanische as begraven geweest en hoewel het sindsdien heeft geleden onder verlichting, koloniale roofzucht en bommen van politieke extremisten, is tussen 1973 en 1984 een complete restauratie ondernomen. Dit hield volgens Mathias in dat het moment is ontmanteld en daarna steen voor steen weer is herbouwd.

veel goede dingen lijkt te hebben, waar de markten vol voedsel liggen, veel mensen niet genoeg te eten kunnen kopen.

De reden voor een bezoek aan de Borobudur is de indrukwekkende, versierde ziggoerat (torentempel) die samen met Angkor Kat in Cambodja tot de grote overblijfselen van het boeddhisme in Zuidoost-Azië behoort. Hij staat op een lichte verhoging tegenover Mount Merapi, is deels omringd door heuvels en uitgestrekte gebieden met koskospalmen, en staat in een groot park, waar vroeger een nederzetting moet hebben gestaan, aan het heiligdom gewijd.

Omdat het terrein zo open is, brandt de zon er ongenadig. Het is 20 minuten lopen vanaf de ingang, als je de vele aanbiedingen van drankjes, kokosnoten, parasols en souvenirs tenminste afslaat die je onderweg allemaal onder de neus worden geduwd. Als je oogcontact met de verkopers weet te vermijden, zullen ze uiteindelijk wel verdwijnen; maar als je hun aanwezigheid per ongeluk erkent, heb je de grootste moeite om hen af te schudden. In de hitte kan het voortdurende gezeur heel vervelend zijn.

Van Jogjakarta naar de Borobudur

In Boeddha's voetstappen

Gegeven het feit dat de Borobudur een van de grootste attracties van Java is, zijn er natuurlijk tijden dat het er overvol is, hoe groot hij ook is. De vroege ochtend is daarom de beste tijd om hem te bezichtigen, voor er veel bezoekers zijn en het erg heet wordt. Op de dag van mijn bezoek was er echter bijna niemand bij de Borobudur, misschien waren de verkopers daarom zo afschuwelijk lastig. De piramide zelf is enorm. Hij is tussen 750 en 850 n.C. gebouwd van grijze baksteen, hij is veel breder dan hij hoog is en zijn sombere belasting van het landschap doet denken aan een zwart geworden Victoriaanse gotische kathedraal. Hoewel het geheel piramidevormig is, is het geen piramide met rechte lijnen zoals die in Egypte. Er zijn zes vierkante terrassen die oprijzen naar vier ronde platforms waarop een reeks klokvormige stoepa's staat. De wanden van de diverse terrassen zijn versierd met fijnbewerkte reliëfs die het verhaal van het leven van Boeddha vertellen en de boeddhistische kosmische visie illustreren. Om het verhaal te begrijpen zoals dat over het monu-

DE BATIKKUNST

Batik wordt ook elders in het land gevonden, maar is vooral een specialiteit van Java en in het bijzonder van Jogja. De betekenis van het woord batik is niet duidelijk, hoewel het kan zijn afgeleid van het Maleisische woord *tik*, druppen, en misschien tatoeëren als statussymbool heeft opgevolgd. Batikken is eigenlijk een manier om te voorkomen dat geweven stof wordt geverfd, waarbij bijenwas wordt gebruikt. Traditioneel wordt de vloeibare was uit een pot met een lange tuit op de stof gegoten, een proces dat tegenwoordig grotendeels is vervangen door stempelen. Er kunnen nog een aantal was- en verfbeurten volgen, waarbij de batik soms barst. Hoewel westerlingen barsten kenmerkend vinden voor batikken, zien Indonesiërs het als een gebrek.

ment wordt verteld, moet je de zogenaamde 'Pelgrimsweg' volgen door met de klok mee vanaf de oostelijke ingang te lopen, waarschijnlijk de eerste die je tegenkomt. De route heeft een totale lengte van 5 km. Als dat te veel gevraagd is op een hete dag, hoef je alleen maar naar een willekeurig stuk beeldhouwwerk te kijken en je te verbazen over de vaardigheid en artisticiteit van de kunstenaars en bouwers om misschien enig inzicht te krijgen in de boeddhistische filosofie of het Javaanse leven van 1200 jaar geleden.

Mathias had me heel verstandig alleen naar boven laten gaan, vanwaar men een weids uitzicht over het omringende landschap heeft en waar, heel belangrijk, een verkoelend briesje staat – als je op de juiste plaats staat om het op te vangen. Intussen wachtte Mathias beneden in de schaduw van een boom op me. Toen de zon begon onder te gaan, liepen we onder slanke palmen en tussen bloemen in al hun rijke tropische schoonheid terug naar het park, waar we kokosmelk gingen zitten drinken, zo uit de dop, voor we naar het hotel terugkeerden.

Problemen met polygamie

Later die nacht (om 1.30 uur 's morgens), zou ik Mathias weer treffen, voor we **Mount Merapi** zouden beklimmen. Intussen verscheen Roswitha na het diner om me nog wat van de stad te laten zien. Ik had de keus tussen de traditionele wajangpoppen, of een traditionele Javaanse dans.

We gingen naar de dansvoorstelling, die plaatsvond in een open theatertje in een achterafstraatje. Helaas waren we de enige toeschouwers. De dansen, sereen tot in het extreme, zijn hypnotiserend. De schitterend geklede, prachtig mooie dansers laten een ongelooflijke lichaamsbeheersing zien bij het uitbeelden van gecompliceerde, uiterst symbolische verhalen in het traagste tempo dat je je kunt voorstellen. Het orkest, dat grotendeels bestond uit traditionele gongs en trommels, musiceerde op de onsamenhangende, maar nauwkeurige manier die het kenmerk is van muzikanten in een groot deel van Azië. Ze praatten, rookten en dommelden de hele voorstelling door, alsof ze er totaal niet bij hoorden; toch vielen ze altijd op precies het juiste moment in, en bleven altijd precies in unisono spelen.

BOVEN De Borobudur is groot: er zijn meer dan 2 miljoen blokken andesiet gebruikt
LINKSONDER Dansers bereiden zich voor op een voorstelling in een kraton of paleis

Na de voorstelling stelde Roswitha voor dat we bij een andere *kraton* langs zouden gaan, die aan de broer van de sultan behoorde. Hij zou de volgende dag jarig zijn (hij is elke 35 dagen jarig) en te zijner ere zou er nog meer muziek en dans zijn. Ook hier zou de voorstelling plaatsvinden in een hal met een open zijkant. Het grote orkest zat op zijn plaats, maar omdat er een pauze in de voorstelling leek te zijn, bracht Roswitha me naar de achterkant van de hal om me nog een koninklijk vertrek te laten zien. We staken ons hoofd om de deur en zagen de broer van de sultan zelf, prachtig uitgedost, in gesprek met een paar vrienden bij een sigaret en een kop thee. Roswitha vroeg in haar vloeiende Javaans of we mochten rondkijken. We kregen toestemming en we bekeken de overladen, vaag verlichte hal die het midden leek te houden tussen een kapel en een ceremoniële ruimte. Er was één enkele, grote gedenkplaats, omringd door sierlijke geschriften en symbolen, en er hingen diverse portretten. Na de voorstelling, toen we wilden vertrekken, knoopte de broer van de sultan een gesprek met ons aan en vroeg ons toen te gaan zitten en met hem en zijn vrienden wat lauwe, zoete thee te drinken.

We zaten wel een uur in de verstikkende hitte van de tropische nacht naar hun gesprekken te luisteren – die, vertelde Roswitha me met een grijns, grotendeels 'jongenspraat' waren. Er werd inderdaad veel gelachen om de problemen die deze man met zijn vier vrouwen van verschillende leeftijden had. Het kwam mij vreemd voor dat hij bereid was in aanwezigheid van een westerse vrouw over dit soort dingen te praten op een manier waarop hij dat volgens mij niet tegenover een Indonesische zou willen herhalen.

Hoe onderhoudend het ook was, ik moest toch om 1.30 uur op voor de tocht naar de Merapi, dus verontschuldigden we ons en vertrokken.

Een vroege start

Mathias kwam naar behoren op de afgesproken tijd en we vertrokken. De reis, in zo ongeveer dezelfde richting als de Borobudur, ging veel sneller dan de dag tevoren. Vlak na 2 uur, na een bochtige weg de onderste hellingen van de Merapi op, kwamen we bij het dorp **Kaliurang**, op 900 m hoogte, en het Vogel Hotel, vanwaar de tocht zou beginnen. Het was er volkomen donker en er was geen teken van leven. Na een tijdje slaagde Mathias erin iemand wakker te krijgen, het licht ging aan en een paar andere wandelaars (die zo verstandig waren geweest in het hotel te overnachten en dus niet zo vroeg op hoefden), begonnen binnen te druppelen. Tegen 3 uur was zo ongeveer iedereen klaar en gaf onze gids een korte uitleg over de vulkaan en de ermee samenhangende gevaren. Het zag ernaar uit dat we niet verder mochten dan de rand van het zogenaamde 'Gevaarlijke Gebied', omdat de **Merapi**, een van de zes actiefste vulkanen ter wereld, de laatste tijd nogal actief was geweest. Voor we vertrokken moest het vulkaanobservatiecentrum worden gebeld voor de laatste stand van zaken. Verder werd ons verzekerd dat de gids een mobiele telefoon bij zich had voor als het observatiecentrum contact met hem moest opnemen; en dat we, in geval van een uitbarsting, waarschijnlijk een uur hadden om weer beneden te komen. Al was het ongetwijfeld allemaal waar, het werd met melodramatische ernst verteld. Een van de redenen waarom we op zo'n goddeloos uur moesten vertrekken, bleek – afgezien van het zien van de zonsopgang – dat vulkanische activiteit meestal 's morgens vroeg plaatsvindt, vlak na zonsopgang. Nadat we zaklampen hadden gekregen, vertrokken we eindelijk en kon Mathias terug naar het busje voor een dutje.

Marsroute naar de kegel

Om te beginnen ging de weg over wegen en daarna over stenen paden die vrij snel bebost gebied, of bos, in liepen. Natuurlijk konden we zelfs met zaklampen niet veel zien. Maar de bosgeluiden, het ratelen en zoemen van insecten, af en toe de schreeuw van een vogel, waren overal om ons heen. Weldra was het pad niet meer dan een modderspoor, waar we met stevige pas overheen marcheerden. Waarom we zo'n haast hadden, was niet duidelijk, hoewel het een en ander wel iets dramatisch gaf. Toch stopten we na een uur voor een paar minuten rust en namen de kans waar om een chocoladereep uit te pakken en een paar slokken water te nemen. Toen volgde weer een geforceerde mars van 45 minuten tot we eindelijk halt hielden op een met gras begroeide vlakte, niet ver van de boomgrens aan de voet van de kegel van de Merapi, die we vaag konden zien toen het eerste sprankje licht verscheen. Op dat moment trok onze gids zich in de schaduw van de dichtstbijzijnde boom terug om een dutje te doen.

We hadden gehoopt dat we in het donker de oranje en rode gloed van de lavastroom langs de zijkant van de kegel zouden zien lopen. Kennelijk is dat soms te zien, maar die ochtend niet. De zon ging op en de lichten van de stad beneden werden steeds bleker. Nu konden we de klassieke vulkaankegel van de Merapi, die 2911 m hoog is, goed zien, en de rookpluim die voortdurend uit zijn kegel opsteeg. Voor ons uit bleek een lange, bochtige spleet in het kreupelhout, die als een grijze rivier van de top omlaag liep, de weg te zijn van de laatste grote lavastroom. Na een tijdje klauterden we erin omlaag, klommen over de rotsblokken die de hete lava mee omlaag had gesleurd, en gingen rakelings langs de houtskool die daar was ontstaan toen de bomen door de extreme hitte waren verast. Een deel van onze afdaling voerde langs deze lavastroom voor we weer op het pad tussen de bomen kwamen.

De zon was nu helemaal op, waardoor het bos opwarmde tot zijn normale hoge vochtigheidsgraad. Onze gids dook opeens het kreupelhout in en kwam terug met een enorme spin waarachter het grootste deel van zijn gezicht schuilging toen hij hem omhoog hield om ons een weerzinwekkend plezier te doen. Hij was natuurlijk niet giftig, maar alleen al van het formaat zou je je doodschrikken.

Niet lang daarna stopten we weer, voor het ontbijt, bij een kleine boskeuken met café van bladeren en takken. Er was thee of koffie, net zoveel bananenbeignets als we op konden, en een prachtig uitzicht op de Merapi, een plaatje van een vulkaan tegen een blauwe hemel, met palmen en naaldbomen eromheen. De rest van de afdaling was een prettige wandeling tussen broodbomen door, waarvan de bolle, groene vruchten werden geoogst door plukkers op ladders, naar Kaliurang, waar Mathias uitgerust en klaar uit het minibusje kwam.

ALLEEN ER OP UIT

HET BINNENLAND IN

Per vliegtuig Het vertrekpunt voor een bezoek aan de Borobudur of Mount Merapi is de fascinerende stad Jogjakarta, op het oostelijk deel van het eiland Java, in Indonesië. Jogja is het beste door de lucht vanuit Jakarta te bereiken, vanwaar elke dag vluchten gaan met de nationale Indonesische luchtvaartmaatschappij, Garuda. Duur van de vlucht is ca. 1 uur. Er gaan ook dagelijks lijnvluchten van en naar Denpasar, de hoofdstad van Bali, die ca. 45 minuten duren.

Per bus Een uitgebreide busdienst verbindt alle grote steden van Java en Bali. In de prijs van een kaartje komt tot uitdrukking of de bus airconditioning heeft of niet. De reis van Jakarta naar Jogja, een afstand van ca. 700 km, duurt 12 uur; van Surabaya is de reistijd 8 uur; van Denpasar op Bali 16 uur. Het busstation van Jogja ligt ca. 4 km ten zuidoosten van het centrum. Er gaan ook luxe reisbussen, die duurder zijn (reisorganisaties vind je op het busstation en in het centrum).

Per trein Het station van Jogja ligt midden in de stad en heeft verbinding met zowel Jakarta als Surabaya. Er zijn verschillende klassen: De 'ekonomi'-klasse met houten zitplaatsen zonder reservering; 'bisnis', met gemakkelijker zitplaatsen en fans; 'eksekutif' met airconditioning. De meest luxe klassen hebben ook slaapwagons.

De reistijd naar Jogja vanuit Jakarta is 9-12 uur, van Surabaya 5-7 uur. De prijzen voor de laagste klasse zijn erg laag, terwijl de kosten van de comfortabelste klassen, bijna net zo hoog zijn als vliegen.

WANNEER?

De temperaturen van gemiddeld 25/26°C verschillen het hele jaar niet zoveel. Het droge seizoen valt echter samen met de zogenaamde oostelijke moesson, van juni tot augustus, en is dus waarschijnlijk de beste tijd voor een bezoek.

GEORGANISEERDE REIZEN VANUIT JOGJA

Als je eenmaal in Jogja bent, is het heel gemakkelijk rondleidingen door de stad te regelen, en naar de Borobudur en Mount Merapi. Alleen je weg vinden in de stad is niet moeilijk, maar als je weinig tijd hebt, en gezien de hitte en de afstanden die het betreft, is een gids met transport beslist raadzaam. Paramita Tours (zie Contacten) heeft een vriendelijke, betrouwbare service en kan bezoeken en logies regelen.

VAN JOGJA NAAR DE BOROBUDUR

Als je vanuit Jogja zelf naar de Borobudur wilt, kun je ofwel per taxi, ofwel (goedkoper) met een bus vanaf het busstation of van een halte aan Jalan Magelang, in het centrum (1,5 uur). Er gaat een bus naar Kaliurang voor de klim de Merapi op.

MEE TE NEMEN

- ❑ Zonnehoed en zonnebrandmiddel.
- ❑ Gemakkelijke schoenen met stevige zolen of wandelschoenen.
- ❑ Rugzak.
- ❑ Zaklamp.
- ❑ Regenjack.
- ❑ Film.
- ❑ Insectenwerend middel.
- ❑ Flessenwater.

GEZONDHEID

- ❑ Neem malariatabletten in.
- ❑ Gebruik muskietenwerend middel en klamboe.
- ❑ Draag 's avonds een lange broek en een blouse met lange mouwen.
- ❑ Neem EHBO-doosje mee.
- ❑ Drink flessenwater.
- ❑ Zorg voor ziektekostenverzekering.
- ❑ Informeer (maand) voor vertrek naar inentingen.

DE SULTAN VAN JOGJA

Jogja is pas in de 18e eeuw gesticht door prins Mangkubumi na een ruzie met zijn broer, de Susuhunan van Soerakarta. De prins nam de titel van sultan aan en de dynastieke naam Hamengkubuwono, wat betekent het universum in de schoot van de koning. Een tijdlang was Jogja de machtigste Javaanse staat en later een symbool van onafhankelijkheid door zijn houding jegens de Hollandse kolonialisten. Daardoor werd Jogja een Speciaal District, dat rechtstreeks onder Jakarta viel, en hoewel het sultanaat niet meer bestaat, is de huidige sultan, die nog in de *kraton* woont, de plaatselijke gouverneur geworden, waaruit blijkt hoe geliefd hij is.

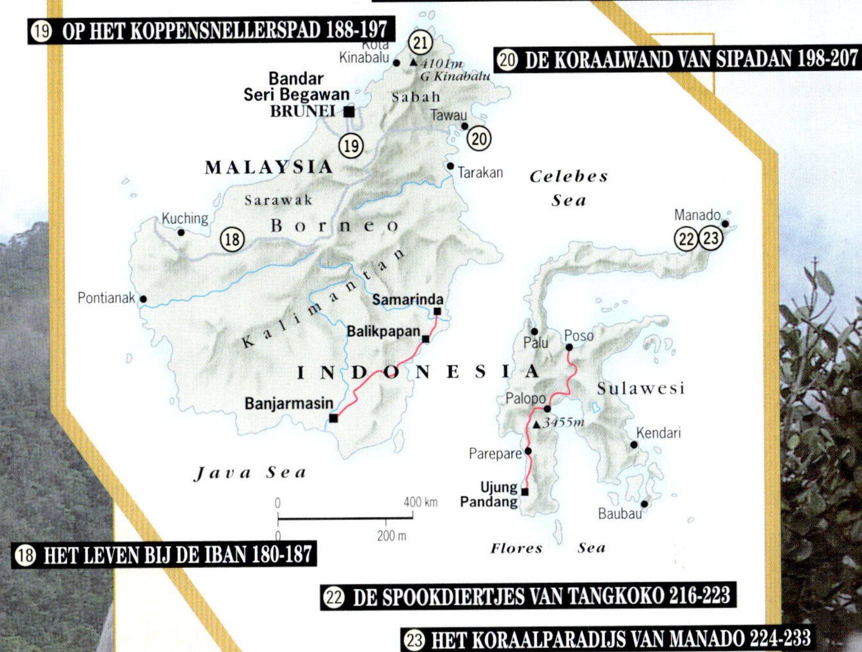

BORNEO • SULAWESI

De eilanden Borneo en Sulawesi, die allebei op de evenaar liggen, behoren tot de grootste van Zuidoost-Azië. Borneo, dat bestaat uit het onafhankelijke sultanaat Brunei, de staten Sabah en Sarawak (delen van Maleisië) en Kalimantan (dat tot Indonesië behoort), heeft altijd tot de verbeelding van westerlingen gesproken, en terecht. Het land is vermaard om de orang-oetang en de grootste bloem ter wereld, het heeft een van de hoogste bergen in Zuidoost-Azië, men kan er het beste duiken van de hele wereld en er wonen nog mensen in barakken. Sulawesi, dat ten oosten van de Straat van Makassar ligt en vroeger Celebes heette, is volkomen anders. Het is zeer vulkanisch en bestaat uit vier provincies, die gewoon Noord-, Zuid-, Midden- en Zuidoost-Sulawesi heten. Op het lange, asymmetrisch gevormde eiland is men nergens verder dan 40 km van de zee en toch, omdat het land voornamelijk uit bergen, breukdalen en woeste rivieren bestaat, was het tot de komst van het vliegtuig gevaarlijk om van de ene kant van het eiland naar de andere te komen – zelfs over zee. Dus is Sulawesi ook ongelooflijk gevarieerd.

Messcherpe Pinnacles zijn kenmerkend voor Gunung Mulu Nationaal Park, Noordoost-Sarawak

Het leven bij de Iban

door Simon Richmond

In de verre regionen van het prachtige rivierenstelsel van de Batang Ai wonen de Iban, de grootste inheemse stam, nog steeds in houten barakken (longhouses) en beoefenen oude vormen van landbouw en jacht. Ik waagde me op een lange reis vanuit Kuching, de beste manier om hun boeiende leven te leren kennen.

De Iban, ook wel Zee-Dyaks genoemd, hoewel ze honderden kilometers van de oceaan wonen, vormen ca. een derde van de bevolking van Sarawak. In deze Maleisische staat aan de noordwestelijke flank van Borneo valt de mengeling van rassen uiteen in een nog fijnere onderverdeling met de inlandse volken – collectief bekend als de Dyaks – waartoe de Iban, Bidayuh (of Land-Dyaks), Melanau, Kayan, Kenyah, Kelabit en Penan behoren. Deze laatste twee worden soms samen genomen onder de naam Orang Ulu, 'mensen uit het binnenland'. En om dergelijke mensen te ontmoeten – en hun huizen, barakken, te bezoeken – komen veel reizigers naar Sarawak.

Als bezoeker van **Batang Ali** kijk ik naar het oerwoud en zie een dikke massa exotische bomen, planten, grassen en klimplanten. Maar de Iban, vertelt mijn gids Christopher (zelf een Iban), ziet een supermarkt, een ziekenhuis een winkel. Christopher loopt snel van de ene plant naar de andere en wijst op voedsel, medicijn, noodwatervoorziening, vislijnen en netten, materiaal om te weven, zelfs bescherming tegen boze geesten.

Later staan we op de top van de heuvel in **Kuching** en kijken uit over het Hilton Batang Ai Longhouse Resort en het mooie, door de mens gemaakte meer waar het boven staat. Hier markeert een Chinese urn het 90 jaar oude graf van een Iban-strijder. Elk jaar komen verwanten hier hun respect betuigen met offergaven van geld en flessen *tuak*, de sterke drank. Het meer mag het Iban-land dan onder water hebben gezet, de oude rituelen blijven.

VOORBEREIDING OP DE TOCHT

Mijn reis naar Batang Ai was 4 dagen eerder begonnen in de aantrekkelijke hoofdstad Kuching, voormalig machtszetel van de familie Brooke, al meer dan een eeuw, sinds 1841, de witte radja's van Sarawak. Hoewel Kuching nu een heel moderne Maleisische stad is, heeft ze haar koloniale charme weten te behouden – die het best kan worden gewaardeerd op een wandeling door het compacte centrum, waar een fort en imposante gebouwen in neoklassieke stijl naast Chinese winkelwoonhuizen, moskeeën en bonte, levendige markten aan de rivier staan.

De beste plaats in Kuching om je voor te bereiden op een tocht naar een barak is het uitstekende (en gratis) **Sarawak**

In het droge seizoen moet je er rekening mee houden dat je de sloep uit moet om hem over rotsachtige stroomversnellingen te duwen. De tocht door het oerwoud is gemakkelijk, maar je moet er wel redelijk fit voor zijn.

★★ Als je comfort wilt, is de enige keuze logies in het Hilton Batang Ai Longhouse Resort met dagtochten naar de echte barakken. Verwacht anders enige mate van ongemak. Eerlijk gezegd zijn de barakken van het Hilton, ondanks hun succesvolle combinatie van het gemak van een duur hotel met het avontuur van de jungle, niet wat de meeste mensen in gedachten hebben. Het vakantieoord biedt echter een fantastische kans om je te ontspannen aan het begin of einde van de reis verder het Batang Ai Nationaal Park in en de omliggende rivieren op, op zoek naar een echte barak.

• Neem een verrekijker mee voor het vogelleven in het oerwoud en aan de rivieren. Je hebt ook goede wandelschoenen nodig als je het oerwoud in gaat.

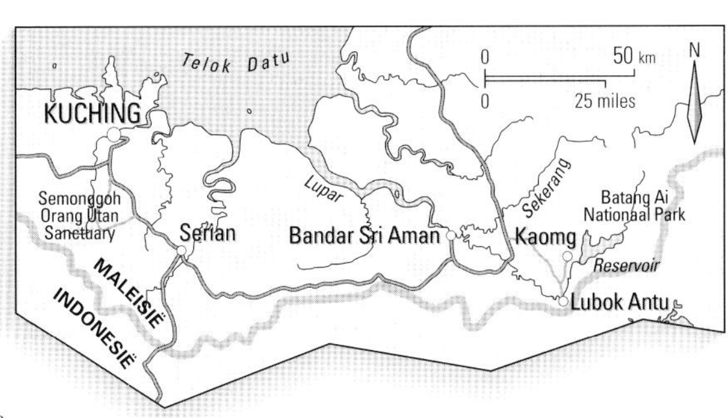

Iban-land

Museum, dat vreemd genoeg gevestigd is in een landhuis in de stijl die typisch is voor Normandië, Frankrijk, en in een prachtig verzorgde tuin staat. Er is ook een moderner gebouw aan de overkant van de hoofdweg, Jalan Tun Abang Haji Openg. Er is onder meer opgezet en geprepareerd wild tentoongesteld, waaronder het skelet van een enorme slang en een kunstgebit dat in de maag van een krokodil is gevonden. Op de etnografische afdeling vind je barakinterieurs van verschillende stammen, uitstallingen van houten beeldjes en levensechte zwartwitfoto's die een indruk geven van hoe de stammen van Sarawak vroeger leefden.

Om te ervaren hoe het leven van de in het oerwoud wonende Iban tegenwoordig is, ga ik mee met een tocht die is georganiseerd door Borneo Adventure naar de door hen geadopteerde barak **Nanga Sumpa**, een van de meest afgelegen in de regio Batang Ai. Het eerste deel van de reis met een airconditioned minibusje naar de stuwdam van het Batang Ai-reservoir, zo'n 250 km ten oosten van Kuching, zal 4 uur duren, gevolgd door een tocht van 1,5 uur per sloep naar de barak aan de Delok.

Mathew, mijn gids, is een aardige 30-jarige Bidayuh. Ik ga mee met Marci, een energieke, Texaanse zakenvrouw van middelbare leeftijd die nu in Australië woont. Terwijl Mathew proviand inslaat in het bedrijvige marktstadje Serian, vind ik het leuk om de exotische plaatselijke producten te proeven. Dit zijn onder meer *jering*, een zuur smakende vrucht in een taaie kaki schaal in de vorm van een schildpad, de melige, roodachtig oranje gekleurde *buah tamong*, en de azijnachtige *asam paya* – harde bruine bessen aan een steel. Serians warenhuizen, door Chinezen geleid, zijn goed voorzien van geschenken voor de stroom barakbezoekers.

HET RESERVOIR OVER

Nadat we hebben geluncht in een Chinees restaurant in het dorpje **Lachau**, komen we ten slotte tegen 15.30 uur bij de steiger van het reservoir. De bootverhuurder tikt ongerust op zijn horloge als we onze spullen in de sloep laden voor de kalme tocht over het kristalheldere, door de mens aangelegde meer. Een afschuwelijke overstroming de week tevoren heeft ervoor gezorgd dat de bewoners op hun hoede zijn, het is dus belangrijk dat we de barak bereiken voor de middagregen begint.

De boot wordt bestuurd door Jonathan, de Iban-oudste van Nanga Sumpa die is belast met het toerisme, terwijl Manang, de sjamaan van de gemeenschap, door de vaargeulen in de rivieren vaart, langs drijvende boomstammen en takken die door de vloedgolf zijn losgeslagen. Zwaluwen schieten laag over het verbazingwekkend mooie water, waarvan het oppervlak het omringende oerwoud en de hemel weerspiegelt.

KUNST EN AMBACHT

Als je zeker wilt weten dat je authentieke Sarawak-kunst koopt, zoals houtsnijwerk, gevlochten manden, matten en *pua kumbu*-stof met de typische patronen, wacht dan tot je een barak bezoekt, waar dergelijke goederen dikwijls worden verkocht en meestal veel goedkoper zijn dan in Kuching, hoewel daar wel veel meer keus is; kijk in de winkeltjes van de Grote Bazaar, maar weet dat veel van de goedkopere artikelen uit Kalimantan komen, de Indonesische kant van Borneo.

Toen de dam in 1985 af was, kwam een gebied van ca. 90 km² onder water te staan, met stukken van de dalen van de Lemanak, Engkari en Ulu Ai. Het Batang Ai Nationaal Park, ontstaan in 1990, met een oppervlakte van meer dan 24.000 ha, begint bij de samenvloeiing van de Engkari en de Ai. We glijden langs de parkkantoren en het kostschooltje voor kinderen van de omringende barakken.

BOVEN De bereiding van kleefrijst en kip in bamboe, een plaatselijke delicatesse
ONDER Vanouds worden bezoekers aan een barak vergast op dans en muziek
RECHTS Veel Iban-barakken hebben tegenwoordig een dak van golfplaten

Op de oevers van de rivier worden stukken oerwoud gekapt om rijst en andere gewassen te planten. De bergen die boven het regenwoud van dipterocarpaceae oprijzen, markeren de grens met Kalimantan, Indonesisch Borneo, en het land van waaruit de Iban een paar eeuwen geleden wegtrokken op zoek naar land om te bewerken. Tijdens deze expansieperiode, van de 16e tot 19e eeuw, vochten de Iban met de Melanau en Bidayuh aan de kust van Sarawak en werd koppensnellen berucht.

GESCHENKEN

Bij elk onafhankelijk georganiseerd bezoek aan een barak is het van belang dat je geschenken geeft om de bewoners voor hun gastvrijheid te bedanken. Zelfs op een georganiseerde tocht, waarbij je betaalt voor je onderkomen, is dat nog steeds gebruikelijk. Alcohol, sigaretten en snoep zullen dankbaar worden aanvaard, maar komen de gezondheid niet ten goede. Neem dus praktische dingen mee, zoals schriften en pennen voor de kinderen, en keukengerei voor de vrouwen. Iets unieks uit je eigen land wordt altijd gewaardeerd en zal het gesprek van de dag zijn.

MANIER VAN LEVEN IN EEN BARAK

U zult in barakken vergeefs zoeken naar afgehouwen hoofden. Als je denkt aan barakken als rustieke tijdcapsules, en hun bewoners als halfnaakte boeren, zit je er ver naast. Nanga Sumpa wordt, net als veel andere barakken, bewoond door uitgeslapen mensen met baseballpetjes en T-shirts. Eén woning heeft televisie, waar de gemeenschap zich verzamelt om sportevenementen als de wereldcup te bekijken; en aan sommige muren hangen posters van popsterren, voetbalhelden en filmsterren. Maar ik kwam er algauw achter dat dit, ondanks deze moderne attributen, een traditionele Iban-woning is.

Nanga Sumpa, van hout en op palen, staat naast de rivier, die dient als waterleverancier, riolering en transportsysteem. Krijsende biggetjes en hanen (gebruikt voor hanengevechten, een populaire hobby) wroeten in de afval en de modderpoelen onder de bewerkte houten ladder naar de barak. Het hoofdgebouw is een rij van 28 afzonderlijke appartementen onder één dak, waar ca. 200 mensen wonen.

Elk gezin heeft zijn eigen *bilik* (woonruimte) die verdeeld kan zijn tussen woon-slaapkamer en keuken. In elke *bilik* zullen de liefste bezittingen de enorme antieke Chinese urnen zijn waarin het voedsel wordt bewaard. Andere bezittingen, zoals de speciaal geweven matten om op te zitten, worden bewaard op de *sadau* (zolder) erboven. De *ruai* is de overdekte gang die langs de hele barak loopt en gemeenschappelijk wordt gebruik als leefruimte, terwijl buiten een evenwijdige *tanju* (open platform) loopt.

Op de *ruai* zitten bewoners houtsnijwerk te maken, *pua kumbu* (de dekens met traditionele patronen) te weven, een praatje te maken of gewoon in de schaduw een uiltje te knappen. Rondhangende huisdieren en drukke kinderen completeren het geheel. De meute kinderen die ons bij aankomst had begroet, hangt om ons heen als we ons inschrijven in het gastenverblijf aan de overkant van de rivier, tegenover de barak.

Bij andere barakken is het correct te worden voorgesteld aan de *tuai rumah*, het stamhoofd, en een slaapplaats op de *ruai* aangeboden te krijgen. Maar ik ben blij met de regeling in Nanga Sumpa, waarbij voor zowel Iban als bezoeker enige privacy overblijft. Het gastenverblijf is verfraaid met mooie kunstvoorwerpen en heeft goede matrassen met muskietennetten en behoorlijke douches.

VISSEN OP DE IBAN-MANIER

De volgende dag gaan we, in gezelschap van de stamleden Johnny en Muntai, stroomopwaarts voor een overnachting in een van de eenvoudige houten junglehutten van Borneo Adventure in een idyllisch deel van het oerwoud. In deze uithoek van het **Batang Ai Nationaal Park** zitten neushoornvogels, gibbons, wilde zwijnen en de orang-oetang, die steeds zeldzamer wordt en die we hopen te zien op onze tocht de bergen in.

De rivier wordt smaller en kronkelt over stroomversnellingen op weg naar de hutten. We stoppen terwijl de gidsen bamboe hakken, waarvan de bijgesneden stelen worden gebruikt als geïmproviseerde kookpotten. Muntai laat ook de *jala* zien, het verzwaarde net dat bij het traditionele Iban-vissen wordt gebruikt. Met een derde van het net over één schouder en de overige twee derde in elke hand, gooit hij het net met een vloeiende beweging zodat het in een mooie cirkel uitwaaiert voor het zinkt en de vissen eronder verstrikt.

In handen van een expert als Muntai, die ook de juiste plek op de rivier kan kiezen, zal de *jala* een gezonde maaltijd opleveren. Tijdens de luie middag oefenen Mathew en ik steentjes keilen op de rivier voor de houten hut, maar zonder succes. We voelen ons pas een beetje beter wanneer Johnny en Muntai met lege handen van hun nachtelijke jachtexpeditie in het oerwoud terugkomen.

's Morgens steken we de rivier over en volgen het pad naar de bergkam op zoek naar orang-oetangs. Mathew waarschuwt ons zachtjes te lopen om het wild niet te verstoren, maar tijdens de tocht van 2 uur zien we van de apen alleen hun lege nesten in de bovenste takken van de bomen. Toch is het weidse uitzicht vanaf de kam over de bergen naar Kalimantan de wandeling waard, en de boottocht terug is prachtig.

Barakken als Nanga Sumpa mogen dan iets van hun inkomen uit het toerisme halen, hun vaste inkomen komt uit het boerenbedrijf. Overdag verzorgen de gezonde Iban het gewas of bereiden het oerwoud voor op toekomstige beplanting. Er komen er een stel voorbij als we afkoelen bij de waterval en de zwempoel op de terugweg naar Nanga Sumpa.

Avondlijk onthaal

Na een picknick aan de rivier gaan we terug naar de barak voor onze laatste avond. Marci en ik voegen ons bij een paar andere gasten en steken de brug naar de barak over voor het aanbieden van geschenken aan de *tuai rumah* en enig informeel onthaal. Een paar Iban hebben hun sarongs aangetrokken, maar verder zijn er geen traditionele kostuums. De kinderen van de barak staan bij elkaar tegen één muur. Sommigen komen verlegen dichterbij om stiekem een dansje te maken, terwijl anderen vol zelfvertrouwen rondhopsen.

Het hoort om mee te doen, dus demonstreren Marci en ik onze eigen bewegingen op de ritmische slagen op de *engkeramung*, een gamelanachtig instrument met gongs en bellen. Als de dans voorbij is, dringen de vrouwen uit de barak naar voren om hun waren te laten zien: versierde *pua kumbu*, houtsnijwerk, manden, kralen en aardewerk van zwarte klei – een oeroude stamkunst die door deze gemeenschap weer is opgepakt. Kopen is niet verplicht, maar het aardewerk is zo mooi dat het moeilijk te weerstaan is.

De volgende ochtend is er een wolkbreuk en begint de rivier te stijgen. Bang voor weer een overstroming verspillen we geen tijd aan lang afscheid nemen. In de boot, met mijn ogen half dicht tegen de regenvlagen, ben ik blij dat ik in het Hilton een dag kan uitrusten en opdrogen. Maar Marci geeft zich er helemaal aan over; ze houdt me voortdurend voor: 'Het is een avontuur!' En dat is het ook.

ETIQUETTE IN EEN BARAK

- Ga alleen met je gids of op uitnodiging naar binnen: dat is beleefd, want er kan een tijdelijk *pemali* (taboe) op bezoek rusten vanwege een recente geboorte of dood.
- Trek je schoenen uit, zeker voor je een woonruimte betreedt of op de geweven matten gaat zitten die in het gemeenschappelijke deel worden uitgerold.
- Wees zedig: oude dames mogen dan met blote borsten rondlopen, maar dit is geen excuus voor topless zonnebaden. Draag een korte broek of een sarong als je in de rivier gaat zwemmen of wanneer je je wast.
- Bied geschenken rechtstreeks aan het stamhoofd aan, die ze dan uitdeelt.
- Accepteer aangeboden spijs en drank, al is het alleen maar om er iets van te proeven, en maak je geen zorgen dat je te veel eet, want het is beleefd gasten ruim van spijs en drank te voorzien.

ALLEEN ER OP UIT

HET BINNENLAND IN

Er gaan lijnvluchten naar het vliegveld van Kuching, 11 km ten zuiden van de stad, vanuit Kuala Lumpur, Singapore en Kota Kunabalu, evenals vanuit een paar andere Maleisische steden in de regio. Een taxi naar de stad kost RM16,50 ($4); koop aan de kiosk een taxicoupon en ga voor het vliegveld staan.

WANNEER?

Elke tijd van het jaar, maar je kunt het beste bij reisbureaus informeren naar vreemde weerpatronen die bepaalde delen van het oerwoud ontoegankelijk maken; het is niet leuk door een overstroming te worden overvallen.

VOORBEREIDING

Een tocht naar een Ibanbarak kun je het beste via een reisbureau in Kuching regelen (zie Contacten); veel van de gemeenschappen hebben banden met een bepaald reisbureau. Het is belangrijk je bureau met zorg te kiezen, omdat barakken – vooral aan de Skrang en Lemanak – de reputatie hebben dat ze toeristen afzetten.

Dingen waar je op moet letten bij het boeken van een tocht:

- Hoe ver weg is de barak – hoe korter de reis, hoe meer de gemeenschap door een voortdurende toeristenstroom zal zijn afgestompt.
- Of het bedrijf bij de boottocht voor zwemvesten zorgt.
- Welke maaltijden zijn inbegrepen.
- Waar je zult slapen – de betere bureaus hebben hun eigen accommodatie, buiten de barak, om bezoekers zo min mogelijk invloed op het dagelijks leven te laten hebben.

Als je kiest voor een overnachting in het Hilton Batang Ai Longhouse Resort, kun je dagtochten regelen naar een hele serie barakken in de buurt. Het vakantieoord biedt ook vissen, oerwoudtochten en mountainbiketochten.

ETEN EN DRINKEN

Vis, kip, rijst en plaatselijke groente als oerwoudvarens vormen de basis van de Iban-keuken. Op goed georganiseerde tochten zul je de kans krijgen kleefrijst met kip, gestoomd in bamboe, te proberen. Grotere barakken hebben misschien een winkeltje met het allernoodzakelijkste – dit is de enige kans om snacks en drankjes te kopen als aanvulling op wat je meebrengt. *Tuak* (rijstwijn), de traditionele Iban-drank, smaakt naar droge sherry en is heel smakelijk; het zal je in de barak worden aangeboden als je naar het dansen kijkt. Hier en daar worden deze dansen uitgevoerd in traditionele kostuums, terwijl je er elders misschien extra voor moet betalen. Als je niets voor zulke gekunstelde voorstellingen voelt, overweeg je bezoek dan te laten samenvallen met de *gawai* (oogst) feesten in mei en juni, als er echt plezier wordt gemaakt.

REIZIGERS-TIPS

Er zijn geen winkels in de buurt, dus zorg dat je in Kuching of Serian, 60 km ten zuiden van Kuching, met een drukke markt en veel winkels die verkopen aan groepen op weg naar de barakken, voldoende toiletspullen, eten, drinken, snacks, film en batterijen inslaat.

Wil je alleen naar een barak, wees dan bereid dure boottochten te betalen. Onderweg naar Batang Ai moet je veel wachten en met bewoners praten. Ga naar Sri Aman, 150 km ten zuidoosten van Kuching, het begin voor tochten de Skrang op. Verder van Kuching is het mogelijk bezoeken aan barakken aan de Batang Rajang te regelen.

GEZONDHEID

- Neem malariatabletten in.
- Gebruik muskietenwerend middel en klamboe.
- Draag 's avonds een lange broek en een blouse met lange mouwen.
- Neem EHBO-doosje mee.
- Drink flessenwater.
- Zorg voor goede ziektekostenverzekering.
- Informeer (maand) voor vertrek naar inentingen.

MEE TE NEMEN

- Wandelschoenen.
- Regenjas.
- Geschenken voor in de barakken.
- Insectenwerend middel.

LINKS en INZET Sarawaks rivieren zijn de 'navelstreng' van de Iban: hun huizen staan langs de oevers

Op het Koppensnellerspad

door Simon Richmond

Enorme grotten, waar miljoenen vleermuizen huizen, zijn de kennismaking met het Gunung Mulu Nationaal Park in Noordoost-Sarawak. Je kunt het historische oerwoudpad van het park te voet en per boot afleggen, en je krijgt ook de kans om de dodelijk scherpe Pinnacles te beklimmen.

Ik was voorbereid op een teleurstelling. Nu zoveel van de grote grotten ter wereld goed toegankelijk zijn voor bezoekers, wordt het steeds moeilijker enthousiasme op te brengen voor weer een verlicht interieur met vreemd gevormde stalactieten en stalagmieten. Maar de Hertengrot in het **Gunung Mulu Nationaal Park** is een heel ander verhaal.

Om te beginnen denkt men dat het de grootste grot ter wereld is – iets meer dan 2 km lang, 174 m breed en 122 m hoog –, groot genoeg om een heel park jumbojets in kwijt te kunnen. Om de volle grandeur van de grot in je op te nemen, moet je gaan zitten en je hoofd zover mogelijk achterover houden.

Het Koppensnellerspad is goed te volgen, maar het raakt wel doortrokken van water en er moet een rivier worden doorgewaad. De beklimming van de bergen mag niet te licht worden opgevat, en vooral het Pinnaclespad is lastig, vanwege de gladde, scherpe rotsen.

★ Verwacht, behalve bij het Royal Mulu Resort bij de parkingang, op de kampeerplaatsen niets extra's, behalve wat je zelf meebrengt.

• Een paar stevige wandelschoenen, zonnehoed, grote fles water en zwemspullen, zaklamp, insectenwerend middel en sarong (als laken en/of als handdoek te gebruiken) zijn allemaal onmisbaar. Een luchtbed en oordopjes worden aanbevolen als je in het oerwoud wilt slapen, terwijl een blouse met lange mouwen en een lange broek 's avonds ook tegen insecten beschermen. Een zaklamp is onmisbaar bij avontuurlijke speleologie en bij voorkeur een helm. Meer specialistische uitrusting is in het park niet te vinden, dus die moet je zelf meebrengen. Voor klimtochten de Gunung Mulu op heb je tevens een slaapzak nodig.

De Penan- en Berawan-volken uit de regio noemden hem Gua Payau of Gua Rusa, dat allebei **Hertengrot** betekent, omdat de dieren hier vroeger schuilden. Tegenwoordig blijven de herten weg door de voortdurende stroom bezoekers, maar niet de andere bewoners van de grot: meer dan een miljoen vleermuizen. Bij mooi weer is de beste tijd voor bezichtiging tegen donker, als de vleermuizen als een onheilspellende zwerm fladderende zwarte vleugels uit de donkere holte van de grot te voorschijn komen om op jacht te gaan.

Als ik bij de grot aankom, begint het net te regenen, er zal dus geen massale exodus zijn. Maar overal zijn tekenen van de vleermuizen. Het eerste wat opvalt is de overweldigende ammoniakstank die opstijgt uit de vleermuisguano die als een kolkende bruine drab de grotbodem bedekt. Drie tot zes ton van het spul worden elke dag afgezet waardoor een vochtige habitat ontstaat voor miljoenen kleine diertjes – daarom ben ik blij dat ik een hoed en een paar stevige laarzen draag.

Een eindje de grot in zegt onze gids, Veno, dat we naar boven moeten kijken, naar de zuidelijke ingang achter ons. Van hieruit gezien vormen de rotsen het silhouet van Abraham Lincoln (al zullen bezoekers uit andere landen er misschien het silhouet van een andere persoonlijkheid in zien). Aan het eind van het betonnen pad de grot in wacht ons een ander visueel wonder – een weelderig begroeide enclave, de 'Hof van Eden' genoemd, gekoesterd door het zonlicht dat door een gat in de zoldering valt.

HET GUNUNG MULU NATIONAAL PARK

De Hertengrot is beslist de indrukwekkendste van de grotten die in het grootste nationale park van Sarawak, dat 544 km² met oerregenwoud en ruige bergen beslaat, te bezichtigen zijn. Tot dusverre zijn zo'n 25 ondergrondse ruimten verkend in wat als het grootste kalksteengrottenstelsel ter wereld wordt beschouwd. Hoewel moderne onderzoekers al sinds de jaren '50 van de vorige eeuw door de streek zijn aangetrokken, is minder dan de helft van de geschatte 1000 km of meer aan grotdoorgangen in het park volledig in kaart gebracht.

Een expeditie van de Royal Geographical Society in 1976 pleitte ervoor het gebied als nationaal park te beschermen, maar pas in 1985 was Gunung Mulu zover dat het toeristen kon ontvangen. Nu leggen ca. 15.000 bezoekers per jaar in drommen de 3 km van het hoofdgebouw van het park naar de Hertengrot en drie andere grotten af: de Langgrot, die dichtbij ligt, een kleinere ruimte met goedverlichte stalactieten en stalagmieten; de Helderwatergrot, met 107 km de langste van Azië, en de Windgrot, die ermee in verbinding staat en zo wordt genoemd vanwege de koele tocht die delen van de grot van lucht voorziet. Het is mogelijk tochten op maat door een paar andere grotten en doorgangen te maken (zie kader, pag. 193).

Het park heeft echter veel meer te bieden dan alleen grotten. Het ongerepte regenwoud, bevloeid door kristalheldere rivieren en stroompjes, maakt Gunung Mulu ideaal voor oerwoudtochten. Er zijn ook twee pittige klimmen: de Gunung Mulu, met 2376 m de hoogste berg van het park – die mijn metgezel, Adam, met succes bedwong – en de Pinnacles, hoog oprijzende pieken van kalksteen die bij de top van de Gunung Api (1732 m) uit het oerwoud oprijzen – die ik wilde proberen.

In het gedrang bij de incheckbalie op het vliegveld van Miri vraag ik me af of ik het park wel zal bereiken. Ik steek mijn ticket uit en word beloond met een van de 18 instapkaarten voor het piepkleine tweepropellervliegtuigje. Als we in de lucht zijn, is het uitzicht op kronkelende rivieren, dichter wordend oerwoud en imposante bergen aanlokkelijk. Ik zie echter ook hele stukken met verkoolde, dode bomen, slachtoffers van de rampzalige bosbranden in 1997.

Mijn plan voor de 4 dagen in Gunung Mulu is de bezoekersgrotten te verkennen, naar de Pinnacles te klimmen en het zogenaamde Koppensnellerspad naar de noordelijke uitgang van het park te nemen. Met twee nachten eenvoudig oerwoudlogies voor de boeg, gevolgd door een nacht in een barak, besluit ik dat ik maar beter goed kan beginnen en kies voor een nacht in de meest luxe accommodatie van het park, de Royal Mulu Resort. Dit komt Adam, die net een uitputtende beklimming van drie dagen van de Gunung Mulu achter de rug heeft, prima uit.

BEKLIMMING VAN DE GUNUNG MULU

De **Gunung Mulu**, in 1932 bedwongen door Edward Shackleton – die het pad volgde dat door een Berawaanse neushoornjager, Tama Nilong, langs de zuidwestelijke richel was gebaand –, is nog steeds een uitdagende klim. Het terrein gaat van dampend oerwoud aan de voet, via primair regenwoud op de onderste hellingen, over in het spookachtige en donkere mosbos dat tot in de wolken reikt. Twee of drie nachten worden doorgebracht in eenvoudige hutten op de berg.

Er zijn vier kampeerplaatsen aan het 24 km lange pad de Gunung Mulu op. Als je meteen uit het vliegtuig 's middags op pad gaat, kunt de eerste avond de betrekkelijk gemakkelijke 6 km naar kamp 1 doen, en dan de 2e dag de meedogenloze klim door primair bos naar kamp 4, vlak onder de top. Vandaar kan de top in de vroege ochtend worden bereikt, voor zich wolken rond de piek verzamelen en het zicht wegnemen.

Op het laatste stuk zijn een paar loodrechte hellingen waar touwen zijn gespannen om je aan op te trekken – neem uit kamp 4 alleen het hoognodige mee en haal

BOVEN Kenyah-vrouwen zijn het opvallendst van alle etnische volken van Sarawak, met afhangende oorlellen die zijn uitgerekt door het gewicht van koperen sieraden

de rest op de terugweg weer op. Hier maakt het bos plaats voor onvolgroeide bomen, met talrijke groepjes vleesetende bladurnen, sommige groter dan een vuist. Op de top geeft een klein hutje eenvoudige bescherming bij slecht weer. Op een mooie dag geven de laatste paar kilometer een prachtig uitzicht over het oerwoud, de Gunung Api in het noorden en het kronkelende bruine lint van de Sungei Tutoh ver in de diepte. Overnacht op de terugweg in kamp 3, waar je gewekt kunt worden door de roep van gibbons, dan kun je 's middags weer terug zijn bij het hoofdgebouw. Als je vroeg van het hoofdgebouw vertrekt, is een andere mogelijkheid op dag 1 naar kamp 3 te lopen, op dag 2 naar de top en terug naar kamp 4, en op dag 3 terug naar het hoofdgebouw.

De Gunung Mulu wordt minder bezocht dan de andere paden in het park en het kan zijn dat je de berg voor je alleen

BOVEN Mensen die de top bereiken, worden beloond met uitzicht op de puntige kalkstenen Pinnacles
LINKS Sloepen brengen bezoekers over de rivier naar een paar van de immense en spectaculaire grotten van het park

hebt. Met weinig mensen op het pad heb je grote kans dat je wild als makaken, groefkopadders, wilde zwijnen en Borneofazanten hoort en misschien zelfs ziet.

200 TREDEN NAAR EEN JONGEDAME

Dag 2 van ons verblijf in het Royal Mulu Resort begint met een ontspannen tocht over de Melinau naar de andere bezoekersgrotten. Met de sloep doe je er net een kwartier over, maar als je iets inspan-

KOPPENSNELLEN: HOE HET ZIT

Het parkbeheer van Gunung Mulu heeft het mythe gecultiveerd dat het zogenoemde 'Koppensnellerspad' ooit de route was die Kayan-krijgers volgden als ze op rooftocht gingen in vijandelijk gebied. Inwoners, zoals onze gids, Petrus, zeggen dat de enige koppen die hebben gerold, die van Japanse soldaten in de Tweede Wereldoorlog waren, die als aanvoerroute gebruikten wat eigenlijk de hoofdweg door het park is, en slaags raakten met de vijand.

nenders wilt, is het alternatief een rustige wandeling van 1,5 uur door het oerwoud naar de grotten.

Door het parkbeheer zijn treden naar en paden door de grotten aangelegd, dus is het geen probleem om in de Wind- of Helderwatergrot door te dringen. De vlagen koele lucht in de **Windgrot** geven een kort respijt van de toenemende hitte buiten. Achter het natuurlijke atrium loopt een wandelpad naar de Koningsgrot, die vol knobbelige rotsformaties hangt. Vandaar loopt een zeer slechte weg van 4,5 km naar de **Helderwatergrot**. Je moet fit zijn en enige ervaring in speleologie hebben om deze uitdagende ondergrondse tocht te maken, waarbij je zelfs moet zwemmen en die ca. 6 uur duurt.

De gemakkelijker keuze is ofwel het pad buiten 5 minuten naar de Helderwatergrot te volgen, of weer in de boot te stappen voor een nog snellere verbinding. Er lopen 200 treden naar de ingang van de grot, omzoomd door eenbladige plantjes. De eerste kleine ruimte waar je door komt is de **Grot van de jongedame**, zo genoemd omdat een onderzoeker met een iets te levendige fantasie vond dat een van de stalagmieten op een maagd met loshangend haar leek. Als je goed kijkt, zie je dat witte krabben, schorpioenen en spinnen de dame gezelschap houden.

Hoewel de Helderwatergrot wel 107 km lang is, loopt het pad maar een klein eindje naar binnen, naar een uitkijkpunt over de ondergrondse rivier. Een paar Australiërs vertrekken voor het 1,5 km lange avontuurlijke uitstapje door de grot langs de rivier tot die weer in het oerwoud uitkomt, en duiken later weer op, terwijl de andere bezoekers van die ochtend afkoelen in de heerlijke – en verrassend koude – waterpoel onder aan de trap.

TE VOET NAAR KAMP 5

Rond de middag laten Adam en ik de dagjesmensen in de grotten achter en gaan per sloep naar **Long Berar**, de samenvloeiing van de Berar en de Melinau. Bij laagwater moet de boot dikwijls over de stroomversnellingen worden geduwd. De regen van de vorige dag heeft ervoor gezorgd dat dit niet hoeft, dus kunnen we ons ontspannen en van een picknick van kip-curry met rijst genieten voor we aan de eerste 8 km van het **Koppensnellerspad** naar kamp 5 beginnen, onze basis voor de komende paar dagen.

Onze gids is Petrus, een stevige en vriendelijke Berawan, die van 1980 tot 1984 deel uitmaakte van het grotontdekkingsteam van de Royal Geographical Society. Hij helpt ons algauw uit de droom over de naam van het pad (zie kader, boven), maar hoe het ook zit, het is zeer voorstelbaar te worden overvallen in oerwoud dat zo dik is dat het middaglicht maar moeilijk door het bladerdak tot het pad eronder kan doordringen. Met iets van opluchting komen we halverwege bij de zonovergoten, rotsachtige oever van de river het bos uit, waar we uitrusten. Als er dragers komen, besef ik dat we inderdaad worden gevolgd door het gezelschap van negen mensen dat we eerder bij de grotten hebben gezien. Als we in kamp 5 een behoorlijk plekje willen, mogen we wel opschieten.

Het pad is breed en goed te volgen, met maar hier en daar een modderig stuk of een deel dat onder water staat. Tegen 16 uur bereiken we het kamp, een stevig en ruim houten gebouw met een veranda, keuken en sanitaire voorzieningen aan de aantrekkelijke Melinau en overschaduwd door het adembenemende kalksteenmassief van de Gunung Benarat. De zwarte scheur halverwege de steile rotswand van de 1580 m hoge berg is de Tijgergrot, die nog in kaart moet worden gebracht omdat tot nu toe niemand een manier heeft gevonden om er te komen – of zelfs de top van de Benarat te bereiken.

Bij de Pinnacles

Het 2,4 km lange pad naar de **Pinnacles** – een woud van kalksteenrotsen die bij de top van de Gunung Api boven het oerwoud uitsteekt –, is echter druk begaan en wacht me de volgende dag om 6 uur als ik door Petrus word gewekt. Het helpt als je fit bent, maar het belangrijkste om een berg met succes te beklimmen is veel water mee te nemen; een liter is het absolute minimum, terwijl twee of drie nog beter is. Onder goede omstandigheden duurt de klim heen en terug van 5 tot 8 uur, je hoeft dus niet meer mee te nemen dan een lichte maaltijd en een poncho of regenjack voor als het weer omslaat. Als het de nacht tevoren of 's morgens flink heeft geregend, zullen de gidsen de klim afblazen, omdat het gevaar op de scherpe rotsen uit de glijden dan te groot is.

Ik begin om 7.30 uur te klimmen, samen met 16 andere mensen die enthousiast door het oerwoud sjezen naar de eerste paar touwen tegen een korte rotswand op. Na deze eerste klauterpartij moeten we een paar uur louter door dicht bos zwoegen. De klimmers vallen al snel in drie afzonderlijke groepen uiteen: de koplopers, het 'peloton' en de achterblijvers die er moeite mee hebben. Als het tempo eenmaal is bepaald, wordt de klim gemakkelijker en is het laatste stuk eigenlijk nog het leukst, waar ik me langs touwen moet optrekken en over ladders moet klimmen die aan de ruwe rots zijn bevestigd. De verplichte parkgids is nergens te bekennen, maar verdwalen zullen we niet, want het pad is duidelijk aangegeven.

Na zo'n tocht zijn de Pinnacles zelf een beetje een anticlimax. Natuurlijk zijn deze 50 m hoge kalksteenpieken, in miljoenen jaren van de Gunung Api geërodeerd, een imposant gezicht, maar het uitkijkpunt – een smalle richel die zelf een piek is – is een verre van comfortabele plek om lang te blijven, zeker als alle klimmers van die dag er zijn. De drukte lijkt de grijze eekhoorns, die tussen de rotsen op zoek zijn naar kruimels van meegebrachte lunches, niet af te schrikken.

De afdaling moet nog voorzichtiger gebeuren; één verkeerde beweging en je kunt op zo'n piek eindigen. Om het nog wat stressiger te maken, begint het op ongeveer een derde van de terugweg te regenen. Na een totaal van 6 uur (3 uur omhoog en 3 uur omlaag), strompel ik als een van de eersten het kamp binnen, waar ik van Petrus te horen krijg dat het record voor de klim 45 minuten is.

Door het oerwoud

Terwijl ik ben wezen klimmen heeft Adam – nog stijf van zijn tocht de Gunung Mulu op – ervoor gekozen een dag op zijn gemak de bezienswaardigheden op grondniveau rond kamp 5 te verkennen. De plaats om vooral heen te gaan, is de **Meli-**

MEER SPELEOLOGIE

Sommige reisbureaus en gidsen in het hoofdgebouw van het park bieden avontuurlijke speleologietochten in wel 15 grotten, waar je misschien door ondergrondse rivieren moet waden of zwemmen, je door smalle doorgangen moet persen, moet klimmen en zelfs abseilen. De grotten zijn geklasseerd van 1 (gemakkelijk, geschikt voor beginners) tot 5 (het moeilijkst, met vele risico's, alleen geschikt voor ervaren speleologen).
In drie van de bezoekersgrotten (Herten-, Helderwater- en Windgrot) kan van het officiële pad worden afgeweken voor een uitdagender route, waarvan sommige geschikt zijn voor beginners. Je zult enige ervaring moeten hebben en lichamelijk fit zijn als je de Sarawakgrot, de grootste grot ter wereld, wilt verkennen.

nau-gorge, een smalle spleet met 100 m hoge rotswanden, doorsneden door een rivier, ca. 3 km van kamp 5. Onderweg is een prima plek om te zwemmen bij een bocht in de rivier, waar de stroom een natuurlijke poel heeft uitgesleten die diep genoeg is om in te duiken.

RECHTS Voor de klim naar de Pinnacles moet je door dicht bos ploeteren en je aan touwen en ladders optrekken
BOVEN en ONDER De Tovergrotten en de Windgrot van Gunung Mulu maken deel uit van het grootste grottenstelsel ter wereld

Er stijgt mist op uit het oerwoud als we om 7.30 uur vertrekken voor de 11 km van de laatste dag over het Koppensnellers-pad. De regenbui van de vorige avond, die oorverdovend op het golfplaten dak van kamp 5 had getrommeld, is opgehouden, maar delen van het pad staan behoorlijk onder water. Na een paar uur moeizaam om deze plekken heen lopen, geven we het op en berusten in natte voeten.

De plassen zijn maar een klein onge-mak vergeleken met de snelstromende **Terikan** die ons de weg via het pad naar

het 6 km-punt verspert. Petrus kleedt zich uit en sjouwt onze tassen naar de overkant. Ik volg, me stevig vastklampend aan het touw dat van de ene oever naar de andere is gespannen, en worstel om mijn evenwicht te bewaren in de krachtige stroming waarbij ik tot mijn borst in het water sta. Terwijl wij ons aan de overkant drogen, wijst Petrus ons Lubang China, de Chinese grot, waar twee Chinezen zouden zijn overleden, in de val door het stijgende water na een stortbui.

Als we het pad volgen, horen we hoog in de bomen de roep van neushoornvogels en zien sporen van een civetkat. Geritsel in de verte wijst op beweging van een groep makaken, maar feitelijk wild krijgen we in het dichte bos niet te zien. Kort voor de middag komen we bij Kuala Terikan, waar bootverhuurders ons opwachten om ons het park uit te brengen. De biertjes die we in een koelbox hebben gekocht gaan er bij onze boterhammen prima in. Nadat we bij de Kuala Mentawai Rangers Post zijn gestopt om de parkautoriteiten te laten weten dat we veilig van het pad zijn gekomen, zakken we de rivier af naar **Rumah Penghulu Sigah**, de barak waar we onze laatste nacht zullen doorbrengen.

Naar de barak

Van de twee barakken aan de Medalam die gasten opnemen (de andere is Rumah Bala Lasong, in beton herbouwd), is Rumah Penghulu Sigah, die nog grotendeels van hout is, het aantrekkelijkst. De barak, waar meer dan 300 mensen wonen, is enorm, 44 wooneenheden lang, met een gemeenschappelijke binnengang (*ruai*) en buitenveranda (*tanju*). Ervoor liggen een bloementuin, kippenhokken, een kliniek, een scheepsbouwhut en een roomskatholieke kapel, en erachter liggen een forse school, een visvijver en moestuinen.

Het is gebruikelijk bij aankomst aan het stamhoofd te worden voorgesteld, maar hij is weg voor zaken, dus bestaat ons ontvangstcomité uit de kinderen van de barak die opgewonden om ons heen draven en telkens opnieuw vragen: 'Hoe heet u?' Adam is nieuwsgierig of er in de barak nog vijandelijke koppen hangen, maar de enige trofeeën die te zien zijn, blijken die van het plaatselijke voetbalteam.

Ten slotte komt het stamhoofd terug en put zich uit in verontschuldigingen voor zijn afwezigheid. We worden bij hem thuis uitgenodigd voor het diner en krijgen een slaapplaats op de veranda. Verder zijn er die avond een geanimeerde oefening van het koor in de kapel en een *tuak*-proeverij, de droge sherryachtige rijstdrank, in gezelschap van het stamhoofd, die ons vertelt dat alle gesnelde koppen lang geleden zijn begraven, toen de mensen christen werden.

Hanengekraai en het gebulder van de gemeenschapsradio zorgen ervoor dat we de volgende ochtend allemaal vroeg op zijn voor het laatste deel van de tocht stroomafwaarts naar Limbang, het eind van het pad. We stappen in de sloep en laten deze landelijke idylle achter. Als we achterom kijken, zien we een waterbuffel door het modderige water van de Limbang waden, tegen een achtergrond van palmen en rijstvelden – precies wat een goede landschapsschilder zou schilderen, als hij in Sarawak was geboren.

NEUSHOORNVOGELS

De fauna en flora van het Mulu-deel van Sarawak is buitengewoon rijk en gevarieerd. Binnen de grenzen van het Gunung Mulu Nationaal Park zijn 1500 soorten bloeiende planten en 109 soorten palmen geteld, samen met 74 amfibie-, 50 reptiel-, 47 vis-, 281 vlinder- en 458 miersoorten. Onder de 262 soorten vogels die zijn gezien, zijn 8 verschillende neushoornvogels. Neushoornvogels, die alleen in tropisch Afrika en Azië voorkomen, zien er prachtig uit als ze luidruchtig door het bos klapwieken. Hun grote, hoornige snavels hebben bovenop een grote, massieve 'hoorn' van verschillende kleuren. De grootste soort is de gewone neushoornvogel (*Buceros rhinoceros*), met zijn oranjerode hoorn, gestreepte zwart-witte staart en *kronk krank*-roep tijdens de vlucht.

ALLEEN ER OP UIT

HET BINNENLAND IN

Vanaf Miri De meeste mensen gaan via het stadje Miri naar het park, vanwaar de snelste route naar Mulu een 35 minuten durende vlucht is. Als je de eerste ochtendvlucht uit Kuching neemt, kun je in Miri overstappen en dezelfde dag nog in het park zijn. Er gaan echter maar twee vluchten per dag en omdat de Twin Otter-vliegtuigen maar 18 passagiers kunnen meenemen, moet je echt van tevoren boeken.

Neem vanaf het vliegveld van Mulu een minibusje of een sloep naar het hoofdgebouw van het park, waar je je moet laten inschrijven en een klein bedrag aan toegang moet betalen. Als je op een georganiseerde reis bent, worden overstap en papierwerk voor je geregeld.

Vanuit Marudi Er gaan ook vluchten naar Mulu vanuit Marudi, aan de Batang Baram, waar je ook heen moet als je per boot naar het park wilt. Voor je aan deze route van een dag over land begint, kun je het beste bij de VVV in Kuching of Miri informeren naar de laatste dienstregelingen voor het openbaar vervoer, boothuur en waterstanden.

Vanuit Limbang Je kunt het park ook vanuit Limbang, aan de grens met Brunei, bereiken. Het vliegveld van Limbang ligt ca. 2 km ten zuiden van het centrum. Neem vandaar een bus of boot naar het houthakkersdorp Nanga Medamit, waar je een boot moet huren voor de 3-4 uur durende tocht naar de boswachterij van Kuala Mentawai, aan de noordelijke rand van het park.

Daar kun je een toegangsbewijs krijgen en er is ook logies mogelijk, met kookmogelijkheid. Breng alle voedsel en voorraden mee, want er zijn geen winkels of cafés.

Om aan het begin van het Koppensnellerspad in Kuala Terikan te komen, moet je met een sloep nog zeker een uur verder de rivier op.

WANNEER?

Er is geen specifieke tijd van het jaar dat je niet naar Sarawak moet gaan, het tropische klimaat is immers altijd vochtig. Reken zowel binnen als buiten de regentijd op korte, hevige buien, meestal 's middags of 's avonds.

VOORBEREIDING

De traditionele route is het Koppensnellerspad van het hoofdgebouw van het park naar Kuala Terikan, waar je ten minste 3 dagen voor nodig hebt als je ervoor kiest de Pinnacles te beklimmen. Het is belangrijk je logies in het park zo vroeg mogelijk te boeken, omdat het aantal bedden beperkt is. Dit geldt vooral voor kamp 5, het beginpunt van de Pinnacles-klim; daar hoeven maar een paar grote groepen te komen, dan is het vol.

KOSTEN

Het enige probleem dat je misschien tegenkomt als je in je eentje naar en door het Gunung Mulu Nationaal Park reist, zijn de oplopende kosten aan gidsen (meestal verplicht) en boothuur. Daarom gaan veel reizigers die van plan zijn naar de bezoekersgrotten en de Pinnacles te gaan, met een georganiseerde reis (zie Contacten).

De beste manier om de kosten aan gidsen en boothuur laag te houden, is je bij andere groepen aansluiten.

Gidsen voor de Hertengrot, de Langgrot, de Helderwatergrot en de Windgrot kosten vanaf RM20 ($5). Een tocht van 2 nachten/3 dagen naar de Pinnacles kost minimaal ca. RM110 ($30), de beklimming van de Gunung Mulu iets meer. Reken voor het hele Koppensnellerspad ten minste RM200 ($50) aan gidsen, zonder de boothuur, die duurder is.

GUNUNG MULU IN DE PRAKTIJK

- ❑ U bent verplicht een officiële parkgids te nemen als je de Gunung Mulu beklimt, ook al is de route duidelijk met rode en witte verf aangegeven.
- ❑ Bij vochtig weer zijn bloedzuigers onvermijdelijk.
- ❑ Kamp 2 is een plek naast een beek om een tent op te slaan; de andere zijn hutten op palen met een blikken dak in verschillende stadia van verval, maar met beschutting en elementaire kook- en toiletfaciliteiten.
- ❑ Boven kamp 2 komt het enige water uit de regentanks van het kamp en het moet worden gekookt of gezuiverd.

MEE TE NEMEN

- ❑ Wandelschoenen.
- ❑ Regenkleding en zwemspullen.
- ❑ Zonnehoed en zonnebrandmiddel.
- ❑ Insectenwerend middel.
- ❑ Zaklamp voor in grotten.
- ❑ Flessenwater.

GEZONDHEID

- ❑ Neem malariatabletten in.
- ❑ Gebruik muskietenwerend middel en klamboe.
- ❑ Draag 's avonds een blouse met lange mouwen en een lange broek.
- ❑ Neem EHBO-doosje mee.
- ❑ Drink flessenwater.
- ❑ Zorg voor ziektekostenverzekering.
- ❑ Informeer naar inentingen.

De koraalwand van Sipadan

door Christopher Knowles

Het duurde even voor ik aan de onderwaterwereld van de duiker was gewend, maar toen ik de geestelijke verwarring van de beginner eenmaal had overwonnen, werd de stille, iriserende schoonheid van de koraalriffen voor het eilandje Sipadan verslavend.

Maleisië was nogal in rep en roer toen ik er aankwam. De Commonwealth Games waren in volle gang, maar de niet-aflatende vrolijke viering kon niet verhullen dat een populaire hervormingsminister net gearresteerd was. De woedende demonstraties door zijn ontstelde aanhangers, die toevallig samenvielen met mijn aankomst (en ook met die van de Engelse koningin), dreigden de regering ertoe te brengen het soort uiterst harde maatregelen te nemen die mijn bezoek onaangenaam zouden kunnen maken.

Dit is alleen de moeite van het vermelden waard, omdat dergelijke gebeurtenissen soms een toch al exotische bestemming iets van onzekerheid kunnen geven. Later bleken de problemen hoofdzakelijk tot de hoofdstad Kuala Lumpur beperkt te blijven, terwijl het leven overal elders in wat tenslotte een groot land is, normaal doorging. KL

U hoeft niet superfit te zijn om je zeeduikbrevet te halen, maar je moet wel 183 m kunnen zwemmen, 10 minuten kunnen watertrappelen en je mag geen ernstige medische aandoeningen hebben.

★★ In Kota Kinabalu zijn allerlei soorten logies. Op Sipadan is het logies in paalhutten eenvoudig maar gerieflijk, van alle gemakken voorzien. Er is echter maar weinig van en het is raadzaam ruim van tevoren te boeken. Je zult waarschijnlijk een kamer moeten delen, maar je kunt informeren naar eenpersoonstoeslagen.

Duikbenodigdheden kunnen zowel in Kota Kinabalu als op Sipadan worden gehuurd; je kunt ze ook zelf meenemen. Er zijn geen noemenswaardige winkels op Sinapan, dus zorg dat je alles meebrengt wat je voor je verblijf nodig hebt.

ONDER Duikers bereiden zich voor op een stranduik op het koraaleiland Sipadan, een van de beste plekken ter wereld om te duiken
*RECHTS Een duiker bij Sipadan komt dicht bij een grote zachte koraal (*Sarcophyton*) tussen hertshoornkoraal (*Acropora*)*

(zoals de hoofdstad meestal wordt genoemd) heeft een splinternieuw vliegveld, gebouwd voor de Spelen van 1998, dat, voor wie er enige tijd moet doorbrengen, een airconditioned verrukking is. Het is natuurlijk een verrukking die voor oningewijden verwachtingen wekt; want zodra je er naar buiten stapt, word je overvallen door de hete, vochtige lucht en de zoetig stinkende geur van de tropen die daarbij hoort.

Naar KK

Kota Kinabu (of 'KK'), het vroegere Jesselton, een onverwachte 2,5 uur vliegen vanaf KL – Maleisië is een groot land – ligt aan de westkust van Maleisiës deel van het eiland Borneo, dat Sabah wordt genoemd. Het is een middelgrote toeristenstad die langs een smalle strook kustlijn ligt tussen een met oerwoud begroeide, puntige heuvelrug en de ondiepe Zuid-Chinese Zee. Voor de stad ligt het eiland Pulau Gaya; terwijl achter de stad Mount Kunabalu groot en eenzaam oprijst, alsof hij zo uit het Himalayagebergte komt. De stad voelt onaf aan en loopt zo'n beetje uit in kroegen en al te ambitieuze bouwprojecten. Er zijn echter talrijke winkels, in een stijl die een kruising is tussen Chinese warenhuizen en Arabische souks, en er is een aantal markten. Bovenal is de stad vol van die vreemde mengeling van culturen waaruit het Maleisische volk bestaat; je kunt je geen aardiger, vriendelijker volk wensen. Als je een bakkerij ingaat en vraagt hoe de plaatselijke cakes smaken, zul je waarschijnlijk met een hele zak de winkel uitgaan, zonder dat je er armer van wordt en zonder dat de winkelier er maar iets rijker van wordt.

Het leven op het strand

Al is het eiland klein, op het strand valt genoeg te genieten, als je maar geduld hebt. De vlinders zijn groot en hebben prachtige kleuren. Enorme varanen, van wel 1,25 m lang, sukkelen om de slaaphutten heen, op zoek naar restjes. Er zijn grote kokoskrabben, die in palmen klimmen op zoek naar kokosnoten (hun scharen, die zich zo hebben ontwikkeld dat ze de kokosnoten kunnen kraken, kun je maar beter vermijden). Elke dag kunnen mensen die dat willen een begeleide wandeling door het oerwoud maken; en elke twee dagen is het mogelijk babyschildpadjes vrijgelaten te zien worden, die door Borneo Divers zijn uitgebroed (waarschijnlijk om te voorkomen dat ze door de varanen en vogels worden opgepeuzeld).

Leren duiken

Er zijn tal van redenen om Sabah te bezoeken, zoals orang-oetangs kijken en gewoon langs het strand zwerven. Ik was er echter voor twee wat pittiger activiteiten waar de streek bekend om is – scubaduiken op Sipadan, een koraaleiland ten oosten van Sabah; en Mount Kinabalu beklimmen. Maar dat lag nog in de toekomst. Om op Sipadan te duiken, moet je een volleerd zeeduiker zijn, wat een paar dagen hard werken in KK zou inhouden om mijn PADI (Professional Association of Diving Instructors) brevet te halen. PADI is een van de drie grote duikorganisaties ter wereld waaraan Borneo Divers, die mijn instructeurs leverde, de voorkeur gaf. Zie voor meer bijzonderheden over de PADI-cursus het verslag van Simon Richmond, Leren duiken in Phuket, pag. 66-73.

Mijn cursus zou plaatsvinden op het eiland Mamutik, een korte tocht per speedboot vanaf KK. Achter de boot rees grimmig de massa van Mount Kinabalu op, waar ik met iets van angst en ongeloof naar zou kijken. Na een kwartiertje waren we op Mamutik, met zijn scholen glinsterende visjes bij de pier, zijn enorme vlinders en zijn kwetterende vogels.

U kunt op het eiland verblijven om enkel van de zeewind en de rust te genieten; je kunt een pad om het eiland heen volgen en vogels kijken; of je kunt alleen boven het rif snorkelen. Maar de meeste bezoekers komen hier om in het warme, ondiepe water te leren duiken.

DE REGELS VAN HET SPEL

Omdat Sipadan zo klein is, zul je merken dat er bepaalde regels in acht moeten worden genomen om ervoor te zorgen dat alles in het vakantieoord van de Borneo Divers soepel verloopt. Bij de ingang van elk openbaar terrein (waaronder de slaaphutten) staat een bak water. Hier moet je je voeten in dompelen, om het zand af te wassen. Je wordt verzocht alle vuile borden en glazen na de maaltijd op een tafel buiten het restaurant te zetten. Thee, koffie, koude drankjes en bananen of crackers zijn op elk tijdstip gratis verkrijgbaar, en dat is een klein, maar belangrijk voordeel – duiken maakt hongerig. Onder water word je verzocht niets levends aan te raken, of dat nu koraal of een schildpad is.

OM TE BEGINNEN

Ik bleek de enige leerling te zijn. Op de eerste dag moest ik, onder leiding van Joseph (ik had last van jetlag – dit kan men beter fris van lichaam en geest doen), een serie videobanden bekijken, verdeeld in vijf modules, om een idee te krijgen van wat er allemaal bij scubaduiken komt kijken. De videobanden zijn nogal tweeslachtig, enerzijds vertellen ze hoe prachtig de wereld van scuba- en onderwaterduiken is en anderzijds maken ze doodsbang met gepraat over het gevaar van decompressie en stikstofbedwelming.

Op dag 2, nu met Alex als leraar, mocht ik het water in, compleet met luchttank, BCD (*buoyancy control device*, drijfvest), masker en diverse metertjes. De eerste duik vindt plaats in 'beschermd' water, dat wil zeggen in een zwembad of, zoals in dit geval, in een ondiep, afgezet stuk zeewater.

De eerste ogenblikken onder water zijn eerlijk gezegd doodeng, met een angstige opgetogenheid bij het besef onder water te zijn en toch te kunnen ademen. De grootste duikzonde is de adem in te houden, maar dat is precies wat je wilt doen. Waarom dat zo is, is moeilijk te zeggen – misschien door het ongewone geluid van je ademhaling, of omdat je door je neus wilt ademen en dat niet kunt. Je moet ook leren je instinctieve verlangen te onderdrukken om wild met je armen en benen te bewegen (waardoor je alleen maar meer energie en dus meer zuurstof gebruikt), en om een 'natuurlijk drijfvermogen' te krijgen. Dat alles begint vanzelf te gebeuren naarmate je langer onder water bent.

Een belangrijk deel van de cursus zelf bestaat uit het leren hoe om te gaan met noodsituaties die nooit worden verondersteld te gebeuren. Je masker wordt bijvoorbeeld afgerukt door een passerende walvishaai (een enorm, maar overigens onschadelijk dier), dus moet je je neus dichthouden, terwijl je door je automaat blijft ademen. Of je lucht is op en je moet een respirator delen met je 'partner' (duiken doe je nooit zonder partner). Met behulp van leraren als Joseph en Alex worden de problemen, die aanvankelijk onoverkomelijk lijken, op de een of andere manier overwonnen. Het gevolg is een gevoel van beheersing, waarna het mogelijk is te ontspannen en te genieten van het zwemmen onder water, op een diepte van maximaal 30 m, als je je brevet eenmaal hebt.

IN OPEN WATER

Ten slotte komen de duiken in 'open water', waarvoor we met een boot wat verder de zee op gaan, alle apparatuur aandoen, elkaar even controleren om zeker te weten dat alles in orde is, en dan op een van twee manieren in het water vallen – over de kant stappen of, zoals in de film, achterovervallen. Nu is het mogelijk de duikinstructeur met iets van kalme afstandelijkheid te volgen, te kijken hoe hij op enorme oesters tikt, hoe hij schelpen met prachtige patronen ontdekt die meestal alleen in souvenirwinkels liggen (alleen zitten hun bewoners er hier nog in), of hoe hij zijn hand in een spleet steekt, waarin zich een kleine verpleegstershaai schuilhoudt. Misschien ziet hij

een blauwgespikkelde pijlstaartrog, die bij zijn nadering in een wolk van modderig zand wegspurt. Je vangt vreemde geluiden op: motorboten die over je heen gaan, of de gedempte klap van een explosie als een granaat in het water wordt gegooid – een doeltreffende, zij het onwettige, manier van vissen.

Op de voorlaatste dag van de cursus waren we, toen we uit de diepte kwamen, getuige van de grillige aard van het tropische klimaat. Er suisde een wervelwind over de baai naar het vasteland die over een van de kwetsbare buitenwijken van KK leek te gaan, waardoor de volgende dag in de krant de kop stond: 'Het was GEEN tornado!', waarschijnlijk om een licht ontvlambare bevolking op te roepen kalm te blijven.

De laatste dag zijn er weinig taken meer uit te voeren. Het binnensijpelende water moet uit je masker worden geblazen als je onderduikt, dan worden afgenomen en weer worden opgedaan. Je moet met een kompas je weg naar een bepaald punt vinden. Dan moet je zonder te stoppen 183 m zwemmen en een paar minuten watertrappelen. Ten slotte is er een schriftelijk multiple-choice-examen (dat je in je eigen land kunt doen, vóór het praktische deel van de cursus). En dat is het dan – ik ben nu gediplomeerd vrijetijdszeeduiker, klaar voor de koraalwand van Sipadan.

BOVEN Een duiker maakt een foto van hertshoornkoraal. Duikers moeten altijd erg oppassen dat ze het koraal niet beschadigen
RECHTS De zon gaat onder op een strand bij Kota Kinabalu en na donker laat een boswachter van Sipadan toeristen zien hoe een schildpad eieren legt

Een koraalidylle

Een van de beste plekken in Azië om te scubaduiken – waarschijnlijk de beste ter wereld – is het eilandje **Sipadan**, een atol voor de oostkust van Noord-Borneo. Het is nogal een marteling om er te komen. Zoals dat in Maleisië gaat, moet je vroeg opstaan als je ergens heen wilt, in dit

geval om 4 uur – een pijnlijke ervaring, omdat ik de vorige avond pas om 20 uur van Mount Kinabalu was teruggekomen. Van KK is het een uur vliegen naar Tawau. Vandaar is het 2 uur met de bus naar de haven van Semporna. Ten slotte is het een uur met een snelle motorsloep de zee op, met onderweg, als je geluk hebt, scholen springende dolfijnen. De stuurman gebruikt de 400 pk van de motoren graag ten volle, hij begint dus vlak buiten de haven van Semporna al met hoge snelheid flink te hellen om het spannend te maken.

Weldra zijn we op zee. We komen voorbij een dorp dat helemaal op palen is gebouwd en schieten dan over de golven naar Sipadan. Als dat ten slotte in zicht komt, als eenzaam ruitje aan de horizon, vindt iedereen het een perfect koraaleiland. Het is heel klein (u kunt er in 20 minuten omheen lopen), met een wit strand eromheen dat een dicht stukje oerwoud omsluit. Voor het strand ligt een ring van koraal van wel 45 m breed. En dan, waar aquamarijn en saffierblauw bij elkaar komen, gaat het 2000 m steil omlaag langs een kalksteenwand vol koraal, een toevluchtsoord voor een zeer gevarieerd zeeleven.

Als we in het vakantieoord aankomen, krijgen we een korte uiteenzetting van een vertegenwoordiger van Borneo Divers en maken we kennis met Rajid, onze duikmeester. Hierna maken we een korte tocht door de omgeving, zodat we weten waar alles is (inclusief de gevreesde decompressieruimte, voor het geval een van ons last van caissonziekte krijgt) en krijgen een paar huishoudelijke regels te horen.

Strandduiken

Onze kamers zijn schoon, met verlichting, wandcontactdozen, een elektrische fan en een eenvoudige badkamer. Ik deel een kamer met Ray, een Engelsman die de afgelopen maanden in Sabah heeft gewoond en gewerkt en een beginneling is (al heeft hij veel meer zelfvertrouwen dan ik). We zijn inmiddels met een heel stel, omdat onderweg vanuit KK mensen zich bij ons hebben aangesloten. In KK zelf had ik die morgen vroeg Prakash ontmoet, en dat bleek een heel fortuinlijke ontmoeting, want ik was erin geslaagd mijn zwembroek te vergeten. Ik had het met mijn korte broek kunnen doen, als het hotel in KK geen kans had gezien die op het laatste moment zoek te maken. Prakash kan me zijn reservezwembroek lenen, en zijn extra korte broek – een bof, want de paar winkels op Sipadan verkopen ansichtkaarten, T-shirts en niet veel anders.

's Middags is ons eerste uitje in het diepe een zogenaamde strandduik (in tegenstelling tot duiken van een boot), die in dit geval de vorm heeft van een soort onderwaterverkenning. Degenen van ons die uitrusting moeten huren, worden toegerust in de 'equipment hut', vanwaar we rechtstreeks naar het strand sjouwen en het water in lopen. Na ca. 45 m waden en rustig zwemmen naar een punt bij het eind van de pier (die ook dienstdoet als bar, bekend als het Drop-Off Café), laten we het drijfvest leeglopen en worden we omspoeld door het warme water. We doen onze ogen open en als de bubbels verdwijnen, hangen we aan de rand van een koraalklif, boven een diepblauwe afgrond.

Het zicht is adembenemend – talloze visjes schieten en flitsen om ons heen. We zakken dieper. Een rifhaai nadert maar buigt af en heeft maar heel weinig belangstelling voor ons. Voor me uit peddelt een schildpad op Ray af, die de andere kant uit kijkt. Hij draait zich om en spuit dan naar rechts als hij neus aan neus met de schildpad komt. Ik wil lachen, maar onder de omstandigheden is lachen niet raadzaam. We dalen af tot 18 m voor we weer naar de oppervlakte gaan.

Later die middag maken een paar van ons nog een strandduik, die een nuttige ervaring blijkt. Onder het gladde oppervlak kan een sterke stroming staan. Mijn benen, moe van het beklimmen van Mount Kinabalu de dag tevoren, kunnen niet goed met de zwemvliezen overweg en ik stijg ongecontroleerd naar de oppervlakte. Ray volgt me als plichtsgetrouwe partner naar boven om te kijken of alles goed is.

Aan het eind van de dag

De avond valt. De zon gaat spectaculair onder en geeft de hemel paarse en magenta strepen. Mensen verzamelen zich op de pier om ernaar te kijken. Het wordt donker, het water kabbelt tegen de pijlers van de pier. Onder de golven flitsen lichtbundels als een paar onverschrokken zielen een nachtduik maken en bij terugkomst melden dat ze een 2 m lange knobbelpapegaaivis hebben gezien. Maar het eten wacht en het is nog lekker ook: soep, *sashimi* van verse tonijn, rijst en visgerechten, friet en vers fruit.

Sipadan is een gezellige plek. Wat een beginnend duiker het meest opvalt, is het element van een leuke tijd hebben. Een verrassend aantal mensen rookt en er wordt aardig wat gedronken, hoewel overmatig drinken niet raadzaam is. Het is er 's avonds echt heel gezellig en er zijn zoveel verschillende mensen. Michael is een advocaat uit Australië. Prakash houdt zich bezig met de bouw van villa's voor rijke Australiërs en lijkt de eerste uren op het eiland iedereen te leren kennen.

DUIKVIDEO'S

Aan het eind van elke dag wordt veel tijd doorgebracht met het aandachtig bekijken van boeken over onderzeese flora en fauna, in een poging te weten te komen wat we nu eigenlijk hebben gezien. Soms komt hulp in de vorm van de video's die we elke avond na het eten te zien krijgen. Ze zijn gemaakt door Stephen Fish (zo heet hij echt), een Amerikaan die op Sipadan zijn brood verdient door bezoekers op hun duiken te vergezellen. De video's zijn niet goedkoop, maar een persoonlijke film waarin je met een haai optreedt, is dan ook heel iets anders dan een gemiddeld vakantiekiekje.

Dan is er Axel, werknemer van de Duitse post die er negen maanden tussenuit is – hij heeft een baan waarnaar hij terug kan wanneer hij maar wil. Andrea en Cristina, uit Rome, zijn toegewijde zeefotografen; Claudia, uit Zwitserland, trekt een jaar met een rugzak rond; Rene en Rahel, ook uit Zwitserland, zijn gewoon op vakantie. Susan, een industrieel hygiëniste uit Amerika, is een zwerfster; haar vriendin is stewardess. Sommige mensen bekijk ik alleen, maar ik maak geen kennis met ze. Er is een oude man, met een zakdoek op zijn hoofd tegen de zon, die elke ochtend door een jonge man op de pier in een plastic kano wordt geholpen, vanwaar ze samen wegpeddelen voor een rondje om het eiland.

Wandduiken

De volgende dag zijn er drie duiken. Gewoonlijk is de eerste altijd de diepste en we gaan naar 30 m, dicht bij de maximale diepte die wordt aanbevolen voor 'vrijetijds' duiken. Murenen steken hun afzichtelijke koppen uit hun schuilplaatsen; een glinsterende wolk snoekjes schiet langs het koraal omlaag. Er komen een paar enorme tonijnen langs; territoriale trekkervisssen schieten uit spleten – iemand vertelde me dat ze door een uitgesproken agressieveling in hun vinnen waren gebeten. Iemand van ons zag een barracuda. Er waren meer haaien en schildpadden en een hele serie clowns- en papegaaivissen, en vele andere die we na onze terugkeer onder de fans van het restaurant zouden proberen te plaatsen.

Toen mijn lucht begon op te raken, gaf Rajid me een zak met stinkende rommel die hij op de zeebodem had verzameld en stelde voor dat ik zou opduiken. Onderweg verloor ik mijn masker. Daar maakt men zich in duikkringen heel vrolijk over en ik werd er de rest van mijn verblijf dan ook voortdurend aan herinnerd. 'Nog iets interessants gezien vanochtend?' 'Alleen een mantarob met een scubamasker.'

Als we in het Drop-Off Café terug zijn, licht de zee weer op. Deze keer niet door onderwaterlampen, maar door fosforescerende algen of plankton dat de golven soms verlicht als sterrenstof onder water. Sommige avonden komen de duikmeesters op de pier bij elkaar om te zingen, begeleid door gitaren en een soort trommel van flessen en blikjes. Met het fosforachtig geknipper om hen heen en de echo van tjirpende insecten en gekko's is het een tafereel van een bijna bovennatuurlijke schoonheid.

Het ritme van dagen en nachten op Sipadan is onveranderlijk en wordt alleen bepaald door wat wel of niet onder de golven is gezien. Natuurlijk is er altijd wel iets te zien, van felgestreepte zeenaaktslakken tot schorpioenvissen, zeenaalden die doorzichtig vlak onder de waterspiegel hangen en, zelfs in dit heldere water, verre, onherkenbare vormen. De boten brengen je naar verschillende delen van het rif, die elk bekend zijn vanwege iets bijzonders – Barracuda Point, Coral Garden, Turtle Cave. Je hoeft er niet eens voor te duiken. Door gewoon 45 m de zee op te snorkelen kun je met je gezicht omlaag boven de afgrond hangen en in die andere, stille wereld kijken. En als je veel gelukt hebt, zie je misschien van heel dichtbij een walvishaai, of een orka.

Borneo Divers heeft een uitstekende reputatie

ALLEEN ER OP UIT

Het binnenland in

Er gaan rechtstreekse vluchten naar Kota Kinabalu vanuit de Maleisische hoofdstad Kuala Lumpur, en er is een luchtverbinding met alle grote steden van Maleisië. De stad wordt ook aangedaan door langeafstandsbussen, dus (met overstappen) zou je er vanuit Sarawak en Kalimantan moeten kunnen komen. Er is ook driemaal daags een bootverbinding met Pulau Labuan, het vakantieoord op het eiland ten zuiden van KK, dat populair is onder wrakduikers.

Wanneer?

De temperatuur verschilt het hele jaar niet veel en de moessonregens zijn onvoorspelbaar geworden. Maar de droogste maanden zijn meestal van januari tot april. Om te duiken is het zicht van half februari tot half december het beste.

Voorbereiding

Voor Sipadan kun je net zo goed de hele reis boeken, als je je dat kunt veroorloven (d.w.z. de vlucht naar Tawau, overstap naar Semporna en Sipadan) bij Borneo Divers of een van de andere reisbureaus op het eiland, zoals het Sipadan Dive Centre (zie Contacten).

Tawau heeft een luchtverbinding met KK, KL, Lahad Datu en Sandakan in Maleisië, en met Tarakan in Indonesië. Er komen boten vanuit Tarakan (via Nunukan) en Sulawesi.

Van KK naar Tawau gaat een bus (ca. 11 uur).

Van Tawau is het 110 km naar Semporna – er gaat een geregelde minibusdienst.

Duikcursussen

Hoewel de koraalriffen voor ervaren duikers niet zo vreselijk interessant zijn, is KK een goede plek om te leren duiken, want het water is warm en ondiep. Borneo Divers geeft 4-daagse cursussen op het eiland Mamutik, een korte boottocht vanaf de pier vlak bij Jin Datuk Saleh Sulong. Geregelde bootdiensten gaan de hele dag, hoewel ze niet erg betrouwbaar zijn. Maar wanneer de dienst niet gaat, zijn er altijd volop freelance bootverhuurders met wie je een prijs kunt afspreken. De 4-daagse cursus (vanaf RM900/$240 per persoon), is inclusief:

- alle lessen
- videopresentaties
- examengeld
- het vereiste aantal duiken (met boot)
- huur van benodigdheden
- lunches.

Borneo Divers is duurder dan andere bedrijven, maar is waarschijnlijk de meest gerespecteerde duikonderneming in Azië.

Duiken op Sipadan

Sipadan, dat klein en exclusief is, is een dure plek om te duiken. De dagelijkse kosten van $200 zijn inclusief:

- transfer van en naar Semporna
- logies
- alle maaltijden
- drie bootduiken per dag
- onbeperkt strandduiken.

De huur van benodigdheden is extra.

Om alles te kunnen zien, wordt een verblijf van ten minste twee dagen aanbevolen. Hoewel de voornaamste reden om naar Sipadan te gaan, is om te duiken, is het 't vermelden waard dat snorkelen ook spectaculair (maar duur) is.

Stephen Fish vergezelt je op je duik om je tocht naar de onderwaterwereld met zijn onderwater videocamera vast te leggen. Dat is voor $120 niet goedkoop, maar als andere leden van je groep geïnteresseerd zijn, kunnen de kosten worden gedeeld.

Belangrijk

MasterCard wordt in Maleisië in bredere kring meer geaccepteerd dan creditcards.

Mee te nemen

- Zwemspullen.
- Duikbrevet.
- Teenslippers of sandalen.
- Zo weinig mogelijk kleren en waspoeder.
- Zaklamp.

Gezondheid

- Neem malariatabletten in.
- Gebruik muskietenwerend middel en klamboe.
- Draag 's avonds een lange broek en een blouse met lange mouwen.
- Neem EHBO-doosje mee.
- Drink flessenwater.
- Zorg voor goede ziektekostenverzekering.
- Informeer bij je huisarts naar inentingen.
- Neem voorgeschreven medicijnen mee.

VEILIGHEID VOOR ALLES

Het partnersysteem is bedacht om te zorgen dat problemen snel uit de weg worden geruimd als je onder water bent. Elke duiker vormt een team met een andere duiker. Ze controleren elkaars apparatuur voor het duiken en houden elkaar in de gaten. Met handsignalen kunnen duikers in geval van nood met elkaar communiceren.

Mount Kinabalu beklimmen

door Christopher Knowles

Mount Kinabalu op Sabah is voor de oningewijde klimmer een ontzagwekkend, zo niet verontrustend gezicht. Weinig ervaringen geven echter zo'n gevoel van voldoening, als je op 4200 m hoogte staat, met een zee van wolken aan je voeten.

Ik had de dag tevoren pas mijn duikbrevet gehaald. Maar met vieren zou ik even moeten wachten, want de volgende dag moest ik nog even Mount Kinabalu beklimmen.

Om 6 uur kwam John, een Maleisiër van Indiase afkomst, me ophalen bij het Holiday Hotel, bij mijn basis in **Kota Kinabalu** (KK). Ik werd meteen bij een restaurant afgezet om te ontbijten, terwijl hij een boodschap ging doen. Je moet beseffen dat in Maleisië een vroeg begin soms lijkt te zijn geregeld op basis van 'voor het geval dat', en dat is maar goed ook, want 'voor het geval dat' wordt dikwijls 'ik wist het wel'. Na een tijdje kwam hij terug met Marc en Maarten, advocaten uit Nederland, die tijdens de moeilijke uren die voor me lagen mijn metgezellen en raadgevers zouden zijn.

De weg naar de berg duurt 2 tot 3 uur, afhankelijk van het verkeer. Vanuit de buitenwijken van KK loopt een snelle tweebaansweg, die bij de onderste hellingen van de Kinabalu in een bochtige bergweg verandert. Elke reis over de weg in Maleisië is een huiveringwekkende ervaring en de rit van KK naar Gunung Kinabalu (zoals het uitgestrekte park rond de berg heet) is geen uitzondering. Het is ongetwijfeld allemaal een kwestie van plaatselijke techniek, maar inhaalmanoeuvres in Maleisië zijn voor de oningewijde westerling schrikwekkend. Bovendien kunnen de wegen, hoewel ze over het algemeen goed zijn, opeens, zonder waarneembare reden, verslechteren tot een korte reeks voren en kuilen voor het weer gewoon een weg wordt.

4 Als ik de indruk wek dat dit avontuur zwaar was, dan is dat ook de bedoeling. Hoewel er geen feitelijk klimmen aan te pas komt, is het belangrijk te beseffen dat dit een heel zware tocht is. Anderzijds proberen mensen van alle leeftijden hem en slagen erin – het is grotendeels een kwestie van willen.

★★ Het logies varieert. In Kota Kinabalu zijn drie hotels van eenvoudig tot luxe. De overnachting op de berg is op zijn best in een eenvoudig pension, maar het aantal plekken is beperkt, boek dus zo vroeg mogelijk. Er zijn maaltijden verkrijgbaar en er is een winkeltje. Er is ook logies aan de voet van de berg in Park HQ.

De volgende zaken kunnen nuttig zijn: een waterdichte rugzak, een paraplu, een zaklamp, een waterfles, chocolade of gedroogd fruit voor tijdens de klim en de afdaling, een fleece (licht maar toch heel warm) jack, handschoenen, waterdichte wandelschoenen en jack, wandelstok. Zo nodig kunnen handschoenen worden gekocht in een dorp onderweg naar het park.

Naar het basiskamp

De route, door een tropisch landschap van plantages, leeggekapte landgoederen met hellingen waar geen boom meer overeind stond, en weelderige palmbosjes, bracht ons bij een soort basiskamp, of Park HQ, dat wil zeggen de ingang van het **Gunung Kinabalu Park**. Als het mooi weer is – en dat is 's morgens vroeg dikwijls het geval – is het de moeite waard de spectaculaire vergezichten vanaf de berg onderweg te fotograferen, omdat je die kans misschien niet nog eens krijgt. En als dat wel zo is, heb je er na de klim misschien wel gewoon geen zin meer in.

We wachtten gedrieën op John in de betrekkelijke koelte (we waren op 1585 m hoogte), toen hij in het Park HQ-kantoor verdween om ons in te schrijven. We keken met geamuseerd ongeloof naar een vermelding van de snelste tijd voor een beklimming en afdaling van de berg, iets van 2 uur 40 minuten. Het deed mijn patriottische hart goed te zien dat dit record op naam van een Engelsman stond, maar ik geloof niet dat het onze bezorgdheid erg wegnam. Toch heerste er een nogal luchthartige sfeer onder de opgewekte pelgrims aan de voet van de berg.

Een optimistisch tempo

Na inschrijving (waarvoor paspoorten nodig zijn) is het nog 4 km naar het begin van de eigenlijke klim. John reed ons naar het krachtstation, waar het pad begint, en zwaaide ons vrolijk uit.

We werden op sleeptouw genomen door Raimin, onze berggids. Raimin was onvermoeibaar. Hij kende bijna geen Engels en kon onze vragen alleen met 'ja' of 'nee' beantwoorden – waardoor we er weinig vertrouwen in hadden dat hij de vragen ook had begrepen. Maar hij hing als een klit aan ons, wist alles precies en ik weet zeker dat hij bereidwillig onze rugzakken zou hebben gedragen als we dat hadden gevraagd.

We vertrokken in een optimistisch tempo, temeer daar de eerste paar honderd meter uit treden omlaag bestonden. Die bleken echter het laatste stukje bergafwaarts te zijn dat we voorlopig te zien zouden krijgen.

Weldra begonnen de treden. Omdat we nog fris waren, bleven we een tijdje met hetzelfde enthousiasme doorklimmen, omdat we er allemaal op vertrouwden dat de treden alleen het voorspel waren voor een stevig, goed begaanbaar pad dat langzaam in een traag klimmende lus om de berg heen zou lopen. We hadden er niet verder naast kunnen zitten. De treden gingen maar door. En door. Aanvankelijk praatten we nog wat, maar weldra maakte de zin om te praten plaats voor een vastberadenheid om alleen maar door te gaan.

In dit stadium klommen we door dicht bamboebos. Toen we pauzeerden, was er, afgezien van ons bonkende hart, geen enkel geluid te horen. Geweldige varens bewogen zachtjes in het minste zuchtje wind.

We wisten dat de weg elke 500 m was aangegeven, maar het was een onprettige verrassing toen we na wat een eeuwigheid leek, de eerste markering pas tegenkwamen. Maar weldra verscheen de eerste van vele schuilhutten en daar maakten we dankbaar gebruik van. Ik haalde wat gedroogde mango te voorschijn (gedroogd fruit schijnt goed voor de energie te zijn en voor het verminderen van het effect van hoogte), terwijl Marc en Maarten een reep chocola te voorschijn haalden. We zaten in dankbare stilte te kauwen en dronken bedachtzaam uit onze waterflessen. We keken elkaar aan en lachten. Het ging een lange dag worden.

Zwaar ploeteren

De treden, de meeste van steen in de oranje grond, of van smalle houten latjes, werden ongelijker naarmate we hoger

SPECTACULAIRE FLORA

De interessantste van alle planten op de berg zijn misschien wel de negen soorten vleesetende bekerplanten. De grootste is de Rajah Brooke, die meer dan een liter water kan bevatten en een dier zo groot als een rat kan doden. Over het algemeen houden bekerplanten het echter bij insecten die geen greep kunnen krijgen op de glibberige binnenkant van de bloem en dan hun dood tegemoet glijden. Vraag je gids naar voorbeelden. De grootste bloem ter wereld groeit ook in het park (hoewel niet langs de weg naar de top). *Rafflesia* (genoemd naar de befaamde kolonialist en botanicus Stanford Raffles) kan een doorsnee bereiken van wel een meter. Ondanks zijn formaat is hij moeilijk te ontdekken, omdat hij maar een paar dagen bloeit, meestal tussen mei en juni.

kwamen, waardoor we een idiosyncratisch ritme moesten vinden om ze te nemen. Met het verstrijken van de tijd was dat precies wat we deden, we raakten in een soort trance, waardoor we door

BOVEN Het is verplicht je bij het parkbeheer te laten registreren en een gids in te huren om met je mee te klimmen
LINKS Met het hoofd in de wolken; het is een zware klim, maar de meesten doen hem in twee dagen
ONDER Kota Kinabalu, het beginpunt van de expeditie

konden gaan. Maarten, de taaiste van ons drieën, bleek een soort berggeit die Marc en mij weldra achter zich liet om in ons eigen geestdodende tempo verder te ploeteren. Elke 50 passen of zo stopten we even om adem te happen. Naarmate we hoger kwamen en de lucht ijler werd, werd de tussentijd natuurlijk steeds korter. Dan kwamen we een bocht om en daar zat Maarten in een schuilhut op ons te wachten. Tijd voor nog meer chocolade. Raimin, onverstoorbaar en zonder

DE KLIMAATZONES VAN DE BERG

Het Gunung Kinabalu Park, waarin meer dan de helft van de bloeiende planten op aarde vertegenwoordigd zou zijn, heeft een overvloed aan interessante flora en fauna, deels vanwege zijn hele reeks klimaatzones. Binnen 3 km varieert de vegetatie van tropisch laaglandregenwoud (tot 1300 m) tot alpien en nevelbos (van 2000 m en hoger). De klim voert voor het grootste deel door deze laatste zone, waar orchideeën, bekerplanten en rododendrons gedijen. Boven 2600 m zul je tussen de rotsblokken knoestige en onvolgroeide bomen zien, en ten slotte alleen nog mossen en alpiene boterbloemen, die erin slagen zich aan de aardeloze top vast te klampen.

enig teken van lichamelijke vermoeidheid, ging op een rotsblok in de buurt zitten en rookte tevreden een sigaret. Een grondeekhoorn, duidelijk gewend aan lekkere hapjes, bleef schuw in de buurt. Olijfgroene vogeltjes hipten van de ene tak op de andere. Marc zei: 'Ik begin iets van Hollands eigenschappen te waarderen' (dat het zo vlak is).

We begonnen nu mensen tegen te komen die omlaag kwamen. Ze wierpen ons medelijdende blikken toe maar verzekerden ons, met de trotse houding van mensen die hebben bereikt wat ze wilden, dat het 't allemaal waard was en dat als we dachten dat dit zwaar was, we nog wat gingen meemaken. We kwamen ook oude vrienden tegen – ik had Hank en Heidi bij mijn duikcursus in KK ontmoet, en Maarten liep zelfs iemand tegen het lijf die familie was van een vriend van hem in Holland. We moesten af en toe ook opzij voor mensen die de berg op renden – we wisten dat ze eraan kwamen, door de snelheid van hun voetstappen, zo volkomen anders dan de zware, ploeterende stappen van onze groep. We konden hen alleen maar aangapen, zoals ze de helling voor ons op stoven, ter voorbereiding op de jaarlijkse Climathon, die elk jaar in oktober plaatsvindt. Waren ze gek, of waren het buitenaardse wezens? In rustiger tempo, maar niet minder opmerkelijk, liepen de mensen uit de buurt die voorraden naar de berghutten brachten. Ze waren klein en onvermoeibaar en het waren dikwijls vrouwen die de tocht geregeld maakten.

Van weelderig groen bamboebos kwamen we in rododendronbos met breed blad met een glanzend, plastic aanzien en roze bloemen aan kromme en droge takken. Op km 3 stopten we voor de lunch, die was verzorgd door Park HQ. Nog maar 3 km te gaan.

De betrekkelijk vlakke treden maakten plaats voor een pad vol rotsblokken, net een Romeinse weg na een aardbeving. De struiken werden gedrongener en schaarser en de tijd tussen de pauzes werd korter. Toch waren onze pauzes niet lang, net lang genoeg om op adem te komen en ons de kracht te geven het volgende doel te bereiken dat we ons hadden gesteld.

Een adempauze

En toen, na 6 km, op een hoogte van 3500 m, waren we er: de pleisterplaats **Laban Rata**, ons onderkomen voor de nacht, een grote hut op het randje van de berg. We hadden er 4 uur 59 minuten over gedaan – minder, konden we beweren, dan 5 uur. Voor mij, die al enige tijd tevoren had geboekt, was het vooruitzicht van een hete douche zo aantrekkelijk als de lekkerste douche ooit. Marc en Maarten, die pas de dag tevoren hadden geboekt, moesten nog 5 minuten verder de helling op naar een eenvoudige slaapzaal, vanwaar ze zouden moeten afdalen voor hun maaltijden.

Anders dan dat ik ter plaatse was voor de maaltijden, had mijn zogenaamd luxere hut weinig voordelen. We waren met ons zessen in mijn kamer en uit alle kranen kwam ijskoud water. Maar er was hete spijs en drank en dat vreemd prettige gevoel van opluchting dat je krijgt als iets moeilijk is geweest – dat gevoel dat je er bijna van overtuigt dat het leuk was.

Marc en Maarten gingen een poosje slapen, terwijl ik genoot van een pot Milo (de verplichte Zwitserse/Zuidoost-Aziatische chocoladedrank). Buiten was niets te zien, behalve de wervelende wolk onder ons. We hoopten allemaal dat hij zou breken, zodat we van onze 3300 m op onze prestatie zouden kunnen neerkijken. Toen hij uiteindelijk brak, renden we allemaal naar het balkon om het ogenblik vast te leggen.

Om 6 uur aten we warm en kort daarop gingen we naar bed. Het was nog 3 km naar de top en we zouden om 3 uur vertrekken – geen erg prettig vooruitzicht. En hoe uitgeput ik ook was, ik kon absoluut niet slapen. Misschien kwam het door de hoogte, misschien door mijn malende gedachten, ik weet het niet. Maar anderen hadden hetzelfde probleem. Je zit in een schemerzone tussen slapen en waken in, je ervan bewust dat je niet slaapt, en toch dwaalt je geest af. Het regende ook flink; maar tegen 2 uur was het droog en weldra, na een kop hete thee, waren we klaar voor vertrek – min of meer. Het doel was om tegen 5.40 uur op de top te zijn, als de zon zou opkomen.

De laatste loodjes

De grond was nat en buiten de pitjes van onze zaklampen was het pikdonker. We liepen met tientallen naar boven en dwongen vermoeide benen in een versnelling om de treden het hoofd te bieden. Gebrek aan slaap en de hoogte maakten het moeilijk, en ditmaal bleef zelfs Marc me voor. Geleidelijk werd de stoet dunner, net als de begroeiing. Die verdween uiteindelijk helemaal omdat ze niet kon wortelschieten in de dichte, korrelige, grijze rots waar we nu op liepen. Maar toen de treden ophielden, kwamen er touwen voor in de plaats; en er waren een of twee punten waarop de duisternis beslist een pluspunt was, omdat rechts ongetwijfeld een steile diepte lag die ik liever niet zag. Natuurlijk moest ik er op de terugweg weer langs; maar dat zou nog wel even duren. Intussen kwam het er alleen op aan op de een of andere manier in beweging te blijven.

Tegen 5.40 uur lag **Low's Peak**, het hoogste punt van Mount Kinabalu, een alleenstaand uitsteeksel, een beetje in de vorm van een kromme duim, aan het eind van een vlakte van glooiend grijs graniet. Het eerste vage schijnsel van de zonsopgang was inmiddels zichtbaar en ik nam elke 10 tot 15 stappen een adempauze. Het was ook erg koud. Zaklampen werden uitgedaan en we konden het silhouet van de eerst aangekomenen op de piek het laatste stukje naar de top zien lopen. In dit stadium vond ik het wel genoeg en wilde de zon zien opkomen van waar ik stond, maar met behulp van Raimin, die trouw de hele tijd bij me was gebleven, ging ik door. Om 6 uur was ik op de top van Low's Peak (4102 m), precies op tijd om de volle pracht van de zonsopgang te zien, toen hij een roze waas over de zee van wolken stuurde die tegen de hellingen onder ons kabbelde en waardoor andere, verre pieken staken. Dove vingers, uit kletsnatte handschoenen getrokken, frummelden om een camera uit een zak te krijgen om de pure vreugde vast te leggen van er te zijn, op de top van deze onbeschutte plek boven de wolken.

Dat nooit weer?

Het was te koud om er lang te blijven en iedereen draaide zich om, om aan de klauterpartij terug te beginnen. Nu we de klim hadden gehad, waren we nergens meer bang voor (zelfs niet voor de touwen) en konden we ons veroorloven vrolijk te zijn. De zon begon ons te ontdooien en de wolken te verdrijven. Ver onder ons steeg de ochtendnevel uit het frisse groen van het bos op.

Na een uur waren we weer bij de hutten, op tijd voor het ontbijt en nog een koude douche. We vulden de rugzakken weer en vertrokken, vol vertrouwen dat de afdaling een makkie zou zijn. Niet dus: andere spieren, ja, maar dezelfde pijn. We deden er iets minder dan 4 uur over. Dat betekende dat we ca. 12 km over uiterma-

te moeilijk terrein hadden gelopen sinds we die ochtend waren opgestaan, en 18 km sinds gisteren. Alleen door het wonder dat we de klim hadden volbracht, konden we de afdaling beter aan. Tegen het einde kregen we met een wolkbreuk te maken en over de laatste kilometer deden we een kwartier, ondanks onze trillende benen.

Toen we in het poorthuis aan de voet voor de regen schuilden, druppelde een stroompje vermoeide mensen binnen. Iedereen die binnenkwam, schudde zijn hoofd en mompelde: 'Dat nooit weer!' Nou, misschien niet – maar je moet het wel een keer gedaan hebben om dat te kunnen zeggen.

ALLEEN ER OP UIT

HET BINNENLAND IN

Het belangrijkste aankomst- en vertrekpunt voor Mount Kinabalu is de kuststad Kota Kinabalu (KK), in de schaduw van de berg aan de westkust van Sabah, Maleisiës noordelijke deel van het eiland Borneo.

Kota Kinabalu heeft een rechtstreekse luchtverbinding met de Maleisische hoofdstad Kuala Lumpur en heeft een luchtverbinding met alle grote steden van Maleisië. Van KK gaan ook rechtstreekse vluchten naar internationale bestemmingen als Hongkong, Singapore, Manilla, Brunei, Seoul, Jakarta, Taipei en Tokyo. Het is ook mogelijk er uit Kalimantan (Indonesisch Borneo) heen te vliegen.

De stad wordt ook aangedaan door langeafstandsbussen, je kunt er dus ook vanuit andere delen van Borneo komen, zoals Sarawak.

Er gaat ook driemaal daags een boot vanuit Pulau Labuan, het belastingparadijs ten zuiden van KK, populair bij wrakduikers. De reistijd is 2,5 uur.

Het station van KK, 5 km naar het zuiden, geeft verbinding met Beaufort en Tenom.

Ga, om Park HQ te bereiken, ca. 60 km ten oosten van KK, met een georganiseerde reis mee, met transfer van en naar de stad (er zijn tal van reisbureaus in de stad, waaronder Borneo Divers – zie Contacten), of neem een minibusje of bus naar Ranau en vraag om bij het park te worden afgezet. De reis zal 2-3 uur duren. Grotere bussen (er gaan er ten minste twee per dag) zijn langzamer, maar hebben misschien airconditioning en zijn natuurlijk ruimer. KK heeft geen busstation, maar bussen naar het park vertrekken meestal van Jin Tunku Abdul Rahman.

LINKS Om de kale rotswanden van Mount Kinabalu wervelen wolken
INZET Bij zonsopgang op het dak van de wereld

WANNEER?

Algemeen wordt aangenomen dat de beste tijd voor een bezoek aan de berg in het droge seizoen is; in maart of april is er het beste zicht. De slechtste tijd is waarschijnlijk november en december, midden in de regentijd. Dit kan maar heel summier worden aangegeven, omdat het klimaat erg wisselvallig is.

VOORBEREIDING

Omdat het aantal mensen dat tegelijk de berg op mag beperkt is, is het belangrijk je logies ruim van tevoren te boeken (al zijn boekingen op het laatste moment zeker niet uitgesloten).

Tijdens de jaarlijkse Climathon, begin oktober, kan het moeilijk zijn om onderdak te vinden.

BELANGRIJK

Weet dat het verplicht is met een plaatselijke gids te klimmen en denk eraan dat je je paspoort meeneemt voor registratie bij de parkingang.

MasterCard wordt in Maleisië in bredere kring meer geaccepteerd dan creditcards.

MEE TE NEMEN

- ❑ Waterdichte wandelschoenen en jack.
- ❑ Een fleece trui of jasje.
- ❑ Paspoort.
- ❑ Insectenwerend middel.
- ❑ Zwemspullen als je naar Poring Hot Springs gaat.
- ❑ Extra batterijen en film voor camera.
- ❑ Waterfles.

GEZONDHEID

- ❑ Neem malariatabletten in.
- ❑ Gebruik muskietenwerend middel en klamboe.
- ❑ Draag 's avonds een lange broek en een blouse met lange mouwen.
- ❑ Neem EHBO-doosje mee.
- ❑ Drink flessenwater.
- ❑ Zorg voor goede ziektekostenverzekering.
- ❑ Vraag naar inentingen.

HETE BADEN

Meer dan 40 km van Park HQ, maar nog wel in het Gunung Kinabalu Park, biedt Poring Hot Springs een welkome manier om na de beklimming van Mount Kinabalu pijnlijke spieren te verzachten. De hete zwavelbaden, in een aardige tuin aan de overkant van een hangbrug over de rivier gelegen, zijn diepe, betegelde baden met kranen. Als je er een kunt vinden die werkt, kun je er zo lang je wilt tot je nek in zitten. Er is ook een restaurant, logies, en kans op een boomkruinwandeling over een touwbrug, 35 m boven de grond. Neem een taxi of minibusje vanaf Park HQ, of bespreek van tevoren in KK.

De spookdiertjes van Tangkoko

door Christopher Knowles

Ik trok het opmerkelijke Tangkoko Nationaal Park in, in vulkanisch Noord-Sulawesi achter een zwart zandstrand, op zoek naar het aardige, nachtelijke spookdiertje (Tarsius), een van de kleinste primaten ter wereld, de speelse zwarte makaak en tal van andere inheemse soorten.

In **Manado**, nog geen 50 km ten noorden van de evenaar, pikte ik de jeep op die me naar het Tangkoko Nationaal Park zou brengen, waar ik een trektocht zou maken op zoek naar spookdiertjes en zwarte makaken. Bij de jeep hoorde een chauffeur, James, en, ontdekte ik tot mijn opluchting, airconditioning – die voor een buitenlander uit een gematigd klimaat soms wenselijker is dan eten en drinken.

Hoewel de kortste weg naar Tangkoko niet meer dan 3 uur zou duren, maakten we uiteindelijk een omweg (zeer de moeite waard) om iets van het prachtige Minahasa-hoogland te zien.

Na een minuut of 40 bereik je de stad **Tomohon**, gebouwd in de schaduw van een aantal actieve vulkanen in de bergen boven Manado. Het is het waard daar de nacht door te brengen en dan in de vroege morgen een van de twee vulkanen in de buurt op te lopen, waarvan de hoogste 1585 m is. Van de Happy Flower Homestay kun je zo naar de krater van **Mount Lokon** lopen, die niet op de top van de berg ligt, zoals men zou verwachten, maar door Lokons meest recente uitbarsting in een glooiing er vlak naast.

Het pad omhoog, over de hellingen van Mount Lokon, deed onverwachts denken aan een Engels boerenlandweggetje, ook al stonden er hoge, ranke kokospalmen. Misschien kwam het door de iets koelere lucht en de geur van vruchtbare vulkanische grond, waardoor hier heel ontropische groenten groeien, zoals wortelen en kool.

De hitte kwam in de loop van de ochtend natuurlijk al snel weer op tropische sterkte, maar was op deze hoogte lang niet zo verstikkend vochtig als aan de kust bij Manado. Het pad boog prettig met de berg mee voor het door een stuk bos liep waar vlinders voor me uit dansten, begeleid door het geritsel van hagedissen die in het struikgewas verdwenen. Weldra kwam het bospad weer in de open lucht uit en liep daarna door een dicht stuk olifantsgras. Ik klom moeizaam omhoog toen het pad steiler werd, en opeens was ik bij de top, en op een pad dat helemaal naar de rand van de roken-

3 Dit is geen zware tocht voor wie redelijk fit is. De wandeling door het oerwoud is voor het grootste deel vlak en de paden zijn schoon. De hitte is echter drukkend en de insecten zijn zeer irritant. Er met openbaar vervoer heen zou veel van je vergen.

★ Voor de trektocht door het bos moet je kleding dragen die je zoveel mogelijk bedekt. Dat is in de hitte niet leuk, maar er zijn niet alleen muskieten in het bos, er is ook een mijt of luis die zich kennelijk in rottend hout en vegetatie schuilhoudt en die, als hij op je huid terechtkomt, een irritatie veroorzaakt die maanden kan jeuken. Er is logies voor elke smaak en elke beurs in Manado zelf, maar in Tangkoko moet je in een van de eenvoudige verblijven overnachten, waaronder de Ranger Homestay kennelijk de beste voorzieningen heeft. Jenli, de hoofdboswachter, is zijn eigen verblijf aan het bouwen. Neem zelf handdoeken en zeep mee.

Neem volop insectenwerend middel mee, een zaklamp, camera, verrekijker, extra batterijen en film, wandelschoenen en sokken, en regenkleding. Als je wilt zwemmen, vergeet dan je zwemspullen niet.

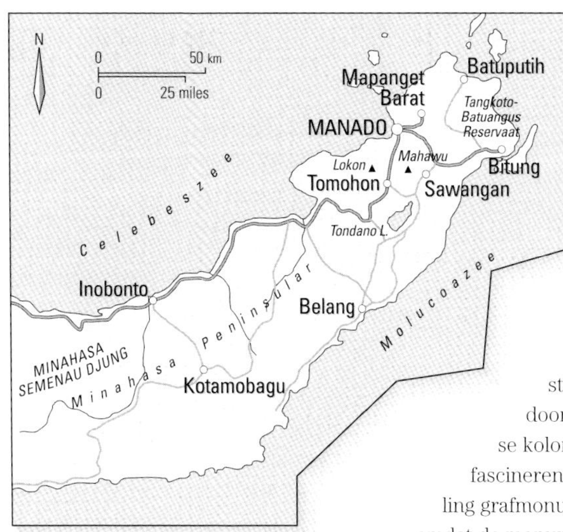

Op zoek naar wild op het puntje van Sulawesi

de krater liep. Het stonk er naar zwavel en af en toe siste er ontsnappende stoom. In de krater lag een groen meertje en er lagen rotsblokken met felgele zwavelvlekken. Het pad liep om de krater heen en we hadden er helemaal omheen kunnen lopen, ware het niet dat we bij veranderlijke wind in een wolk gifgas terecht hadden kunnen komen.

Maar zo ver hoefden we niet te gaan om onder de bekoring van de krater te komen (en de niet onredelijke angst dat hij elk moment kon uitbarsten), of om het uitzicht naar het noorden, naar Manado en de eilanden voor de kust, tot aan Bunaken toe, te bewonderen; en naar het zuiden, naar de verschillende andere Minahasa-vulkanen die de wacht hielden over de vlakte eronder.

Een godsdienstige kijk

Van Tomohon was het nog een tocht van 3 uur naar het dorp Batuputih en het Tangkoko-reservaat, aan de kust ten westen van Manado. Onderweg stopten we in het dorp **Sawangan**, bij een heel vreemde verzameling grafmonumenten. Tot de komst van de Hollandse kolonisten, toen het christendom alles wegvaagde, gaven de inboorlingen van Sulawesi, die animisten waren, de voorkeur aan bijzetten boven de grond. De doden werden in zittende houding in *warunga*, holle stenen graftomben, gezet en hun beeltenis werd op de buitenkant uitgehakt. Nu, in het oerwoud, zijn deze rijen stenen hutten, omringd door de graven van Hollandse kolonisten uit later tijd, een fascinerend gezicht. Deze verzameling grafmonumenten is kunstmatig, omdat de monumenten in heel Minahasa verspreid lagen en pas hier werden verzameld na een cholera-epidemie begin 20e eeuw, om een soort openluchtmuseum te vormen. Toch voelde het helemaal niet als museum aan. Voor iemand die de weg naar de begraafplaats op kwam, leek het net of James en ik, de enige mensen daar, onze verwanten of voorouders eer kwamen bewijzen.

Godsdienst, in zijn christelijke vorm, is duidelijk erg belangrijk voor de bevolking van Sulawesi. In de dorpen staan prachtige kerken waarvan de felwitte voorkant en trapgevels aan Hollandse koloniale bouwkunst doen denken. Veel van deze nederzettingen, die meestal nogal klein zijn, hebben niet één maar meerdere kerken, elk voor de aanhangers van een ander kerkgenootschap.

Er was een groot verschil tussen de rust van de kerken en de luidruchtige verkoopmethoden van de plaatselijke winkeliers. Iedereen probeert zoveel mogelijk te verkopen. Voor de winkels staan enorme luidsprekers waar muziek uitkomt die zo hard mogelijk is, om klanten naar binnen te lokken. Als het werkt, komt dat vast alleen omdat het binnen rustiger is dan buiten op straat. In de kleinere dorpen daarentegen, die volkomen afhankelijk zijn van het boerenbedrijf, is het extreem stil. Het ruikt er ook sterk, omdat Noord-Sulawesi een centrum van kruidnagelproductie is. De kruidnagels worden op rotan matten in de zon te drogen gelegd en hun pittige geur hing in de lucht en stroomde om de auto heen toen we langsreden. In alle dorpen zagen we door paarden getrokken versies van de Filippijnse *jeepney* – bonte rijtuigjes met veel chroom, getrokken door ruige, kleine pony's met meestal een paar vrouwen die genoten van een paar momenten van bescheiden luister.

De weg naar Tangkoko

Uiteindelijk begon het wegdek wel heel slecht te worden. James leek er niet erg mee te zitten, maar ik kon me voorstellen dat de weg bij zware regenval onbegaanbaar zou zijn. We bleven nu al bijna steken in mul grijs zand en konden er alleen uitkomen omdat we op een helling stonden en we de auto dus in zijn vrij weer omlaag konden laten rollen, voor we het nog eens probeerden. En toch kwam achter ons de plaatselijke bus, zoals gewoonlijk overvol passagiers, bagage en levende

RECHTS Uitgehouwen warunga-graven op de begraafplaats van Sawangan. Ze houden de lichamen in een zittende foetushouding en zijn uniek in de streek
ONDER De avondmarkt van Manado

have, in zicht en bleef vlak achter ons tot James opzij ging om hem te laten passeren; daarna hobbelde hij in een rook- en stofwolk van ons weg.

De weg was inmiddels niet meer dan een breed karrenspoor dat door een dicht palmbos liep. Af en toe passeerden we boerenarbeiders aan de kant van de weg die palmolie of iets dergelijks maakten – afgezien van een eenzame graafmachine, een zielige lik oranje verf en kapot glas, was er alleen een groene vlakte om ons heen. Toen zagen we boven de palmbomen uit de zee. 'Tien minuten,' zei James met een grijns. En inderdaad, kort daarna, om een uur of vier in de middag, reden we het dorpje **Batuputih** binnen, aan de rand van het **Tangkoko Nationaal Park**.

Ons logies, de Ranger Homestay, lag recht tegenover de parkingang en was gekozen omdat het 't enige verblijf met muskietennetten was. Hoewel dit duidelijk een groot voordeel was, waren de kamers verder heel eenvoudig, met een bak water en een soeplepel als douche, en een kleine elektrische fan die de vochtige lucht ternauwernood in beweging bracht.

James ging op zoek naar onze gids. Jenli was de hoofdboswachter, een buurtbewoner die belangstelling had opgevat voor het welzijn van het bos en die, toen hij een tijdje had gekeken wat er werd gedaan om flora en fauna te behouden, beroeps was geworden. Na 12 jaar als boswachter kende hij de bospaden op zijn duimpje. Maar zo eenvoudig is het leven nu eenmaal niet en zelfs deze broodwinning werd bemoeilijkt door gewetenloze concurrentie. Hij moest concurreren met amateur-gidsen uit het dorp die, als ze

MOUNT MAHAWU

Een tocht vanuit Tomohon die de moeite waard is – en gemakkelijker dan de trektocht naar Mount Lokon – is de plaatselijke bus naar een andere vulkaan te nemen, vlak naast Lokon – Mount Mahawu. Informeer ter plaatse naar recente vulkanische activiteit, zoek dan een bus naar Rurukan (als je zelf geen transport hebt), zeg 'Gunung Mahawu' tegen de chauffeur, dan zet hij je bij het juiste pad af.

zich aan bezoekers vastklampten, onbeschaamde leugens vertelden om het werk te krijgen. Wij hadden bijvoorbeeld bij aankomst te horen gekregen dat Jenli stomdronken uit het dorp was verdwenen. In het verleden hadden klanten die bij hem hadden gereserveerd, te horen gekregen dat hij dood en begraven was.

Het oerwoud in

We reden over wat een onmogelijk smal houten bruggetje leek en toen we ons bij het parkkantoor hadden ingeschreven, reden we het park zelf in. Een paar kilometer verderop stopten we langs het bospad en stapten uit. Bewapend met een zaklamp, met onze lange broek in onze sokken en laarzen, met blouses met lange mouwen en met muskietenwerend middel op alle lichaamsdelen die onvermijdelijk aan het licht blootstonden, volgden we een pad het struikgewas in.

Vlak achter de bomen links van ons werden we overspoeld door het geluid van de branding van de onzichtbare zee. De lucht was zwaar en klam toen het licht begon te vervagen en de geluiden van de tropische nacht – een uiteenlopend gegons, gefluit en gekras – begonnen door het schemerige bos te klinken. Lianen, met lange, dunne wortels die beroemd zijn geworden door Tarzan, hingen langs ons omlaag en over het pad hingen buigzame bogen rotan; toch was het pad doorgaans goed te volgen, ook al moesten we soms onder enorme varens of palmbladen door duiken, of over een omgevallen boom springen. Enorme ficussen torenden boven ons uit, hun granietkleurige stammen gesteund door wortels die in vouwen als een crinoline om de voet heen hingen.

Na een uur hielden we halt. Jenli liep naar een boom toe en keek in een gat in de stam. Hij kwam tevreden knikkend terug – hij had een nest spookdiertjes gevonden. Het was nog niet helemaal donker en hij stelde voor dat we hier zouden wachten tot deze nachtdiertjes te voorschijn kwamen voor hun nachtelijke jachtexpedities.

Binnen een paar minuten was het pikdonker. Jenli hield gespannen de struiken om ons heen in de gaten. Opeens boog hij zich voorover en scheen met zijn zaklamp in de ogen van een diertje zo groot als een forse muis. De lange dunne staart hing omlaag toen hij geabsorbeerd in de lichtstraal staarde. Zijn ogen waren, net als die van de bekendere maki, onevenredig groot, waardoor hij een heel onschuldige blik kreeg.

Het was een heel aantrekkelijk en bekoorlijk diertje, maar we moesten de zaklampen algauw uitdoen om het arme dier door te laten gaan met zijn jacht. Toen, net toen we ons afwendden, klonk er gekraak in het kreupelhout, gevolgd door de kreet: 'O, we moeten echt ophouden elkaar zo te ontmoeten!' en daar, in het donker, midden in het oerwoud, stonden Mark en Clare, het Zuid-Afrikaanse stel dat ik een paar dagen eerder had ontmoet toen ik op Bunaken aan het duiken was.

We hadden bereikt wat we die avond wilden en gingen dus terug. Mark en Clare, die geen wagen hadden om hen in het pikdonker over het pad te rijden, namen het aanbod van een lift aan. Ze stapten bij het hek uit en nodigden ons uit te kijken hoe ze via een andere brug weggingen, de klassieke brug van touw en planken die, in films, gevaarlijk zwaaiend boven een diepe afgrond hangt, of, in dit geval, ca. 5 m boven een modderige rivier. De brug zwaaide inderdaad en er ontbraken meerdere planken. Jenli fluisterde ons toe dat er de week tevoren nog een paar mensen door de gaten waren gevallen. In het volkomen duister hielpen de zaklampen niet erg; maar ze kwamen veilig aan de overkant en we riepen elkaar een afscheidsgroet toe, in afwachting van een volgende wonderbaarlijke ontmoeting.

Een korte autobiografie

De volgende ochtend – vroeg, dat hoef ik niet te zeggen – zouden we terugkomen op zoek naar meer. Intussen kreeg ik bij een maaltijd van vis en fruit in het logies het verhaal van James' jeugd te horen. Hij had een tijdje op een seminarie gezeten om priester te worden tot hij besefte, zoals hij het stelde, dat zijn roeping niet goed gemotiveerd was. Hij vond het, ontdekte hij na vier jaar, leuker om vrouwen achterna te zitten, waartoe hij op een gegeven moment zelfs had overwogen zeeman te worden, op basis van de oude formule 'in iedere stad een andere schat'. Uiteindelijk, misschien onder druk van zijn ouders, was hij in Jakarta toerisme gaan studeren voor hij naar Manado was teruggekomen om werk te zoeken. Maar nu stond hij op het punt te trouwen met een moslimmeisje (tot grote afschuw van zijn familie), wat zou betekenen dat hij naar haar woonplaats moest verhuizen en hij weer een andere roeping zou krijgen, dit keer als rijstkoopman.

Na het eten maakte ik een ommetje tot buiten de hekken van de hoeve. Een groepje kinderen knikkerde in het stof, bekeken door kletsende buren. Boven ons leek de nachtblauwe hemel, vol twinkelende sterren, over de hoge silhouetten van de kokospalmen te strijken.

De volgende ochtend om 5 uur waren we op en klaar voor weer een boswandeling van 3 uur. In het bos, waar het nog donker was, was het een drukte van belang – we hoorden de spookdiertjes kwetteren, maar daar waren we nu niet op uit. We waren op zoek naar grotere prooi. Aan de voet van een ficus bleef Jenli staan om naar een holte hoog in de stam te wijzen, waar, zei hij, een paartje neushoornvogels nestelde. Als we ze wilden zien, moesten we wachten tot de ouders van hun jacht terugkwamen. Dus bleven we op het ochtendgloren staan wachten en luisterden naar de roep van papegaaien en snoven de klamme, dampige lucht op. Toen het zonlicht ons bereikte, klonk boven ons hoofd een zware, ritmische vleugelslag toen de eerste van de volwassen neushoornvogels in de bovenste takken van een naburige boom neerstreek.

Hij, of zij, ging daar zijn veren glad zitten strijken, in geduldige afwachting van zijn partner. Het duurde een hele tijd, geduld is in neushoornvogelkijkende kringen beslist een schone zaak. En toen de partner arriveerde, werd er, ondanks het formaat van hun grote, bonte snavels, verrassend zacht en behendig heel wat afgeknuffeld, gladgestreken en gepikt, voor ze achter elkaar het nest in vlogen om voor hun jongen te zorgen.

De zwarte makaken

Nu moesten we onze aandacht verleggen van de hoge takken naar de lagere, want we waren op zoek naar zwarte makaken, een aap die alleen in Sulawesi voorkomt en die in grote aantallen in dit bos leeft. Een inlandse vrouw die langskwam, wees Jenli iets aan en we liepen haastig achter hem aan een ander pad af naar het geluid van levendig vertier. Toen we bij de oorzaak van het geluid kwamen, werden we omringd door wel 30 dartelende grappenmakers van alle formaten, een groep zwarte makaken. Er was een stamhoofd die op zijn hurken een oogje in het zeil zat te houden; een stel dat energiek aan het paren was; en verschillende jonge apen die elkaar van de ene tak op de andere achterna zaten – en dat allemaal binnen een paar stappen van waar wij stonden. Natuurlijk wisten ze wel dat we daar waren, maar ze negeerden ons volkomen. Er kwam er niet één op ons af om voedsel of om ons weg te jagen. Kennelijk vormden we geen gevaar voor ze maar tevens – en dat was wel zo prettig – hadden sentimentele toeristen ze duidelijk

niet verpest. Langzamerhand trok de groep verder het bos in (elke groep heeft zijn eigen gebied) en we gingen er een tijdje achteraan, omdat we het zo leuk vonden, tot het tijd werd om terug te gaan.

We kwamen langs een andere enorme ficus. Die was helemaal hol, maar er liep een dichte wirwar van wortels langs de binnenkant van de stam, als een gigantische gemberwafel. Verderop zei James dat ik met mijn zaklamp in de stam van een andere boom moest schijnen en daar hing een heel stel ronde, oranje kraaltjes in de lucht, de ogen van een kolonie vleermuizen.

Ten slotte hoorden we de branding weer en voor we het wisten, stonden we op een strand van zwart vulkaanzand. Het oerwoud, met zijn dichte, vruchtdragende bomen, kwam bijna tot aan het water. We gingen het strand op en liepen erlangs tot we bij een open plek kwamen waar de auto stond.

Ongetwijfeld zouden meer wandelingen in het oerwoud nieuwe verrukkingen opleveren. Er zitten hele lange pythons – van wel 12 m, zegt men – en de babirusa, een soort wild zwijn. Je kunt ook een nacht in het oerwoud doorbrengen; maar ik had op de wandelingen genoeg gezien.

Tot mijn opluchting verliep de terugtocht naar Manado tamelijk moeiteloos. Ik had problemen verwacht bij het oprijden van een paar van de gaterige hellingen, maar James stuurde ons er vaardig doorheen. We gaven een Engels stel en een Nieuw-Zeelander, Mike, die een kunstbeen had, een lift. Hij was dol op reizen en had een akelig ongeluk gehad tijdens een vakantie op Kreta, maar hij was de opgewektheid zelve en kende geen wrok. Door zijn optimisme en vastberadenheid leek het ongemak dat ik had moeten verduren om prachtige plekken als Tangkoko te zien te krijgen, helemaal niets.

TANGKOKO OF BATUPUTIH?

Er kan verwarring ontstaan over de namen Tangkoko en Batuputih. Tangkoko is de naam van de omgeving van het park, door de berg die zo heet. Veel van het reservaat ligt op de lagere hellingen van de berg. Batuputih slaat alleen op het dorp aan het eind van de weg vanuit Bitung en kan de naam zijn die door bussen wordt gebruikt die tussen de twee heen en weer rijden.

BOVEN Bananen kopen in Manado
RECHTS In een gebied met actieve vulkanen wordt het oerwoud omzoomd door een strand van zwart vulkaanzand

ALLEEN ER OP UIT

HET BINNENLAND IN

Het meest voor de hand liggende aankomstpunt voor Tangkoko is de havenplaats Manado, op ca. 3 uur rijden aan de tegenoverliggende westkust. In Manado is het niet moeilijk om aan een auto met chauffeur te komen om je naar Tomohon en verder naar Tangkoko te rijden.

Per vliegtuig De gemakkelijkste manier om in Manado te komen, is per vliegtuig. Vanuit Jakarta gaat een dagelijkse lijnvlucht met Garuda, de Indonesische nationale luchtvaartmaatschappij (reistijd 90 minuten). Er gaan ook dagelijks vluchten van en naar andere grote steden in Indonesië.

Er gaan weinig internationale vluchten van en naar Manado. Silk Air, de streekvervoerder van Singapore Airlines, vliegt ten minste tweemaal per week naar Singapore. Bouraq gaat eenmaal per week van Manado naar Davao, op het Zuid-Filippijnse eiland Mindanao. Garuda heeft vluchten van en naar Japan overwogen, maar daar is nog geen besluit over genomen.

Per bus Het is mogelijk Tangkoko per bus vanuit Manado te bereiken. Ga naar het Paal II Terminal en neem een bus naar Bitung. Overstappen in Girian.

Per boot Je kunt ook met de boot vlak bij Tangkoko komen. De grootste haven van Manado, Bitung, is gunstig gelegen, slechts ca. 2 uur over land. Pelni, de Indonesische staatsscheepvaartmaatschappij, maakt 14-daagse rondreizen langs verschillende havens in Sulawesi, evenals naar Jakarta en Surabaya. Er is ook een weekdienst (gewoonlijk op dinsdag, reistijd 35 uur) van Bitung naar Davao op de Filippijnen, en er zijn verschillende diensten naar Balikpapan op Kalimantan (Indonesisch Borneo). Als je per boot komt, ga dan met de bus naar Tangkoko. Er gaat een periodieke dienst tussen Bitung en Batuputih, maar daar is geen duidelijke informatie over.

WANNEER?

De temperatuur blijft min of meer gelijk, maar de droogste maanden zijn augustus en september, en de natste van december tot februari. De moesson is onvoorspelbaar en je kunt beter ter plaatse informeren, omdat de weg naar Tangkoko na zware regenval onbegaanbaar kan zijn.

VOORBEREIDING

Alle bezoekers van het park moeten een lokale gids in dienst nemen en moeten zich bij de ingang laten inschrijven. Probeer een van de plaatselijke boswachters in te huren – die zijn niet alleen het beste op de hoogte, maar doen ook hun uiterste best om handel in illegale dieren (smokkel) tegen te gaan. Het Smiling Hostel in Manado kan hierbij helpen. Er zijn tal van bewoners die als gids willen optreden, maar dat zijn geen officiële boswachters.

MEE TE NEMEN

- ❑ Zwemspullen.
- ❑ Wandelschoenen, sokken.
- ❑ Lichte kleding die je helemaal bedekt (of ten minste de benen).
- ❑ Insectenwerend middel.
- ❑ Regenkleding.
- ❑ Zaklamp en batterij.
- ❑ Verrekijker.
- ❑ Waterfles.

GEZONDHEID

- ❑ Neem malariatabletten in.
- ❑ Gebruik muskietenwerend middel en klamboe.
- ❑ Draag 's avonds een lange broek en een blouse met lange mouwen.
- ❑ EHBO-doosje mee.
- ❑ Drink flessenwater.
- ❑ Zorg voor voor een goede ziektekostenverzekering.
- ❑ Informeer een maand voor vertrek naar inentingen.

Het koraalparadijs van Manado

door Christopher Knowles

Om het vulkanische eiland Bunaken heen, dat voor de haven van Manado ligt, liggen een fantastisch rif en een koraalwand. Hier vond ik een paradijs voor zowel de snorkelaar als de scubaduiker.

Manado, een haven aan de Celebes Zee, vlak bij de evenaar, ligt op het allernoordelijkste, vulkanische puntje van Sulawesi, het zonderling gevormde Indonesische eiland ten westen van Borneo en ten zuiden van de Filippijnen. **Manado**, de hoofdstad van de provincie Minahasa, is een forse en welvarende stad met zo'n 200.000 inwoners en is een bijna essentieel ontschepingspunt voor bezoekers aan de regio.

Veel van de stad ademt iets van languissante welvaart. De haven zelf, met her en der versleten schepen, ziet er waarschijnlijk al meer dan honderd jaar zo verwaarloosd uit. De stad kijkt uit op een aantal eilanden voor de kust, waarvan **Manado Tua**, met zijn prachtig gevormde vulkaan, bedekt met een vegetatie zo dicht als mos, het opvallendste is. In het water dat tegen dat vulkanische eiland klotst, werd in 1997 voor het eerst in Aziatische wateren de coelacant gevonden, de prehistorische vis die in 1937 voor het eerst voor de kust van Zuid-Afrika werd aangetroffen. Naast Manado Tua ligt een lang, nogal vlak eiland, met een richel bos langs zijn ruggengraat. Dat is **Bunaken**, met een van de beste riffen van Azië om te duiken, een met koraal bedekte wand die 180 m diep de oceaan in steekt.

Bunaken ligt, samen met Manado Tua en drie andere eilanden in de buurt, in een zeepark van 75.000 ha, een prachtige diepzeetuin die nog onbedorven is door bezoekers. Maar het toerisme vormt absoluut een gevaar voor het koraal. Boten van een paar van de goedkopere duikorganisaties beschadigen het koraal nogal eens met hun ankers, een van twee goede redenen om ze niet te gebruiken (de andere is dat hun uitrusting niet al te best kan zijn).

Van Manado naar Bunaken

Als je niet in een van de luxehotels in Manado verblijft, is het belangrijkste informatiecentrum het Smiling Hostel, een goedkoop pension voor rugzaktoeristen, bij het havenkwartier. Het pension kan het duiken regelen, evenals boten naar Bunaken. De tocht van Manado naar het eiland duurt ca. 40 minuten met een gemotoriseerde vlerkprauw. Als die zijn best doet door de vlagerige golven te ploegen, kijk je achterom naar de oude Chinese tempel van Manado, die het laag-

Als je nog geen duikbrevet hebt, kun je op Bunaken een PADI-cursus volgen. Het duiken is voortreffelijk en hoewel je moet opletten voor de stroming bij het rif, zijn de betrokkenheid en zorg van Froggie Divers uit de kunst. Duiktochtjes kunnen ter plaatse worden geregeld, maar het is raadzaam van tevoren te boeken, zeker als je op Bunaken wilt overnachten.

★★ In Manado is logies voor elke smaak en elke beurs. Op Bunaken is het een kwestie van aan welk particuliere verblijf je de voorkeur geeft (er zijn plannen om een paar bungalowtjes te bouwen, die meer comfort bieden dan de schone maar heel eenvoudige faciliteiten van een verblijf bij particulieren).

Alle duikbenodigdheden kunnen ter plaatse worden gehuurd. Afgezien van insectenwerend middel, zonnebrandmiddel en zonnehoed wordt aangeraden een beetje azijn mee te nemen. Dit verzacht het effect van vuurkoraal, dat onder water moeilijk te vermijden is.

gelegen stadsdeel domineert met daarachter, in de verte, het hoogland van Minahasa.

In de boot zat ook een Hollands stel dat al een paar dagen op het eiland was, en een zeer ontspannen ogende Duitser, Detlief, die naar Bunaken ging om te leren duiken. Voor ons uit zagen we het dorp Bunaken aan de kust aan één kant van het eiland; of liever, we konden de grote kerk zien, wit als glazuur in de zon. De boot stampte verder voor hij boven het koraalrif draaide en in de ondiepte voor het strand tot stilstand kwam. Met onze bagage boven ons hoofd waadden we aan land tussen groteske mangrovewortels door. Naar alle kanten stoven krabbetjes weg voor ze plotsklaps onder het natte zand verdwenen. Het strand, vol zeewier en okerkleurig zand, strekte zich in een lange, flauwe bocht uit langs het bos dat, dicht en verwelkt, nauwelijks door een briesje werd beroerd.

HET LEVEN OP HET EILAND

Ons logies, Papa Boa's Homestay, was aan het strand. Het was heel eenvoudig en bestond uit een overdekt eetgedeelte, het sociale centrum van dit deel van het eiland, en een aantal met stro gedekte hutten op palen met bedden met muskietennetten en een eenvoudige badkamer met een vat water en een soeplepel. Het was schoon, functioneel en paste aantrekkelijk bij zijn omgeving.

Ik zat met Detlief te praten terwijl we op Christiane wachtten, het kopstuk van Froggie Divers, een van de grootste duikorganisaties van Manado. Om ca. 16 uur kwam ze al haar pupillen afleveren (het hoofdkantoor van Froggie Divers was een stukje varen verderop aan het strand). Christiane, een kettingrokende energiekeling, wierp een blik op mijn duikgegevens en, terwijl ze mijn talenten ongetwijfeld ernstig inschatte, deelde ze me mee dat iemand die Angus heette mijn partner zou zijn. Omdat ik me hierbij een Schot voorstelde, besefte ik pas dat ik de naam verkeerd had verstaan toen ik werd voorgesteld aan een jonge Deen die Anders heette, een van Christianes pupillen die voor duikmeester leerde.

Weldra zaten er anderen aan tafel, van verschillende nationaliteiten, leeftijden en achtergronden, allemaal hier alleen voor het duiken en de manier van leven die erbij hoort. Sorin was een Amerikaan, toevallig van Scandinavische afkomst, die onlangs zijn baan als 'headhunter' in Singapore had opgegeven, terwijl Mark en Clare, Zuid-Afrikanen die in Londen hadden gewerkt, onderweg naar huis waren na een lange vakantie in Azië en Australië. Van waar ik stond, vielen ze in de categorie Gekke Duikers, zonder enige vrees en bereid alles te proberen. Mark vertelde me over een duik voor de Zuid-Afrikaanse kust waarbij hij een grot indook en toen ontdekte dat hij er niet meer uit kon omdat er een grote haai voor zwom...

En er waren verschillende duikers uit Nederland, een Brit die vele jaren in Thailand had gewoond, en een Duits gezin met twee jonge kinderen dat in Singapore woonde. Bij het avondeten, bij het gele licht van een stormlamp (de elektriciteitsvoorziening, afhankelijk van een plaatselijke generator, was ongeregeld), bestond uit een barracuda met wijdopen bek met een rij vlijmscherpe tanden en blauwe schubben die tot donker indigo waren verbrand.

OPSTAND

Al lijkt Manado tegenwoordig futloos, dat was in 1958 heel anders. De mensen van Noord-Sulawesi hadden altijd dichter bij de Hollandse kolonisten gestaan dan andere Indonesiërs, waardoor ze zich aansloten bij een opstand tegen de regering van president Sukarno, met Sumatra en Noord-Sulawesi als brandhaarden. Op de mislukking volgden ernstige represailles: in februari 1958 werd Manado door de Indonesische luchtmacht gebombardeerd en in juni bezet.

LINKS Het beste snorkelen in Indonesië is te vinden voor de kust van Manado
ONDER Dorpsjongens laten hun vangst zien

BOVEN Een typisch pension met restaurant op het strand van Bunaken

COELACANT – EEN VOOROUDER VAN ONS?

Als we naar vissen kijken, valt moeilijk te geloven dat we misschien naar een verre verwant kijken. De vinnen van de meeste vissen bestaan uit een stel buigzame stralen die vastzitten aan zijn graten, maar bij sommige vissen, zoals de coelacant, die voor het eerst in 1937 voor de kust van Zuid-Afrika werd ontdekt en in 1997 in Indonesische wateren bij Manado, heeft elke vin een inwendige botstructuur die op een primitieve hand lijkt. Zulke vissen kwamen in het Devoon, 400 miljoen jaar geleden, veel voor en het is heel goed mogelijk dat de eerste gewervelde landdieren van ze afstammen. Men denkt dat ze op hun vinnen uit het water kropen, zich geleidelijk aan hun nieuwe omgeving aanpasten, longen ontwikkelden en op watersalamanders gingen lijken. Na watersalamanders kwamen de reptielen en daarna vogels en zoogdieren. De coelacant, die ca. 1,6 m lang kan worden, is de nauwst levende verwant van de eerste gewervelde landdieren en is bijna identiek aan fossielen van 140 miljoen jaar oud.

EEN KRACHTIGE STROMING

De volgende dag, na een ontbijt met fruit en brood met jam, thee of koffie, genoten bij hanengekraai, arriveerde de vloot van Froggie Divers, met boten die al vol zuurstoftanks en alle noodzakelijke uitrusting lagen. Anders en ik zouden duiken met Karl-Heinz en Rocky, een inwoner van Sulawesi en een van Christianes duikmeesters.

Op Bunaken ligt het koraalrif een paar honderd meter van het strand af. Na een korte tocht ankerde de boot vlak bij waar het rif eindigt. We trokken onze pakken aan en lieten ons in het water vallen. De eerste paar tellen zijn altijd nogal verontrustend, met al dat water en die belletjes om je hoofd en het geluid van je eigen adem versterkt in je masker. Dan dobber je rond tot iedereen klaar is, het signaal wordt gegeven, je laat je drijfvest leeglopen en je begint naar de blauwe diepte te zakken, waarbij je eraan moet denken de luchtdruk te verdelen door je neus dicht te knijpen en voorzichtig te blazen tot je oren ploppen. Tegelijkertijd probeer je zo gelijkmatig mogelijk te ademen, terwijl je toch beheerst uitademt, zoals een auto in zijn vrij voor het stoplicht staat.

Maar algauw, wanneer je ogen aan de omgeving gewend raken, wordt alles duidelijk – wegschietende flinters kleur, de omtrek van grotere vormen die nog net zichtbaar zijn, en de koraaltuin die de machtige rifwand is.

Anders, ontdekte ik, was een zeer bezorgde partner, die nooit van mijn zijde week en me lichamelijk overeind hield door aan mijn arm te hangen, en altijd klaarstond om in geval van problemen bij te springen, of liever bij te vinnen. Toevallig was zijn aanwezigheid meer dan welkom, want de stroom was ontzettend sterk en nam zonder waarschuwing toe, waardoor we angstig snel werden meegevoerd, tot de grenzen van wat we aankonden. We moesten de stroming op de een of andere manier in het gareel houden en in ons voordeel gebruiken. Omdat Anders niet tegen me kon praten, moest hij zijn best doen dit door gebaren en voordoen over te brengen, terwijl het koraal als een te snel afgedraaide film aan ons voorbij schoot. We konden dus alleen nota nemen van wat we zagen; maar af en toe slaagden we erin een vinger achter een rots te haken en te blijven hangen, zodat we om ons heen naar het koraal zelf konden kijken.

KLEINE EN GROTE DIEREN

Een van de interessantste aspecten van het wandduiken op Bunaken was het 'macro' leven, dat wil zeggen de kleinere diertjes, zoals de iriserende naaktslakken die in spleten in het koraal zitten. Er groeien ook rode en oranje sponzen op het koraal, anemonen, zeewaaiers, Spaanse dansers, mand- en kokersponzen, en bonte wormen. We zagen ook talloze stralend blauwe juffervissen, een ranke trompetvis en een enorme kogelvis. Onder Bunakens andere talloze soorten zeedieren zijn pijlstaartroggen, mantaroggen, barracuda's, baarzen en snappers, de felgekleurde papegaaivissen en clownvissen, de enorme napoleonsvis en de onschadelijke rifhaaien, blauwe lintpalingen en zeeslangen, schildpadden en dolfijnen.

Ik slaagde erin meer dan een uur onder water te blijven, mijn echt allerbeste prestatie wat zuinigheid met lucht betreft. Maar de anderen waren veel bedrevener dan ik en we moesten nog een halfuur op hen wachten, waarna we voor de lunch naar het hoofdkwartier van Froggie Divers gingen. Ook hier was alles in een heel eenvoudige opstelling, met een groot open restaurantgedeelte, een opslaghut voor apparatuur en wooneenheden in bungalowstijl.

Er heerste echter een geruststellende sfeer van nauwkeurigheid, duidelijk een afspiegeling van Christianes degelijke benadering van haar werk. Na onze lunch van een gigantische trevallyvis zaten we een tijdje over boeken gebogen met plaatjes van vissen uit de buurt en toen er zoveel tijd was verstreken dat ons lichaam zich van de ochtendduik had hersteld, gingen we weer naar de rifwand. Er kunnen diverse tabellen worden geraadpleegd om uit te werken hoeveel rust tussen duiken door nodig is. De formule is gebaseerd op de diepte die bij de eerste en daaropvolgende duiken wordt bereikt, en hoeveel tijd op die diepten wordt doorgebracht. Het is erg belangrijk zo nauwkeurig mogelijk te zijn, omdat de onderwaterdruk schade kan veroorzaken die pas later duidelijk wordt.

DE KALE MALEO

Als je een kale vogel ziet, ongeveer zo groot als een inlandse hen, met zwarte en witte veren, dan is het de maleo, die alleen in Sulawesi voorkomt. Over de reden voor zijn kale kop is veel gediscussieerd. Eén theorie is dat het oververhitting helpt voorkomen als hij voedsel zoekt op het snikhete strand. De maleo is een van de weinige vogels op aarde die zijn eieren niet door lichaamswarmte uitbroedt. Hij gebruikt de hitte van het warme zand, of de hete aarde bij vulkanen, of hete bronnen – waarvan Sulawesi er veel heeft. Hij graaft een kuiltje in de grond of in het zand en begraaft de eieren. Na de incubatietijd moet de jonge vogel dagen worstelen om uit de grond te komen.

WEER DIE STROMING

De stroming was niet zo hevig meer als 's morgens, maar nog krachtig genoeg om voorzichtig te zijn. Deze keer kon ik er echter beter mee omgaan. Anders had me gewaarschuwd dat hij niet zo aan me zou blijven kleven als tijdens de ochtendduik; maar hij had me wel van tevoren verteld hoe ik de omstandigheden naar mijn hand kon zetten.

Dus hoewel we wel last van de stroming hadden, was het niet zo'n worsteling. Op een prettige, onwezenlijke manier lieten we ons langs de kust meevoeren, alsof er een lang en fleurig perkament werd afgerold. Af en toe liet ik het toch nog uit de hand lopen en werd ik gestoken door roze vuurkoraal of schaafde me aan een steen, maar over het algemeen was het allemaal veel meer ontspannen.

Ik leerde niet overmatig te reageren door met wild met mijn armen te maaien om mijn evenwicht te bewaren – dan gebruik je alleen maar nodeloos energie. Scubaduiken is tenslotte geen natuurlijke activiteit voor menselijke wezens. Het is niet verbazingwekkend dat je instinctief doet wat je op het land zou doen, en dat is dikwijls het tegenovergestelde van wat onder water het beste is. Pas daar, in Bunaken, besefte ik dat het zeebrevet eigenlijk pas het begin van een langer proces was.

ONDER Een plaatje van een zonsondergang over Manado
LINKS en RECHTS Op Bunaken kun je het beste snorkelen van heel Indonesië: het koraalrif zit vol verbazingwekkend en interessant leven, maar duikers moeten zich er goed van bewust zijn hoe kwetsbaar dat is

Tijd voor een feestje

Die avond zou er een feest zijn op het hoofdkwartier van Froggie Divers, ter ere van een paar werknemers die pas getrouwd waren. We dromden de boot in voor de oversteek; onderweg twinkelde fosforescerend plankton in ons kielzog. Er was palmwijn, donker en zoet en

sterk, en er speelde een band die niet van ophouden wist.

Het begon goed met gitaren, een bas (geïmproviseerd met een oude theekist), en een fles met lepel; en een paar heel pikante liedjes op Polynesische wijze. Naarmate er meer gedronken werd, werd de vertolking ruiger, maar de muziek hield wijs. Het enige probleempje ontstond toen een man uit het dorp, die door een overdaad aan palmwijn wel erg veel zelfvertrouwen had gekregen, erop stond de bas over te nemen en zo enthousiast aan de snaren plukte dat hij zelf geloofde dat hij maat en wijs hield. De anderen deden dapper en tolerant mee. Laat op de avond moesten we allemaal de *pato-pato* dansen, een lange en vermoeiende toestand die uitvoerig, zij het op duistere wijze, het verhaal van de zonsopgang vertelt.

Door dit alles heen heeft Christiane, een onvermoeibare 60-jarige, het de hele tijd over hoe ingewikkeld en lonend het leven in Indonesië is. Het zou te ver voeren om in detail te treden, maar het volstaat te zeggen dat de weg naar welvaart, zelfs de weg naar een normaal bestaan, voor een buitenlander altijd zwaar is. Elke afzonderlijke instelling lijkt tegen je te zijn, maar, zoals ze naar voren bracht, de enige weg vooruit was binnen het systeem te blijven. Door zeer vastberaden en niet egoïstisch te zijn, had Christiane het respect van haar Indonesische collega's verworven.

Onderling en tegen alle verwachtingen in hadden ze een uitstekende organisatie met het accent op veiligheid en behoud van het rif, evenals pure vreugde. Ze hadden vertrouwen in de toekomst – Froggie kreeg een nieuw hoofdkwartier, aan het strand vlak bij Papa Boa, met een paar bungalows voor de verhuur met een wat luxere accommodatie – voor mensen die dat willen – dan een verblijf bij particulieren.

Na middernacht werden we over het strand begeleid door de nog steeds enthousiaste muzikanten en met de boot naar huis gebracht onder een met sterren bezaaide, equatoriale hemel. De onderwaterwereld die door het duiken was opengegaan, was een onthulling geweest, maar het was toch goed om soms van de mysteries erboven te genieten.

TIPS VOOR WANDDUIKEN

Voor wandduiken – of je laten meevoeren – is een speciale techniek nodig. De eerste en belangrijkste regel is dicht bij de wand te blijven. Dit gaat tegen een natuurlijk instinct om afstand te houden in, uit angst voor botsingen, maar in werkelijkheid drijft je lichaam, door de juiste houding aan te nemen, een paar centimeter van de wand gewoon met de stroom mee. Als je echter te ver van de wand af zwemt, loop je gevaar meegevoerd te worden naar zee. De meest praktische houding is de meest gestroomlijnde, waardoor je je evenwicht kunt bewaren, met de armen over de borst en de knieën iets opgetrokken, als een kleinbehuisde Egyptische mummie.

EEN BEZOEK AAN HET TONDANOMEER

Als je tijd hebt, is het de moeite waard een tochtje van Manado naar het Tondanomeer te maken, ca. 40 km naar het zuiden. Het is behoorlijk groot meer – ca. 15 km van noord tot zuid – en met de auto eromheen kost een paar uur. Omdat het meer enkele honderden meters boven zeeniveau ligt, is het klimaat er veel prettiger dan aan de kust. De dorpen aan het meer, met hun imposante kerken, hebben karakter, maar zijn niet vuil en armoedig, terwijl het landschap, hoewel onmiskenbaar tropisch, de koele schoonheid van de Italiaanse meren heeft. Hier en daar hebben restaurants verse vis uit het meer.

ALLEEN ER OP UIT

HET BINNENLAND IN

Per vliegtuig Bunaken kan alleen vanuit Manado worden bereikt, de haven op het noordelijke puntje van Sulawesi. De gemakkelijkste manier om in Manado te komen, is per vliegtuig. Vanuit Jakarta gaan dagelijkse vluchten met Garuda, de Indonesische nationale luchtvaartmaatschappij (reistijd 90 minuten). Er gaan ook dagelijks vluchten van en naar veel andere grote steden in Indonesië, zoals Ujang Pandang, in het zuiden van Sulawesi, en Ambon, Denpasar, Gorontalo, Palu en Ternate, hetzij met Garuda, hetzij met een van de andere Indonesische luchtvaartmaatschappijen, Bouraq en Merpati. Er gaan ook vluchten naar Biak, Jayapura, Poso, Luwuk en Sorong.

Er gaan een paar internationale vluchten van en naar Manado. Silk Air, de streekvervoerder van Singapore Airlines, vliegt ten minste twee keer per week naar Singapore. Bouraq heeft een wekelijkse vlucht naar Davao, de haven op het Zuid-Filippijnse eiland Mindanao.

Per bus Het grootste langeafstandsbusstation van Manado, Malalayeng, ligt een eind buiten de stad, ruwweg 30 minuten per *bemo* (het plaatselijke minibusje of 'jeepney'). Vandaar gaan bussen naar Gorontalo (250 km naar het zuidwesten) en verder naar Zuid- en Midden-Sulawesi.

Per boot Je kunt ook per boot in Manado komen. Manado's grootste haven, Bitung, ligt 55 km van Manado af, aan de andere kant, de westkant, van het schiereiland. Pelni (de staatsscheepvaartmaatschappij) heeft 14-daagse rondreizen langs verschillende havens in Sulawesi, evenals naar Jakarta en Surabaya. Er is ook een weekdienst (gewoonlijk op dinsdag, reistijd 35 uur) naar Davao op de Filippijnen, en verschillende diensten naar Balikpapan op Kalimantan (Indonesisch Borneo). Er gaat ook een aantal diensten uit Manado zelf, en uit Singkil (1,5 km naar het noorden) naar verschillende havens op Sulawesi en naar Ambon en de Talaud-eilanden. Deze boten verschillen onderling, maar hebben meestal vier klassen hutten en een goedkope of dekklasse. Om een idee van de prijzen te geven, de eerste klas op een Pelni van Jakarta naar Bitung kost ca. $380. Reistijd is 4 dagen.

VAN MANADO NAAR BUNAKEN

Van Manado naar Bunaken is een boottocht van ca. 40 minuten. Als je van plan bent op het eiland te logeren, moet je van tevoren vanuit Manado logies bespreken – dat kun je waarschijnlijk het beste vanuit het Smiling Hostel doen. Dan kan tegelijkertijd de tocht naar het eiland worden geregeld. Anders is er een dagelijkse dienst naar het dorp Bunaken, die niet handig is als je bij een particulier verderop langs de kust verblijft.

EEN DUIK BESPREKEN

Froggie Divers (zie Contacten) zit op Bunaken. Andere organisaties (zoals Barracuda) hebben ook duikarrangementen op Bunaken. Geen van beide is de goedkoopste in de buurt, maar goedkoop duiken is niet altijd goed, of belangrijker, veilig duiken.

WANNEER?

De temperatuur verschilt het hele jaar niet veel. De moessons zijn onvoorspelbaar geworden, maar de droogste maanden zijn meestal augustus en september, de natste van december tot februari.

GEZONDHEID

- ❑ Neem malariatabletten in.
- ❑ Gebruik muskietenwerend middel en klamboe.
- ❑ Draag 's avonds een lange broek en een blouse met lange mouwen.
- ❑ Neem EHBO-doosje mee.
- ❑ Drink flessenwater.
- ❑ Zorg voor je vertrek voor een goede ziektekostenverzekering.
- ❑ Informeer ten minste een maand voor vertrek naar wat voor inentingen je nodig hebt.

BELANGRIJK

Als je op Bunaken logeert, moet je zelf voor handdoeken, zeep en andere toiletspullen zorgen, en voor een zaklamp (met een extra batterij) voor als de stroom uitvalt. Op het strand is een winkeltje, maar je kunt er niet op rekenen dat ze bijvoorbeeld je type of formaat batterij hebben. Breng daarnaast het relevante duikbrevet, zwemspullen en slippers of sandalen mee.

FILIPPIJNEN

De Filippijnen, een sterk verspreid liggende groep eilanden (het noordelijkste ligt op dezelfde breedte als Hongkong, het zuidelijkste niet ver van Borneo), worden verrassend weinig bezocht. Voor avonturiers is dat een pluspunt, want hier, misschien meer dan in veel plaatsen in de regio, zijn nog grote stukken onaangetaste prachtige natuur, bewoond door volken wier vriendelijkheid een van de aantrekkelijkste eigenschappen van het land is. De hoofdstad, Manilla, is een uitgedijde, drukke metropool vol extremen qua armoede en rijkdom. Maar erachter ligt een charmante en boeiende wereld. De Filippijnen zijn lang de speelbal van verschillende westerse koloniale machten geweest, maar de vreemde invloeden waren voornamelijk Spaans en Amerikaans. De Spaanse invloed blijkt het duidelijkst uit de gezichten van de mensen, terwijl de Amerikaanse invloed wordt gevoeld door een verrassende aanleg voor technologie. Tegelijkertijd horen de zeer ouderwetse liefde voor godsdienst, muziek, corruptie en blijmoedige berusting bij het dagelijks leven.

Het Sebumeer op het eiland Mindanao op de Filippijnen

Ontmoeting met T'boli-volk

door Christopher Knowles

Na een vlucht van Manilla naar het eiland Mindanao in het verre zuiden van de Filippijnen ging ik per jeep naar het Sebumeer om in een van de mooiste binnenwateren van het land te zwemmen. Hier ontmoette ik het aardige T'boli-volk, dat in het land van zijn voorouders aan zijn traditionele manier van leven vasthoudt.

De tocht naar het Sebumeer is niet moeilijk (tenzij je met het openbaar vervoer gaat) en als je er eenmaal bent, kun je gaan en staan waar je wilt en van de sfeer genieten. De oerwoudwandeling is niet lang, maar kan door de hitte en de terreingesteldheid vermoeiend zijn.

In General Santos is volop logies in alle prijsklassen. Bij het Sebumeer is de keus veel beperkter, maar er is ten minste één zogenaamd vakantiehotel met aanvaardbare faciliteiten. In de toekomst kan misschien een verblijf bij een T'boli-gezin worden geregeld, maar dat lijkt nu nog niet mogelijk. Aan het Sebumeer is het veel koeler dan op de vlakte, maar het is er nog steeds heet en het weer is onvoorspelbaar.

Houd rekening met regen, neem zwemspullen mee en ook, voor de oerwoudwandeling, stevige hoge schoenen met een goed profiel. Een insectenwerend middel is nuttig en weet dat in het oerwoud dieren zitten die onaangenaam kunnen bijten. Een lange broek en sokken zijn raadzaam.

Het was nog heel vroeg, maar de wachtkamer van de vertrekhal voor binnenlandse vluchten zat vol. Opeens begon iedereen om me heen op te staan en hardop te spreken. Ze zeiden het onzevader op, in navolging van de priester die in kerkelijk gewaad voor in de ruimte knielde. Gebeden op een vliegveld zijn waarschijnlijk een goed idee, maar zeker op dat moment op de Filippijnen, omdat de nationale luchtvaartmaatschappij net de week tevoren failliet was verklaard. Gelukkig leek de ramp het vluchtschema niet al te erg in de war te hebben geschopt.

Er gaan maar weinig reizigers naar General Santos, een stad op het zuidelijkste Filippijnse eiland **Mindanao**. Ik was de enige in een halfvol vliegtuig – dat, voorzover ik wist, een unieke vorm van entertainment had: in het landingsgestel waren videocamera's aangebracht, zodat de passagiers het opstijgen en landen konden volgen. Toen we eenmaal boven de wolken waren, werd het beeld nogal vaag, maar de eerste en laatste beelden waren spectaculair.

Op het vliegveld van General Santos werd ik opgevangen door 'Boy' Santiago die, in de grenssfeer van deze betrekkelijk nieuwe stad met uitzicht op een 2000 m hoge niet meer werkzame vulkaan, overal wel een vinger in de pap leek te hebben, waaronder een restaurant en een bowlingbaan. In een land als de Filippijnen, waar onzekerheid een manier van leven is, is het waarschijnlijk heel verstandig een aantal pijlen op je boog te hebben.

General Santos, genoemd naar een revolutionaire held, is een haven die zich in tonijn voor de Japanse markt specialiseert. Er zijn tal van restaurants en banken en de stad straalt een zakelijk zelfvertrouwen uit, zelfs in tijd van economische malaise in de hele regio.

Paradijs voor ontvoerders

Na een lunch van *sashimi* in een plaatselijk Japans restaurant stapten Boy en ik in een jeep voor de tocht naar het Sebumeer, in de heuvels ten noorden van de stad. We vertrokken over een lange, drukke hoofdweg over de vlakte aan de voet van de vulkaan en kwamen door een reeks drukke stadjes met straten vol fietstaxi's en jeepneys. Uit al deze tot busjes omgevormde jeeps, bont beschilderd en met glanzend chroom afgewerkt, staken aan alle kanten passagiers en ze zaten op elk plekje buitenruimte. Achter de steden liggen asperge- en ananasakkers, twee gewassen die het in de vruchtbare vulkanische bodem heel goed doen, evenals kokosbosjes en bananenplantages.

Het opvallendst is de Filippijnse liefdesrelatie met zowel godsdienst als wapens. Elke denkbare christelijke sekte heeft in deze steden zijn eigen kerk, kapel of ontmoetingsruimte en er is een fors aantal Christus Koning Rouwcentra – misschien niet erg verbazingwekkend als in plaatselijke restaurants naast een aankondiging van de lunchgerechten een briefje hangt met 'wapens te koop'.

Na een tijdje stopten we bij een kraampje om vers fruit te kopen voor we afsloegen, een ca. 20 km lange, onverharde weg vol kuilen in naar het Sebumeer, door steeds weelderiger vegetatie en smaragdgroene rijstvelden omhoog. We zagen steeds vaker hutten van stro en bamboe, op stelten of palen, toen we over een breed stuk bos achter ons de vlakte met daarachter de zee konden zien.

We passeerden een bord dat ons verwelkomde in T'boli-land en weldra lag onder ons een kleiner, soortgelijk meer als het Sebumeer, afgeperkt met visnetten. Een eindje verderop, op een hoogte van zo'n 600 m boven zeeniveau, lag het Sebumeer zelf, met rondom hoge heuvels met bamboebos en bebouwd terrasland. Even kwam deze plek van geweldige rust en stille pracht me voor als de toevallige ontdekking van een vergeten paradijs.

ROERIGE TIJDEN

Aan de weg van General Santos naar het Sebumeer ligt elke paar kilometer een militaire controlepost, onbemand, zag ik tot mijn opluchting, en kennelijk op het moment ongebruikt. Begin jaren '90 kreeg Mindanao een gevaarlijke reputatie op het gebied van ontvoeringen, voornamelijk van buitenlanders (meestal rijk en van Filippijnse afkomst) door militante islamitische groeperingen. Ik kreeg te horen dat ontvoeringen nu plaatsvinden in het oostelijk deel van het eiland, terwijl de laatste krantenberichten hinten dat de leider van de terroristen heeft ingestemd met onderhandelingen met de nieuwe regering.

LAND VAN DE VOOROUDERS

We sloegen met een scherpe bocht een andere onverharde weg in, na een wegwijzer naar Punta Isla, een hotel op een klip met uitzicht op het olijfgroene water van het Sebumeer. Ertegenover, midden in het meer, lag een eiland met een rand palmbomen. De oever van het meer lag bezaaid met T'boli-huizen op palen. Hier en daar voeren boomstamkano's met mannen die voor de visnetten zorgden, en een stoombootje maakte zijn ronde langs de kust. Dit was eigenlijk een samenkomen van oud en nieuw. Het vakantiehotel was eenvoudig (de slaapkamers hadden bamboehemelbedden met een felrode geborduurde sprei), maar onmiskenbaar modern, van de meeste gemakken voorzien (al had de wasbak in de badkamer geen afvoer). Het was maar een klein eindje lopen van het hotel naar de wereld van bamboe en stro van de T'boli.

Slechts een paar honderd meter verderop zat een vrouw aan haar weefgetouw op de bovenverdieping van haar bamboepaalwoning. Ik werd binnengevraagd en trok mijn schoenen uit. Ze zat aan een zelfgemaakt weefgetouw, met haar voeten op een soort pedaal (om de schering strak te houden). Het patroon dat ze weefde, was het product van haar door betelnoot veroorzaakte dromen en de kleuren, voornamelijk zwart en rood, het gevolg van natuurlijke verfstoffen uit blad en boombastvezels. Ze zou hier wekenlang elke dag zitten voordat de 10 m lange lap stof klaar zou zijn. Iets ervan werd misschien door de bevolking gebruikt, maar veel ervan zou uiteindelijk in General Santos te koop zijn. Te midden van haar mand betelnoten, haar gongs en de andere muziekinstrumenten die veel gezinnen hier lijken te hebben, afgezien van haar

BOVEN Een traditionele T'boli-woning van stro op bamboepalen. Er liggen er veel in de buurt van het moderne vakantieoord Punta Isla aan het Sebumeer (onder)
RECHTS Vissen in een van de rivieren die uitkomen in het Sebumeer

traditionele hoedje (dat ik aanvankelijk voor een lampenkap aanzag) leek ze niet te weten wat het was om zich te vervelen. Verderop was een koperslager aan het werk in een gieterij onder zijn woning. Hij was een van de vier mannen in de streek die befaamd waren om het gieten van klokken – een handwerk dat na eeuwen van handeldrijven met de moslims op de vlakte beneden van de ene generatie op de andere wordt doorgegeven.

Hoewel er een paar dorpen met een aantal huizen zijn, wonen de T'boli vanouds in huizen die bij elkaar uit de buurt staan. De huizen, *gunu bong* genaamd, zijn ca. 15 m lang en 10 m breed en staan op bamboepalen van ca. 2 m hoog. Terwijl jonge T'boli, net als mensen over de hele wereld, tegenwoordig in spijkerbroek lopen, dragen veel T'boli, vooral de vrouwen, nog steeds hun fraaie sieraden (waaronder een soort halsband die van oor tot oor loopt, onder de kin door) en bonte tulbanden, *kayabs* genaamd. Donderdag en zaterdag, als de T'boli die wat hoger in de bergen in het oerwoud wonen, naar de markt komen, zijn de beste dagen om hen in traditionele kleding te zien.

De avond valt

Intussen heeft Boy bij het hotel de twee T'boli-vrouwen gevonden die mijn gidsen

zullen zijn, Oyo en GingGing. Er was enige discussie over wat we de komende paar dagen zouden kunnen doen, en ze waarschuwden dat het 's avonds aan het meer erg koud kan zijn. Er was ook sprake van een incident bij de waterval waar ik de volgende dag heen zou gaan – het was niet helemaal duidelijk wat dat voor incident was, maar het zorgde klaarblijkelijke voor enige nervositeit, een nasleep van de activiteiten van terroristische groeperingen.

's Avonds, toen het donker werd en de krekels en cicaden begonnen te zingen, liet een jongen op een waterbuffel het dier na een dag zwaar werken op de akkers, naast het pad vlak bij het hotel grazen. Er vlamden vuurtjes op, die de hutten die we eerder aan de overkant van het meer hadden gezien, een huiselijke oranje gloed gaven. In het winkeltje van het hotel was een machinegeweer op de toonbank blijven liggen. Tussen de eetzaal en de keuken aan het meer werd een mand aan een draad heen en weer getrokken, met schotels verse gegrilleerde vis, terwijl honden, katten en eenden de omgeving afstroopten. Visarenden fladderden en zweefden tussen rondvliegende sterns boven de viskwekerijen, terwijl ijsvogels heen en weer schoten en gele vogeltjes met een lange snavel tussen de takken hipten. Het was wat koeler geworden, maar het was zeker niet koud.

EÉN MOTOR, DRIE PASSAGIERS

's Morgens werd ik wakker van het gekras en gekrijs waaruit het ochtendkoor van het oerwoud bestaat. Een poosje na het ontbijt verscheen GingGing, met ontwapenende onverschilligheid voor de tijd die we hadden afgesproken. 'Skylab staat voor,' zei ze ongeïnteresseerd. Het ding met de prachtige naam 'Skylab' was een voorbeeld van het standaardtransport hier (samen met buffels en paarden) – een kleine motor die, met veel vertrouwen en verbeeldingskracht, vijf passagiers zou moeten kunnen vervoeren. 'Welkom aan boord' stond op een bordje achterop. Dus stapten we gedrieën (GingGing, Benny de chauffeur en ik) op 'Skylab' om naar een van de zeven watervallen in de buurt te gaan. Hij staat bekend onder de naam **Tweede Waterval** en is de grootste.

Na een gelukkig korte rit sloegen we af en kwamen bij een huis tot stilstand. 'Verder lopen we,' kreeg ik te horen, en nadat we het hoofd van het gezin tol hadden betaald, namen we een modderig pad, overwoekerd met roze en blauwe bloemen. In de vochtige lucht hing een reeks muskusachtige geuren en elke paar meter stonden op de oevers enorme bossen bamboe, die bij de bouw van traditionele T'boli-huizen werden gebruikt.

We gingen dieper de wildernis in (want het was hier een wildernis geworden) en het pad werd met elke stap rotsachtiger, steiler en glibberiger. In de verte hoorden we iets donderen. 'Hoor je de waterval?' 'Ja,' antwoordde ik gretig. 'Maar we moeten nog een heel eind,' zei GingGing met een lieve glimlach.

ZWEMMEN IN HET OERWOUD

Ze had gelijk. Het was een heel eind. Een

HANENGEVECHTEN

Westerlingen mogen ze dan onverkwikkelijk vinden, maar hanengevechten (*sabong*) horen bij het leven op de Filippijnen. Ze vinden meestal op zon- en feestdagen plaats in een houten arena die de cockpit wordt genoemd en de gevechten beginnen 's morgens vroeg. De geldmannen, of *kristos*, komen vóór elk gevecht de ring in om de toeschouwers ertoe te bewegen geld in te zetten. Ze nemen elke inzet aan en onthouden die. Intussen worden de vogels, met scherpe sporen en ingedeeld naar gewicht, op het gevecht voorbereid, opgehitst om ze agressiever te maken. Het gevecht zelf duurt soms maar heel even, maar het vreemde gebruik is dat de overwinnaar de overwonnen haan tweemaal moet pikken, anders wordt het gevecht onbeslist verklaard.

irrigatiekanaal van bamboe zag er heel uitnodigend uit, maar we gingen er voorbij en liepen geleidelijk verder omlaag. Na een tijdje sloegen we af naar een aardverschuiving die er onmogelijk uitzag en waar we langs omlaag gleden, terwijl we tevergeefs probeerden doornige uitsteeksels te vermijden, naar een wolk mist. 'Dat is het verkeerde pad!' riep iemand omlaag, maar het was al te laat. Ik trok mijn schoenen uit en gooide ze naar beneden, zoals GingGing voorstelde, in de hoop met mijn blote tenen meer grip te krijgen. Op de een of andere manier kwamen we zonder ernstige verwondingen beneden aan en volgden een grassig en daarna rotsachtig pad langs een schuimende rivier naar de waterval.

Zoals meestal met dit soort dingen, was het 't helemaal waard. Want hier, midden in het bos, was een steile, hoefijzervormige rotswand van wel 90 m hoog, waarvan in onstuimige witte strengen een rivier omlaag stortte. Het mooie was dat het water niet rechtstreeks in de poel viel maar eerder achter een stenen gordijn vlak bij de voet, en doordat de krachtige val werd gebroken, ontstonden mistsluiers. Dus door over rotsen en stenen te klauteren en schrijlings over de snelle stroom te gaan staan die ontstaat waar de poel zich vernauwt en weer rivier wordt, konden we in de poel bijna recht onder de waterval zwemmen zonder door de stortvloed knock-out te worden geslagen. Door de hitte, en na de inspanning van het afglijden van de helling, was het koele water zeer welkom, maar het leukste was toch wel de vreugde van het baden tussen bamboe en palmbomen, bij het geraas van neerstortend water, terwijl een eindje stroomafwaarts, naast een brug van bamboe, een inwoonster schaaldieren zocht. Tarzan, dacht ik, wees maar lekker jaloers.

De terugweg was iets gemakkelijker – ten eerste omdat we de goede weg vonden, ten tweede omdat het bergopwaarts gemakkelijker is om grip te krijgen. Ik had mijn schoenen inmiddels weer aan, en dat was maar goed ook, want ik stapte net niet op een opgerolde duizendpoot van 1,5 cm lang met een glanzend zwart rugschild en wriemelende rode poten die, vertelde Benny, uiterst giftig was. We rustten uit bij een groepje hutten waar een grote zeug haar krijsende biggen zoogde en een man op een buffel voorbijkwam, die een enorm stuk bamboe sleepte.

Middagvoorstelling

Weer op 'Skylab' hotsten we hoger de bergen in om nog meer dorpen te bezoeken en andere T'boli-weefsters met andere materialen bezig te zien. Hierboven was geen elektriciteit en overal waren tekenen van het onveranderlijke dagelijks leven van oogsten en voorbereidingen treffen voor de markt, met paardenvrachten zakken en bundels bananenbladvezels. Het was allemaal heel vreedzaam, hoewel er volgens GingGing tussen dorpen nog wel

De vangst inspecteren

Het is onverwachts boeiend om plaatselijke vissersboten met hun vangst in de haven te zien aankomen. De bonte boten met hun drijvers verdringen zich om tegenover een grote, open loods te ankeren, waar de grossiers hun weegschalen en tafels hebben. Als de vis, vooral tonijn, uit het ruim wordt gehaald, wordt hij in het smerige water naast de boten gesmeten. Inwoners – sommigen nog maar jongens – duiken erin en nemen de vis op hun schouders, terwijl een stroom paars bloed uit hun bek loopt, en lopen onvast de treden op om ze te laten wegen. Dan worden de vissen ter inspectie, als rijpende kazen, naast elkaar op een stenen plaat gelegd. Er wordt een buisje in de vis geprikt en er weer uitgehaald om te worden besnuffeld en bekeken door vertegenwoordigers van de grote kopers. Hoe bloederig het ook is, de kleur en bedrijvigheid, alsmede de sterke hitte, de zee en de kokospalmen, zijn heel fascinerend.

BOVEN Onze gids GingGing voert een traditionele paringsdans uit

INZET BOVEN Een T'boli-barak

eens strijd was over landaangelegenheden. Toen we aan onze afdaling begonnen, zag ik prachtige vergezichten vanaf de achterkant van 'Skylab' over het bos naar het Sebumeer, een ongetwijfeld misleidend beeld van het idyllische tropenleven.

We gebruikten de lunch in **Hellabong**, het dorp waar GingGing en Oyo woonden, in het stamhuis, het plaatselijke equivalent van een gemeentehuis. Vis met rijst, die we met onze vingers uit grote, glanzende bananenbladeren aten, werd gevolgd door koffie uit de streek. En daarna was het tijd voor wat muziek en dans, die nog steeds worden uitgevoerd als welkomstgebaar in een streek waar maar weinig toeristen komen.

De hele buurt, jong en oud, leek mee te doen. Eerst kwamen de instrumenten aan bod (trommels, koperen gongs, mondharp, fluit, bamboeluit en een stuk hout dat was bewerkt tot het een mooie klank had en waar vol enthousiasme door een oudere vrouw op werd geslagen). Daarna werd door de jonge meisjes (onder wie GingGing) een hele serie dansen uitgevoerd, in traditionele kleding van lange geweven rokken, blouses, riemen met rijen belletjes, en met sierkammen in hun haar.

Elke dans werd voorafgegaan door een ceremonieel aanraken van de drum door de dansers die meededen en eindigde op dezelfde manier. Er was een oogstdans, waarbij een sjaal wordt gezwaaid om het verzamelen van fruit aan te geven, en een huwelijksdans (waarin GingGing onwillig werd overgehaald om voor de gasten met haar heupen te zwaaien). Daarna voerden de jongens een ontwapenend vriendelijke krijgsdans uit, gevolgd door een apendans. Hiervoor werden een paar van de jongere kinderen aangekleed als babyaapjes en klampten ze zich aan volwassen apen vast, gespeeld grotere jongens. Tot veler plezier gedroegen ze zich als apen, tot de hele voorstelling in algehele hilariteit ontaardde. Aan het eind zong iedereen de traditionele liederen mee, waaronder een gebed om teruggave van het land van hun voorouders, een bede die gelukkig niet meer hoeft, omdat de regering tussenbeide is gekomen om te voorkomen dat ze al hun land zouden kwijtraken.

Toen ik door de stroblinden van het huis op het Sebumeer neerkeek dat, als bron van hun welvaart, van bijna bovennatuurlijke betekenis voor de T'boli is, kon ik me heel goed voorstellen hoe belangrijk het lied is dat nu een danklied is geworden.

Die ene die ontsnapte

De volgende ochtend zouden we met een traditionele boomstamkano op het Sebumeer gaan vissen. Oyo, haar zoon Jayjay, GingGing en Benny (die het vast nog steeds koud had, want hij had een bivakmuts op) reden er op 'Skylab' heen, waarbij ze zoals gewoonlijk vrolijk de tijd vergaten, en we gingen naar de waterkant om een kano te zoeken, terwijl Oyo drie bamboehengels maakte.

In deze kano's moet je doodstil blijven zitten om te voorkomen dat ze omslaan, dus klauterden we er met ons vieren heel voorzichtig in. Op de achtersteven gezeten alsof het haar dagelijks werk was, peddelde Oyo, die hoogzwanger bleek te zijn, ons door de ondiepte, in de schaduw van overhangende bomen.

Maar uiteindelijk moesten we toch de hete zon in (waardoor een sterke vislucht van de bodem van de kano opsteeg), richting visnetten, met daartussen verspreid een onderwatertuin met prachtig tere lotusbloemen. Toen we

TERRITORIALE RECHTEN

Er wonen ca. 60.000 T'boli-mensen in hun voorouderlijke streek, het Tiruray-hoogland, om het Sebumeer heen. De T'boli zijn een van drie stammen onder de ca. 60 op de hele Filippijnen, die van de regering het recht hebben teruggekregen om het land van hun voorouders te bezetten (vandaar de borden waarop stond dat we in T'boliland kwamen).

er voorzichtig tussendoor voeren, op zoek naar een geschikte plaats om te stoppen, merkte iemand dat we geen aas hadden. We probeerden uit de lotusbrij te komen, maar bleven steken in een veld vol paarse bloemen. We stapten allemaal uit om de kano naar steviger bodem te duwen, vanwaar het maar een klein eindje naar iemands huis was waar we om een paar wormen vroegen.

Toen we weer in de kano zaten, wilde de vis niet bijten. Een oude man met een Ubo-hoed (een beetje als een Mongoolse hoed, door een buurstam gedragen), peddelde naar ons toe en vroeg met een betelnootglimlach om een peso. Veel van de viskwekerijen zijn in handen van afwezige eigenaars en veel T'boli verdienen de kost nog met vissen op de traditionele manier, waarmee ze misschien 20 pesos verdienen voor zes of zeven vissen. We bleven geduldig zitten – er werd wel aan de lijn geknabbeld, maar we kregen niet beet. Dus gingen we terug naar het hotel voor een lunch van iets wat door succesvoller hengelaars was gevangen.

GingGing, Oyo en Benny vertrokken. Als zij typische vertegenwoordigers van de T'boli-cultuur waren, was die in goede handen. Tot dusverre lijken de T'boli een goed evenwicht te hebben gevonden tussen het traditionele en het moderne leven. Of dit zo kan blijven, moet nog blijken.

Die middag kwam de jeep terug om me weer naar General Santos te brengen. Roy, de chauffeur, wilde weten of ik een bodyguard nodig had zolang ik in de stad was. Ondanks de recente geschiedenis van de streek leek dit onnodig melodramatisch en ik bedankte. En toen ik die avond door het stadscentrum slenterde, was er geen teken van iets ongewoons – een paar bars met wat ongeregelde klanten en een aantal kraampjes met goedkoop voedsel.

In de wachtruimte van het vliegveld van General Santos kregen de verzamelde passagiers een instructievideo te zien over het laden van containers in vliegtuigen. Het lijkt een vreemde keus, maar toch lijkt een groot deel van de toeschouwers er vreemd door geboeid. Pas als hij afgelopen is en enkele tientallen mensen opstaan en de ruimte verlaten, wordt het me duidelijk – het zijn werknemers van het vliegveld en de wachtruimte doet tevens dienst als leslokaal.

DE INDRUKWEKKENDE AREND VAN MINDANAO

Mindanao, het op één na grootste eiland van de Filippijnen (het grootste is Luzon), heeft verschillende nationale parken. Misschien wel het belangrijkste hiervan is het Mount Apo Nationaal Park, ten noordoosten van General Santos. Het is in 1936 gesticht om de hoogste berg op de Filippijnen, Mount Apo, 2954 m hoog en een actieve vulkaan, te beschermen. Hoewel het lijkt of er sneeuw op zijn top ligt, is wat je ziet in feite een dikke witte korst zwavel.

Het park is zeer kenmerkend voor de beboste vulkaanstreken van Mindanao en heeft prachtige landschappen. Het is ook zeer bekend om zijn wild, en wel om één dier in het bijzonder – de Filippijnse apenarend of *Pithecophaga jefferyi*, door de Amerikaanse vlieger Charles Lindbergh 'de indrukwekkendste vlieger in de lucht' genoemd. Er zijn nog maar een paar – misschien een stuk of honderd – van deze prachtige vogels, maar een fokprogramma lijkt ze voor uitsterven te hebben behoed. In Malagos, ca. 36 km ten noordwesten van Davao, ligt het Philippine Eagle Nature Centre (ook wel arendkamp genoemd). Hier zijn in een prachtige botanische tuin exemplaren van een aantal zeldzame Filippijnse dieren, waaronder een paar van de weinige overlevende apenarenden die hier met succes zijn gefokt.

ALLEEN ER OP UIT

HET BINNENLAND IN

De stad van waaruit het Sebumeer het best bereikbaar is, is General Santos, in het diepe zuiden van Mindanao.

Per vliegtuig Er gaan lijnvluchten naar General Santos vanuit Manilla (Philippine Airlines en Air Philippines). Er gaan ook vluchten naar General Santos vanuit de stad Cebu op het eiland Cebu en vanuit Iloilo op Panay. Davao, na Manilla de snelst groeiende stad op de Filippijnen, ligt aan de kust ten noordoosten van General Santos en er gaat een lijndienst heen vanuit Manilla en Cebu. Zamboanga, aan het eind van het schiereiland aan de westkust van Mindanao, heeft ook vluchten vanuit Cebu en Manilla.

In theorie gaan er vluchten vanuit Manado op Sulawesi, Indonesië, naar Davao, met Air Bouraq, maar men lijkt weinig vertrouwen in deze luchtvaartmaatschappij te hebben. Er gaan ook vluchten vanuit Kuala Lumpur.

Per bus Van Manilla gaan bussen naar Davao. Deze airconditioned bussen vertrekken tweemaal daags en de reistijd (inclusief de veerdiensten van Surigao naar Liloan en San Isidro naar Matnog) is ca. 40 uur.

Per boot Een van de beste manieren om de sfeer van de zuidelijke zeeën te proeven, is per boot te reizen. Er gaat elke maandag een dienst van Davao naar General Santos; de reistijd is ca. 9 uur. Er gaat op woensdag en donderdag een dienst van Zamboanga, reistijd ca. 12 uur.

LINKS Een T'boli-visser zoekt zijn weg op het Sebumeer in een boomstamkano

Pelni Lines heeft elke veertien dagen een dienst tussen Davao en Bitung of Manado op Sulawesi, die ook Ujang Pandang en Denpasar (Bali) aandoet. Er gaat ook een weekdienst tussen Bitung en General Santos.

WANNEER?

Op de Filippijnen komen tyfoons voor – om die te vermijden kun je het beste tussen half december en half mei gaan. Op Mindanao komen ze echter minder voor dan in de gebieden in het noorden, maar de regentijd hier duurt van april tot september, al is hij niet zo hevig als in andere delen van het land. Reis niet op godsdienstige feestdagen – dan is iedereen onderweg.

VOORBEREIDING

Vanuit General Santos is het ca. 3 uur per auto naar het Sebumeer. Hoewel je er met het openbaar vervoer heen kunt, kan dat een paar uur op het dak van een jeepney betekenen en een aantal keren overstappen onderweg. Je kunt beter van tevoren een auto met chauffeur bespreken, die voor westerse begrippen niet duur is.

Omdat aan het Sebumeer niet veel logiesmogelijkheden zijn, is het raadzaam van tevoren te boeken. Ook voor een T'boli-gids (zonder wie het moeilijk kan zijn contact te leggen met de mensen rond het Sebumeer) is het verstandig van tevoren een regeling te treffen via Symbiosis in Londen of via 'Boy' Santiago in General Santos (zie Contacten).

MEE TE NEMEN

- ❑ Regenjack.
- ❑ Zwemspullen.
- ❑ Insectenwerend middel.
- ❑ Hoge wandelschoenen.
- ❑ Lichte lange broek, sokken en een blouse met lange mouwen.
- ❑ Extra batterijen en film.
- ❑ Waterfles.

GEZONDHEID

- ❑ Neem malariatabletten in.
- ❑ Gebruik insectenwerend middel en klamboe.
- ❑ Draag 's avonds een lange broek en een blouse met lange mouwen.
- ❑ Neem EHBO-doosje mee.
- ❑ Drink flessenwater.
- ❑ Zorg voor je vertrek voor een goede ziektekostenverzekering.
- ❑ Informeer ten minste een maand voor vertrek bij je huisarts naar inentingen die je nodig hebt.

VERSTANDIGE VOORZORGSMAATREGELEN

Door de politieke problemen laten buitenlanders Mindanao links liggen. De grootste dreiging (ontvoering door terroristen van het Moro National Liberation Front, die vechten voor een autonome moslimstaat op het eiland) lijkt bijna helemaal verdwenen, maar alle bezoekers wordt ten sterkte aangeraden bij het ministerie van Buitenlandse Zaken, of de ambassade in Manilla, te informeren naar de laatste stand van zaken.

Tussen de wrakken van Coron

door Christopher Knowles

Op een afgelegen eiland ten westen van Manilla ging ik duiken tussen de met koraal begroeide resten van een Japans smaldeel dat in de Tweede Wereldoorlog door de Amerikanen tot zinken is gebracht. Er waren geen skeletten en er was ook geen schat – maar deze griezelige omgeving was wel heel spannend.

Manilla verandert nooit. Overbevolkt, lawaaierig, smerig, maar evengoed vol optimistische, lachende en goedgehumeurde bedriegers is het geen prachtige stad, maar als zich ontwikkelend brandpunt heeft het wel iets. Hoe dan ook, de snelste route naar Coron, een haventje op het eiland Busuanga, is via Manilla.

De vlucht van Manilla naar Busuanga is een avontuur op zich. Hij wordt uitgevoerd door een groep die Air Ads Inc. heet en vanuit een kleine hangar op het binnenlandse vliegveld opereert (dat startbanen van de internationale luchthaven gebruikt). Passagiers druppelen de kleine wachtruimte binnen, waar we allemaal naar het verkeersnieuws op de plaatselijke tv zitten te kijken. Ten slotte worden we ingecheckt en samen met de handbagage gewogen. Dan worden we naar het vliegtuig geroepen.

We lopen door de hangaar naar buiten, tussen een groepje helikopters door, naar een oude dubbeldekker. Heel even lijkt het wel... maar we lopen door naar een redelijk moderne Britten-Norman Islander, op een platform buiten. De piloot en copiloot stellen zich aan ons achten voor en geven ons korte instructies, waarna we aan boord klimmen in een volgorde die is gebaseerd op gewichtsverdeling. Het is nogal krap en als de machines eenmaal draaien is het zo lawaaierig dat een gesprek niet meer mogelijk is, maar het voordeel is dat we alles kunnen zien wat er gebeurt, zowel binnen als buiten het vliegtuig.

Nadat we boven de files van het spitsuur in Manilla zijn opgestegen, maken we een bocht en vliegen naar het westen, naar de kust. Weldra komen we over kleine koraaleilandjes met hun krans verblindend wit zand en water in warme, aanlokkelijke kleuren blauw, verhuld door dunne wolkenslierten. De stuurkunst is indrukwekkend en er wordt alles aan gedaan om de dichte stapelwolk die voor turbulentie zorgt, te vermijden.

Voor wrakduiken moet je een zeeduikbrevet hebben (zie pag. 66-73). Om er zoveel mogelijk van te genieten is het echter raadzaam een extra brevet voor wrakduiken te halen, omdat je anders de wrakken niet in kunt. Zeekajakken is alleen vermoeiend als je tegen het tij in moet. Voor reddingsvesten wordt gezorgd, maar je moet natuurlijk wel kunnen zwemmen.

★★ Logies op Busuanga varieert van het eenvoudige maar prachtige Kubo Sa Nagat, dat midden in een baai op palen staat, tot verschillende hutten en bungalows in Coron zelf. Ook elders aan de kust zijn hutten en luxere accommodatie.

Alle benodigdheden zijn verkrijgbaar via Discovery Divers (zie Contacten).

Landing in Busuanga

Na 1 uur 20 minuten beginnen we aan de afdaling en zetten koers naar de groene heuvels van **Busuanga**. Busuanga is eigenlijk een van de Calamianeilanden, ten westen van Mindoro en Manilla, net ten noorden van het grotere eiland Palawan, dat de Suluzee en de Zuid-Chinese Zee van elkaar scheidt. We maken een bocht naar rechts en daar, op de bodem van een dal, ligt het vliegveld van het eiland, een onverharde landingsbaan en een loods. Achter de onverharde landingsbaan ligt een stuk beton dat, krijg ik later te horen, de nieuwe landingsbaan zou worden. Door geldgebrek hebben de machthebbers het project echter afgeblazen en Busuanga heeft er alleen een kortere onverharde landingsbaan aan overgehouden.

Het luchthavengebouw bestaat uit een hut en een paar strobungalows. Binnen gebeurt niet veel – een groepje passagiers dat op de terugvlucht wacht, een paar honden die op een tafel liggen te slapen en een paar hanen die eromheen paraderen. Een man die Goudie heet stelt zich aan me voor (ik had destijds geen idee wie hij was, maar hij bleek de manager van het hotel te zijn, waar ik de komende twee nachten zou logeren). Vervoer naar Coron gaat per jeepney (een kruising tussen een Land Rover en een kermisvoertuig), maar we moeten wachten tot de passagiers van de terugvlucht zijn ingestapt, zodat het Air Ads-personeel met ons mee terug naar de stad kan.

De weg naar Coron

De weg vanaf het vliegveld is net een breed karrenspoor, verrassend stevig, behalve op een paar plekken waar door regen en verkeer gaten en kuilen zijn ontstaan. We moeten lang wachten op een voertuig dat zich uit de modder moet loswerken, waarbij veel vrolijke aanmoedigingen worden geuit. We komen langs stroompjes en weiden die bijna in landelijk Engeland zouden kunnen liggen, afgezien van de hitte en het sjokkende inlandse vee met hun ogen als knikkers, hun afhangende halskwabben en hun lange konijnenoren.

Na 45 minuten komen we in **Coron**, met zijn kleine huisjes en tuintjes, en zijn huizen aan zee op palen. Voorbij de haven, doorsneden met wankele bamboesteigers en pieren waar felgekleurde boten tegenaan liggen te rijden, ligt een rij bergen die, in het grijze licht van die dag, in mistige tinten houtskoolgrijs verdwijnt, als op een Chinees schilderij.

Goudie brengt me over een van de pieren naar Gunter, die Discovery Divers leidt. Hij is een jonge Duitser die hier al 7 jaar woont en als veel zelfstandigen in dit deel van de wereld – waar traditionele vormen van communicatie dikwijls onbetrouwbaar zijn – veel van zijn zaken via het internet doet. Hij stelt me voor aan Yushie, een Japans meisje dat mijn duikmeester zal zijn, en dan wordt beoordeeld of ik opgewassen ben tegen de duiken van de volgende dag.

Per vlerkprauw naar mijn hotel

Intussen heeft Goudie het vervoermiddel van het hotel naar de pier gebracht – een grote witte vlerkprauw. Nadat we hebben afgesproken dat Yushie me de volgende morgen om 9 uur zal komen halen, klimmen we aan boord en punteren over de ondiepte naar het midden van de baai. Als er wind opsteekt die een vlagerige regen meebrengt, wordt duidelijk waarom de tijd die ik heb gekozen om hier te komen – begin oktober – onder duikers niet de populairste is.

WRAKDUIKEN

Met een gewoon scuba-zeeduikbrevet kun je gaan wrakduiken, maar mag je strikt gesproken de binnenkant van wrakken niet bekijken. Hiervoor moet de beginnende duiker echt een specialistische cursus volgen om de specifieke gevaren te begrijpen die met dit soort duiken samenhangen. Het kan heel desoriënterend zijn om bijvoorbeeld het ruim van een vergaan schip in te gaan. Het kan groot en donker zijn met één enkele ingang die vanbuiten goed zichtbaar leek, maar in troebel water snel kan verdwijnen. Dan is er nog het gevaar dat je met je uitrusting achter onregelmatige en scherpe oppervlakken blijft haken. Na de juiste instructie, die wordt aanbevolen om er zoveel mogelijk aan te hebben, kan met allebei snel worden afgerekend.

Een halfuur later draait de boot een beschut stuk water op. Midden in de baai staat een groot, onregelmatig, houten paleis, helemaal op palen. Het was oorspronkelijk de privé-woning van een rijkaard uit Manilla en is nu in het Kubo Sa Nagat Hotel veranderd. Eenvoudig (grotendeels van plaatselijk hardhout en bamboe) maar goed doordacht, met schone kamers, een gemeenschappelijke wasruimte (geen warm water, maar dat is in dit klimaat niet erg nodig), en zonne-energie. Er is een aardige eetzaal die zo is gebouwd dat de wind uit het bos over de baai erin staat, een open hal in het trotse bezit van een dartboard en, tussen de dakspanten, een enkele afbeelding van de maagd Maria, staande op een wolk.

Er zijn zes slaapkamers met bedden voor 19 gasten. Maar bij deze gelegenheid ben ik de enige. Ik krijg meteen een heerlijke lunch voorgeschoteld van versgevangen vis (lapu-lapu, of garoupa) met bonen en zoete, dikke bananen.

Lichaamsbeweging na lunch

Na de lunch doen we aan lichaamsbeweging in de vorm van zeekajakken. Goudie (wiens echte naam Godofredo blijkt te zijn), is degene die ermee belast is me mee de zee op te nemen. Het hotel ligt in een soort zoutwatermeer, een uitgestrekt stuk zeewater, beschermd en bijna helemaal omsloten door mangrovemoeras en met oerwoud begroeide bergen. Al is het water dus getijwater, het wordt niet gauw wild (zelfs bij ruw weer is het kennelijk mogelijk zonder problemen te kajakken), hoewel af en toe onverwacht snel een hevige storm kan opsteken.

Goudie stapt in een blauwe kajak; de

mijne is felroze. De kajaks, met een vorm die is aangepast aan het soort omstandigheden die men langs een oceaankust kan tegenkomen, zijn van gegoten kunststof: in- en uitstappen moet voorzichtig gebeuren om niet om te slaan, maar wie er een-

BOVEN Inchecken, aankomst en vertrek: het vliegveldje van Busuanga op het eiland Coron
LINKS Kamers te huur: dit vakantiehuis staat op palen, zoals veel woningen op het eiland
ONDER Een jeepney, de plaatselijke taxi-annex-jeep-vorm van transport brengt passagiers van het vliegveld naar Coron

maal in zit, kan gemakkelijk zijn evenwicht houden. We steken de baai over en zoeken dan een kreek om in te varen. De oversteek is onverwacht hard werken, maar pas als we aan de overkant komen, begrijp ik waarom mijn schouders zo'n pijn doen – we hadden zowel de wind als het tij tegen. Dit betekent ook dat wanneer we de kust van de baai naderen, de kajaks (die erg licht zijn) over de zoutige, met wortels bezaaide bodem schuren. Toch gaan we nog een tijdje door en peddelen langs de kust heen en weer op zoek naar de ingang van de kreek. Goudie, die lichter is dan ik, kan verder doorgaan, maar weldra moeten we de kajaks uit om ze naar de ingang van de kreek te trekken, met onze blote voeten in het zilte nat, terwijl dikke mangrovewortels in onze zolen prikken.

Dit tot vermaak van de inzittenden van een passerende vlerkprauw, kinderen die ons een lachend 'hallo!' toeroepen, gevolgd door in koor 'I love you' (wat een interessant licht werpt op het Engels dat ze op school leren). In deze wateren zitten pijlstaartroggen en zwaardvissen, maar Goudie verzekert me dat ze door de vibraties van onze plonzende voeten zullen proberen weg te komen.

De kreek in

Voor ons uit halen vissers hun netten door het water op zoek naar garnalen. Een paar waadvogels schieten weg. Libellen blijven zweven en vliegen weer weg. We varen de kreek in en het water wordt weer dieper. Natuurlijk gaan we nog tegen de stroom in en het enige geluid in de stille, vochtige lucht is dat van onze peddels in het water. Aan allebei de oevers steken rijen mangrovewortels hun vele uitlopers in het modderige water. Soms horen we een knallend geluid, als het kraken van hout – er zitten hier ergens apen, maar we krijgen ze niet te zien. Af en toe zoemt er een muskiet langs. Van tijd tot tijd schiet er een vogel van de ene kant naar de andere.

Na een halfuurtje wordt de stroom te sterk en gaan we terug, in genoeglijke afwachting van het onvermijdelijke gevolg – een luie terugtocht naar de monding van de kreek. We beginnen in een aardig tempo, blij dat we kunnen uitrusten en ons door de rivier kunnen laten meevoeren. Onze stilte maakt de vogels stoutmoediger – een saffierblauwe flits voor me uit blijkt een ijsvogel die over het water schiet.

Als we de monding bereiken, blijft het tij ons nog een tijdje meevoeren, maar het duurt niet lang voor we onze kajaks weer uit moeten. Maar als we er ditmaal weer in zitten, voeren het aflopend tij en een windje in de rug ons heel zachtjes naar het hotel. 45 heerlijke minuten lang dobberen we over het water, en kabbelen rimpelige golfjes met zachte plofjes tegen de kajak. In een kleine vissersnederzetting ergens aan de wal huilt een hond als een wolf.

's Avonds dempt een tropische stortbui het verre gebrom van terugkerende vissersboten. Ik kijk naar de acrobatische kunsten van een stern als het bos stoom afblaast en een groep grote gansachtigen over het bos op weg naar huis vliegt. Algauw is het volkomen stil, afgezien van het herhaalde gemurmel van iemand die Engels oefent. Bij het geklok van klaarwakkere hagedissen en het geluid van kabbelend water onder mijn slaapkamervloer is inslapen gemakkelijk.

Wrakduiken

De volgende ochtend om 9 uur, na mijn enorme ontbijt van 8 wafels met ahornstroop, 4 gebakken cornedbeefpannenkoekjes en een gebakken ei, komt Yushie met een aardig wit scheepje met felrode drijvers. De lunch wordt ingeladen, samen met drie meisjes uit het hotel, die verantwoordelijk zijn voor de bereiding. 'Animeermeisjes!' grapte Yushie. Yushie komt uit Sapporo, in Hokkaido, Japan, en is na jaren rondreizen in Coron terechtgekomen, waar ze Discovery Divers op zich heeft genomen. Ze is een ervaren duikster, ze spreekt redelijk goed Engels en, waar een beginneling het meest aan heeft, ze is rustig en behulpzaam.

Met Denton aan het roer zetten we koers naar het westen, langs de zuidkust van Busuanga, naar **Concepcion**, waar het eerste wrak ligt. De tocht langs rotsen en hoge, groene, granieten bergen waarvan de voet geleidelijk door de zee wordt weggesleten, duurt ongeveer een uur. Hier en daar zijn met boeien parelvisserijen aangegeven en af en toe glijden felgekleurde vlerkprauwen langs. We passeren eenzame strogedekte hutten op palen aan de waterlijn. Ondanks het seizoen is het warm en zonnig, de zee saffierblauw.

We komen boven het wrak. Het is gemarkeerd door een boei en ligt in open water, midden in de baai. Het is de *Taiei Maru*, een van acht Japanse vrachtboten die in de nacht van 24 september 1944 door Amerikaanse duikbommenwerpers tot zinken zijn gebracht.

De duik

Er is nogal wat getijstroming en als ik mijn uitrusting heb aangedaan en in het water ben gesprongen, heb ik moeite om Yushie te bereiken die zoals geïnstrueerd op me wacht, zich vastklampend aan het touw van de boei. Uiteindelijk slaagt deze koddige drijver erin het touw te bereiken en zijn drijfvest te laten leeglopen, en gaan we omlaag naar het wrak. Binnen 5 of 6 meter wordt het minder troebel en daar ligt hij, een groenige, met koraal aangekoekte romp van aangetast metaal; zo aangekoekt zelfs dat hij alleen nog door de lijnen van zijn ontwerp van de zeebodem te onderscheiden is.

We zwemmen langs open luiken en maken dan een waterig ommetje over een van de dekken voor we om beurten op de brug op de uitkijk gaan staan. We zwemmen om de hele zaak heen, waarbij de stroom ons langs de boeg voert, die uit elkaar aan het vallen is en loslaat van de rest van het schip. Het is onmogelijk om niet te bedenken hoe dit schip bijna precies 54 jaar geleden op zee heeft gevaren, vol vertrouwen dat de kans op een Amerikaanse aanval maar heel klein was.

Nu huizen in deze spookverschijning enorme klipvissen, evenals kogelvissen en naaktslakken, en in de schaduw van de scheepsmast zien we een mooie leeuwvis in al zijn pracht, vlak boven een roestig stuk dwarsbalk, met zijn manen van puntige vinnen trillend in de stroming.

Als we weer aan boord van ons eigen schip zijn, varen we een eindje terug en ankeren bij een koraalrif. De lunch is zoals altijd enorm – twee soorten rijst, kip en schapenvlees samen in een sojasaus, en twee soorten vis, waaronder tonijnsteak. Dan snorkelen we nog wat in het heldere water met velden bont, puntig koraal, voor we naar dieper water gaan met dit keer het vooruitzicht op de kleinere *Olympia maru*, die op zijn kant ligt.

Hoewel het tij hier zwakker is, is het water heel erg troebel en is het schip alleen van dichtbij zichtbaar. In zekere zin is dit leuker en geheimzinniger en we doen het net als tevoren, alleen nu gaan we het wrak ook in, het ruim in, en er door een enorm gat in de zijkant weer uit (kennelijk door Filippijnen gemaakt, om de machine eruit te halen, die het had overleefd).

Een enorme tonijn zwemt ons voorbij en we zien een schorpioenvis, goed gecamoufleerd in zijn omgeving van zeepokken en algen. En dan weer naar boven, om de uitrusting op te bergen, in de zon te liggen

TREFFEN IN DE TWEEDE WERELDOORLOG

Tot 24 september 1944 had de Japanse marine zich veilig gevoeld in deze inhammen en baaien aan de kust bij Coron, waar het water diep was. Bovendien opereerden de Amerikaanse vliegdekschepen ver weg, ten oosten van de Filippijnen en in het luchtruim boven het land was de Japanse luchtmacht heer en meester. De Amerikaanse luchtmacht dacht daar anders over en er werd een lage, grootschalige aanval opgezet. In de buurt van Concepcion en Tangat lagen zo'n 15 Japanse bewapende vrachtschepen, waaronder een bewapend escorte van de marine en een paar van Japans laatste grote tankers. Tien van deze schepen werden tot zinken gebracht en er gingen slechts drie Amerikaanse vliegtuigen verloren. Eén bemanning kwam om, maar twee andere ontsnapten naar de eilanden en werden later door Filippijnse verzetsstrijders gered.

en een biertje uit de koelbox te drinken voor een nogal ruwe, wilde terugtocht over de open baaien.

PATIENCE

Die avond trekt een plotselinge storm over de baai. Na weer zo'n reusachtige maaltijd

zitten Goudie en ik alleen in de hal en spelen patience op mijn computer. Het moet een vreemd schouwspel zijn, als het noodweer in het donker om ons heen raast en Goudie bij het licht van een enkel kaal peertje zit te giechelen als hij ontdekt dat een plastic 'muis' eendimensionale speelkaarten kan verschuiven. Hij is helemaal blij als hij erin slaagt bij zijn eerste poging alle kaarten uit te spelen.

De onvermijdelijk vroege start de volgende ochtend brengt me terug naar Coron, weer in het drukke haventje met zijn wat haveloze sfeer, benadrukt door een kennelijk in onbruik geraakte vliegboot die er vastzit. Gunter heeft me verteld dat sommige bezoekers die in Coron komen een paradijselijk koraaleiland verwachten. Busuanga, met zijn warme water, zijn onherbergzame baaien en inhammen en zijn wrakken heeft een andere aantrekkingskracht, een weidser en wilder aspect dat doet denken aan de intriges in de romans van Joseph Conrad. Tegelijkertijd heeft het iets vrolijks dat intens aantrekkelijk is. Het spijt me dat ik het eiland moet verlaten zonder dat ik het beter heb leren kennen.

De terugvlucht is wat ruwer dan de heenvlucht. Naast me zit een jonge Pool die verrukt is van het avontuur in zo'n klein vliegtuigje over een zee vol juweeltjes van koraaleilanden te vliegen. Ik ben zelf iets minder weg van het spannende van kleine vliegtuigjes, hoe stimulerend de vlucht ook is als we laag over de Suluzee scheren. Als we weer boven het vasteland zijn, duurt het niet lang voor Manilla opdoemt. Ik moet toegeven, onze hobbelige afdaling naar de stevige rechthoek van de landingsbaan van het vliegveld van Manilla, en de veerkrachtige landing die volgt, achter een enorm lijnvliegtuig aan, heeft wel iets bevredigends. Maar geef mij toch maar een goede onverharde landingsbaan.

RECHTS Een leeuwvis, met trillende manen, voegt zich bij de duikers in de bovenbouw van het wrak bij Black Island (tevens LINKS) LINKSBOVEN Het wrak van een vissersboot in ondiep water bij de ingang van het Barracudameer, Coron

ALLEEN ER OP UIT

HET BINNENLAND IN

Per vliegtuig Tenzij je al in de buurt bent, is de snelste weg naar Busuanga per vliegtuig vanuit Manilla. De dagelijkse vlucht, met een klein turbopropvliegtuigje van Air Ads Inc. (zie Contacten) vanaf het binnenlandse vliegveld van Manilla, duurt ca. 1,5 uur. Je moet 's morgens vroeg inchecken, maar denk eraan dat het verkeer in Manilla bijna altijd vast staat. Je kunt bagage inchecken, maar er is heel weinig ruimte voor handbagage. Ook Pacific Airways vliegt op Busuanga, vanuit Palawan, met een nog kleiner vliegtuigje.

De rit vanaf de piepkleine vliegveldje van Busuanga naar Coron-stad (niet te verwarren met het eiland van dezelfde naam) duurt een halfuur of langer (afhankelijk van de toestand van de weg) – op het vliegveld staat een jeepney die passagiers voor een paar pesos naar de stad brengt. Er is nog een klein vliegveldje, vlak achter Coron – er gaat een beperkt aantal vluchten heen en terug met Pacific Airways.

Per boot Voor reizigers die al in de buurt zijn, gaat er een boot naar Coron van het naburige eiland Culion. Er is dinsdags, donderdags en zondags vanaf Culion een vroege dienst, die maandags, woensdags en zaterdags teruggaat. De tocht duurt ca. 2 uur.

Verder naar het zuiden ligt het grootste eiland in de buurt, Palawan. Vanaf Taytay, de oude hoofdstad van Palawan (een bezoek waard om de resten van zijn 17e-eeuwse fort) gaat woensdags en zaterdags om 8 uur een dienst naar Coron met een grote vlerkprauw. De tocht duurt ca. 8 uur, hoewel de boot bij zware zeegang 's nachts misschien op het eiland Linapacan voor anker gaat, voordat hij doorvaart naar Coron.

WANNEER?

Wrakduikers komen bijna het hele jaar naar Coron, maar de beste tijd is van april tot juli. De minst goede tijd is van half september tot half oktober.

VOORBEREIDING

Er is volop accommodatie in Coron en je zult met gemak goedkoop logies in een van de cottages aan de hoofdweg of op palen boven het water kunnen vinden. Als je kiest voor een verblijf in het Kubo Sa Nagat of een van de andere hotels aan de kust, probeer dan van tevoren te boeken. Dit kan het beste door contact op te nemen met Asiaventure Services in Manilla (zie Contacten). Als je boekt is het mogelijk transport van het vliegveld of vanuit Coron zelf te regelen. Veel hotels verhuren kajaks, zodat je de kust van Busuanga kunt verkennen.

DUIKCURSUSSEN

Discovery Divers (zie Contacten) heeft cursussen voor elke smaak en voor elke bevoegdheid. Je kunt je zeecursus bij ze doen voor ca. $270 of, als je je zeebrevet al hebt, wrakduiker worden voor ca. $180. Het bedrijf heeft ook complete programma's (met verblijf, alle maaltijden en twee duiken) vanaf $69 per persoon per dag.

MEE TE NEMEN

- Zwemspullen.
- Zeeduik- (en wrak)brevet als je dat al hebt.
- Slippers of sandalen.
- Zaklamp en batterij.

GEZONDHEID

- Neem malariatabletten in.
- Gebruik insectenwerend middel en klamboe.
- Draag 's avonds een lange broek en een blouse met lange mouwen.
- Neem EHBO-doosje mee.
- Drink flessenwater.
- Zorg voor je vertrek voor een goede ziektekostenverzekering.
- Informeer ten minste een maand voor vertrek bij je huisarts naar wat voor inentingen je nodig hebt.

NAMEN

U raakt gemakkelijk in de war doordat veel namen op deze eilanden hetzelfde zijn. Busuanga is de naam van het eiland waar de wrakken voor liggen, maar op het eiland zelf liggen ook twee stadjes die Busuanga heten – Oud-Busuanga in het noordwesten van het eiland en Nieuw-Busuanga ten noorden daarvan. Coron is een stad aan de zuidkust van Busuanga, dat eigenlijk deel uitmaakt van de Calamianeilanden, maar dikwijls op één lijn wordt gesteld met Palawan, een veel groter eiland in het zuiden.

INLEIDING

Het eerste deel van deze Praktische informatie bevat lijsten van relevante contactadressen voor de 25 adventures die op bladzijde 20-256 zijn beschreven. Omdat de adventures persoonlijke reisverslagen zijn, is de hier gegeven informatie een weerslag van de eigen ervaringen van de auteur, zowel wat betreft de inhoud als de hoeveelheid verschafte gegevens. Reisorganisaties, gidsen, verhuurbedrijven en andere diensten die in de adventures zijn vermeld, worden hier uitgebreider beschreven. De adressenlijst vormt ook een aanvulling op de Activiteiten A-Z in het tweede deel van de Praktische informatie.

Hierna volgt algemene informatie die je helpt je eigen adventures te plannen. Sommige organisaties bevinden zich op afgelegen plaatsen; bel of schrijf deze van tevoren. Denk er verder aan dat geen enkele van de bedrijven door de uitgever is nagetrokken. Hoewel onze auteurs ervan hebben gebruikgemaakt, is er geen enkele garantie dat ze nog steeds door dezelfde mensen en met dezelfde bekwaamheid worden geleid.

INTERNATIONAAL TELEFONEREN

De telefoon- en faxnummers in dit deel van het boek beginnen met het netnummer. Als je vanuit een ander land belt, kies je vóór dit nummer het internationale toegangsnummer van het land waar je bent (in Nederland is dit 00), gevolgd door het landnummer. Wil je bijvoorbeeld Jakarta in Indonesië bellen, dan kies je 00, dan 62 (het landnummer voor Indonesië), gevolgd door 21 (het netnummer voor Jakarta) en ten slotte het nummer van het bedrijf dat, of de persoon die je belt.

INTERNATIONAAL TOEGANGSNUMMER

Voor telefoneren vanuit Nederland 00

LANDNUMMERS

Cambodja 855
Indonesië 62
Laos 856
Maleisië 60
Myanmar (Birma) 95
Filippijnen 63
Singapore 65
Thailand 66
Vietnam 84

AMBASSADES

Thailand, Laos, Myanmar (Birma), Cambodja
Nederlandse Ambassade
106 Wireless Road (Thanon Vithayu)
Bangkok 10330
Thailand
☎ (2) 2547701
Fax: (2) 2545579

Filippijnen
Nederlandse Ambassade
9e etage, Kings Court
2191 C. Roces-Avenue
Makati, Metro Manilla
☎ (2) 8112213
Fax: (2) 8154579

Singapore
Nederlandse Ambassade
541 Orchard Road
13-01 Liat Towers
Singapore 238881
☎ (65) 7371155
Fax: (65) 7371950

Indonesië
Nederlandse Ambassade
Jalan H.R. Rasuna Said,
Kavel S-3
Kuningan
Jakarta 12950
☎ (21) 5251515
Fax: (21) 5700347

Vietnam
Nederlandse Ambassade
Dahea Office Tower,
6th floor 360
Kim Ma Street
Ba Dinh District
Hanoi
(4) 8315650
Fax: (4) 8315655

Overige Informatie

Hier volgen enkele Nederlandse reisorganisaties die diverse soorten reizen naar landen in Zuidoost-Azië aanbieden, van avontuurlijke individuele reizen tot geheel verzorgde groepsreizen.

Smaragd Reizen
Postbus 89
1600 AB Enkhuizen
0228-312231
Fax: 0228-312321
e-mail: smaragd.reizen@tip.nl
website: www.smaragd-reizen.nl
Smaragd Reizen is gespecialiseerd in reizen op maat voor kleine groepen. Op deze reizen is veel aandacht voor de lokale bevolking en cultuur, zonder dat de belangrijkste bezienswaardigheden worden vergeten. Een zeer avontuurlijke reis is de Zwerftocht Sulawesi, maar ook een reis als Trouwen op Bali is mogelijk.
Smaragd Reizen verzorgt ook informatieve diapresentaties over vrijwel alle landen van Zuidoost-Azië, op een aantal locaties in Nederland. Toegang daarvoor bedraagt HFL 2,50.

Afriesj reizen
C. Krusemanstraat 9
1075 NB Amsterdam
020-6623953
Fax: 020-6755015
e-mail: info@afriesj.nl
website: www.afriesj.nl
Afriesj Reizen is een reisorganisatie die is gespecialiseerd in avontuurlijke reizen naar verre bestemmingen. Zij organiseren onder andere reizen van 2 tot 7 weken naar Azië. Afriesj Reizen werkt met een duidelijke 'statement' over reizen, natuur en milieu, wat zich uit in het bezoeken van speciale projecten, het soort accommodatie en het doen van de boodschappen op lokale markten.

SNP Natuurreizen
Groesbeekse Weg 181
6521 DG Nijmegen
024-3277000
e-mail: info@snp.nl
website: www.snp.nl
SNP is niet zozeer gespecialiseerd in Zuidoost-Azië, alswel – zoals de naam al zegt – in reizen voor natuurliefhebbers. SNP tracht in haar groepsreizen de opwinding van een avontuurlijke reis te combineren met de veiligheid van een goed geregelde groepsreis. Een klassieker is de 24-daagse avontuurlijke wandelreis door het hart van Borneo, of anders wel de trekking-expeditie in Indonesië: Te gast bij Totaja's en Papoea's.

Prijsklassen voor onderdak

De hotels die in de delen Contactadressen en A-Z worden vermeld, zijn onderverdeeld in drie categorieën. Hoewel bepaalde regio's van de wereld over het algemeen goedkoper zijn dan andere, geldt de volgende richtlijn:

Duur = meer dan HFL 175
Middenklasse = HFL 100-175
Goedkoop = minder dan HFL 100

Een trektocht naar de Noordelijke Heuvel
bladzijde 20-29

Reisorganisaties

Charlie's Tours and Trekking
Moo 4
Rangsiyanun Road
Pai District 58130
Mae Hong Son
Thailand
Dit is een kleine, plaatselijke reisorganisatie, geleid door Charlie Keereekhamsuk, een voormalige Chiang Mai-gids.

East-West Siam Ltd.
Building One, 11th Floor
99 Wittayu Road
Pathumwan
Bangkok 10330
Thailand
☎ (2) 256-6153
Fax: (2) 256-6665/256-7172
e-mail: songyot@east-west-siam.com
Sinds de oprichting in 1984 heeft East-West Siam zich beziggehouden met 'kleinschalig, hoogwaardig toerisme'. Het beheert de fraaie Lisu Lodge (zie onder Overnachten) en organiseert trektochten naar heuvelstammen, alsook fietstochten, olifantsafari's en rafting.

Thai Adventure
13 Moo 4
Rangsiyanun Road
Pai District 58130
Mae Hong Son
Thailand
☎ (53) 699274/699111
Fax: (53) 699111
e-mail: raftad@loxinfo.co.th
Thai Adventure is tien jaar geleden opgericht door de Fransman Guy Gorias en is gespecialiseerd in wildwaterrafting met ultramoderne rubberboten in Pai/Mae Hong Son (juli-dec). Ze bieden ook trektochten naar heuvelstammen gecombineerd met mountainbiken en olifantritten.

Track of the Tiger Tours
P.O. Box 3
Mae Ai
Chiang Mai 50280
Thailand
☎ (53) 459328
Fax: (53) 459329
e-mail: tiger@loxinfo.co.th
website: www.track-of-the-tiger.com
Dit bedrijf, in 1987 opgericht door Shane Beary, organiseert zijn eigen 'softe' tochten vanuit de verrukkelijke Mae Kok River Lodge in Tha Ton (zie hierna onder Overnachten). Aangeboden activiteiten zijn tochten naar heuvelstammen, rafting, olifantritten en mountainbiken.

Informatie

Tourist Authority of Thailand (TAT)
105/1 Chiang Mai-Lamphun Road
Amphoe
Muang
Chiang Mai 5000
Thailand
☎ (53) 248604/248607
Fax: (53) 248602

Overnachten
Een verblijf in een heuvelstamdorp kun je het best regelen via een van de reisorganisaties in Pai, Mae Hong Son, Chiang Mai of Chiang Rai. Het is niet raadzaam om zomaar in een dorp op te duiken.

Lisu Lodge $$
Neem contact op met East-West Siam (in Bangkok):
Building One, 11th Floor
99 Wittayu Road
Pathumwan
Bangkok 10330
☎ (2) 256-6153
Fax: (2) 256-6665/256-7172
e-mail: songyot@east-west-siam.com
De Lisu Lodge, die is ingericht in traditionele volksstijl maar is voorzien van modern comfort, ligt 50 km van Chiang Mai. Er worden trektochten, mountainbiken, wildwaterrafting en olifantsafari's aangeboden. Er kunnen tot twaalf mensen tegelijk overnachten.

Rim Pai Cottage $
17 Moo 3
Wiang Tai

Pai District 58130
Mae Hong Son
☎ (53) 699133
Dit zijn prettige vakantiehuisjes aan de oever van de Pai-rivier, dicht bij de markt.

Mountain Blue Guest House $
Chaisongkhram Road
Pai District 58130
Mae Hong Son
De eenvoudige houten bungalows hier zijn populair bij rugzaktoeristen.

Mae Kok River Lodge $$
P.O. Box 3
Mae Ai
Chiang Mai 50280
☎ 66-53-459328
Fax: 66-53-459329
e-mail: tiger@loxinfo.co.th
Vanuit deze mooie herberg aan de rivier in Tha Ton, 180 km ten noorden van Chiang Mai, worden verschillende trektochten en trips georganiseerd.

EEN ODYSEE OP DE MOTOR BLADZIJDE 30-39

REISORGANISATIES

NORTH SIAM ROAD RUNNERS
P.O. Box 3
Mae Ai
Chiang Mai 50280
Thailand
☎ (53) 459328
Fax: (53) 459329
Dit bedrijf, opgericht door de onversaagde Ed, organiseert motortochten van 5-12 dagen door Noord-Thailand op klassieke Royal Enfield 500-cc motoren. Op verzoek worden ook tochten op maat door het gebied georganiseerd.

SIAM BIKE TRAVEL CO. LTD
P.O. Box Prah Singh Box 71
50200 Chiang Mai
☎ (53) 409533
Fax: (53) 409534
e-mail: siambike@asiaplus.com
website: http://asiaplus.com/siambike
Dit bedrijf organiseert motor- en jeeptochten (zowel standaard als op maat) in Thailand, Myanmar (Birma) en Laos. Ze regelen desgewenst ook visa, tussenvluchten en alle overnachtingen.

TRACK OF THE TIGER TOURS
P.O. Box 3
Mae Ai
Chiang Mai 50280
Thailand
☎ (53) 459328
Fax: (53) 459329
e-mail: tiger@loxinfo.co.th
website: www.track-of-the-tiger.com
Voor beschrijving zie hiervoor. Kunnen je ook in contact brengen met North Siam Adventure Tours (zie hiervoor).

INFORMATIE

TOURIST AUTHORITY OF THAILAND (TAT)
105/1 Chiang Mai-Lamphun Road
Amphoe
Muang
Chiang Mai 5000
Thailand
☎ (53) 248604/248607
Fax: (53) 248605

MOTORVERHUUR

DANG BIKE HIRE
23 Kotchasarn Road
Chiang Mai
☎ (53) 271524
Deze zaak biedt een grote keus aan goed onderhouden crossmotoren en garandeert bij pech ergens in Noord-Thailand directe vervanging of reparatie van de motor.

J.K. BIG BIKE
74/2 Chaiyapoom Road (tegenover de markt van Somphet)
Chiang Mai
☎ (53) 251830
Hier zijn cross- en wegmotoren te huur.

POP SERVICE
51 Kotchasarn Road
Chiang Mai
☎ (53) 276014/206747
Hier kun je kleine Honda Dream-motoren per dag huren.

Overnachten

River View Lodge $$
25 Charoen Prathet Road
Soi 2
Chiang Mai
☎ (53) 271101
Fax: (53) 279019
Dit is een kleine maar aangename herberg met voldoende voorzieningen en een mooi uitzicht over de Ping-rivier.

Once Upon A Time $$
385/2 Charoen Prathet Road
Chiang Mai
☎ (53) 274932
Fax: (53) 2338493
Schitterendde noordelijke teakhouten huizen aan de oevers van de Ping-rivier, met kamers met hemelbedden.

Mae Kok River Lodge $$
P.O. Box 3
Mae Ai
Chiang Mai 50280
☎ (53) 459328
Fax: (53) 459329
e-mail: tiger@loxinfo.co.th
Vanuit deze mooie herberg aan de rivier in Tha Ton, 180 km ten noorden van Chiang Mai, worden verschillende trektochten en trips georganiseerd.

Saen Poo Hotel $$
Chiang Mai
☎ (53) 717300
Fax: (53) 711372
Centraal gelegen hotel dat veel comfort biedt.

Boonbundan Guest House $/$$
1005/13 Jet Yot Road
Chiang Rai
☎ (53) 717040
Fax: (53) 712914
Dit pension is gelegen in een kampong en beschikt over een grote keus aan kamers en bungalows, en een beschaduwde tuin.

Rim Pai Cottage $
17 Moo 3
Wiang Tai
Pai District 58130
Mae Hong Son
☎ (53) 699133
Prettige vakantiehuisjes aan de oevers van de Pai-rivier, op loopafstand van de markt.

Baiyoke Chalet Hotel $$
90 Khunlum Praphat Road
☎ (53) 611486
Fax: (53) 611533
Centraal gelegen, standaardkamers.

Sang Tong Huts $
Mae Hong Son
Schitterende, rustige hutten, niet ver van het westen van de stad.

Kajakken en klimmen in Phang Nga
bladzijde 40-49

Reisorganisaties

East–West Siam Ltd.
119 Ratutit 200 Years Road
Patong Khatu
Phuket
☎ (076) 340912/341209
Fax: (076) 341188
e-mail: philippe@samart.co.th
website: www.east-west.com
Bijkantoor van East-West (zie blz. 259). In Phuket bieden ze tochten op hun stijlvolle, traditionele Chinese jonk aan.

Phra Nang Divers
P.O. Box 54
Krabi 81000
☎/fax (075) 637064
e-mail: pndivers@loxinfo.co.th
Deze door PADI goedgekeurde school organiseert duikcursussen en 'zee-safari's'.

Pra-Nang Rock Climbers
P.O. Box 15
Krabi 81000
☎/fax: (1) 4646358
fax: (75) 612914
Bij deze klimcursussen van een halve dag zijn inbegrepen: les en huur van benodigdheden zoals klimgordels, schoenen, stijgijzers, zelfzekeringen en touw. Ze hebben een flinke selectie goede gidsboeken voor gemiddelde en gevorderde klimmers.

Santana
6 Sawatdirak Road
Patong Beach
Phuket
☎ (076) 294220
Fax: (076) 340300
website: www.santanaphuket.com
Biedt combinaties aan van jungletocht en kanovaren, van 1 tot 3 dagen, rondom Ao Phang Nga en nationaal park Khao Sok.

Sayan Tour
Phang Nga Bay
☎ (076) 430348
Sayan organiseert redelijk geprijsde tochten rondom de baai.

Sea Canoe
367/4 Yaowarat Road
Phuket 83000
☎ (076) 212252
Fax: (076) 212172
e-mail: info@seacanoe.com
website: http://seacanoe.com
Biedt expedities van 1-6 dagen aan. De langere tochten zijn voor ervaren kanoërs en gaan over afstanden van 10-15 km per dag.

Symbiosis Expedition Planning
Christopher Gow Enterprises Ltd.
205 St. John's Hill
London SW11 1TH
Groot-Brittannië
☎ (020) 7924 5906
Fax: (020) 7924 5907
e-mail: info@symbiosis-travel.co.uk
website: www.symbiosis-travel.co.uk
Britse reisorganisatie die gespecialiseerd is in avontuurlijke reizen door heel Zuidoost-Azië. Ze organiseren 'softe' avontuurtochten in Noordoost- en Noord-Thailand.

Tex Climbing
Jana Travel Tour
143 Utarakit Road
Krabi
☎/fax: (075) 631509
e-mail: tex@thaibiz.com
Bij deze klimcursussen van een halve dag met Tex zijn inbegrepen: les en huur van benodigdheden zoals klimgordels, schoenen, stijgijzers, zelfzekeringen, touw enzovoort.

Informatie

Phuket International Airport
☎ (076) 327230/4
Op het vliegveld is een informatieloket waar je een gratis kaart van Phuket kunt krijgen en hotels kunt boeken. Ook taxi's en transportdiensten zijn beschikbaar.

Tourist Authority of Thailand (TAT)
73-75 Phuket Road
Phuket 83000
☎ (076) 212213/211036
Fax: (076) 313582
TAT kan tochten per airconditioned minibus regelen naar Phang Nga en Krabi. Er vertrekken geregeld boten naar Railay Beach – het belangrijkste centrum voor rotsklimmen.

Fietsen in Isaan
bladzijde 50-57

Reisorganisaties

Bike & Travel
802/756 River Park
Moo 12
Kookot
Lamlookka
Pratumthani 12130
Thailand
☎ 9900900/9900274
Fax: 9900374
Bike & Travel, geleid door de zeer vriendelijke eigenaar Tanin Rittavirun, organiseert bijzonder goede fietstochten op maat door heel Thailand. De prijzen zijn redelijk en inclusief fietshuur, eten, overnachtingen en een begeleidingsvoertuig.

Diethelm Travel
Kian Gwan Building II
140/1 Wireless Road
Bangkok 10330
Thailand
☎ (662) 2559130 / 2559160 / 2559170
Fax: (662) 2560248
e-mail: dto@dto.co.th
Dit bedrijf, dat behoort bij Diethelm & Co, een Zwitserse handelsmaatschappij die al 50 jaar actief is in Thailand, biedt een aantal geheel verzorgde reizen van Bangkok naar Laos, Cambodja, Myanmar en Vietnam aan. Ze organiseren ook

trektochten per mountainbike in Noord-Thailand.

One World Bicycle Expeditions
356 Chaikong Road
Chiang Khan
Loei 42110
Thailand
☎**/fax**: (066) 42821825
website: www.Bikethailand.com
One World, dat wordt geleid door Torsak en Katie Murray, organiseert mountainbiketochten door enkele van de mooiste landschappen van Isaan. Er zijn culturele uitstapjes en er wordt overnacht in traditionele Thaise woningen.

Symbiosis Expedition Planning
Christopher Gow Enterprises Ltd.
205 St. John's Hill
London SW11 1TH
Groot-Brittannië
☎ (020) 7924 5906
Fax: (020) 7924 5907
e-mail: info@symbiosis-travel.co.uk
website: www.symbiosis-travel.co.uk
Fietstochten in Noordoost- en Noord-Thailand. Zie blz. 262 voor meer informatie.

Fiets-/motorverhuur

Mut Mee Guest House
1111/4 Kaeworawut Road
Nong Khai
Fax (van een nabijgelegen boekenwinkel, die de berichten doorgeeft):
042-460717
e-mail: wasambe@loxinfo.co.th
Mut Mee heeft 12 mountainbikes te huur (u moet een borg achterlaten). Als je in het hoogseizoen reist, boek dan van tevoren.

Nana Motor
1160 Chaiyaporn Market
Meechai Road
Nong Khai
☎ (042) 411998
Nana verhuurt 100-cc Honda Dream-motorfietsen. Je moet een borg en je paspoort achterlaten.

Informatie

Tourist Authority of Thailand (Afdeling Noordoost)
16/5 Mukmontri Road
Udon Thani 41000
☎ (42) 325406/7
Fax: (42) 325408

Overnachten

Nong Khai Grand Thani $$$
589 Moo 5
Poanpisai Road
Nong Khai
☎ (42) 420033
Fax: (42) 412026
Dit is een luxueus hotel met goede voorzieningen, een restaurant en zwembad.

Holiday Inn Mekong Royal $$$
222 Jomanee Road
Nong Khai
☎ (42) 420024
Fax: (42) 421280
Het hotel heeft vergaderruimten, een restaurant en een cocktailbar.

Mut Mee Guest House $
1111/4 Kaeworawut Road
Nong Khai
Fax (van een nabijgelegen boekenwinkel, die de berichten doorgeeft):
042-460717
e-mail: wasambe@loxinfo.co.th
Dit is een populaire plek voor rugzaktoeristen, aangenaam gelegen aan de rivier en met een goed restaurant.

Tim's Guest House $
Si Chiang Mai
☎ (42) 451072
Een eenvoudig pension.

Sangkhom River Huts $
Sankhom
Prettige bungalows met strodaken, uitzicht over de rivier en goed eten.

Pak Chom Guest House $
Pak Chom
Eenvoudige bungalows aan de rivier.

Zen Guest House $
126/2 Chai Khong Road
Soi 12
Chiang Khan
☎ (42) 821119
Een traditioneel, vormelijk pension, geleid door één familie, dat baden, kruidensauna en fietsverhuur aanbiedt.

OTS Guest House $
Ban Pak Huay
OTS heeft eenvoudige bungalows, en een gemeenschappelijke eetruimte met uitzicht over de Heung-rivier richting Laos.

Phu Luang Hotel $$
55 Charoenrat Road
Muang Loei
☎ 811532
Middelmatige, airconditioned kamers, plus een café en een nachtclub.

MET DE
E&O EXPRESS
BLADZIJDE 58-65

REISORGANISATIES

THE EASTERN & ORIENTAL EXPRESS
Beach Road
32-01/03 Shaw Towers
Singapore 189702
☎ 3923500
Reizigers kunnen de volgende routes boeken, in beide richtingen: Singapore-Bangkok, Bangkok-Chiang Mai, Singapore-Butterworth. Bij de prijs inbegrepen zijn alle maaltijden, thee en koffie, en excursies naar de rivier de Kwai en naar Penang.

DE REIS ERHEEN

CHANGI AIRPORT SINGAPORE
☎ 5421122
Changi ligt op de punt van het eiland, zo'n 20 km ten oosten van de stad, en heeft het volledige scala aan voorzieningen.

INFORMATIE

SINGAPORE TOURIST PROMOTION BOARD
2-34 Raffles Hotel Arcade
North Bridge Road
Singapore
☎ 3341335

OVERNACHTEN

Albert Court Hotel $$
180 Albert Street
Singapore
☎ 3393939
Fax: 3393252
Dit kleine hotel, gesitueerd in een gerestaureerd deel van Singapore, is gunstig gelegen voor Little India, winkelen en uitgaan.

Goodwood Park Hotel $$
22 Scotts Road
Singapore
☎ 3777411
Fax: 7328558
Hotel in koloniale stijl, met nieuwe kamers, twee zwembaden en alle comfort.

Raffles Hotel $$$
1 Beach Road
Singapore
☎ 3371886
Fax: 3397650
Het beroemde hotel van Singapore. Het is omgeven door tuinen en heeft een atmosfeer die doet denken aan vroeger. Service en keuken zijn excellent. Het Tiffin-lunchbuffet is een culinair hoogtepunt en een Singapore Sling in de Long Bar is eveneens niet te versmaden.

The Oriental $$$
48 Oriental Avenue
Bangkok
☎ (2) 2360400
Fax: (2) 2361939
Dit hotel is van een bevallige schoonheid en roept de sfeer van het oude Thailand op. Het Thais-Italiaanse barbecuebuffet op het zonneterras, dat uitkijkt over de Chao Phraya, is iets wat je niet moet missen.

The Sheraton Royal Orchid Hotel $$$
2 Captain Bush Lane
Bangkok
☎ (2) 2660123
Fax: 2368320
Een levendig, groot hotel aan de rivier, dicht bij de bezienswaardigheden, met een goede keuken. Probeer het Thais specialiteitenrestaurant.

Sol Twin Towers $$
88 New Rama VI Road
Bangkok
☎ (2) 2169555
Fax: (2) 2169544
Groot hotel, gelegen tussen de bezienswaardigheden en het winkelcentrum, en bij de snelweg naar het vliegveld.

LEREN DUIKEN IN PHUKET BLADZIJDE 66-73

REISORGANISATIES

SYMBIOSIS EXPEDITION PLANNING

Christopher Gow Enterprises Ltd.
205 St. John's Hill
London SW11 1TH
Groot-Brittannië
☎ (020) 7924 5906
Fax: (020) 7924 5907
e-mail: info@symbiosis-travel.co.uk
website: www.symbiosis-travel.co.uk
Zie blz. 262 voor meer informatie.

DUIKEN

THE PHUKET ISLAND ACCESS

website:
www.phuketcom.co.th/diving/guide.htm
Deze nuttige site heeft links naar een aantal plaatselijke duikcentra en foto's van het zeeleven.

DIVESAFE ASIA

113/16 Song Roi Phi Road
Patong Beach
Phuket
☎ (076) 342518
Registreert en keurt duikuitrustingen en beheert Phukets enige decompressiekamer.

FANTASEA DIVERS

219 Rat-U-thit 200 Year Road
P.O. Box 20
Patong Beach
Phuket 83150
☎ (076) 340088
Fax: (076) 340309
e-mail: info@fantasea.net
website: www.fantasea.net
Dit aloude 5-sterren PADI-duikcentrum heeft een uitstekende reputatie. Het biedt het hele spectrum van trainingscursussen en dagreizen naar bestemmingen zoals Phi Phi en de Rajah-eilanden. Het verzorgt ook actieve cruises van 4-10 dagen naar plaatsen in Myanmar en Thailand, waaronder de Similan-eilanden en de Mergui Archipel.

MARINA DIVERS

Marina Cottage
P.O. Box 143
Kata-Karon Beach
Phuket 83000
☎ (076) 330272
Fax:(076) 330516
e-mail: nour@iname.com
Een groot 5-sterren PADI-opleidingscentrum tot instructeur, dat ook dagreizen aanbiedt naar Ko Phi Phi, de Rajah-eilanden en Shark Point, plus actieve cruises naar de Similan- en de Surin-eilanden.

SANTANA

6 Sawadeerack Road
Patong Beach, Phuket 83150
☎ (076) 294220
Fax: (076) 340360
e-mail: santanap@loxinfo.co.th
Santana is opgericht in 1979 en is daarmee een van de oudste duikbedrijven in Patong. Het biedt het hele spectrum van duikcursussen, dagreizen en cruises van 3 tot 7 dagen naar de Andaman Zee, alsook zeekajaktochten in Phang Nga Bay.

SOUTH EAST ASIA DIVERS

116/7 Thaweewong Road
Patong Beach
Phuket 83150
☎ (076) 292079
Fax: (076) 342530
e-mail: info@phuketdive.net
website: www.phuketdive.net
Een gerenommeerd 5-sterren duikcentrum dat alle gangbare cursussen en dagreizen aanbiedt. Het bedrijf heeft een bijzonder fraaie, airconditioned Seraphschoener uit 1906, waarmee cruises rondom Ko Phi Phi, de Rajah-eilanden en Shark Point worden georganiseerd. Er zijn ook vestigingen in de badplaatsen Le Meridien en Kata Thani Beach.

ANDERE AVONTUREN OP PHUKET

TROPICAL TRAILS

☎ (076) 263239 of 01-607-0475
TT organiseert mountainbike-tochten, jungle-wandelingen en olifantritten in drie verschillende gebieden van het eiland. Als je er alleen op uit wilt gaan, kun je een American Trek of Haro mountainbike met 21 versnellingen huren, tezamen met een helm, slot, bidon en kaart van Phuket.

Siam Safari
☎ (076) 383172
Fax: (076) 280107
e-mail: ecearth@samart.co.th
Deze mensen organiseren eersteklas eco-natuurreizen, inclusief olifantrit van een half uur, mountainbiken, wandelingen en kanotochten door de magrovemoerassen.

The Travel Company
70/85 Ratutit Road
Patong Beach
☎ (076) 340232
Fax: (076) 340292
e-mail: travelco@loxinfo.co.th
Dit bedrijf regelt mountainbike- en wandeltochten, kanoën door magrovemoerassen en diverse safari's van een halve of hele dag over het eiland met behulp van kleine jeeps. Deze kunnen worden gecombineerd met olifantritten. Langere tochten naar de bossen en watervallen van Phang Nga en naar het nationaal park Khao Sok, beide ten noorden van Phuket, zijn ook beschikbaar.

De reis erheen

Phuket International Airport
☎ (076) 327230/4
Op het vliegveld is een informatieloket waar je een gratis kaart van Phuket kunt krijgen en hotels kunt boeken. Ook taxi's en transportdiensten zijn beschikbaar.

Informatie

website van Phuket: www.phuket.net
e-mail: info@phuket.net
of: info@phuket.com

Tourist Authority of Thailand
73-75 Phuket Road
Phuket 83000
☎ (076) 212213 / 211036
Fax: (076) 313582

Autoverhuur

VIA Rent-A-Car
189/6 Rat-U-Thit Road
Patong Beach
83150 Phuket
☎ (076) 76341 660/340 007
Fax: (076) 341661

Overnachten

De belangrijkste overnachtingsplaats is Patong, maar er zijn ook rustiger, minder toeristische gebieden zoals Karon, Kata en de stad Phuket, welke laatste zijn gebrek aan zand compenseert met mooie winkels en gebouwen in oorspronkelijke Chinees-Portugese stijl. De prijzen in Phuket stijgen fors in het hoogseizoen (nov-april) en bereiken hun piek met Kerstmis en nieuwjaar, waarvoor je ruim van tevoren moet boeken.

The Boathouse $$$
Kata Beach
Phuket 83100
☎ (076) 330 015
Fax: (076) 330 561
e-mail: theboathouse@phuket.ksc.co.th
website: www.theboathousephuket.com
Een traditioneel hotel aan een van de mooiste stranden van Phuket. Het Boathouse Wine & Grill serveert goed, maar prijzig Thais en Europees eten. Het hotel organiseert ook een tweedaagse Thaise kookcursus, waarbij inbegrepen lunch en een verzameling traditionele Thaise recepten.

Expat Hotel $
89/14 Rat-U-thit Road
Patong
☎ (076) 342143
Fax: (076) 340300
Dit eenvoudige hotel in het hart van Patongs uitgaanscentrum heeft een jaren '50 sfeer. De lage gebouwen liggen rondom een kleine vijver, aangebouwd zijn een bar en een restaurant.

Sea, Sun, Sand Guesthouse $
64/27 Soi Kepsup
Thaiwiwong Road
Patong
☎/fax: (076) 343047
Op minder dan één minuut lopen van het strand, in rustige omgeving, ligt dit kleine en ruime hotel, met eenvoudige kamers en warme douche, vriendelijk personeel.

Eten en drinken

The Boathouse
Kata beach
Phuket 83100
☎ (076) 330 015
Fax: (076) 330 561
e-mail: theboathouse@phuket.ksc.co.th

website: www.theboathousephuket.com
Een heerlijk, traditioneel hotel aan een van de mooiste stranden van Phuket. Het Boathouse Wine & Grill serveert goed, maar prijzig Thais en Europees eten. Het hotel organiseert ook een tweedaagse Thaise kookcursus, waarbij inbegrepen lunch en een verzameling traditionele Thaise recepten.

Baan Rim Pa
100/7 Kalim Beach Road
Patong
☎ (076) 340789
Dit prijzige openluchtrestaurant ligt op een heuvel met schitterend uitzicht op de noordkant van Patong en is een van de beste plaatsen voor traditioneel Thais eten. Het serveert ook andere gerechten in fusionstijl.

Pizzadelic
Beach Road, tussen Bangla Road en Banana Disco
Pizzadelic serveert knapperige, goedkope pizza's en redelijke geprijsde drankjes, maar waar het werkelijk om draait is het Internet-café aan de achterkant.

Sabai Sabai
Soi Post Office
Dit altijd drukke café serveert degelijke maar smakelijke Thaise en westerse gerechten voor een schappelijke prijs.

PER STOOMBOOT NAAR MANDALAY BLADZIJDE 74-81

REISORGANISATIES

THE EASTERN & ORIENTAL EXPRESS
Beach Road
32-01/03, Shaw Towers
Singapore 189702
☎ 3923500
Dit bedrijf beheert het luxe schip *The Road to Mandalay*, dat diverse cruises van drie tot vier dagen over de Ayeyarwady-rivier verzorgt, tussen Bagan en Mandaly in Myanmar. Diverse malen in het seizoen wordt een extra tocht georganiseerd tussen Mandalay en de oude stad Pyi (die ook wel Prome wordt genoemd), welke acht of zes dagen duurt. De cruises beginnen in Bangkok, Yangon, Mandalay of Bagan. The Eastern & Oriental Express heeft ook kantoren in Myanmar, Japan en op diverse plaatsen in Europa.

BARANI CRUISE AND TRADING GROUP
10 Thazin Road
Ahlone Township
Yangon
Myanmar
☎ (1) 223104 / 225377 / 220949
Fax: (1) 223104
Dit bedrijf vaart met de *Irrawaddy Princess* en de *Irrawaddy Princess 2*, beide minder luxueus dan *The Road to Mandalay*. Het verzorgt cruises over de Ayeyarwady-rivier tussen Bagan en Mandalay, en Yangon en Mandalay.

INSIGHT MYANMAR TOURISM COMPANY
85/87 Thein Phyu Road
Botataung Township
Yangon
☎ (1) 29778
Fax: (1) 295599
Dit bedrijf kan alles regelen voor de reiziger in Myanmar, van Engelssprekende gidsen en reserveringen tot auto's.

DE REIS ERHEEN

YANGON INTERNATIONAL AIRPORT
☎ (1) 662811
Vlak voorbij de grote aankomsthal zijn hotelbalies die bussen en taxi's naar Yangon regelen.

INFORMATIE

MYANMAR TRAVELS AND TOURS
77/91 Sule Pagoda Road
Yangon
☎ (1) 78376 / 75328
Fax: (1) 89588

OVERNACHTEN

Yangon Savoy Hotel $$$
129 Dharmmazedi Road
Yangon
☎ (1) 526289 / 526298 / 526305
Fax: (1) 524891/2
Dit is een prachtig gerestaureerd oud koloniaal hotel met uitstekende voorzieningen en veel sfeer.

Inya Lake Hotel $$$
37 Kaba Aba Pagoda Road, Yangon
☎ (1) 662857/9
Fax: (1) 665537
Een groot hotel aan de oever van het Inya-meer, populair bij groepsreizen. De voorzieningen zijn goed.

Sedona Hotel $$$
Kaba Aye Pagoda Road
Yangon
☎ (1) 666900 / 666959
Fax: (1) 666567
Groot, nieuw hotel gelegen tussen het vliegveld en de stad, met uitzicht op het Inya-meer.

Yuzana Garden Hotel $$
44 Signal Pagoda Road
Yangon
☎ (1) 240989 / 248944
Fax: (1) 240074
Dit gerenoveerde koloniale gebouw heeft grote kamers en een tuin. Kortingen zijn mogelijk.

Bagan Hotel, Old Bagan $$
☎ (62) 70311/2
Fax: (62) 70313
Dit stijlvolle hotel, gebouwd van plaatselijk materiaal, ligt vlak bij het museum en andere bezienswaardigheden.

Thante Hotel, Old Bagan $$
☎ (62) 70144
Fax: (62) 70143
Dit hotel is minder stijlvol dan het Bagan Hotel, maar zeer comfortabel en met een goede keuken. De kamers met balkon kijken uit over de Ayeyarwady-rivier.

Sedona Hotel $$$
26th en 66th Street
Mandalay
☎ (2) 36488
Fax: (2) 36499
Een groot, comfortabel hotel tegenover het paleis, met alle voorzieningen en hulpvaardig personeel.

Mandalay Swan Hotel $$
No. 44B 26th Street
Mandalay
☎ (3) 31591/31601
Fax: (2) 35677
Een ouder, comfortabel hotel naast het Sedona, met goede voorzieningen en vriendelijk, hulpvaardig personeel.

DOOR DE HA LONG-BAAI
BLADZIJDE 84-91

REISORGANISATIES

Ha Long-baai bereik je veel gemakkelijker met een georganiseerde reis dan alleen. Tochten naar het eiland Cat Ba zijn wél zonder een reisorganisatie te doen, hoewel een georganiseerde reis ook hier het eenvoudigst is. Non-verbale communicatie heeft haar beperkingen. De meeste bedrijven bieden tochten naar Ha Long-baai aan, slechts één bedrijf organiseert kanoën op zee.

Buffalo Tours
11 Hang Muoi
Ha Noi
☎ (4) 828 0702
Fax: (4) 826 9370
e-mail: buffalo@netnam.org.vn
Dit professionele bedrijf heeft 40 in de VS vervaardigde kano's. Tochten gaan van 1 tot 7 nachten, of kunnen op maat worden samengesteld. De gidsen spreken goed Engels.

DE REIS ERHEEN

NOI BAI AIRPORT, HA NOI
☎ (04) 8271513; (04) 8268522
35 km ten noorden van de stad.

INFORMATIE

VIETNAM TOURISM
30A Ly Thuong Kiet Street
☎ (04) 8255552

OVERNACHTEN

Heritage Hotel $$$
88 Ha Long Street
Ha Long
☎ 84 83 846 888
Fax: 84 83 846 999
Een 3-sterrenhotel met uitstekende voorzieningen.

Vuon Dao Hotel $$
Ha Long Road
Baie Chai Beach
Ha Long
☎ 84 33 846 455
Fax: 84 33846 287

Family Hotel & Restaurant $
Cat Bat Island
☎ 84 31 888231
Een van de grotere hotels van de stad, gelegen tegenover de baai, met een bekwame manager en goed eten.

Van Anh Hotel $
Cat Ba Island
☎ 31 888 201
Fax: 31 888 325
Kamers hebben tv, telefoon en warm water. Gesitueerd naast het Family Hotel, met uitzicht over de baai. Populair en goed geleid hotel. James, de manager, is een ex-leraar die vloeiend Engels spreekt, als gids kan optreden en trips over het eiland kan organiseren.

Gieng Ngoc 1 $
☎ 31 888286
Dit is een nieuw hotel met uitzicht over de baai.

Ngoc Mai Hotel $
Vuan Dao Street
Ha Long
☎ 84 33 846 123

NOORDWEST-VIETNAM
PER JEEP
BLADZIJDE 92-99

REISORGANISATIES

BUFFALO TOURS
11 Hang Muoi
Ha Noi
☎ (4) 828 0702
Fax: (4) 826 9370
e-mail: buffalo@netnam.org.vn
of bwt@netnam.org.vn
Dit is een jong Vietnamees bedrijf. De gidsen spreken goed Engels. Het verhuurt Russische jeeps of landrovers met chauffeur.

THE HANOI YOUTH TOURIST COMPANY
Kim Café, 135 Hang Bac
Hoan Kiem District
☎ (4) 9281378 / 8266901
e-mail: kimcafe@hn.vnn.vn
Dit bedrijf biedt een flexibele reisroute aan tegen scherpe prijzen. Gasten kunnen overnachten in minderheidsdorpen of kleinsteedse hotels (of combineren). Het biedt wandeltochten naar minderheidsdorpen aan. Ook tochten in Russische jeeps of landrovers met chauffeur. Bijbetalen voor gidsen.

DE REIS ERHEEN

NOI BAI AIRPORT, HA NOI
☎ (04) 8271513; (04) 8268522
35 km ten noorden van de stad.

INFORMATIE

VIETNAM TOURISM
30A Ly Thuong Kiet Street
Ha Noi
☎ (04) 8255552

OVERNACHTEN

Sofitel Metropole Hotel $$$
15 Ngo Quyen Street
Ha Noi
☎ (4) 8266919
Fax: (4) 826 6920
Een bekoorlijk, gerenoveerd oud Frans-koloniaal hotel, perfect gelegen in het centrum van het koloniale Hanoi. Uitstekende voorzieningen, service en eten. Het is hier goed uitrusten na de ontberingen van een trektocht.

Prince Hotel $$
88 Hang Bac
Ha Noi
☎ (4) 9260150
Fax: (4) 9260149
Een nieuw hotel met prettige kamers voorzien van telefoon, tv met schotelantenne, bad en koelkast.

Victoria Hotel $$/$$$
Sa Pa Town
Lao Cai
☎ (20) 871522
Fax: (20) 871539
Sa Pa's internationale hotel, op loopafstand van de markt. Haardvuur, Franse keuken

en wijnen, en een eigen luxe treinwagon van Hanoi naar Sa Pa. Zeer comfortabel. Bij goed weer heb je schitterend uitzicht op Vietnams hoogste berg, de Fansipan.

Tam Duong Hotel $
Phong Tho
☎ (23) 875288
Voor dit goedkope hotel hoef je niet vooraf te boeken.

Airport Guest House $$
Diên Biên Phu
☎ (23) 824908
Schone kamers in een functioneel hotel.

Beach Lossom Guest House $$
Son La
☎ (22) 853823
Fax: (22) 853823
Eenvoudig.

ETEN EN DRINKEN

The Lien Tuoi
27 Hoang Cong Chat Street
Diên Biên Phu
☎ (23) 824919
Een uitstekende selectie van traditioneel Vietnamees eten.

Dien Bien Phu Airport Hotel
Cau Moi Street
☎ (84) 23825052
Populair bij reisgezelschappen; heeft goed Vietnamees eten.

Airport Guesthouse
☎ (23) 824908
(Zie bij Overnachten)

NAM OU-RIVIER

BLADZIJDE 100-109

REISORGANISATIES

DIETHELM TRAVEL
Kian Gwan Building II
140/1 Wireless Road
Bangkok 10330
Thailand
☎ (662) 2559130 / 2559160 / 2559170
Fax: (662) 2560248
e-mail: dto@dto.co.th
Organiseert tochten over de Nam Ou-rivier. Voor meer details zie blz. 262.

MEKONG LAND
LM International
399/6 Soi Thonglor 21
Sukhumvit 55
Bangkok 10110
Thailand
☎ (2) 3810881
Fax: (2) 3917212
e-mail: mekongld@mekongland.com
Mekong Land organiseert 2-daagse luxe cruises van Houei Xai naar Luang Prabang over de Mekong-rivier. Het bedrijf is van plan tochten over de Nam Ou-rivier te organiseren.

SODETOUR
114 quai Fa-Ngum B.P 70
Vientiane
Laos
☎ 21213487 / 218433
Fax: 21216313
Dit is de bekendste reisorganisatie in Laos. Biedt een combinatie van uitstekende adventure-tochten en reizen op maat, waaronder een tocht stroomopwaarts over de Nam Ou-rivier. Het is raadzaam van tevoren te reserveren.

SYMBIOSIS EXPEDITION PLANNING
Christopher Gow Enterprises Ltd.
205 St. John's Hill
London SW11 1TH
Groot-Brittannië
☎ (020) 7924 5906
Fax: (020) 7924 5907
e-mail: info@symbiosis-travel.co.uk
website: www.symbiosis-travel.co.uk
Organiseert tochten over de Nam Ou-rivier. Voor meer gegevens zie pagina 262.

OVERNACHTEN

Phou Vao Hotel $$$
P.O. Box 50
Luang Prabang
☎ 71212194
Fax: 71212534
Het beste wat Luang Prabang te bieden heeft: zwembad, tropische tuinen, schitterende kamers en een goed restaurant; gelegen aan de rand van de stad.

Villa Santi $$/$$$
Sisavangvong
Luang Prabang
☎/fax: 212267
Een aardig 100 jaar oud herenhuis dat is

omgebouwd tot een hotel met 25 kamers. Centraal gelegen.

Khem Khan Guest House $
Nam Khan Road
Luang Prabang
De kamers zijn eenvoudig, maar de locatie is fraai – aan de Nam Khan-rivier.

Phongsali Hotel $
Phongsali
Sobere kamers met gemeenschappelijke douches en wasruimte. Het beste hotel van de stad.

Auberge du Temple $$
184/1 Ban Khounta
Vientiane
☎/**fax**: 214844
Prachtige verbouwde villa aan de rand van de stad.

Le Parasol Blanc $$
263 Sibounheuang Road
Vientiane
☎ (856) 216091
Fax: (856) 415444
De prettige airconditioned kamers zijn rond een zwembad en restaurant gegroepeerd.

LANGZAAM DE MEKONG OVER
BLADZIJDE 110-119

REISORGANISATIES

MEKONG LAND
LM International
399/6 Soi Thonglor 21
Sukhumvit 55
Bangkok 10110
Thailand
☎ (2) 3810881
Fax: (2) 3917212
e-mail: mekongld@mekongland.com
Organiseert 3-daagse cruises met de *Vat Phou*, van Pakse naar Don Khoung-eiland (en terug). Ruimschoots van tevoren boeken is aanbevolen.

SODETOUR
No. 11 Road
Pakse
Laos
☎ (31) 212122
Fax: (31) 212765
e-mail: sodeloa@samart.co.th
De plaatselijke vestiging van Sodetour (zie pagina 270). Ze organiseren zowel tochten rondom Champassak als door het hele land. Het is raadzaam ruim van tevoren te boeken.

SYMBIOSIS EXPEDITION PLANNING
Christopher Gow Enterprises Ltd.
205 St. John's Hill
London SW11 1TH
Groot-Brittannië
☎ (020) 7924 5906
Fax: (020) 7924 5907
e-mail: info@symbiosis-travel.co.uk
website: www.symbiosis-travel.co.uk
Zie pagina 262 voor meer gegevens.

INFORMATIE

OFFICE OF TOURISM CHAMPASSAK
No. 11 Road
Pakse
Laos
☎ (31) 212021

OVERNACHTEN

Champassak Palace Hotel $$/$$$
No. 13 Road
P.O. Box 718
Pakse
☎ (31) 212263
Fax: (31) 212781
Het beste wat Pakse te bieden heeft. Dit hotel lijkt op een kerstcake, met tv met schotelantenne, reiscentrum, fitnessruimte en panoramisch uitzicht.

Salachampa Hotel $$
No. 10 Road
Pakse
☎ (31) 212273
Een oude, gerestaureerde Franse villa, maar het onderhoud is slecht en de kamers zijn te duur.

Sala Wat Phou $$
Champassak
Pakse
☎ (31) 212725
De beste overnachtingsplaats in de omgeving van Wat Phu.

Auberge Sala Don Khong $$
Muang Khong,
Don Khong Island
Schitterend oud teakhouten huis met een balkon aan de rivier; fietsverhuur. Voor reserveringen zie Sodetur.

ANGKOR WAT IN CAMBODJA BLADZIJDE 120-129

REISORGANISATIES

DIETHELM TRAVEL
Kian Gwan Building II
140/1 Wireless Road
Bangkok 10330
Thailand
☎ (662) 2559130 / 2559160 / 2559170
Fax: (662) 2560248
e-mail: dto@dto.co.th
Voor meer gegevens zie pagina 262.

EAST-WEST TRAVEL (CAMBODJA)
No. 182A, Street 208
Sangkat Boeung Rang
Khand Daun Penh
Phnom Penh
☎ (23) 427118 / 426189
Fax: (23) 426189
e-mail: eastwest@bigpond.com.kh
Een bijkantoor van East-West Siam, zie pagina 259.

INFORMATIE

GENERAL DIRECTORATE OF TOURISM
Monivong Boulevard
Phnom Penh
☎ (23) 25607

PHNOM PENH TOURISM
313 Sisawath Quay
☎ (23) 723949 / 725349

OVERNACHTEN

Angkor Villa $$
Siem Reap
☎ (15) 916048
Deze fraai gebouwde bungalows, ontworpen door de eigenaar, een Franse architect, liggen rondom een centraal restaurant. Ze vormen de perfecte rustplaats na een lange trektocht.

Apsara Angkor Guest House $
No. 279, 6 Street
Siem Reap
☎ (15) 630125 / 963476
Fax: (15) 380025
Een eenvoudig, aangenaam pension met een patio en restaurant.

Sofitel Cambodiana $$$
313 Sisowath Quay
Phnom Penh
☎ (23) 426288
Fax: (23) 426392
Het chicste hotel in Phnom Penh, met zwembad, tennisbanen en twee restaurants.

Renakse $$
Tegenover het koninklijk paleis
Phnom Penh
☎ (23) 722457 / (23) 26036
Fax: (23) 426100
Een fantastisch, grillig Frans koloniaal gebouw met oude, krakende kamers en een perfecte ligging.

VERKENNING VAN HET PLATEAU DES BOLOVENS BLADZIJDE 130-137

REISORGANISATIES

SODETOUR
No. 11 Road
Pakse
Laos
☎ (31) 212122
Fax: (31) 212765
e-mail: sodeloa@samart.co.th
Voor meer gegevens zie pagina 270. Het is raadzaam ruim van tevoren te boeken.

INTER-LAO TOURISME
No. 13 Road
Pakse
Laos
☎ (31) 212226

SYMBIOSIS EXPEDITION PLANNING
Christopher Gow Enterprises Ltd.
205 St. John's Hill
London SW11 1TH
Groot-Brittannië

☎ (020) 7924 5906
Fax: (020) 7924 5907
e-mail: info@symbiosis-travel.co.uk
website: www.symbiosis-travel.co.uk
Zie pagina 262 voor meer gegevens.

Informatie

Office of Tourisme Champassak
No. 11 Road
Pakse
Laos
☎ (31) 212021

Overnachten

Champassak Palace Hotel $$/$$$
No. 13 Road
P.O. Box 718
Pakse
☎ (31) 212263
Fax: (31) 212781
Het beste wat Pakse te bieden heeft. Dit hotel lijkt op een kerstcake, met tv met schotelantenne, reiscentrum, fitnessruimte en panoramisch uitzicht.

Salachampa Hotel $$
No. 10 Road
Pakse
☎ (31) 212273
Een oude, gerestaureerde Franse villa, maar het onderhoud is slecht en de kamers zijn te duur.

Tad Lo Resort $$
Eenvoudige (maar te dure) bungalows in een schitterende omgeving aan de rivier. Het is zeer raadzaam van tevoren te boeken, met name in het hoogseizoen. Boeken is mogelijk via Sodetour in Pakse (zie onder Reisorganisaties).

Sekong Hotel $
Sekong
Het enige hotel in de stad heeft sobere kamers en een restaurant.

Tavivan Guest House $
Attapu
Prettig klein pension met een rustig balkon, nabij de rivier. Goed restaurant.

Souk Somphone Guest House $
Attapu
Eenvoudige kamers in het stadscentrum.

Het oerwoudspoor van Maleisië bladzijde 140-147

Reisorganisaties

Kota Baharu Tourist Information Centre
Jalan Sultan Ibrahim
Kota Baharu
☎ 9 748 5534
Fax: 9 748 6652
Gids Roselan Hanafiah verzorgt rondreizen, maar ook uitstapjes in de directe omgeving.

Taman Negara Resort
Het kantoor van de afdeling Parken en Fauna, naast de centrale winkel, boekt boottochten, vishutten en campingplaatsen. Er kunnen hier gidsen worden gehuurd, en er worden begeleide wandelingen voor groepen tot maximaal 10 mensen georganiseerd, die starten om 20.30 uur elke avond.

The Family Restaurant
Dit drijvende restaurant, direct ten westen van de veerdienst over de Tembeling-rivier, organiseert diverse activiteiten, waaronder nachtsafari's over de rivier, een excursie naar Gua Telinga (een vleermuizengrot) en een bezoek aan het dorp Orang Asli. Het organiseert ook tweemaal daags boottochten naar Kuala Tembeling (heen en terug).

De reis erheen

Kuala Lumpur International Airport
KLIA, de voornaamste toegang tot Maleisië, is in Sepang, 33 km ten zuiden van Kuala Lumpur. Er gaan bussen en taxi's naar de stad.

Informatie

MATIC (Malaysian Tourist Information Complex)
109 Jalan Ampang
Kuala Lumpur
☎ 3 242 3929
Jalan Pesiaran Putra
Het centrale toeristenbureau van Kuala Lumpur is gehuisvest in een fraaie kolo-

niale villa. Naast overvloedige informatie over de stad en overnachtingsadressen kan het ook advies geven over alle streken van het land en boekingen voor nationale parken regelen, inclusief Taman Negara. Culturele voorstellingen, die 45 minuten duren, worden hier op di, za en zo om 15.30 uur gehouden. Openingstijden kantoor: 9-18 uur.

Kota Baharu Tourist Information Centre
Jalan Sultan Ibrahim
Kota Baharu
☎ 9 748 5534
Fax: 9 748 6652
Hier vind je de gids Roselan Hanafiah, die rondreizen maar ook uitstapjes in de directe omgeving verzorgt.

Hotel Sri Emas, Jerantut
Elke avond om 20 uur worden hier voorlichtingsbijeenkomsten over Taman Negara gehouden: de reis erheen, overnachtingen en wat er te zien is in het park. Je kunt hier boeken voor de activiteiten die het Family Restaurant op de Tembeling-river organiseert (zie hiervoor onder Reisorganisaties).

Taman Negara Resort
Bij de ingang van het park is een informatieloket. In het park is een bibliotheek en voorlichtingscentrum, dat tweemaal daags een video van 45 minuten over het park vertoont.

Overnachten

Kuala Lumpur

Backpackers Travellers Lodge $
1e verdieping, 158 Jalan Tun H.S. Lee
Kuala Lumpur
☎ (3) 201 0889
Fax: (3) 238 1128
Een eenvoudige, maar schone en gezien de lage prijs uitstekende overnachtingsgelegenheid in KL, gelegen in de Chinese wijk en beheerd door bijzonder vriendelijke mensen. Geen nachtsluiting, elke avond video en een goede bron van informatie voor wat er te doen is. Het hotel beheert ook het Travellers email Centre aan Rm 6, 3F, Wisma Kwong Siew, 147-149 Jalan Tun H.S. Lee.

Coliseum $$$
98 Jalan TAR
Kuala Lumpur
☎ (3) 292 6270
Dit ouderwetse Chinese hotel heeft de koloniale sfeer behouden, compleet met zwaar houten meubels en enorme ventilatoren in de kamers. Er is een gezellige bar, waar de planters zich eertijds vol lieten lopen, en beneden is een legendarisch eethuis.

Istana $$$
73 Jalan Raja Chulan
☎ (3) 241 9988
Fax: (3) 244 0111; gratis 1800-883380
e-mail: hotel_istana@histana.po.my
website: http://www.smi-hotels.com.sg
Dit is een van KL's topklasse hotels, met een ideale ligging in het Gouden Driehoek-gebied. Ruime, comfortabele kamers en voorzien van alle gemakken, waaronder een verscheidenheid aan restaurants, een weelderige lounge, zwembad, fitnesscentrum, en tennis- en squashbanen.

The Lodge Hotel $$
Jalan Sultan Ismail
Kuala Lumpur
☎ (3) 242 0122
Fax: (3) 241 6819
Dit hotel, gelegen op de hoek tegenover het Istana, is een goede keuze in de middenklasse. De goedkopere kamers in het bijgebouw hebben geen tv. Het heeft ook een café, zwembad en een Indiaas moslimrestaurant van de keten Hameeds.

Radisson Plaza Hotel $$$
138 Jalan Ampang
Kuala Lumpur
☎ (3) 466 8866
Fax: (3) 466 9966
e-mail: rphkl@po.jaring.my
Dit ultramoderne hotel, gelegen op een paar minuten lopen van winkelcentrum Suria KLCC en Petronas Twin Towers (het hoogste gebouw ter wereld), heeft meerdere chique restaurants, een zwembad, jacuzzi en gymzaal.

Kota Baharu

Diamond Puteri Hotel $$$
Jalan Post Office Lama
Kota Baharu
☎ (9) 743 9988

Fax: (9) 743 8388
e-mail: dp@adorna.po.my
website: http://www.diamond-puteri.com
Dit is een eersteklas hotel met een mooie ligging aan de waterkant. Het heeft een stijlvol Chinees restaurant en een westers restaurant met terras aan de rivier. Er zijn ook een zwembad en gymzaal.

MENORA GUEST HOUSE $
3338d Jalan Sultanah Zainab
Kota Baharu
☎ (9) 748 1669
Dit door de vriendelijke familie Chua beheerde pension is een van de beste goedkope overnachtingsmogelijkheden in KB. Vraag naar een van de kamers die uitkomen op de daktuin. De openluchtdouche is een extra attractie.

SAFAR INN $$
Kota Baharu
Jalan Kilir Kota
☎ (9) 747 8000
Fax: (9) 747 9000
Dit is een prettig middenklasse-hotel, dicht bij het centrum. De kamers zijn leuk ingericht en het ontbijt is bij de prijs inbegrepen.

Jerantut and Taman Negara
HOTEL SRI EMAS $
Bangunan Muip
Jalan Besar
27000 Jerantut
☎ (9) 266 4499
Fax: (9) 266 4801
Centraal gelegen, bij de winkels, met verschillende soorten kamers en ook slaapzalen, waarvan sommige met airconditioning. Geen luxe, maar vriendelijke en hulpvaardige mensen. Veel informatie over vervoer naar het park en activiteiten aldaar. Ernaast bevindt zich een goed café, met tv met schotelantenne voor als je op een late trein wacht. Dezelfde familie beheert Hotel Jerantut, 100 m oostelijk op Jalan Besar.

TAMAN NEGARA RESORT $/$$/$$$
Kuala Tehan
☎ (9)-266 3500 / 266 2200
Fax: (9) 266 1500
Kantoor in Kuala Lumpur:
Hotel Istana, 2e verdieping
Jalan Raja Chulan
Kuala Lumpur
☎ (3) 245 5585 **Fax**: (3) 45 5430
Binnen de parkgrenzen zijn de chalets met tweepersoonsbed, airconditioning en open badkamers het best mogelijke onderdak, afgezien van de zelfs nog luxueuzere chalet-suites en bungalows. De standaardpensionkamers in de bakstenen gebouwen aan de oostzijde van het parkcentrum zijn relatief duur, maar het jeugdhotel met stapelbedden en voorzien van muskietennetten is een goede optie voor de rugzaktoerist. Bij het complex horen een restaurant en een café. Er is tevens een camping, die ook huurtenten heeft.

NUSA CAMP $
Reserveren in Jerantu:
☎ (9) 266 2369 **Fax**: (9) 266 4369
In Kuala Lumpur bij MATIC:
☎ (3) 262 7682 **Fax**: (3) 262 7682
Zo'n 2 km verder oostwaarts vanuit Kuala Tahan langs de Tembeling-rivier, op de andere oever t.o.v. het park, ligt dit eenvoudige en rustige onderkomen in het oerwoud, met een keuze uit Maleisische chalets, sobere A-stijl hutten, slaapzalen met vier bedden en een kampeerterrein. Er is ook een cafetaria. Een aanrader als je het steeds drukkere Kuala Tahan wilt mijden, maar de keerzijde is dat je een boot moet nemen als je naar het park wilt.

SHOREA MOTEL $/$$
(heette vroeger Ekoton Chalets)
Lot 1010
Kuala Tahan
☎/fax: (09) 266 9897; mobiele telefoon: 010-988 8932
Dit is de beste overnachtingsplaats in Kuala Tahan. De betonnen chalets hebben alle een kleine veranda, airconditioning en een eigen badkamer, en er is een verscheidenheid aan airconditioned slaapzalen. Een aan het complex verbonden café is in aanbouw.

ETEN EN DRINKEN
Kuala Lumpur
COLISEUM CAFÉ
98 Jalan TAR
☎ (3) 292 6270
Als je op zoek bent naar de koloniale sfeer, dan zijn de biefstukken en bejaarde obers in dit hotel-restaurant niet te verslaan.

Le Coq d'Or
121 Jalan Ampang
☎ (3) 242 9732
Dit restaurant, gelegen in de vergane glorie van een oud herenhuis, serveert een mix van Maleisische, Europese en Chinese gerechten.

Bon Ton
7 Jalan Kia Peng
☎ (3) 241 3611
De oosterse en westerse keuken versmelten hier tot verrukkelijke mengvormen, en er is een keuze uit mooie wijnen. Ligt in een origineel gerenoveerde bungalow.

Carcosa Seri Negara
☎ (3) 282 7888
Het is echte verwennerij bij deze voormalige residentie van de Britse gouverneur van Maleisië, nu KL's meest excusieve restaurant. *High tea* is een orgie van zoete verfijning (voor een zeer schappelijke prijs), terwijl het zondagse curry rijsttafel-buffet ('tiffin') legendarisch is.

Seri Angkasa
☎ (3) 208 5055
Wat betreft excellent Maleisisch eten plus mooi uitzicht is dit unieke ronddraaiende restaurant boven op de Menara KL onovertroffen. Reserveren noodzakelijk.

Ceylon Hill
Deze herlevende wijk in het centrum heeft verscheidene aanraders, waaronder de gemoedelijke bar **Long Island Iced Tea House** (15 Changkat Bukit Bintang, ☎ 3 243 9089), met biljarttafels en degelijk eten zoals tandoori-schotels en kaas en paté, en lange happy hours. Het stijlvollere en duurdere **Little Havana** (2&4 Lorong Sahabat, ☎ 3 244 7170) is voorzien van datgene wat het trendy Zuidoost-Aziatische restaurant completeert: een sigaarkamer. Ten slotte **Le Maschere** (16 Jalan Changkat Bukit Bintang, ☎ 3 244 6395), een bijzonder verfijnd pizza- en pastahuis.

Chinatown
Deze wijk van Kuala Lumpur heeft ook een wedergeboorte ondergaan, vooral door het nostalgische **Old China Company Café and Restaurant** (Jalan Traffic Polis), dat klassieke Chinese gerechten serveert in het voormalig stadhuis van de Selangor and Federal Territory Laundry Association. Ernaast treden in het untramoderne **Kafe Halo** plaatselijke popgroepen op.

Bangsar
U kunt ook in een taxi richting Bangsar springen, KL's trendy buitenwijk die dichtbezaaid is met restaurants en bars, plus uitstekende eetkraampjes in de open lucht.

Kota Baharu

Qing Lang
Jalan Zainal Abidin
Vegetarisch restaurant dat is gespecialiseerd in gekruide Chinese tofugerechten. Het café is airconditioned.
Op de eerste verdieping van de **Central Market** liggen veel cafés die overdag verse schotels serveren, waaronder vis-curry's en salades. De bruisende **avondmarkt**, die op de parkeerplaats tegenover Central Market plaatsvindt van 18.30 tot middernacht, is de beste plaats voor het avondeten. Probeer de *ayam percik*, geroosterde kip in een verrukkelijke kokossaus, en *nasi kerabu*, rijst in verschillende kleuren (waaronder paars, blauw en groen) opgediend met bijgerechten zoals kokosvlees, taugé, gekruide uien, gekookte eieren, gedroogde vis en ingelegde knoflook. Het gebruik is om aan de stalletjes te kopen en vervolgens aan een van de tafels te gaan zitten, waar je drankjes kunt bestellen. Waterkannen op de tafels dienen om de handen te wassen na het eten; wil je bestek, dan kun je dat vragen bij de drankkraampjes.

Taman Negara Resort
De beste plaats om hier te eten is het **Tahan Restaurant**. De buffetdiners, bestaande uit een combinatie van plaatselijke en westerse gerechten en salades, zijn de moeite waard. Dit is de enige plek in Kuala Tahan waar je alcohol kunt kopen. Voor ontbijt en lunch komt het eenvoudigere **Teresek Cafetaria** (zelfbediening) in aanmerking. De meeste bezoekers steken de Kuala Tahan over om te eten in een van de goedkopere vijf restaurants op de rivier. Ze serveren allemaal ongeveer hetzelfde menu van bami- en rijstschotels. De populairste gelegenheid is het **Family Restaurant**. Op woensdagavonden is er een aardige avondmarkt aan de hoofdweg in Kuala Tahan.

Eilandhoppen rondom Langkawi bladzijde 148-157

Reisorganisaties

Dynamite Cruises
Awana Hotel Marina, Langkawi
P.O. Box 78
Kuah 07000
Langkawi
☎ (12) 4886933
Fax: (4) 9651411
e-mail: dynamite@tm.net.my
De Nieuw-Zeelander Lin Ronald organiseert dagtochten op een 18-m zeilschip, *Dynamo Hum*, die vertrekken vanuit Porto Malai. Inclusief lunchbuffet en drankjes. Bij goed weer zijn ook tochten mogelijk rondom de mangrovebossen en rotsige inhammen aan Langkawi's noordoostkust.

Futuristic Enterprise (Jurgen Zimmerer)
62 Hatiah Villa
B.K. Merang/Kedawang
0700 Pulau
Langkawi
☎ (4) 9554744
Dit kleine, vriendelijke bedrijf organiseert jungletochten en mangrovetrips naar het noorden en noordoosten van Langkawi.

Symbiosis Expedition Planning
Christopher Gow Enterprises Ltd.
205 St. John's Hill
London SW11 1TH
Groot-Brittannië
☎ (020) 7924 5906
Fax: (020) 7924 5907
e-mail: info@symbiosis-travel.co.uk
website: www.symbiosis-travel.co.uk
Zie pagina 262 voor meer gegevens.

Wildlife Langkawi
Irshad Mobarak
☎ (18) 8402060 **Fax**: (4) 9652295
Dit bedrijf organiseert dierenwandelingen rondom de Datai (zie onder Overnachten), kustnatuur-safari's van Tanjung Rhu naar het mangrovebos, en vogelkijktochten naar Gunung Raya.

De reis erheen

Kuala Lumpur International Airport
KLIA, de voornaamste toegang tot Maleisië, is in Sepang, 33 km ten zuiden van Kuala Lumpur. Er gaan bussen en taxi's naar de stad.

Langkawi Airport
☎ (4) 9551311
Het vliegveld, gelegen aan de westkant van het eiland, heeft een toeristeninformatieloket waar kaarten van het eiland verkrijgbaar zijn.

Auto-/motorverhuur

Auto's zijn te huren bij de aanlegsteiger voor het veer en bij de plaatselijke hotels. Motoren kunnen overal aan het strand van Pantai Cenang worden gehuurd. Controleer de motor van tevoren goed en maak een testrit voordat je geld overhandigt.

Informatie

MATIC (Malaysian Tourist Information Complex)
109 Jalan Ampang
Kuala Lumpur
☎ 3 242 3929
Jalan Pesiaran Putra
Voor meer gegevens zie pagina 273.

Langkawi Tourist Informatie Centre
Jalan Pesarian Putra
07000 Kuah
Langkawi
☎ (4) 9667789
Fax: (4) 9667889

Overnachten

Kuala Lumpur

Backpackers Travellers Lodge $
1e verdieping, 158 Jalan Tun H.S. Lee
Kuala Lumpur
☎ (3) 201 0889
Fax: (3) 238 1128
Een eenvoudige, maar schone en gezien de lage prijs uitstekende overnachtingsgelegenheid in KL, gelegen in de Chinese wijk en beheerd door bijzonder vriendelijke mensen. Geen nachtsluiting, elke avond video en een goede bron van informatie voor wat er te doen is. Het hotel beheert ook het Travellers email

Centre aan Rm 6, 3F, Wisma Kwong Siew, 147-149 Jalan Tun H.S. Lee.

COLISEUM $$$
98 Jalan TAR
Kuala Lumpur
☎ (3) 292 6270
Dit ouderwetse Chinese hotel heeft de koloniale sfeer behouden, compleet met zware houten meubels en enorme ventilatoren in de kamers. Er is een gezellige bar, waar de planters zich eertijds vol lieten lopen, en beneden is een legendarisch eethuis.

ISTANA $$$
73 Jalan Raja Chulan
☎ (3) 241 9988
Fax: (3) 244 0111; gratis 1800-883380
e-mail: hotel_istana@histana.po.my
website: http://www.smi-hotels.com.sg
Dit is een van KL's topklasse hotels, met een ideale ligging in het Gouden Driehoek-gebied. Het heeft ruime, comfortabele kamers en is voorzien van alle gemakken, waaronder een verscheidenheid aan restaurants, een weelderige lounge, zwembad, fitnesscentrum, en tennis- en squashbanen.

THE LODGE HOTEL $$
Jalan Sultan Ismail
Kuala Lumpur
☎ (3) 242 0122
Fax: (3) 241 6819
Dit hotel, gelegen op de hoek tegenover het Istana, is een goede keuze in de middenklasse. De goedkopere kamers in het bijgebouw hebben geen tv. Het heeft ook een café, zwembad en een Indiaas moslimrestaurant van de keten Hameeds.

RADISSON PLAZA HOTEL $$$
138 Jalan Ampang
Kuala Lumpur
☎ (3) 466 8866
Fax: (3) 466 9966
e-mail: rphkl@po.jaring.my
Dit ultramoderne hotel, gelegen op een paar minuten lopen van winkelcentrum Suria KLCC en Petronas Twin Towers (het hoogste gebouw ter wereld), heeft meerdere chique restaurants, een zwembad, jacuzzi en gymzaal.

Langkawi

THE ANDAMAN $$
Jalan Teluk Datai
07000 Langkawi
☎ (4) 959 1088
Fax: (4) 959 1088
e-mail: anda@po.jaring.my
Het meest gezinsvriendelijke van de twee hotels die het exclusieve strand van Pantai Datai delen. Indrukwekkende lobby en elegante kamers worden gecompleteerd door een keuze aan restaurants en een tropisch zwembad. Veel niet-gemotoriseerde watersporten en een inwonende natuurkenner die jungletochten organiseert.

BON TON AT THE BEACH $$
Lot 1047
Pantai Cenang
☎ (4) 9553643
Fax: (4) 9556790
e-mail: nmmm@tm.my.com
Dit is niet alleen een van de beste restaurants en kunstwinkels van het eiland, maar het is ook mogelijk om te verblijven in een van de acht fraai gerenoveerde *kampung*-huizen van het terrein, die allemaal verschillend zijn ingericht met plaatselijke meubels en kunstvoorwerpen. Sommige hebben veranda's met hangmatten, andere openluchtbadkamers. Het bedrijf verhuurt ook een luxe motorjacht.

THE DATAI $$$
Jalan Teluk Datai
07000 Langkawi
☎ (4) 9592500 **Fax**: (4) 9592600
Dit exclusieve hotel, een van de beste van heel Maleisië, is het summum van luxe.

THE PELANGI BEACH RESORT $$$
Pantai Cenang
07000 Langkawi
☎ (4) 9551001
Fax: (0) 9551122
e-mail: pbrl@tm.net.my
De adellijke dame onder de luxe hotels van Langkawi, met een vriendelijke sfeer, comfortabele kamers en uitstekende voorzieningen, waaronder zwembaden, watersporten, een gymzaal, winkels en een business centre.

Eten en drinken

Kuala Lumpur

Coliseum Café
98 Jalan TAR
☎ (3) 292 6270
Als je op zoek bent naar de koloniale atmosfeer, dan zijn de biefstukken en obers in dit hotel-restaurant niet te verslaan.

Le Coq d'Or
121 Jalan Ampang
☎ (3) 242 9732
Dit restaurant, gelegen in de vergane glorie van een oud herenhuis, serveert een mix van Maleisische, Europese en Chinese gerechten.

Bon Ton
7 Jalan Kia Peng
☎ (3) 241 3611
De oosterse en westerse keuken versmelten hier tot verrukkelijke mengvormen, en er is een keus aan mooie wijnen. Ligt in een origineel gerenoveerde bungalow.

Carcosa Seri Negara
☎ (3) 282 7888
Het is echte verwennerij bij deze voormalige residentie van de Britse gouverneur van Maleisië, nu KL's meest exclusieve restaurant. *High tea* is een orgie van zoete verfijning (voor een zeer schappelijke prijs), terwijl het zondagse curry rijsttafelbuffet ('tiffin') legendarisch is.

Seri Angkasa
☎ 208 5055
Wat betreft excellent Maleisisch eten met mooi uitzicht is dit unieke ronddraaiende restaurant boven op de Menara KL onovertroffen. Reserveren noodzakelijk.

Ceylon Hill
Zie pagina 276 voor meer gegevens over eetgelegenheden in dit herlevende deel van de binnenstad. Zonder twijfel zullen er sinds het tijdstip van schrijven meer zijn bijgekomen.

Chinatown
Deze wijk van Kuala Lumpur heeft ook een wedergeboorte ondergaan. Zie pagina 276 voor meer gegevens over restaurants en cafés.

Bangsar
U kunt ook in een taxi richting Bangsar springen, KL's trendy buitenwijk die dichtbezaaid is met restaurants en bars, plus uitstekende eetkraampjes in de open lucht.

Langkawi

De beste eetgelegenheden in Langkawi vind je rondom **Pantai Cenang**.

Air Hangat Village
☎ (04) 9591357
Dit wat matte park met zijn warmwaterbronnen op 16 km ten noorden van Kuah is een bezoekje in de avond waard om zijn Maleisische buffetdiners en dansuitvoeringen (niet op dinsdag). Zowel Barn Thai als Air Hangat Village verzorgen vervoer naar de eilandhotels.

Barn Thai
Een prijzig Thais restaurant en jazzclub, 10 km ten noorden van Kuah; het bijna 2-km lange wandelpad door mangrovebos is een bezoek waard.

Bon Ton at the Beach
Lot 1047
Pantai Cenang
☎ (4) 9553643
Fax: (4) 9556790
e-mail: nmmm@tm.my.com
Een schitterend vormgegeven restaurant waaraan een kunstwinkel verbonden is. Zie ook onder Overnachten.

The Breakfast Bar
Aan de hoofdweg door Pantain Cenang; serveert uitstekende roti chanai.

Charlie's Place
Deze gemoedelijke bar en restaurant, gelegen naast de jachtclub bij de aanlegsteiger voor het veer in Kuah, serveert westerse gerechten.

Warung Kopi
Ligt aan de hoofdweg naar Bon Ton en is de favoriete aanlegplaats van de plaatselijke bevolking voor ijsthee, of rond lunchtijd nasi goreng.

Spanning op de Hondsrivier
bladzijde 160-169

Reisorganisaties

P.T. O'Leary's Indonesia Adventure Holidays
Jalan Armada I
Medan 20217
Sumatra
Indonesië
☎ (61) 742425
Fax: (61) 719005
e-mail: olearys@indosat.met.id
website:
www.indopro.com/indonesia_adventures
Dit bureau, beheerd door de vriendelijke Ier Daniel O'Leary, biedt een hele reeks avontuurlijke tochten door Sumatra aan en stelt ook reisroutes op maat samen. Mogelijk zijn een 2-daagse excursie over de Wampu-rivier, een 5-daagse riviersafari over de Alas-rivier, en twee nachten op de Asahan vanaf het Tobameer. Ook aangeboden worden scubaduiken in Pulau Weh, surfen in Pulau Asu, Pulau Nias en Pulau Lhoknga, en een 14-daagse trektocht naar Gunung Leuser.

Pacto Ltd.
P.O. Box 1267
Jalan Brigjen Katamso 35
Medan 20151
Sumatra
Indonesië
☎ (61) 510081
Fax: (61) 555820 / 513669
e-mail: pactomes@indosat.met.id
website: www.pacto.com
Zeer ervaren en betrouwbaar bedrijf dat de betere trek- en raftingtochten organiseert. Bijvoorbeeld een 6-daagse reis door het Gurah-regenwoud naar het hart van nationaal park Gunung Leuser via Brastagi, en 5-daagse raftingsafari's over de Alas-rivier.

Tobali Tours and Travel Service
Jalan Kapt. Muslim 111
Komp. Tata Plaza B-59
Medan
Sumatra
Indonesië
☎/fax: (61) 856770
Organiseert diverse laaggeprijsde tochten naar Bukit Lawang, Brastagi en het Tobameer, maar hun beste 'artikel' zijn de airconditioned minibusjes die dagelijkse tussen alle bovenstaande plaatsen rijden en onderweg stoppen bij andere bezienswaardigheden. In Brastagi vertrekt de busdienst vanaf Raymond Steakhouse (Jalan Veteran 49) en er zijn ook kantoren in Bukit Lawang en Prapat aan het Tobameer.

Informatie

Bukit Lawang Tourist Office
Hier stoppen bussen. Het bureau heeft folders en informatie over gidsen en trektochten. Het bezoekerscentrum vertoont dagelijks films over het park en de plaatselijke natuur, waaronder een video van 55 minuten: 'Orang-oetangs, wezen van het woud' (ma-, wo- en vr-avond). Er zijn ook boeken te koop.

Overnachten

De duurste gelegenheid die Simon Richmond in Sumatra verzamelde, bedroeg niet meer dan ongeveer HFL 15 per nacht. De classificaties in deze lijst moeten in dat licht worden bezien.

Bukit Kubu Hotel $$/$$$
Jalan Sempurna 2
Brastagi
☎ (628) 20832
Gelegen in een mooie omgeving op ongeveer 1 km van de stad. Moderne vakantiehuisjes zijn gegroepeerd rondom het hoofdgebouw – een vervallen koloniaal juweel. Controleer voor het boeken de kamers op reinheid.

International Sibayak $$$
Jalan Merdeka
Brastagi
☎ (628) 91301 **Fax**: (628) 91307
Groot modern hotel ten noorden van de fruitmarkt. Comfortabele kamers met goede voorzieningen, maar zonder veel karakter.

Sibayak Multinational $/$$
Jalan Perndidikan 93
Brastagi
☎ (628) 91031
Aangenaam pension met warmwaterdou-

ches in de grote kamers en een mooie tuin. Het ligt aan het begin van het pad naar de berg Sibayak, maar op een flinke afstand van het stadscentrum.

Wisma Sibayak $
Jalan Udara 1
Brastagi
☎ (028) 91683
Ontmoetingsplaats voor reizigers, met een aantal eenvoudig gemeubileerde goedkope kamers, een slaapzaal en een café. Schermen met CNN en video's, verkoop van plaatselijke reisgidsen en kaarten.

Jungle Inn $
Bukit Lawang
Dit pension ligt helemaal in het westen van het dorp, bij het Orang-oetang Revalidatie centrum. Het heeft een terechte populariteit, met een aantal origineel ingerichte kamers, waarvan sommige op de rivier uitkijken. Vriendelijke bediening en een mooi café.

Pongo Resort $$$
Bukit Lawang
☎ (645) 542574
Fax: (645) 549327
Dit is het enige onderdak binnen de grenzen van nationaal park Gunung Leuser dat gasten onbeperkte toegang biedt tot het Orang-oetang Revalidatie centrum. Het bestaat uit met ventilators gekoelde chalets in een mooie omgeving. Ontbijt en parktickets zijn bij de prijs inbegrepen.

Rindu Alam Hotel $$$
P.O. Box 20774
Bukit Lawang
☎ (61) 545015
De meest luxueuze overnachtingsplaats in Bukit Lawang, maar de ruime chalets zijn gemaakt van een teleurstellend beton. Aan de oostkant van het dorp.

Wisma Bukit Lawang Cottages $/$$
Bukit Lawang
Een van de betere slaapplaatsen, midden in het dorpscentrum, met een verhoogde ligging aan de zuidflank van de Bohorok-rivier. Veel keus uit aantrekkelijke, schappelijk geprijsde kamers.

ETEN EN DRINKEN

Raymond Steakhouse
Jalan Veteran 39, Brastagi
Gevarieerde westerse en plaatselijke schotels, alsook een aantal heerlijke zelfgemaakte taarten.

Villa Flores
Jalan Veteran, Brastagi
Dit kleine restaurant, gelegen aan de zuidkant van de hoofdweg en versierd met batikdoeken, is een juweel. Chefkok Seth, een Brit, en zijn Indonesische vrouw vervaardigen in hun kleine keuken wonderbaarlijke pizza's, salades en andere gerechten in Italiaanse stijl. Ook bier verkrijgbaar.

Aan zowel de Jungle Inn als de Bukit Lawang Cottages (zie hiervoor onder Overnachten) zijn cafés verbonden waarin een grote verscheidenheid aan westerse en plaatselijke gerechten wordt geserveerd. Probeer voor de verandering eens de Bamboo Pizzeria, die uitstekende pizza's uit een echte pizza-oven, pasta en salade serveert.

Bagus Bay Homestay $
Tuk Tuk
Samostir
☎ (645) 41481
Dit is een populaire gelegenheid, maar de goedkoopste kamers zijn groezelig. Er heerst een goede sfeer in het restaurant, waar video's worden vertoond en een biljarttafel staat. Het is bovendien dé plaats voor de zaterdagavond; de levendige Batak zang-en-dans-voorstelling zet dan het huis op stelten en de bezoekers slaan cassettebandjes in.

Carolina's $$$
Tuk Tuk
Samosir
☎ (645) 41520
Fax: (645) 41521
Schitterend logies, met de mooiste en best onderhouden huisjes in Batak-stijl van het eiland, een prachtig uitzicht over het Tobameer en een fraai zwemgebied. Het enige minpunt is het nogal smakeloze eten.

Samosir Cottages $$
Tuk Tuk
Samosir
☎ (645) 41050
Ligt op de noordpunt van het schiereiland. De kamers zijn schoon en ruim. In het café is het aangenaam eten en drinken, en er zijn traditionele dansuitvoeringen om 19.30 op wo en za.

Tabo Cottages $$
Tuk Tuk
Samosir
☎ (645) 41614
Slechts een paar kamers, maar bijzonder sfeervol en rustig, en met toegang tot het water. Het uitstekende restaurant en de bakkerij zijn de andere pluspunten. Het bezit de enige openbare Internet-aansluiting op Samosir, maar het tarief is hoog omdat de lijn via Medan is gerouteerd.

DE GROTE BOROBUDUR

BLADZIJDE 170-177

REISORGANISATIES

PARAMITA TOURS
Ambarrukmo Palace Hotel
Jogjakarta
☎ (274) 566488 toestel 7142
Fax: (274) 563283
Contactpersoon: Roswitha

SYMBIOSIS EXPEDITION PLANNING
Christopher Gow Enterprises Ltd.
205 St. John's Hill
London SW11 1TH
Groot-Brittannië
☎ (020) 7924 5906
Fax: (020) 7924 5907
e-mail: info@symbiosis-travel.co.uk
website: www.symbiosis-travel.co.uk
Britse reisorganisatie die gespecialiseerd is in avontuurlijke reizen door Zuidoost-Azië.

DE REIS ERHEEN

JOGJAKARTA AIRPORT
☎ (274) 563706
Is ongeveer 20 minuten rijden vanaf het stadscentrum. Er zijn ruim voldoende taxi's en bij Bali Car Rental kunnen auto's worden gehuurd.

INFORMATIE

TOURIST INFORMATION OFFICE
Jalan Malioboro 16
Jogjakarta
☎ (274) 66000
Geopend: ma-za, 8-20 u.

OVERNACHTEN

Jogja Village Inn $$
Jalan Menukan 5
Jogjakarta
☎ (274) 373031
Fax: (274) 382202
Een schitterend gelegen hotel met karakter, een zwembad en goed eten.

Vogels Hostel $/$$
Jalan Astamulya 76, Mount Merapi
☎ (274) 95208
Een schoon hotel met een slaapzaal, tweepersoonskamers en bungalows.

HET LEVEN BIJ DE IBAN

BLADZIJDE 180-187

REISORGANISATIES

BORNEO ADVENTURE
55 Main Bazaar
93000 Kuching
☎ (82) 245175
Fax: (82) 422626
e-mail: bakch@po.jaring.my
website: www.borneoadventure.com
Een prijzenswaardige onderneming die haar belofte om duurzaam eco-toerisme te verschaffen nakomt. Het bedrijf organiseert al sinds 1987 tochten naar Nanga Sumpa. De gangbare tocht duurt 3 dagen/2 nachten. Het is mogelijk langer te verblijven in de junglehutten die het bedrijf verder stroomopwaarts heeft liggen. Ook tochten langs de Baleh-rivier, een zijrivier van de Batang Rajang, zijn mogelijk.

BORNEO EXPLORATION
76 Wayang Street
93000 Kuching
☎ (82) 252137
Fax:(82) 252526
e-mail: bett56@hotmail.com
website: http://members.tripod.com/~borneoexplorer/

Een favoriete keus bij rugzaktoeristen, beheerd door de ondernemende Chris Kon, die groepen probeert samen te stellen om zo de kosten van individueel reizen te verminderen. De 4-daagse tocht gaat naar het Skandis-dorpshuis aan de Lemanak-rivier, waar een gastenverblijf voor bezoekers is. Een nacht wordt in het oerwoud doorgebracht. Biedt ook 5- en 6-daagse programma's aan, met langere oerwoudtochten en meerdere dorpshuizen.

SYMBIOSIS EXPEDITION PLANNING
Christopher Gow Enterprises Ltd.
205 St. John's Hill
London SW11 1TH
Groot-Brittannië
☎ (020) 7924 5906
Fax: (020) 7924 5907
e-mail: info@symbiosis-travel.co.uk
website: www.symbiosis-travel.co.uk
Zie pagina 262 voor meer gegevens.

DE REIS ERHEEN

KUCHING INTERNATIONAL AIRPORT
☎ (82) 454242
Fax: (82) 454523
Ligt 11 km ten zuiden van de stad.

INFORMATIE

VISITORS INFORMATION CENTRE
Padang Merdeka
Kuching
Sarawak
☎ (82) 410944 / 410942
Fax: (82) 256301
e-mail: sarawak@po.jaring.my
website: www.sarawaktourism.com
Wordt beheerd door de VVV van Sarawak. Het centrum vertoont video's om 10 en 15 u, verzorgt boekingen voor de nationale parken, geeft bezoekerspasjes uit en regelt desgewenst onderdak voor Bako, Gunung Gading, Kubah.

SARAWAK TOURIST ASSOCIATION (S.T.A.)
Main Bazaar (aan de waterkant)
Kuching
Sarawak
☎ (82) 240620
Fax:(82) 427151
Zowel de S.T.A. als het bovenstaande informatiecentrum verstrekken gratis exemplaren van *The Official Kuching Guide* van Wayne Tarman & Mike Reed, een handig, jaarlijks bijgewerkt en uitputtend overzicht van wat er in en rondom de stad te doen is.

OVERNACHTEN

Kuching Hilton International $$$
Jalan Tunku Abdul Rahman
P.O. Box 2396
93748 Kuching
☎ (82) 248200
Fax: (82) 428984
e-mail: sales@hilton.co
Een hotel van topklasse, aan het water, met comfortabele grote kamers; sommige verdiepingen zijn alleen voor niet-rokers. Er zijn uitstekende restaurants, een zwembad, fitnessruimte en Internet-café.

Merdeka Plaza Hotel & Suites $$$
Jalan Tun Abang Haji Openg
P.O. Box A298
93000 Kuching
☎ (82) 258000
Fax: (82) 425400
e-mail: mpalace@po.jaring.my
Kuchings nieuwste luxe hotel, dicht bij het Sarawak-museum en met uitzicht over de Padang Merdeka, heeft een weelderige foyer, maar de kamers zijn aan de kleine kant. Er is een zwembed en een fitnessruimte.

Telang Usan Hotel $$
Jalan Ban Hock
P.O. Box 1579
93732 Kuching
☎ (82) 415588
Fax:(82) 425316
e-mail: tusan@po.jaring.my
Dit is Kuchings beste middenklasse-hotel. Het is gunstig en rustig gelegen, heeft prettige kamers en uitstekende service.

B & B Inn $
30-1 Jalan Tanuan (naast het Borneo Hotel)
☎ (82) 237366
B & B, beheerd door de vriendelijke meneer Goh, is dé keuze voor rugzaktoeristen, met zijn centrale ligging, schone kamers en eenvoudig ontbijt bij de prijs inbegrepen.

Batang Ai (Iban longhouses)
U kunt het best een verblijf in een dorps-

huis regelen via een reisorganisatie in Kuching (zie hiervoor). Het is niet raadzaam om gewoon bij een steiger aan te leggen en te hopen op een aanbod voor onderdak.

The Hilton International Batang Ai Longhouse Resort $$
Jalan Tunku Abdul Rahman
P.O. Box 2396 93748
Kuching
☎ (83) 584388
Fax:(83) 584399
Het hotel kan bogen op een spectaculair uitzicht over het stuwmeer. Het is gebouwd in een traditionele dorpshuisstijl en heeft een zwembad, natuurpad, mini-bibliotheek en redelijk restaurant. Het hotel voert een milieuvriendelijk beleid en heeft een belangrijk aandeel gehad in het verbod op vervuilende gemotoriseerde sporten op het meer. Er verblijft een natuurkenner die vragen beantwoordt en tochten gidst.

ETEN EN DRINKEN

A la Carte Food Centre
Temple Street/Wayang Street
Kuching
Airconditioned snacks-restaurant in de kelder van de Star-parkeergarage. Populair bij de jongeren.

Denis' Place
80 Main Bazaar
Dit is een in vrolijke kleuren geschilderd, gemoedelijk café in westerse stijl, dat een verscheidenheid aan gerechten serveert, waaronder ook sandwiches en andere lichte snacks.

Life Café
108 Ewe Hai Street
☎ (82) 411754
Dit fraaie Chinese theehuis serveert enkele verrukkelijke vegetarische schotels en een verscheidenheid aan drankjes in een ontspannen atmosfeer.

See Good
Ban Hock Road
☎ (82) 251397
Dit Chinese café heeft vis en schelpdieren als specialiteit. De vis in zwartebonensaus is uitstekend en ook de ongewonere gerechten zoals zeenaalden zijn het proberen waard. Heeft een indrukwekkende keus uit redelijk geprijsde wijnen.

Top Spot Food Court
Jalan Bukit Mata
Kuching
Dit restaurant ligt in de open lucht, op het dak van een parkeergarage. Veel gerechten uit verschillende keukens, waaronder bami, saté en kip-uit-het-potje.

OP HET KOPPENSNELLERSPAD BLADZIJDE 188-197

REISORGANISATIES

BORNEO ADVENTURE
55 Main Bazaar
93000 Kuching
☎ (82) 245175 tel. in Miri: (85) 414935
Fax: (82) 422626
e-mail: bakch@po.jaring.my
website: www.borneoadventure.com
Een prijzenswaardige onderneming die haar belofte om duurzaam eco-toerisme te verschaffen nakomt. Ze organiseert 2-daagse tochten in het park met bezoek aan de vier grotten, 5-daagse reizen naar de Pinnacles en terug met mogelijkheid om verder te trekken langs het Koppensnellerspad naar Limbang, en een 4-daagse trektocht in Gunung Mulu. Andere mogelijkheden zijn een onderaardse dagtocht door Lagan's Grot, waarbij alle uitrusting wordt verschaft, rotsbeklimmen en abseilen-trips. Ook langere trips naar het afgelegen Bario-gebied zijn mogelijk.

BORNEO EXPLORATION
76 Wayang Street
93000 Kuching
☎ (82) 252137
Fax:(82) 252526
e-mail: bett56@hotmail.com
website: http//:members.tripod.com/~borneoexplorer/
Een favoriete keus bij rugzaktoeristen, beheerd door de ondernemende Chris Kon, die groepen probeert samen te stellen om zo de kosten van individueel reizen te verminderen. Aangeboden worden trips naar de Pinnacles en een 5-daagse tocht langs het Koppensnellerspad.

ENDAYANG ENTERPRISE
Judson Clinic, 2e verdieping

171a Jalan Brooke
Miri
☎ (85) 438741 **Fax**: (85) 438740
e-mail: endaya@pd.jaring.m
Deze organisatie, geleid door Thomas Ngang, een Berawaan, is gespecialiseerd in de goedkopere tochten voor de individuele reiziger.

Symbiosis Expedition Planning
Christopher Gow Enterprises Ltd.
205 St. John's Hill
London SW11 1TH
Groot-Brittannië
☎ (020) 7924 5906
Fax: (020) 7924 5907
e-mail: info@symbiosis-travel.co.uk
website: www.symbiosis-travel.co.uk
Zie pagina 262 voor meer gegevens.

Mulu Adventure
☎ (85) 423969
Fax: (85) 437886
e-mail: muluadv@kc.com.my
website: http://www.kc.com.my/borneo/sarawak/travel/madv/index.html
Dit bedrijf biedt diverse georganiseerde reizen compleet met winkeluitstapjes aan, maar ook avontuurlijke tochten in Sarawak (inclusief Kuching, Miri, Mulu), Sabah, Brunei en Kalimantan.

Tropical Adventures
228 Jalan Maju, Miri
☎ (85) 419337
Een groot reisbureau, dat naast de gebruikelijke trips door Mulu ook trektochten langs de Baram-rivier en door de Kelabit Hooglanden aanbiedt.

De reis erheen

De landingsbaan bij Gunung Muru ligt een paar minuten stroomopwaarts van het hoofdbureau van het park. Een geregelde bootdienst vaart door het park. Vluchten vertrekken uit Miri Airport, ☎ (85) 421620.

Informatie

Kuching Tourist Office
Padang Merdeka
Kuching
☎ (82) 410 944 **Fax**: (82) 256301
Hier zijn gidsen en toegangskaarten voor het park verkrijgbaar. Regelt desgewenst ook onderdak in het park.

Toeristenkantoor Miri
Lot 452
Jalan Melayu
98000 Miri
☎ (85) 434181
Fax: (85) 434179
Het bureau verkoopt toegangskaarten voor het park. Het kan ook gidsen regelen en onderdak in het park boeken.

Overnachten

Er is weinig reden om in Miri, de toegangspoort tot nationaal park Gunung Mulu, onderdak te zoeken, tenzij je de laatste vlucht van de dag hebt gemist. Probeer in dat geval:

Rihga Royal Hotel $$$

Jalan Temenggong Datuk Oyong Lawai
98000 Miri
☎ (85) 421121
Fax: (85) 421099
website: http://asiatravel.com/rihgaroyal/hotel.html
Dit zeer luxu badplaatsachtige hotel, omgeven door prachtige tuinen, heeft een groot zwembad en vele andere voorzieningen.

Telang Usan Hotel $$

Lot 2431 Block 1
2,5 km Airport Road
98000 Miri
☎ (85) 411433 **Fax**: (085) 419078
e-mail: tusan@po.jaring.my
Goed hotel, geleid door vriendelijke plaatselijke bewoners.

Gunung Mulu National Park

De Dienst Nationale Parken en Faunabeheer (zie de toeristenbureaus van Kuching en Miri voor meer gegevens) biedt diverse goedkope overnachtingsplaatsen in en bij het park aan. Naast het hoofdbureau van het park liggen eenvoudig gemeubileerde chalets met vier bedden, plus slaapzalen. Bij het Kuala Mentawai Boswachtershuis, aan de noordzijde van het park, is voor dezelfde prijs zelfs nog beter onderdak verkrijgbaar. Kamperen in Gunung Mulu of langs het Koppensnellerspad is inbegrepen bij de toegangsprijs tot het park.

Endayang Inn $

☎ (85) 438740
Een van de betere herbergen aan de Melinau-rivier.

Royal Mulu Resort $$$
Sungai Melinau
Mulu
☎ (85) 421122 / 420780
Fax: 421088
website: http://asiatravel.com/royalmulu/resort.html
Een klein stukje rijden van zowel vliegveld Mulu als het hoofdbureau van het park. Het is de enige luxe overnachtingsplaats in het park, en bestaat uit kamers in chaletstijl die verbonden zijn door houten looppaden. Het personeel is vriendelijk, en er is een zwembad en een kleine winkel waar vakantiebenodigdheden, snacks en souvenirs worden verkocht. Let op de inwonende neushoornvogel, die enige vogel die is blijven hangen toen een vallende boom de volière verwoestte.

ETEN EN DRINKEN

Royal Mulu Resort
Sungai Melinau Mulu
☎ (85) 421122 / 420780
Fax: 421088
website: http://asiatravel.com/royal-mulu/resort.html
Het eten is lapwerk maar er is een redelijke keus aan wijnen.

Sipan Bar
Deze bar, gelegen naast de brug over de Melinau-rivier naar het hoofdbureau van het park, is geschikt om boven een koud biertje na te praten over de trektocht.

Tradmu Café
Dit café, gelegen naast de chalets bij het hoofdbureau, heeft een kleine kaart met bami- en rijstschotels en serveert softdrinks.

DE KORAALWAND VAN SPIDAN
BLADZIJDE 198-207

REISORGANISATIES

BORNEO DIVERS
Lot 401-412, 4e verdieping
Wisma
Sabah
☎ 222226
Fax: 221550
e-mail: bdivers@po.jaring.my
Een goed bekendstaande, PADI-erkende duikschool, die trips naar Sipadan verzorgt en duikuitrusting verhuurt.

PULAU SIPADAN RESORT
484 Block P
Bandar Sabindo
Pulau Sipadan
Sabah
☎ 765200
Fax: 763575
Een van de bedrijven die op het eiland Sipadan zelf werken.

SIPADAN DIVE CENTRE
A1103, 10e verdieping
Wisma Merdeka
Jln Tun Razak
Kota Kinabalu
Sabah
☎ 240584
Fax: 240415
Nog een Sipadaans bedrijf.

DE REIS ERHEEN

Kota Kinabalu International Airport
88618 Kota Kinabalu
Sabah
Maleisië
☎ (88) 238555
Fax: (88) 219081
Dit vliegveld ligt op 6 km van de stad. Er is een geregelde bus- en minibusdienst, en er zijn taxi's beschikbaar.

INFORMATIE

TOURISM MALAYSIA SABAH
Wing On Building
Jln Sagunting
Kota Kinabalu
Sabah
☎ (88) 211698

AUTOVERHUUR

Avis
Hyatt Kinabalu Hotel
Jim Datuk Salleh Building
Kota Kinabalu
Sabah
☎ (88) 428577

OVERNACHTEN

Bij de duikreizen naar Sipadan zijn onderdak en alle maaltijden inbegrepen.

MOUNT KINABALU BEKLIMMEN BLADZIJDE 208-215

REISORGANISATIES

BORNEO DIVERS
Lot 401-412, 4e verdieping
Wisma
Sabah
☎ 222226
Fax: 221550
e-mail: bdivers@po.jaring.my
Dit bedrijf is niet alleen een zeer goed bekendstaande duikschool, maar regelt ook gidsen en uitrusting voor de beklimming van Mount Kinabalu.

SABAH NATIONAL PARKS OFFICE
Block K
Sinsuran Kompleks
Jalan Tun Fuad Stephens
Kota Kinabalu
Sabah
☎ (88) 211585
Dit kantoor kan boekingen en gidsen voor de expedities naar Mount Kinabalu regelen.

INFORMATIE

TOURISM MALAYSIA SABAH
Wing On Building
Jin Sagunting
Kota Kinabalu
Sabah
☎ (88) 211698

AUTOVERHUUR

Avis
Hyatt Kinabalu Hotel
Jim Datuk Salleh Building
Kota Kinabalu
Sabah
☎ (88) 428577

OVERNACHTEN

Hotel Holiday $/$$
Penampang Road
88300 Kota Kinabalu
Sabah
☎ (88) 712311
Fax: (88) 717866
e-mail: borneo-online.com.my/hotel/holidaypark
Bescheiden, comfortabel hotel in een rustige buitenwijk.

Shangri-La Tanjung Aru Resort $$$
Tanjung Aru
☎ 225800
Fax: 244871
e-mail: borneo-online.com.my/shangri-la
Modern complex van 500 kamers, met zwembad en alle voorzieningen.

ETEN EN DRINKEN

Restoran Ali
Segama Complex
Kota Kinabalu
Tegenover het Hyatt Hotel, serveert traditioneel Maleisisch eten.

DE SPOOKDIERTJES VAN TANGKOKO BLADZIJDE 216-223

REISORGANISATIES

SYMBIOSIS EXPEDITION PLANNING
Christopher Gow Enterprises Ltd.
205 St. John's Hill
London SW11 1TH
Groot-Brittannië
☎ (020) 7924 5906
Fax: (020) 7924 5907
e-mail: info@symbiosis-travel.co.uk
website: www.symbiosis-travel.co.uk
Zie pagina 262 voor meer gegevens.

DE REIS ERHEEN

Sam Ratulangi Airport
Manado
☎ (431) 60864
Ligt op 13 km van de stad.

PELNI
Jalan Sam Ratulangi 7
☎ (431) 62844
Deze scheepvaartmaatschappij verzorgt lijnen vanuit Bitung, Manado's voornaamste haven, naar diverse bestemmingen in Sulawesi, en naar Jakarta en Surabaya.

INFORMATIE

TOERISTENBUREAU VAN NOORD-SULAWESI

Jalan 17 Augustus
Manado
☎ (431) 64299

OVERNACHTEN

Ranger Homestay, Batuputih $

Dit is een van de vijf boerderijen. Onderdak kan geboekt worden via Smiling Hostel of Froggie Divers (zie onder Koraalparadijs Manado). Er kan gegeten worden.

KORAALPARADIJS MANADO

BLADZIJDE 224-233

REISORGANISATIES

BARRACUDA DIVE CLUB

Jalan Sam Ratulangi 61
Molas
Manado
☎ (431) 854288
Fax: (431) 864848
Biedt georganiseerde duikreizen aan naar Bunaken, en beheert een duikoord op ongeveer 8 km van het stadscentrum.

FROGGIES DIVERS

Tongkaing
Kec. Molas
Manado
Sulawesi
☎ (431) 821152
Fax: (431) 859375
e-mail: blume@manado.wasantra.net.id
Contactpersoon: Peter Blume
website: www.divefroggies.com
Geeft PADI-cursussen. Vooral ondiep duiken en snorkelen. Diep duiken op afspraak.

SYMBIOSIS EXPEDITION PLANNING

Christopher Gow Enterprises Ltd.
205 St. John's Hill
London SW11 1TH
Groot-Brittannië
☎ (020) 7924 5906
Fax: (020) 7924 5907
e-mail: info@symbiosis-travel.co.uk
website: www.symbiosis-travel.co.uk
Zie pagina 262 voor meer gegevens.

DE REIS ERHEEN

SAM RATULANGI AIRPORT, MANADO

☎ (431) 60864
Gelegen op 13 km van de stad.

PELNI

Jalan Sam Ratulangi 7
☎ (431) 62844
Deze scheepvaartmaatschappij verzorgt lijnen vanuit Bitung, Manado's voornaamste haven, naar diverse bestemmingen in Sulawesi, en naar Jakarta en Surabaya.

INFORMATIE

TOERISTENBUREAU VAN NOORD-SULAWESI

Jalan 17 Augustus
Manado
☎ (431) 64299

OVERNACHTEN

Smiling Hostel $

Jalan Rumambi no. 7
Pasar Ikan Tua
Manado
☎ (431) 868463
Eenvoudig maar degelijk onderdak.

Papa Boa's Homestay $

Bunaken
Eenvoudig onderkomen met muskietennetten en watervaten. Eten is mogelijk, met name verse vis. Reserveer via Smiling Hostel (zie hiervoor).

Happy Flower Homestay $/$$

Tomohon
Desa Kakaskasen II.
☎ (431) 352787
Een boerderij waar je ook kunt eten.

ONTMOETING MET HET T'BOLI-VOLK

BLADZIJDE 236-457

REISORGANISATIES

ASIAVENTURE SERVICES LTD.

Manila Pavilion Hotel
Room 501
United Nations Avenue
Ermita
Manila 1000

☎ (2) 5237007 **Fax**: (2) 5251811
e-mail: asiaventure@ibm.net

Symbiosis Expedition Planning
Christopher Gow Enterprises Ltd.
205 St. John's Hill
London SW11 1TH
Groot-Brittannië
☎ (020) 7924 5906
Fax: (020) 7924 5907
e-mail: info@symbiosis-travel.co.uk
website: www.symbiosis-travel.co.uk
Symbiosis kan voorafgaand aan je reis plaatselijke T'boli-gidsen regelen. Zie ook pagina 262.

T'boli Tribe Trekking
Fiesta sa Barrio
J. Catolico Senior Ave.
9500 General Santos
Filippijnen
☎ (83) 5522512
Fax: (83) 5527221
Medewerker Fernando 'Boy' Santiago regelt voor je een plaatselijke gids die je bij het T'boli-volk introduceert.

De reis erheen

General Santos City Airport
☎ (83) 5531042
Het vliegveld ligt op 20 minuten rijden van de stad. Taxi's aanwezig.

Pelni Lines
☎ (82) 2211346
Fax: (82) 2218348
Een wekelijkse bootdienst vaart tussen Bitung in Sulawesi en General Santos. Er is ook een tweewekelijkse verbinding tussen Davao en Bitung of Manado.

Overnachten

Hotel Sansu $$
Pioneer Avenue
General Santos
☎ (83) 5527219
Fax: (83) 5527221
Een hotel van redelijke kwaliteit met een centrale ligging en airconditioning.

Punta Isla Resort $/$$
Lake Sebu
Dit onderkomen heeft uitzicht op het meer, en aardige doch eenvoudige kamers. Serveert goede visschotels.

Tussen de wrakken van Coron
bladzijde 248-256

Reisorganisaties

Asiaventure Services Ltd.
Manila Pavilion Hotel
Room 501
United Nations Avenue
Ermita
Manila 1000
☎ (2) 5237007 **Fax**: (2) 5251811
e-mail: asiaventure@ibm.net

Discovery Divers
5316 Barangay 5
Coron
Palawan
☎ (32) 6817745
Fax: (32) 6456616
e-mail: Ddivers@vasia.com
Neem contact op met Gunter Bernert, die een volledige duikreis plus uitrusting voor je regelt.

Symbiosis Expedition Planning
Christopher Gow Enterprises Ltd.
205 St. John's Hill
London SW11 1TH
Groot-Brittannië
☎ (020) 7924 5906
Fax: (020) 7924 5907
e-mail: info@symbiosis-travel.co.uk
website: www.symbiosis-travel.co.uk
Zie pagina 262 voor meer gegevens.

De reis erheen

Air Ads Inc.
☎ (2) 8333264
Van Manila gaan dagelijks vluchten naar de kleine landingsbaan buiten Coron.

Overnachten

Kubo Sa Dagat $/$$
Coron
Palawan
Geen telefoon
Gebouwd op palen in het midden van de baai.

INLEIDING

Dit boek heeft, naar we hopen, je zucht naar avontuur aangewakkerd. Met het volgende activiteitenoverzicht beschik je over een nuttige en behoorlijk complete lijst van alle avontuurlijke activiteiten die de auteurs in een gebied konden aantreffen. De activiteiten gaan van vrijwilligerswerk, cultuur en taalcursussen tot zeer uitdagende sporten. De meeste activiteiten vragen om interactie met de plaatselijke bevolking en staan in direct verband met ecotoerisme. Dat betekent dat er via strikte controle op wordt toegezien dat het groeiend aantal bezoekers zo weinig mogelijk schade toebrengt aan kwetsbare gebieden.

We vermelden hier de namen en adressen van organisaties die de reiziger kunnen helpen bij het verwezenlijken van zijn of haar activiteiten. Deze organisaties zijn echter op geen enkele wijze door ons gecontroleerd, in tegenstelling tot die in het deel Contactadressen. Zelfs als de auteurs voor hun eigen tocht van een bedrijf gebruik hebben gemaakt, is er geen enkele garantie dat het nog steeds door dezelfde mensen en met dezelfde efficiëntie wordt geleid.

Wees je ervan bewust dat veel van de besproken gebieden zowel wat weer als politiek betreft wisselvallig zijn. Weeg eerst alle factoren tegen elkaar af, verdiep je in je gekozen bestemming, en laat je vervolgens door ons naar nuttige organisaties leiden.

VOGELKIJKEN

Zuidoost-Azië is een paradijs voor de vogelaar, met een verscheidenheid aan vogels die vergelijkbaar is met die van het Amazonegebied. De nationale parken bieden de vogelliefhebber uitstekende gelegenheden voor wandel- en boottochten en kunnen de individuele reiziger veel informatie verschaffen. Een verrekijker met een vergroting van ten minste 7 is onmisbaar. Voor het nemen van foto's is soms een vergunning nodig. Lichte kleding met lange mouwen biedt de beste bescherming tegen insecten. Probeer de kleur van je kledij zo onopvallend mogelijk te houden. Neem kompas en kaart mee wanneer je er alleen op uittrekt.

Teman Negara National Park, Maleisië

Dit spectaculaire park op het schiereiland is het oudste park van Maleisië en herbergt een werkelijk schitterende verzameling vogels, waaronder de zwartpotige dwergvalk, de zonnevogel, de gele visuil en negen soorten ijsvogels.

Teman Negara
A87, Jalan Teluk Sisek
25000 Kuantan
Pahang
Maleisië
☎ (09) 5555808
Fax: (09) 5555828

Medewerkers van het hoofdbureau van het park kunnen je helpen bij de planning van je tocht. Je kunt hier ook boottochten boeken en gidsen huren. Overnachten in hotel of chalet is mogelijk, en er zijn enkele drijvende restaurants aan de overzijde van de rivier.

SPKG Tours Sdn Bhd
16 LKNP Building
Bandar Baru
27000 Raub
Maleisië
☎ (09) 2662369
Fax: (09) 2664369
Dit bedrijf is gespecialiseerd in riviersafari's, waarbij ook onderdak en transport worden geregeld.

Nationaal park Khao Yai, Thailand

Dit oudste nationale park van Thailand kan bogen op meer dan 1000 vogelsoorten. Van bijzonder belang zijn de reusachtige dubbelneushoornvogels. Bij een bezoek in december/januari zijn ook overwinterende soorten uit Siberië en China te zien. Er is niet langer onderdak in het park, maar het parkbureau verschaft kaarten en informatie over dagreizen.

Khao Yai Garden Lodge
Hong Ahan Ying Yong
135 Thanon Thannarat (St. 2090)
Km 7, 30130 Pak Chong

Thailand
☎ (044) 313567
Fax: (044) 312143
De Duitse eigenaar van deze comfortabele hut aan de rand van het park organiseert op maat gemaakte bezichtigingstochten naar Khao Yai.

FRIENDS OF NATURE
133/21 Rachaprarope Road
Rachatavee
Bangkok 10400
Thailand
☎ (02) 64244268
Fax: (02) 6424428
e-mail: foneco@hotmail.com
Dit gezelschap werd opgericht in 1993 en organiseert vogeltochten met speciale nadruk op de bescherming van het milieu.

FIELD GUIDES INCORPORATED
P.O. Box 160723
Austin
TX 78716-0723
Verenigde Staten
☎ 512/327-4953 of 800/728-4953 (gratis)
Fax: 512/327-9231
Dit bedrijf heeft een van de meest vooraanstaande ornithologen in het land als reisgids. Het regelt desgewenst ook reizen naar Vietnam en Maleisië.

Mergui Archipelago, Myanmar

Deze keten van meer dan 800 onbewoonde eilanden herbergt vele exotische vogelsoorten, waaronder neushoornvogels, papegaaien en arenden.

IN DEPTH ADVENTURES
In Thailand (september-april)
☎ (076) 383 105
Fax: (076) 383 106
In de VS (mei-augustus)
☎ (0707) 443 1755
Fax: (0707) 844 8574
e-mail: indepth@loxinfo.co.th
website: http://www.indepthadv.com
Getrainde en ervaren natuurbeschermers leiden reizen op maat, met vogelkijken op land en zee als hoofdthema, of in combinatie met andere activiteiten.

Tangkoko Batuangas, Indonesië

Indonesië, waar 17 procent van alle soorten ter wereld voorkomt, is het Mekka voor de vogelaar. En in Tangkoko, een zeer indrukwekkend natuurreservaat, leeft 's werelds grootste concentratie van neushoornvogels. Het park is bereikbaar per jeep of taxi vanuit Girian, over de hoofdweg Manado-Bitung. Toegangskaarten zijn verkrijgbaarbij het PHPA/KSDA-kantoor in Manado of bij de ingang in Batuputih, waar ook gidsen aanwezig zijn. Er zijn vier eenvoudige woonboerderijen bij de parkingang in Batuputih: Mama Ros, Londa Linda, Ranger en Tarsius. In het reservaat ligt de woonboerderij Cagar Alam.

KUNGKUNGAN BAY RESORT
P.O. Box 16
Bitung 95500
Noord-Sulawesi
☎ (0438) 30300 **Fax**: (0438) 31400
e-mail: kbresort@mdo.mega.net.id
Dit vakantieoord, op 30 km van het park, biedt dagtochten in airconditioned voertuigen aan.

SPELEOLOGIE

Zuidoost-Azië heeft een aantal schitterende grotten, waarvan er vele een toeristische attractie vormen. Sommige bevatten religieuze voorwerpen. Naast de meer toegankelijke grotten zijn er uitgestrekte ondergrondse netwerken die alleen door ervaren speleologen of met gids moeten worden bezocht. Zorg voor een paar stevige laarzen en een zaklamp. Reisleiders moeten zo nodig helmen en lampen verschaffen.

Grotten van Niah, Nationaal Park Niah, Sarawak, Maleisië

De oudste menselijke fossielen in Zuidoost-Azië zijn ontdekt in de spectaculaire Grote Grot in Niah. Deze grot, een van de grootste ter wereld, wordt bewoond door vleermuizen en zwaluwen – welke laatste de ingrediënten verschaffen voor de beroemde vogelnestjessoep. De nabijgelegen Geverfde grot diende vroeger als begraafplaats. Er is een pad in de grotten gemaakt, maar een zaklamp blijft nodig.

TOERISTENBUREAU VAN MIRI
Lot 452,

Jalan Melayu
98000 Miri
Sarawak, Maleisië
☎ (85) 434181
Fax: (85) 434179
Het bureau verkoopt toegangskaarten voor het park. Het kan ook gidsen regelen en onderdak in het park boeken.

Mulu Adventure Sdn Bhd
Lot 230, First Floor
Beautiful Jade Centre
P.O. Box 1586
98008 Miri
Sarawak
Maleisië
☎ (085) 437885
Fax: (085) 437886
Mulu Adventure verzorgt 1- tot 3-daagse reizen naar grotten en park, met een overnachting in een Iban-dorpshuis.

Nationaal Park Mulu, Sarawak

Dit park staat bekend om zijn labyrint van onderaardse grotten, waaronder de Sarawak-kamer en de 51-km lange Helderwatergrot. De meer spectaculaire grotten kunnen alleen per boot worden bereikt.

Outer Edge Expeditions
45500 Pontiac Trail
Walled Lake
MI 48390-4036
Verenigde Staten
☎ (0248) 624 140 of (0800) 3225235
e-mail: adventure@outer-edge.com
Fax: (0248) 624 6744
website: www.outer-edge.com
Dit bedrijf is gespecialiseerd in reizen met kleine groepen, zodat zoveel mogelijk aan individuele wensen kan worden voldaan. Een deel van de winst gaat naar plaatselijke natuurprojecten. Er zijn tochten naar de 'toeristengrotten', maar ook avontuurlijke vormen van speleologie mogelijk.

Grotten van Sagada, Bontoc, Filippijnen

Deze rustige stad staat bekend om zijn grafgrotten en hangende doodskisten, die naar traditioneel gebruik van de oude Igorot-stam op de rotsen balanceren. De Lumiang- en de Sugong-grotten kunnen eenvoudig en zonder gids worden bezichtigd. Meer ervaring, sterke lampen en een gids zijn nodig voor de Sumaging- en de Latipan-grotten. Bij de toeristeninformatie kun je een gids huren van de Vereniging van Natuurgidsen van Sarawak.

Interesiland Travel and Tours Inc.
Suite 12
Manila Midtown Arcade
M. Adriatico Street
Ermita
Manila
Filippijnen
Postadres: C.P.O. Box 4058 Manila
☎ (0632) 5238720/21/22/23
Fax: (0632) 5224795
Dit reisbureau organiseert dagtochten naar Sagada en verzorgt reizen door de hele Filippijnen.

Phong Na-grot, Dong Hoi, Vietnam

Dit enorme complex bevat duizenden meters tunnels en rivieren. Sommige grotten bezitten spectaculaire reeksen stralactieten en stalagmieten en werden in de 9e en 10e eeuw als boeddhistische heiligdommen gebruikt. De tocht door de grotten gaat per boot en te voet. Je kunt een gids huren bij het toeristenbureau van Dong Hoi.

Nomad Travel Planners
3200 W. 88th no. 1
Anchorage
Alaska 99502
Verenigde Staten
☎ 907/243-0313/346-3622
Fax: 907/243-0333/346-3622
website: www.nomad-travel.com/contact.htm
Nomad verzorgt 3-daagse tochten. Startplaats is Hue aan de westkust, overnachten in luxe hotels in Dong Hoi. Organiseert ook een bootreis van een hele dag door de grotten.

NATUURBEHOUD EN ANDERE PROJECTEN

Er bestaat een aantal organisaties die met behulp van betaalde vrijwilligers werken aan een verscheidenheid van projecten, variërend van het observeren van bedreigde soorten tot archeologische opgravingen. Deze projecten zijn niet alleen waardevol voor de plaatselijke gemeenschap, maar ze vormen ook een geweldige manier om nieuwe vaardigheden op te doen. Sommige projecten hebben vooral behoefte aan vrijwilligers die op een bepaald gebied deskundig zijn, bijvoorbeeld timmerlieden of biologen. Altijd vereist zijn een goede conditie, positieve instelling en het vermogen om in een team te werken. De huisvesting kan heel eenvoudig zijn, zonder warm water, moderne toiletten en douches. Denk er verder aan dat de navolgende projecten aan verandering onderhevig zijn.

Donsol, Sorsogon, Filippijnen

Observatie van walvishaaien

Hoewel pas in 1998 'ontdekt', is de kolonie walvishaaien die aan de kustlijn van dit vissersdorp verblijft, waarschijnlijk een van de grootste ter wereld. Maar ondanks een internationaal verbod worden de haaien (of *butanding* zoals de plaatselijke bevolking ze noemt) bedreigd door stropers. De plaatselijke autoriteiten werven, in samenwerking met WNF Filippijnen, vrijwilligers die ondersteunen bij het toezicht op de haaien. Dit betekent vooral zwemmen, niet zozeer duiken. Niet-zwemmers kunnen op de boot helpen met de registratie van gegevens.

Worldwide Fund for Nature (Filippijnen)
☎ 4333220/2
Fax: 4263927
e-mail: KKp@mozcom.com
Er zijn diverse natuurbeschermingsprojecten gaande. Bel voor meer informatie.

Karina Escudero
p/a Mayon International Hotel
Legaspi
Makati
Filippijnen
☎ (02) 8935198 / 8188290
e-mail: karina@artbridges.com
Karina Escuardo houdt zich bezig met het vormen van een register van de haaien en werkt daarbij samen met de plaatselijke bevolking. Comfortabel onderdak wordt verschaft in het Mayon International.

Reefside Diving, Sorsogon
p/a Rico Estrellado of Ramir Aglicup
☎ (056) 211275
e-mail: koriks@hotmail.com
Bovenstaande plaatselijke bewoners werken aan het project en nemen projectmedewerkers mee op 'haaientochten'. Meld je aan bij het toeristenbureau van Donsol aan Donsol Pier, dat onderzoekspakketten verstrekt.

Provincie Naklon Ratchasima, Thailand

Opgravingen uit het stenen tijdperk

Sluit je aan bij een archeologisch team op het platteland van Thailand, waar men probeert de oorsprong van het Angkor-rijk te achterhalen. Je graaft met handwerktuigen en als je iets vindt breng je dat naar het aangrenzende veldlaboratorium. De organisatie Earthwatch verzorgt een opleiding tijdens het werk, zodat voorkennis niet nodig is.

Earthwatch
680 Mt. Auburn Street
P.O. Box 9140
Watertown
MA 02272-9104
Verenigde Staten
☎ 800/776-0188 **Fax**: 0617/926-8532

57 Woodstock Road
57 Woodstock Road
Oxford OX2 6HJ, Groot-Brittannië
☎ (01865) 311600 **Fax**: (01865) 311383
Deze internationale nonprofit-organisatie werft mensen die wetenschappers ondersteunen bij het verzamelen en verspreiden van informatie. Er zijn wereldwijd altijd ongeveer 150 natuurbehoudprojecten gaande.

Kalimantan, Borneo

Bescherming van zeeleven

Ontbossing en schadelijke vismethoden vormen een bedreiging voor de koraalriffen en het zeeleven van Zuidoost-Azië. Vrijwilligers richten in nauwe samenwerking met de plaatselijke bevolking kampen voor zeelevenbehoud op. Voor het Borneo-project worden ervaren duikers gevraagd, maar voor andere plaatsen in de regio is geen ervaring vereist. Er worden gratis cursussen scubaduiken en zeebiologie gegeven.

Coral Cay Conservation
154 Clapham Park Road
London SW4 7DE
Groot-Brittannië
☎ (020) 7498 6248
Fax: (020) 7498 8447
e-mail: ccc@coralcay-org
Dit gezelschap is bekroond met de Tourism for Tomorrow en de International Marine Environmental Awards, en zoekt vrijwilligers voor projecten in de Filippijnen, Indonesië, Borneo en andere streken in de wereld. Meestal geen ervaring vereist; gratis cursussen scubaduiken.

BOOTTOCHTEN

De grillige landmassa van Zuidoost-Azië leent zich goed voor excursies per boot. In de warme wateren van de Stille en Indische Oceaan liggen duizenden eilanden. Bootreizen zijn ideaal voor activiteiten zoals duiken, vissen, snorkelen of het verkennen van met oerwoud bedekte eilanden. Het aanbod loopt van eenvoudige bootjes tot traditionele luxe schoeners. De kleinere boten bieden vaak slapen op het dek of op campings aan, terwijl de luxe versies voorzien zijn van airconditioned en suite-cabines.

Tioman Island, Maleisië

Aan de oostkust van het schiereiland Maleisië vormen Tioman en zijn omringende eilanden een snorkelparadijs, met brede fonkelwitte stranden, koraalriffen en ander opwindend zeeleven. Er kunnen mooie jungletochten gemaakt worden op Pulau Sibu, en ook het uitgedoofde-vulkaaneiland Pulau Tinggi is een bezoek waard.

Sulawesi Charters
Sea Consortium Pte Ltd.
11 Duxton Hill
Singapore 089595
☎ 3223204
Fax: 2270168
e-mail: (boekingen):
sulawesi@seacon.com.sg
e-mail: (schipper) jony@seacon.com.sg
website: www.seacon.com.sg/sulawesi
De traditionele Indonesische boot de *Sulawesi* verzorgt ook tochten langs de Indonesische Riau Archipel, ten zuiden van Singapore, en de afgelegen Anambas Archipel.

Nusa Tenggara, Indonesië

Deze eilandengroep ten oosten van Bali kan bogen op een rijke verscheidenheid aan natuur en cultuur. Boottochten doen de spectaculaire vulkaanmeren van Flores aan, de prehistorische hagedissen van Komodo en de stenen tombes van Sumba.

Song Line Cruises of Indonesia
P.T. Pinisi Duta Bahari
Jalan Danau Tambingan no. 64
Sanur
Bali
Indonesië
☎ (0361) 286992 / 287119
Fax: (0361) 286985
e-mail: info@songlinecruises.com
website: www.songlinecruises.com
Dit betreft luxe cruises in traditionele Indonesische schoeners. Het bedrijf verhuurt ook duikboten.

International Expeditions
One Environs Park
Helena
AL 35080
Verenigde Staten
☎ 800 633 4734 (gratis)
e-mail: nature@ietravel.com/intexp
website: www.ietravel.com/intexp
Van maart tot oktober vertrekt maandelijks een rondreis met het schip de *Adelaar*. Het bedrijf ondersteunt in samenwerking met de International Rhino Foundation het neushoornreservaat in Sumatra en doneert 100 dollar per passagier.

Explore Worldwide
1 Frederick Street
Aldershot
Hampshire
GU11 1LQ
Groot-Brittannië
☎ (01252) 319448
Fax: (01252) 343170
e-mail: info@explore.co.uk
Dit bedrijf is gespecialiseerd in kleine groepsreizen en biedt een 15-daagse ‘zeetrektocht’ door de regio aan in een traditionele schoener. Gewoonlijk wordt ’s nachts gevaren, zodat er gedurende de dag alle tijd is om te snorkelen, zwemmen en erop uittrekken.

Palawan, Filippijnen

De 1768 eilanden van Palawan behoren tot de schoonste en groenste van de Filippijnen. Ongerepte stranden, ondergrondse rivieren en imposante rotsformaties zoals de marmerklif El Nido, maken de Palawan tot een indrukwekkende en unieke cruise-omgeving.

PALAWAN TOURIST TRAVEL & TOURS AGENCY (P.T.T.T.A.)
Rizal Avenue
Puerto Princesa City
Palawan
Filippijnen
☎ (048) 4333877
Fax: (048) 4333554
e-mail: cocoloco@pal-onl.com
of pedzi@pal-onl.com
Dit is het enige reisbureau dat zeekampeertochten rond El Nido en Sulu aanbiedt. Drie maaltijden per dag, tent of hotelovernachting, en vis- en snorkeluitrusting inbegrepen.

FIETSEN

Per fiets kun je op een milieuvriendelijke manier in korte tijd veel kilometers maken. Het is een uitstekende manier om het spectaculaire, veelzijdige en redelijk vlakke Zuidoost-Aziatische landschap te verkennen. Huurfietsen van plaatselijke winkels zijn meestal niet geschikt voor lange tochten, dus als je alleen gaat trekken is het raadzaam een eigen fiets mee te brengen. Fietsen kunnen met het vliegtuig mee, maar meestal wordt wel geëist dat je de pedalen afneemt en de fiets in een fietsdoos verpakt. Neem voldoende materiaal mee, want reserveonderdelen zijn vaak moeilijk te vinden. Vanwege de slechte wegkwaliteit in sommige streken hebben mountainbikes de voorkeur.

The Riau Islands, Indonesië

De volledige afwezigheid van verkeer maakt deze archipel van kleine eilanden aan de oostkust van Sumatra tot perfect fietsgebied. De plaatselijke reisorganisatie gebruikt boten als uitvalsbasis om deze schitterende wildernis te verkennen. Hoewel er geen wegen zijn, maken onverharde fietspaden het terrein goed begaanbaar. Voor de sportievelingen zijn er meer uitdagende routes.

RIAU ISLAND ADVENTURES
p/a PT Bahari Riau Tualang
Blok D no. 10
Komplex Batam Plaza
Nagoya
Batam
Indonesië
☎ (778) 452434 / (811) 702203
e-mail: iabookings@post1.com
Dit bedrijf verhuurt mountainbikes van goede kwaliteit, zowel geschikt voor de beginneling als voor de ervaren fietser.

Noord-Thailand

Fietsen is een uitstekende manier om dit gevarieerde en spectaculaire landschap te verkennen. Volg weinig gebruikte sporen naar afgelegen dorpen, bezoek de beroemde grotten van Chiang Dao en peddel langs de Mae Kok-rivier. Vanwege de soms steile heuvels is een redelijke conditie vereist.

THE WILD PLANET
No. 9 Thonglor Soi 25
Sukhumvit Road
Prakanong
10110 Bangkok
☎ (02) 712 8748 / 712 6880
Fax: (02) 712 8188
e-mail: info@wild-planet.co.th
Ervaren westerse of Thaise fietsers met eerstehulpdiploma leiden groepen van 6 tot 12 mensen. Voor ervaren fietsers kunnen moeilijker routes worden geregeld. De mountainbikes hebben 21 versnellingen en er is een bezemwagen waarin de niet-fietsers hun sportieve reisgenoten eventueel kunnen vergezellen.

CONTACT TRAVEL & ADVENTURE
420/3 Chiangmailand Road
Chianklan
Chiangmai 50100
Thailand
☎ (053) 277178
Fax: (053) 204104
e-mail: adventure@thailine.com
Dit bedrijf verzorgt matig zware tochten van 15 tot 60 km per dag. Een bezemwagen rijdt mee.

Phuket, Thailand

De steile heuvels van Phuket zorgen voor een wat zwaardere route. Maar na een paar dagen stevig fietsen is nationaal park Kao Sok bereikt, met zijn flora en fauna.

Asian Adventures
Checkmark Enterprise Co. Ltd.
231 Rat-U-Thit
200 Pee Road
Patong Beach
Phuket 83150
Thailand
☎/**fax**: (076) 342798
e-mail: info@asian-adventures.com
Deze reis voor de avontuurlijke en ervaren fietser begint met een tocht over het eiland en gaat dan verder met een rondreis via nationaal park Kao Sok en Krabi.

Ha Noi–Saigon, Vietnam

Door het redelijk vlakke terrein en de goede kwaliteit van de hoofdweg is het spectaculaire en gevarieerde landschap van Vietnam uitstekend per fiets te bezichtigen. Je doet net als de bewoners – iedereen fietst in Vietnam – hoewel het verkeer rond de grote steden behoorlijk hectisch kan zijn. Reisbureaus verzorgen tochten van 9 tot 12 dagen met bezemwagen.

Exodus
9 Weir Road
London SW12 OLT
Groot-Brittannië
☎ (0181) 675 5550
Fax: (0181) 673 0779
e-mail: sales@exodustravels.co.uk
Voor deze tochten is een redelijke conditie vereist. Je reist 50-120 km per dag. Exodus verschaft een bezemwagen en plaatselijke gidsen.

Butterfield and Robinson
70 Bond Street
Toronto
Ontario
Canada M5B 1X3
☎ 416/864-1354
Fax: 416/864-0541
e-mail: info@butterfield.com
website: www.butterfield.com
Dit bedrijf biedt een 10-daagse reis aan met bezemwagen en bagagevervoer. Dagtochten zijn 40-48 km. De meeste maaltijden en excursies zijn bij de prijs inbegrepen.

Oost-Bali, Indonesië

Oost-Bali biedt cultureel en landschappelijk schoon, van het weelderige groen van Ubud tot de ongerepte stranden van Tulamben. Goede wegen maken het fietsen relatief gemakkelijk, maar de hellingen van Gunur Catur vormen een uitdaging.

Sobek
Jalan Tirta Ening no. 9
By Pass Ngurah Rai
Sanur
Bali
Indonesië
☎ (0361) 287059
Fax: (0361) 289448
Sobek verhuurt mountainbikes van goede kwaliteit voor dagtochten.

Backroads Travel
801 Cedar Street
Berkeley
CA 947100
Verenigde Staten
☎ 510/527-1555
Fax: 510/547-1444
website: www.backroads.com
Dit bedrijf organiseert een tamelijk lichte 10-daagse tocht die in Ubud begint, dan Lovina, Baturiti, Tulamben en Candi Dasa aandoet en eindigt bij vliegveld Denpasar. Luxe overnachtingsplaatsen en maaltijden.

DUIKEN

Met helder, warm water en overvloedig zeeleven zijn er betaalbare duikoorden te over in Zuidoost-Azië. Ze zijn echter niet allemaal even betrouwbaar. Controleer of je duikcentrum is goedgekeurd door PADI (Professional Association of Diving Instructors), NAUI (National Association of Underwater Instructors) of BSAC (British Sub-Aqua Club). Je kunt kiezen tussen duikvakanties met het strand, of met een boot als uitvalsbasis. Sommige centra mogen duikcursussen geven, maar dat houdt zowel uitgebreide schriftelijke als praktische toetsen in. Overweeg daarom van tevoren thuis het schriftelijke deel van de cursus te doen.

Sangihe-Talaud Archipel, Indonesië

Deze groep van ongeveer 40 vulkanische eilanden aan het noordoosten van Sulawesi ligt in een van de diepste zeeën ter wereld. Door hun afgelegen ligging is het overvloedige zeeleven relatief ongerept.

SOUTH EAST ASIA LIVEABOARDS CO. LTD.
225 Rat-U-Thit 200 Year Road
Patong
Phuket 83150
Thailand
☎ (076) 340406 / 340932
Fax: (076) 340 58
e-mail: info@sealiveaboards.com
SEAL was de eerste reder op de lijn Sangihe-Talud. Ze verzorgen ook tochten naar de Merchui Archipel (Myanmar), Similan-eilanden (Thailand) en Andaman-eilanden (India). Het bedrijf heeft drie visjachten, een PADI 5-sterrencentrum en een Britse duikschool-accreditering.

AQUATOURS
Charter House
26 Claremont Road
Surbiton
Surrey KT6 4QU
Groot-Brittannië
☎ (0181) 2558050
Fax: (0181) 2558052
e-mail: arnie@aquatours.com
Aquatours verzorgt reizen op maat naar elke bestemming ter wereld, inclusief vlucht en onderdak. Ze zijn gespecialiseerd in Sulawesi en Maleisië.

Koh Samui, Thailand

Dit op twee na grootste eiland van Thailand heeft aan de kust veel natuurschoon en witte stranden te bieden. De kalme wateren aan het noordoosten van het eiland zijn ideaal voor zwemmen en watersporten.

ABYSS DIVE CENTER
129/1 M.1 Maenam
Koh Samui
☎ (077) 247 038
Dit kleine, door Nederlanders geleide duikcentrum geeft eersteklas duiklessen met volledige duikverzekering. De cursusgroepen zijn niet groter dan vier personen, zodat iedereen voldoende aandacht krijgt (bij familie/vrienden zijn grotere groepen mogelijk).

Bohol, Filippijnen

In het hart van de Visayas liggen Bohol en de omringende eilanden, waar het met een zicht van 30 m schitterend duiken is. Met een beetje geluk zie je zwarte koraalwouden, reuzenschildpadden en hamerhaaien, naast de gebruikelijke grote verscheidenheid aan vissen.

DIVE BUDDIES PHILIPPINES
Manila Tour Center
L&S Building
1414 Roxas Boulevard
Manila
Filippijnen
☎ (0632) 5219168 / 5219169
Fax: (0632) 5219170
e-mail: office@divephil.com

MAKATI OFFICE:
Makavi Dive Center
G/F Robelle Mansion
877 J.P. Rizal Street
Makati
Filippijnen
☎ (0632) 8997388
Fax: (0632) 8997393
Dit ervaren bedrijf biedt tochten aan naar goedgekeurde duikoorden door het hele land, waaronder El Nido, Cebu en Batangas. Het beheert ook een duikschool en een 'duikmaatjes'-lijst om individuele duikers desgewenst te koppelen.

SEVEN SKIES
Zuid-Chinese Zee, Indonesië
Dit wrak van 98.000 ton, dat in 1967 na een explosie zonk, vormt nu een gigantisch kunstmatig rif en is bedekt met een verbijsterende variatie aan zachte koralen. Het is een van Azië's mooiste wrakken om naar te duiken en het wordt ook aangedaan door manta's en walvishaaien.

MV EMPRESS
14 Hyde Park Gate
Seletar Airbase
Singapore 799543
☎ 482 5354
Fax: 745 3265
e-mail: diver@pacific-net.sg
website: www.swiftech.com.sg/-vidar
Dit comfortabele jacht biedt duiktochten aan vanuit Ujung Pandang, Sulawesi en de eilanden ten oosten van Bali. Cursussen in zeebiologie/-fotografie zijn op afspraak mogelijk. 15 slaapplaatsen. BSAC-goedgekeurd.

AUTOTOCHTEN

Met de auto kun je grote delen van een land snel en comfortabel bezichtigen. Inmiddels kun je in de regio gemakkelijk auto's huren, en veel reisbureaus bieden rondleidingen met gids en naar keuze een chauffeur aan. In de minder ontwikkelde landen is het moeilijker om een auto zonder chauffeur te huren. *Four-wheel-drive* (4WD) trips kunnen variëren van een eenvoudige excursie tot wildernistochten met kamperen in de open lucht. Controleer altijd remmen, banden en de algehele rijwaardigheid van het voertuig dat je huurt.

Lombok, Bali

De onbedorven pracht van dit eiland in de Nusa Tenggara-archipel, iets ten oosten van Bali, kan het best per four-wheel-drive worden bezichtigd. Vanwege de matige infrastructuur gaat een tocht vooral over onverharde wegen, waarvan vele langs rijstvelden met terrassenbouw lopen.

THE NOVOTEL LOMBOK MANDALIKA RESORT
Pantai Putri Nyale
Pujut
Lombok Tengah
Nusa Tenggara Barat
Lombok
Indonesië
☎ (0370) 653333 **Fax**: (0370) 653555
e-mail: novotellombok@bali-paradise.com
Dagtochten met gids in zelf te besturen jeeps, naar Kalimantan, Telukmanuk en Garuda. Sommige tochten zijn gecombineerd met lichte wandelingen.

Centrale Hooglanden, Vietnam

Dit spectaculaire berggebied in Centraal-Vietnam kan bogen op vele watervallen, rivieren en meren. Het heeft een aangenaam koel klimaat en wordt bewoond door veel traditionele stammen oftewel Montagnards.

GREEN BAMBOO TRAVEL
42 Nha Chung Street
Ha Noi
Vietnam
☎ (0844) 8268752 / 8286504 / 8249179
Fax: (0844) 8264949
website: www.vietnamonline.com/green-bamboo/adventur.html
4WD-tochten op maat met gids en chauffeur in Noord- en Centraal-Vietnam.

Maleisisch schiereiland

Hoewel de wegen in dit gebied meestal goed zijn, kunnen er buiten de gebaande wegen avontuurlijke tochten worden gemaakt. Dit gevarieerde landschap met oude regenwouden kan het best per 4WD worden verkend.

WEXAS INTERNATIONAL
45-49 Brompton Road
Knightsbridge
London SW3 1DE
Groot-Brittannië
☎ (020) 7581 8761
Fax: (020) 7838 0837
e-mail: bluecard@wexas.com
Dit ervaren bedrijf verhuurt diverse merken airconditioned, allrisk-verzekerde auto's met autoradio/-cassettespeler, via een betrouwbaar plaatselijk bedrijf. Ze geven ook advies over de route en kunnen hotels boeken. Ze hebben geen four-wheels-drive.

MUD TREKKER
No. 42, SS24/1
Taman Megah
Petaling Jaya
Selangor 47301
Maleisië
☎/Fax: (03) 7054284
e-mail: mudtrekker@geocities.com
Mud Trekker verzorgt kleinschalige, gezellige campingtochten met de nadruk op natuurbehoud. De tochten kunnen op maat worden gemaakt.

VISSEN

Kristalhelder water en overvloedig zeeleven maken Zuidoost-Azië tot een paradijs voor de zeehengelaar. Er zijn mooie vissen te vangen, zoals zeilvis, makreel en tonijn. Sommige bedrijven verzorgen boottochten met optioneel vissen, wat

interessant kan zijn voor reizigers met een niet-vissende partner. Maar de echte hengelaars zijn waarschijnlijk beter af met gespecialiseerde organisaties met deskundige medewerkers en geavanceerde vistechnieken.
Bij meerdaagse visreizen is onderdak op de boot of in campings gebruikelijk. Controleer of je visboot radio en voldoende noodapparatuur aan boord heeft.

Similan-eilanden, Thailand

Dit nationale park in de Andamanse Zee bestaat uit negen beboste eilanden, 90 km ten noordwesten van Phuket. Je kunt rekenen op vangst van zeilvis, makreel, degenvis, tonijn en tenggiri. Er kan ook 's nachts op haaien worden gevist.

ANDAMAN HOOKER SPORT FISHING CHARTER
6/6 Soi Suki Moo 9
Tambool Chalong
A. Muang
Phuket 83130
Thailand
☎**/fax**: (076) 282 036
Mobiel: (01) 979 7011
e-mail: andamanhooker@phuket.com
Andaman Hooker biedt het hele jaar door tochten van 1 tot 5 dagen met daarbij inbegrepen visuitrusting, aas, maaltijden en softdrinks. De boot heeft een Engelssprekende, driekoppige bemanning.

BLUE WATER ANGLERS CO. LTD.
35/7 Sakidej Road
Amphur Muang
Phuket 83000
Thailand
☎ (076) 391287 **Fax**: (076) 391342
De enthousiaste medewerkers zijn vaardig in een groot aantal hengelmethoden. Het bedrijf biedt visreizen van 2 tot 7 dagen naar Thailand en Myanmar.

SIAM EXCLUSIVE TOURS
Building One, 11th Floor
99 Wireless Road
Bangkok 10330
Thailand
☎ (02) 2566153/5
Fax: (02) 2566665
Bij dit bedrijf kunnen drie speciaal voor dat doel gebouwde sportvisboten met comfortabele accommodatie worden gehuurd.

Zuid-Bali, Indonesië

Het warme water van de Indische Oceaan dat Bali's zuidkust omspoelt, wemelt van tonijn, degenvis en mai mai. Er zijn ook dolfijnen te zien.

BALI DEEP BLUE
J1. By Pass Ngurah Rai
Blanjong-Sanur
Denpasar 80238
Bali
Indonesië
☎ (0361) 289308
Fax: (0361) 287872
Organiseert dagtochten diepzeevissen aan de zuidkust van Bali in een traditionele catamaran.

Mergui Archipel, Myanmar

De zee voor Birma is nog nauwelijks commercieel bevist en bevat grote hoeveelheden zwarte marlijn, zeilvis, koningsmakreel, tonijn en degenvis. Bijtschildpadden en zaagbaarzen bieden een uitdaging voor de sportvisser.

BLUE WATER ANGLERS CO. LTD.
35/7 Sakidej Road
Amphur Muang
Phuket 83000
Thailand
☎ (076) 391287 **Fax**: (076) 391342
De enthousiaste medewerkers zijn vaardig in een groot aantal hengelmethoden. Het bedrijf biedt visreizen van 2 tot 7 dagen naar Thailand en Myanmar.

HANG-GLIDING/ PARAGLIDING

Dichter kunnen mensen het vliegen niet benaderen, en de opwinding van paragliding is verslavend. Het gaat erom de luchtstromingen te lokaliseren en het toestel met deze stromingen mee te sturen. Beginners dienen dicht bij de rand te blijven. Het is een fantastische manier om het landschap te bekijken, en de omgeving van Zuidoost-Azië biedt een onovertroffen vogelperspectief. Sommige bedrijven geven les, maar je haalt meer uit je vakantie wanneer je thuis al een diploma haalt. Paragliding is eenvoudiger te leren dan hang-gliding en de uitrusting is gemakkelijker te vervoeren, maar wel iets kwetsbaarder in zware omstandigheden.

De berg Noen Krapok, Banchang, Rayong, Thailand
Er zijn twee locaties op deze berg in Zuid-Thailand waar het hele jaar door gevlogen kan worden. Het vertrekpunt aan de oostkant van de berg ligt ongeveer 80 m boven zeeniveau en is geschikt voor beginners. Het zuidelijke vertrekpunt is voor piloten met meer ervaring en biedt schitterende panorama's over de Banchang Zee.

Suwat Hannarong S.E.T. Sky Sport School
66/34 Eastern Star Plaza, M.3
T. Pala, Banchang
Rayong 21130
Thailand
☎ (038) 880161
Fax: (038) 880439
e-mail: setthai@infonews.co.th
Dit cursuspakket bestaat uit vlieguitrusting, een praktijkles en info over veiligheid, regels, omgeving en weeromstandigheden. Trips naar andere locaties in Thailand, waaronder Poo Ruer, Loei en Kaap Promthep (Phuket), kunnen worden geregeld.

Ulu Watu, Bali
Zweef vanaf deze torenhoge kliffen boven de kustlijn en bewonder vanuit de lucht de spectaculaire tempel Ulu Watu. De beste tijd hiervoor is juni-september.

Bali Adventure Tours
Adventure House
J1. By Pass Ngurah Rai
Pesanggaran
Bali
☎ (0361) 721480
Fax: (0361) 721481
e-mail: baliadventuretours@bali-paradise.com
Een tandemvlucht van 20 minuten tezamen met een ervaren instructeur. Bij de kosten van de tocht inbegrepen zijn hoteltransfers, tandempiloot, een 20-minutenvlucht en verzekering.

Tobameer, Noord-Sumatra
De heuvels rondom het Tobameer vormen een goed vertrekpunt voor een vlucht boven een van de grootste meren van Indonesië, met spectaculair uitzicht over watervallen.

Anten Wisata
Ir. H. Juandra no. 5
Bekasi 17141
Indonesië
☎ (021) 8841915
Fax: (021) 7970924
e-mail: anwisata@cbn.net.id
website: http://flieg.com/indonesia
Dit van origine Duitse bedrijf organiseert ook paragliding- en hang-gliding-reizen naar Maninjau op West-Sumatra. De cursussen zijn in het Duits. Voorzien van de Hang-gliding Association Pilot Licence. Biedt gratis vervoer vanaf het vliegveld.

JUNGLETOCHTEN

Deze paragraaf is bedoeld voor degenen die het spectaculaire regenwoud van het gebied willen bezoeken, maar daartoe geen zware trektocht willen maken. Draag kleding die armen en benen bedekt, ter bescherming tegen insecten, en neem altijd water mee. Jungle-laarzen bieden bescherming tegen bloedzuigers, die na een regenbui kunnen opduiken. Neem kompas en kaart mee wanneer je er alleen op uittrekt.

Nationaal Park Ujung Kulon, Java, Indonesië
Dit is het laatste regenwoud in het laagland van Java en het leefgebied van de bedreigde Javaanse neushoorn. Veel dieren en vogels in de graslanden. Je kunt aan de hitte van het oerwoud ontsnappen door aan de ongerepte kust te snorkelen en zwemmen.

Adventure Indonesia
Bumi Serpong Damai Estate
Sector 1-3
Block BK 32
Tangerang 15310
Jakarta Barat, Indonesië
☎ (021) 5383222 / 5384352
Fax: (021) 5384352
e-mail: green@idola.net.id
website: www.adventureindonesia
Toegewijde en ervaren gidsen leiden verkenningstochten van 4 tot 7 dagen.

Nationaal Park Khao Sok, Thailand
Halverwege Phuket en Surat Thani ligt

dit spectaculaire regenwoud, met een uitbundige flora, waaronder de Rafflesia die bekendstaat om zijn reuzenbloemen. Ook veel diersoorten; in de meer afgelegen delen van het park zwerven gaur, banteng, serow, Maleisische tapir en de Maleisische beer rond. Ook leven er nog kleine aantallen olifanten, tijgers en luipaarden. Het onderdak in het park bestaat uit zeer eenvoudige boomhuizen en hutten.

South Nature Travel
P.O. Box 267
Phuket
Thailand 83000
☎**/fax**: (076) 234201
Organiseert 2-daagse tochten met onderdak in junglehutten. Nadruk op natuurbehoud. Kan trektochten op maat verzorgen.

Nationaal Park Bako, Maleisië

Dit schitterende gebied beslaat 27 km^2 ongerept regenwoud. De zeldzame neusaap komt er voor, en er groeien exotische planten zoals wilde orchideeën en bekerplanten.

Sarawak Tourist Information Centre
Lot 31
Jalan Masjid
93400 Kuching
Sarawak
Maleisië
☎ (082) 410944
Fax: (082) 256301
Verschaft pasjes en gidsen voor het park.

Active Travel
e-mail: irene@activeco.co.nz
website: www.activecp.co.nz
Gespecialiseerd in reizen naar het gebied. Verzorgt een bootreis door de Zuid-Chinese Zee naar het park. Beheert ook een *jungle survival*-school, waar reizigers in een dorpsgemeenschap bij de Iban verblijven en zich verdiepen in hun oorspronkelijke levenswijze.

KAJAKKEN/KANOËN

Het warme water en de prachtige kusten van Zuidoost-Azië zijn ideaal om te kanoën. Zeekajakken gaat van rustig peddelen in een kalme baai, tot worstelen met de golven om afgelegen zeegrotten te verkennen. Voor de meer avontuurlijke tochten is ervaring vereist, evenals kennis van de winden en getijden. De meeste sportscholen geven lessen aan beginnelingen, en verstrekken ook geschikte windjacks en helmen. Draag daaronder synthetische, sneldrogende kleren en bescherm je voeten met sandalen of gymschoenen.

Mergui Archipe, Myanmar

Deze kleine eilanden, verspreid over een gebied van 10.000 km^2, kennen een rijke fauna, waaronder tijgers, neushoorns, papegaaien en zeearenden. De eilanden, die tot 1997 waren gesloten voor het publiek, worden alleen bewoond door de Moken, een stam van zeenomaden die hun traditionele manier van leven grotendeels hebben behouden.

South East Asia Liveaboards Co.
225 Rat-U-Thit 200 Year Road
Patong
Phuket 83150
Thailand
☎ (076) 340406 / 340932
Fax: (076) 340 58
e-mail: kayak@sealiveaboards.com
SEAL verzorgt een 7-daagse zeesafari, met 'bezemboot' met radioverbinding en dubbele kajaks voor beginnelingen.

Maluku Adventures
P.O. Box 7625
Menlo Park
San Francisco
CA 94026-7625
Verenigde Staten
☎ 415/731-2560;800/566-2585 (alleen gratis binnen VS)
Fax: 415/731-2579
e-mail: Maluku@maluku.com
Dit bedrijf is actief sinds 1991 en verzorgt georganiseerde tochten voor zowel beginners als ervaren peddelaars.

Corón, Filippijnen

De inheemse bevolking van dit leisteeneiland voor de kust van Busuanga heeft nog weinig contact met de buitenwereld. De fraaie kust bezit torenhoge kliffen, mangrovemoerassen en kristalheldere koraalbaaien.

Worldwide Escapes, LLC
3450 Sacramento St., no. 439
San Francisco
CA 94118
Verenigde Staten
☎ 415/351-1957;800/958-8524 (gratis)
Fax: 415/351-1958
Gespecialiseerd in korte avontuurlijke tochten voor zakenmensen, gericht op de beginnende kanoër.

Sea Canoe
367/4 Yaowarat Road
Phuket 83000
Thailand
☎ (076) 212252
Fax: (076) 212172
e-mail: webinfo@seacanoe.com
Dit is het grootste kanobedrijf in Zuid-oost-Azië. Plaatselijke gidsen hebben toegang tot relatief ongerepte streken. Organiseert ook reizen naar Thailand, Vietnam en Laos.

Nusa Dua, Bali

Dit is een exclusieve badplaats, verscholen in het zuiden van Bali. De schitterende kust met de torenhoge Ulu Watu is geschikt voor ontspannen peddelen.

Club Med
P.O. Box 7
Lot 6, Nusa Dua
Bali
Indonesië
☎ (0361) 771521 **Fax**: (0361) 771835
Dit luxueuze hotel biedt de mogelijkheid tot kajakken als onderdeel van een verzorgde vakantie. Met dagpasjes kun je alle watersportfaciliteiten van het hotel benutten. Er zijn geen lessen.

Kwai Noi, Thailand

De Kwai Noi-rivier in de Kanchanaburi-streek van Thailand is ideaal voor beginners die wat ervaring willen opdoen voordat ze zich in woester water begeven. De rivier slingert door het nationaal park Sai Yok Yai, voorbij prachtige watervallen en de Khmer-ruïnes van Prasat Muang Sing.

The Wild Planet
No. 9 Thonglor Soi 25
Sukhumvit Road
Prakanong
10110 Bangkok
☎ (02) 712 8748 / 712 6880
Fax: (02) 712 8188
e-mail: info@wild-planet.co.th
Ervaren instructeurs verzorgen trips van uiteenlopende lengte en moeilijkheidsgraad, van historiereizen over de Kwai-rivier tot wildwateravontuur over de Mhae Kong. Alle tochten worden begeleid door een motorboot of vlot.

Ha Long-baai, Vietnam

De 3000 eilanden in de groene wateren van de Ha Long-baai zijn gemaakt om per kajak verkend te worden. Bezoek de ontelbare grotten en stranden in deze spectaculaire streek ten oosten van Hanoi.

Global Spectrum
1901 Pennsylvania Avenue
NW St. 204
Washington, DC 20006
Verenigde Staten
☎ (202) 293-2065 of 1-800-419-4446
Fax: (202) 296-0815
e-mail: info@vietnamspecialists.com
Global Spectrum begon in 1992 als een culturele uitwisseling tussen de VS en Vietnam. Ze verzorgen een rugzak-/kajakavontuurtocht door de Mekong-delta en rondom de Ha Long-baai, met deskundige gidsen.

Vietnam Sea Kayaking
Asian Adventures
Checkmark Enterprise Co. Ltd.
231 Rat-U-Thit 200 Pee Road
Patong Beach
Phuket 83150
Thailand
☎**/fax**: (076) 342798
e-mail: info@asian-adventures.com
Dit bedrijf verzorgt een 10-daagse reis bestemd voor de ervaren zeekajakker die de uitdagende mogelijkheden van de Ha Long-baai wil verkennen.

MOTORTOCHTEN

Toeren per motor is niet alleen leuk, maar heeft ook veel praktische voordelen. Een motor is geschikt voor ruw terrein, en je bent niet afhankelijk van het trage en vaak onregelmatige openbaar vervoer ter plaatse. Maar het kan ook bijzonder gevaarlijk zijn, en er vallen elk jaar gewonden en doden onder de buitenlandse motorrijders. Draag altijd een helm en beschermende kleding. Sommige bedrijven bieden volledig georganiseerde tochten met gids aan, maar in de meeste grote plaatsen zijn ook motoren te huur. Het is verstandig om, voordat je je vastlegt, een proefrit te maken en remmen, banden, licht en claxon te controleren. Een goed slot en ketting zijn onontbeerlijk, vanwege de vele motordiefstallen in het gebied.

Maleisische schiereiland

Het dichte regenwoud van Taman Negara, de koele lucht van Fraser's Hill en de spectaculaire kust maken deze landtong tussen Thailand en Singapore tot iets zeer bijzonders. De wegen zijn goed en rustig.

Asian Motorbike Adventures
Jalan Tuaran 2, 1st Floor
88767 Kota Kinabalu
Sabah
Maleisië
☎ (088) 438223 **Fax**: (088) 439268
e-mail: ama_reed@hotmail.com
website: www.asianbiketour.com
Oprichter Reed Resnikoff heeft 10 jaar lang motor gereden door Thailand, Laos, Maleisië en Myanmar (Borneo). Hij biedt ontspannen 2-weekse reizen aan.

29–32 Jalan Desa
Taman Desa 58100
Kuala Lumpur
Maleisië
☎ 3 7831879 **Fax**: 3 7831897
Rondreizen beginnen in Kuala Lumpur. Inbegrepen zijn een bezemwagen, motoren, comfortabele overnachting in middenklasse-hotels, eten, niet-alcoholische dranken en benzine. Ook reizen naar Laos, de Gouden Driehoek en Zuid-Thailand. Geeft tips over de omgang met het plaatselijke verkeer.

Mekong-rivier, Laos

Het ruwe terrein in Laos is alleen geschikt voor de ervaren motorrijder, met gids. Het betreft voornamelijk rijden *off-the-road*, soms bijzonder lastig. Maar de beloning is groot – Laos is nog nauwelijks beroerd door westerse invloeden en een groot deel van het land is nog bedekt met weelderig regenwoud.

Siam Bike Travel Company
P.O. Prah Singh Box 71
50200 Chiang Mai
Thailand
Fax: (053) 409534
e-mail: siambike@asiaplus.com
De motoren gaan van 125 tot 750 cc. Er rijdt een auto mee, met een monteur en ruimte voor passagiers. Deelnemers wie het te snel gaat, kunnen via de Mekong terugvaren naar Thailand. Inbegrepen zijn motor, benzine, hotels, visa, gidsen en veertarieven. Het bedrijf verzorgt ook reizen door Thailand en Myanmar.

Noord-Vietnamese Hooglanden

Maak een tocht door de koele bergstreek ten noordwesten van Hanoi, blik neer op verbazingwekkende valleien en maak kennis met de montagnards (heuvelstammen). Reis je alleen, dan moet je vanwege de militaire situatie voor bepaalde grensgebieden met China zelf vergunningen en gidsen regelen. De situatie verandert voortdurend, informeer daarover bij het toeristenbureau in Hanoi.

Green Bamboo Travel
42 Nha Chung Street
Ha Noi
Vietnam
☎ (084) 8268752 / 8286504 / 8249179
Fax: (084) 8264949
Verzorgt 5- en 6-daagse *off-the-road* tochten, van in totaal 550 kilometer. Verhuurt ook 125-cc motorfietsen aan individuele reizigers.

BERGBEKLIMMEN

De meeste bergen in Zuidoost-Azië zijn niet al te stijl en kunnen in niet meer dan 3 dagen beklommen worden. Desondanks kan het bedwingen van de koele, vulkanische hellingen bij zonsopgang een adembenemende ervaring zijn.

Bovendien liggen er altijd gevaren op de loer. Onderkoeling en hoogteziekte zijn bijvoorbeeld reële en levensbedreigende mogelijkheden. Zorg dat je beschikt over adequate kleding en goede wandelschoenen, en informeer bij je reisleider naar richtlijnen. Beginners moeten er nooit zonder een gids op uittrekken. Kaart en kompas (en de vaardigheid om ze te gebruiken) zijn onontbeerlijk.

Gunung Kerinci

De top van deze actieve vulkaan – met 3805 m de hoogte piek van Sumatra – vergt een 2-daagse klim. Er is een kamp op 3000 m, waar de meeste klimmers de nacht doorbrengen. Hoewel de paden duidelijk zijn aangegeven, is het verstandig om met gids te klimmen.

DOWN UNDER ADVENTURE
12727 NE 20th Street
Suite 5
Bellevue
WA 98005
☎ (0800) 788-6685 of (0425) 895-0895
Fax: (0425) 895-8929
e-mail: info@duatravel.com
Down Under Adventure is gespecialiseerd in avontuurlijke vakanties in Zuidoost-Azië en Oceanië. Alle medewerkers zijn afkomstig uit de streek of hebben er gewoond. Ze verzorgen een 8-daagse trektocht naar de berg, inclusief wildwaterrafting op de Batan Berangin-rivier, alsook fiets-, wandel- en zeekajakreizen.

Puncak Jaya, Irian Jaya, Indonesië

De met sneeuw bedekte piek van Puncak Jaya (ook wel Carstensz-piramide genoemd) is de hoogste berg van het gebied (5029 m) en torent majestueus boven het regenwoud uit. Het is een zware beklimming, alleen voor ervaren bergbeklimmers, die klimgordels, touwen en andere specialistische benodigdheden vereist. Je moet een *surat jalan*, oftewel een vergunning, kopen bij een politiebureau in Jayapura, Sentani of Biak. De politieke situatie in deze regio is overigens zeer gespannen en buitenlanders werden tot voor kort van de berg geweerd. Informeer voor je vertrek over de situatie.

ADVENTURE INDONESIA
Bumi Serpong Damai Estate
Sector 1-3
Block BK 32
Tangerang 15310
Jakarta Barat, Indonesië
☎ (021) 5383222 / 5384352
Fax: (021) 5384352
e-mail: info@adventureindonesia.com
De deskundige medewerkers van dit bedrijf maakten deel uit van het eerste Indonesische team dat Mount Everest beklom. Het is al een 2-daagse jungletocht om het basiskamp te bereiken, dus je moet in goede conditie zijn. Het bedrijf verzorgt ook wandel- en klimreizen in Irian Jaya.

Mount Apo, Davao, Filippijnen

Er is geen speciale uitrusting nodig voor de relatief makkelijke beklimming van deze actieve vulkaan, die met 2954 m de hoogste berg van de Filippijnen is. Onderweg zie je warme bronnen, watervallen en misschien de zeldzame Filippijnse adelaar. De beste tijd om te gaan is van maart tot mei.

TOERISTENBUREAU
Magsaysay Park
Santa Ana Wharf
Davao
☎ (082) 2216798
Het bureau kan gidsen regelen en advies over de beklimming geven.

Gunung Rinjani, Lombok, Indonesië

Lombok wordt gedomineerd door deze berg, met 3726 m de op twee na hoogste van Indonesië. Het is een stevige 3-daagse klim, maar het grote groene meer, de warme bronnen en het schitterende uitzicht vanaf de enorme krater vormen meer dan genoeg compensatie. Gidsen zijn aanbevolen.

EXPRESS TOURS AND TRAVEL
Jalan Adi Sucipto no. 10
Mataram 83125
Lombok Island NTB
Indonesië
☎ (0370) 22688 **Fax**: (0370) 35968
e-mail: express@lombokisland.com
Engelssprekende gidsen organiseren 4-daagse kampeer- en visreizen naar de berg.

ARC JOURNEYS
102 Stanley Road
Cambridge CB5 8LB
Groot-Brittannië
☎ (01223) 779200 **Fax**: (020) 7681 3175
e-mail: Arc@travelarc.com
website: www.travelarc.com
ARC verzorgt vulkaan- en strandreizen – een onverslaanbare combinatie van zwaar klimwerk en zonnebaden, in het gebied rondom de bergen Kerinci en Kinabalu.

RAFTING

Zuidoost-Azië kent verscheidene dramatische stroomversnellingen die geschikt zijn voor de spannende sport van het wildwaterrafting. De moeilijkheidsgraad van een stroomversnelling wordt aangegeven door de internationale rivierschaal, die loopt van klasse 1 (traag stromend water) tot klasse 5 (ijzingwekkende afdaling). Klasse 6 is alleen voor professionals. Rafting valt uiteen in twee typen: *paddle rafting*, waarbij de passagiers zelf peddelen en een gids stuurt, en *oar boat rafting*, waarbij roeiers voor de voortbeweging zorgen. Controleer of het bedrijf reddingsvesten en helmen verstrekt en of de medewerkers een reddingscursus hebben gevolgd, bijvoorbeeld de Swiftwater Rescue Course van de American Canoe Organisation.

Alas-rivier, Nationaal Park Gunung Leuser, Indonesië

De bovenloop van de rivier biedt rafting van klasse 3, terwijl het er stroomafwaarts rustiger aan toegaat – zodat je ook het wild van het park eens kunt bekijken. In het droge seizoen baden er vaker olifanten in de rivier.

INDONESIA ADVENTURE HOLIDAYS
P.P.Olearys
Jalan Armada no. 1
Medan 20217
Sumatra
Indonesië
☎ (061) 742425 / 741040
Fax: (061) 719005
Dit bedrijf biedt een 5-daagse riviersafari aan, met de nadruk op natuurbehoud. De reis kan gecombineerd worden met een wandeltocht.

Asahan-rivier, Sumatra, Indonesië

Deze snelstromende maar begaanbare rivier (klasse 3) stroomt in een afgelegen westhoek van Sumatra in het Tobameer. De vele watervallen en weelderige vegetatie verlenen deze smalle canyon een magische atmosfeer. Er wordt gekampeerd bij Parhitean, aan het begin van de afdaling.

TRACKS OUTDOOR
Sdn Bhd, no. 91
Jalan SS2/74
47300 Petaling Jaya
Maleisië
☎ / fax: (03) 7778363
e-mail: Tracks@mol.net.my
Alle gidsen hebben een Swiftwater Rescue-diploma. Het bedrijf verzorgt campingreizen naar locaties in Maleisië en Indonesië, naar rivieren van klasse 2 tot 5. Nationaal park Taman Negara heeft een van de gemakkelijkere afdalingen.

Telom-rivier, Maleisië

De Telom-rivier (klasse 3-5) begint op 2200 m boven zeeniveau in de bergen van de Cameron Hooglanden, die zijn bedekt met ongerept oerwoud. In de vallei van Kuala Terla komen allerlei andere stromen op de rivier uit, en er zijn routes voor alle niveaus.

TRACKS OUTDOOR SDN BHD
Sdn Bhd, no. 91
Jalan SS2/74
47300 Petaling Jaya
Maleisië
☎ / fax: (03) 7778363
e-mail: Tracks@mol.net.my
Alle gidsen hebben een Swiftwater Rescue-diploma. Het bedrijf verzorgt campingreizen naar locaties in Maleisië en Indonesië, naar rivieren van klasse 2 tot 5.

Ayung-rivier, Bali, Indonesië

Reis door een schitterend jungle-landschap en koele, diepe rivierdalen in deze niet-steile, maar desondanks sensationele wildwater-afdaling. Klasse 2, geschikt voor het hele gezin.

Sobek Bina Utama
Jalan Tirta Ening no. 9
By Pass Ngurah Rai
Sanur Denpasar
Bali
Indonesië
☎ (0361) 287059 **Fax**: (0361) 289448
Alle gidsen hebben een Swiftwater Rescue-diploma. Veel van hen vertegenwoordigden Indonesië bij het wereldkampioenschap van 1993 en vormen momenteel het Indonesische nationale team. Vooral dagtochten.

Bali International Rafting
J1. By Pass Ngurah Rai no. 7
Padang Galak
Sanur Denpasar
Bali
Indonesië
☎ (0361) 281408 **Fax**: (0361) 281 409
e-mail: bir@topservice.com
Verzorgt dagtochten naar Telaga Waja, aan de voet van Gunung Agung. Inbegrepen zijn airconditioned vervoer van en naar het hotel, uitrusting, ervaren gidsen, instructie en Balinees buffet.

Saidan-rivier, Tana Toraja, Sulawesi, Indonesië

Bergen en rijstterrassen torenen uit boven deze dramatische afdaling over een rivier van klasse 3-4. De omringende Torajan-dorpen bieden een fascinerende blik in een traditionele manier van leven.

Outer Edge Expeditions
45500 Pontiac Trail
Walled Lake
MI 48390-4036
Verenigde Staten
☎ (0248) 624 140 of (0800) 322 5235
Fax: (0248) 624 6744
e-mail: adventure@outer-edge.com
De ervaren gidsen verzorgen een 14-daagse reis – een combinatie van rafting en wandelen – door dit fascinerende gebied.

ZEILEN

Verlaten stranden en turkooizen baaien – dat is zeilen in Zuidoost-Azië. Hoewel de omstandigheden redelijk veilig zijn, moeten beginnelingen nooit zonder begeleiding het ruime sop kiezen. Als je geen eigen boot hebt, kun je het best naar jachthavens of zeilclubs gaan, die soms openstaan voor niet-leden. Men organiseert daar zeillessen en je kunt er andere zeilliefhebbers ontmoeten – die soms op zoek zijn naar extra bemanningsleden.

Het Taal-meer, Filippijnen

Dit is een van de mooiste meren in de Filippijnen. Het is ook de plek van de Taal-vulkaan, en onder het wateroppervlak bevinden zich veel interessante kraters. Gemotoriseerde sporten zijn niet toegestaan op het meer.

Taal Lake Yacht Club
Barrio Santa Maria
Talisay
Batangas
Filippijnen
☎ 0912-332-9550 (mobiele telefoon)
Hoofdkantoor:
Corinthian Plaza
Paseo de Roxas
Makati
Filippijnen
☎ (02) 8113183 **Fax**: (02) 8113236
e-mail: sailphi@i-manila.com.ph
Deze prestigieuze maar vriendelijke club staat open voor niet-leden, verzorgt zeilcursussen en verhuurt boten. Ook kajakken en surfplanken te huur. Gratis kamperen.

Phuket, Thailand

Phuket is de perfecte uitvalsbasis voor Myanmar (Borneo), Maleisië en het schitterende nationale park van de Andamanse Zee.

Asian Adventures
231 Rat-U-Thit 200 Pee Road
Patong Beach
Phuket 83150
Thailand
☎**/fax**: (076) 342798
e-mail: info@asian-adventures.com
Asian Adventures verzorgt bootcharters (al dan niet met bemanning) van 1 tot 2 weken in de Andaman-zee en dagtochten naar de baai Phang Nga.

Kuah, Langkawi, Maleisië

Dit luxe oord heeft uitstekende voorzieningen voor zeilers, plus watervallen, warme baden en grotten voor de landrot.

Langkawi Yacht Club Sdn Bhd
Kuah Jetty
Jalan Dato Syod Omar

07000 Kuah
Kedah
Maleisië
De club heeft 44 aanlegplaatsen voor bezoekende boten en niet-leden kunnen een jacht charteren. Verzorgt zeilcursussen en visreizen, en verhuurt duikuitrusting, en kan ook onderdak in de regio regelen.

SAIL ASIA YACHT CHARTERS
35/7 Sakdidet Road
Amphur Muang
Phuket 83000
Thailand
☎ (076) 391287
Fax: (076) 391342
Dit bedrijf verhuurt de Maraija – een comfortabele, gemakkelijke te bedienen catamaran. Vis- en snorkeluitrusting zijn bij de prijs inbegrepen.

SURFEN

Idyllische stranden en sensationele rollers hebben Zuidoost-Azië (vooral Indonesië) tot een surf-Mekka gemaakt. De beste tijd om te gaan zijn de droge wintermaanden, van begin juni tot oktober. Bij sommige organisaties zijn lessen en uitrusting bij de reis inbegrepen, maar als je alleen gaat kun je je het best thuis laten adviseren door een goede sportzaak. Neem twee surfplanken mee voor het geval er een breekt, en denk ook aan tuigage, helm en een licht wetsuit, want in de meer afgelegen gebieden zijn geen surfwinkels. Aangezien het tijd vergt om te leren surfen, zijn enkele lessen voor de reis geen overbodige luxe.

Pulau Asu, Sumatra, Indonesië

Deze eilanden hebben altijd hoge golven, die ontstaan in reusachtige lagedrukgebieden in de zuidelijke Indische Oceaan.

INDONESIA ADVENTURE HOLIDAYS
Jalan Armada no. 1
Medan 20217
Sumatra
Indonesië
☎ (061) 742425 / 741040
Fax: (061) 719005
Dit bedrijf verzorgt kleinschalige natuurvriendelijke reizen naar Sumatra. Ze kunnen je niet alleen de mooiste brandingen wijzen, maar organiseren ook activiteiten in het binnenland zoals fietsen en wandelen.

Grajacan (of G-Land), Java

G-land is een legendarische surfplek, aan de uiterste zuidpunt van Java, met tussen mei en november perfecte golven van 2 m hoog. Tiger Trails en 20/20 zijn nabijgelegen plekken met kalmere, maar nog steeds indrukwekkende golven.

G-LAND JUNGLE-BEACH-VILLAGE
Pt. Plenkung Indah Wisata
Andhika Plaza Building
Simpang Dukuh 38-40
Surabaya 60275
Oost-Java
Indonesië
☎ (031) 5314752 / 5314753
Fax: (031) 5313073
e-mail: g-land@rad-net.id
website: www.g-land.com
Onderdak, restaurants, gelegenheden tot ontspanning, surfgidsen en vervoer vanaf hotels in Bali – dit alles kan hier geregeld worden.

WORLD SURFARIS PTY LTD
86 Fuller Street
Windsor
Qld 4030
Australië
☎ (07) 38611163 **Fax**: (07) 38611165
e-mail: bookings@worldsurfaris.com
website: www.worldsurfaris.com/html
Dit bedrijf verzorgt georganiseerde reizen naar G-land, met desgewenst lessen. Korting voor niet-surfende partners. Vervoer van hotels in Bali is bij de prijs inbegrepen.

Siargao, Filippijnen

De populairste plek op dit afgelegen eiland is General Luna, dat kan bogen op Cloud 9, een van de tien beste surfbrandingen ter wereld. Er zijn momenteel nog geen surfwinkels.

GREEN ROOM SURF CAMP
General Luna
Siargao
Filippijnen
☎ (032) 3401785 / 3405726
Fax: (032) 3405726
e-mail: emmarcon@usa.net
Dit is tot op heden het enige surfkamp bij het strand. Georganiseerde reizen vanuit Europa zijn mogelijk.

Surf Schools International
P.O. Box 1525
Noosa Heads
Qld 4567
Australië
☎ (07) 54 749076
Fax: (07) 54 748433
Deze surfschool is in bedrijf sinds 1991. Voor onderdak wordt gezorgd, maar plaatselijk vervoer moet je zelf regelen.

Mentawai-eilanden, Indonesië

De afgelegen locatie van deze schilderachtige eilandengroep aan de westkust van Sumatra heeft het toerisme op afstand gehouden, maar die situatie verandert snel. Er zijn hier indrukwekkende brandingen voor surfers die aan de drukte willen ontsnappen.

Good Sumateran Surf Charters
P.O.Box 266
Pacifica
CA 94044
Verenigde Staten
☎ 1-888-407-GOOD
Fax: (0751) 34265 (Indonesië)
Dit bedrijf verzorgt cruises naar de Mentawai-eilanden langs de beste brandingen, met de nadruk op behoud van het plaatselijke milieu. Surfgidsen beschikbaar.

Waterways Travel
15145 Califa Street
Suite 1
Van Nuys
CA 91411
Verenigde Staten
☎ 800/928-3757 (gratis)
Fax: 818/376-0353
e-mail: info@waterwaystravel.com
website: www.waterwaystravel.com
Waterways fungeert als agent voor Good Sumateran Surf Charters (zie hiervoor).

WANDELEN

Zuidoost-Azië biedt de reiziger een rijkdom aan wandelgebied, van dichte, nevelige jungle tot koele heuveldorpen. Iedereen die 5 tot 6 uur aan een stuk kan lopen, kan een trektocht maken, maar de routes verschillen wel sterk in moeilijkheidsgraad. Gemiddeld wordt ruim 15 km per dag gelopen, dus goede wandelschoenen zijn onmisbaar. Vaak verblijf je in traditionele huizen, waarbij het belangrijk is de aanwijzingen van de gids over plaatselijke gebruiken op te volgen. Denk eraan dat trektochten ecosystemen kunnen verstoren. Boek bij een reisorganisatie die milieubewust is.

Kelabit Hooglanden, Sarawak, Maleisisch Borneo

Het regenwoud in dit betrekkelijk ongerepte gebied verschaft een fascinerende blik in de inheemse cultuur. Wandel door het dichte oerwoud en ontmoet Borneo's laatste stam van jagers-verzamelaars, de Penan, en de Kelabit met hun complexe tatoeages.

Symbiosis Expedition Planning
Christopher Gow Enterprises Ltd.
205 St. John's Hill
London SW11 1TH
Groot-Brittannië
☎ (020) 7924 5906
Fax: (020) 7924 5907
e-mail: info@symbiosis-travel.co.uk
website: www.symbiosis-travel.co.uk
Dit bedrijf verzorgt trektochten in kleine groepen door de regio, met een nadruk op behoud van de plaatselijke culturen.

Borneo Exploration Tours & Travel Sdn Bhd
76, Wayang Street
93000 Kuching
Sarawak
Maleisië
☎ (082) 252137 / 252526 / 410577 (buiten kantooruren)
Fax: (082) 252526
Ervaren gidsen verzorgen reizen op maat in de regio.

Baliem-vallei, Irian Jaya, Indonesië

Spectaculair landschap in combinatie met de trotse traditionele cultuur van het Dani-volk maakt dit tot een onvergetelijke reisbestemming. De tochten zijn soms inspannend en avontuurlijk. Je moet een *surat jalan* (vergunning) hebben om de streek te mogen bezoeken – te verkrijgen in Biak, Jaya Pura en Sentani. Reisbureaus in het nabijgelegen Wamena kunnen je adviseren over lokale gidsen.

Asia Transpacific Journeys

P.O. Box 1279
Boulder
CO 80306
Verenigde Staten
☎ 800/642-2742 (gratis)
Fax: 303/443-7078
e-mail: travel@southeastasia.com
website: www.southeastasia.com
Dit bedrijf verzorgt een zware tocht voor zeer fitte avonturiers, door moerassen en oerwoud, met overnachtingen in boomhutten. Het is gespecialiseerd in avontuurlijke tochten in de regio.

Chandra Nusantara Tours and Travel

Jalan Trikora 17
Wamena
Irian Jaya
Indonesië
☎ (0969) 31293
Dit plaatselijke bedrijf heeft zeer veel kennis van de inheemse stammen en organiseert fascinerende nonprofit-reizen.

Outer Edge Expeditions

45500 Pontiac Trail
Walled Lake
MI 48390-4036
Verenigde Staten
☎ (0248) 624 140 of (0800) 322 5235
Fax: (0248) 624 6744
e-mail: adventure@outer-edge.com
Met dit bedrijf, dat gespecialiseerd is in natuurvriendelijke reizen op maat, kun je stammen bezoeken met eeuwenoude tradities. Tochten in Irian Jaya duren 15 dagen, in groepen van 2-6 mensen.

Luzon en Mindora, Filippijnen

Bezoek traditionele stammen die een pre-christelijke religie aanhangen en verbaas je over de spectaculaire rijstterrassen van het Ifugao-volk.

Noord-Thailand

Noord-Thailand heeft veel te bieden voor de serieuze wandelaar (in dit deel van het land leven de traditionele heuvelstammen en komt het meeste wild voor), maar wees je ervan bewust dat bepaalde gebieden – met name Chiang Mai – populair zijn bij reisorganisaties, en dus drukker zijn geworden.

Asian Adventures

Checkmark Enterprise Co. Ltd.
231 Rat-U-Thit
200 Pee Road
Patong Beach
Phuket 83150
Thailand
☎**/fax**: (076) 342798
e-mail: info@asian-adventures.com
Dit bedrijf verzorgt een uitdagende 15-daagse trektocht, die diep in de bergen en oerwouden van Noord- en West-Thailand voert, waar de traditionele heuvelstammen leven en het meeste wild voorkomt. Deze reis is ideaal als je een goede conditie hebt en op zoek bent naar iets buiten de gebaande wegen.

Sa Pa, Vietnam

In deze schitterende maar frisse vallei ('s winters 0 °C) aan de Chinese grens kun je ontsnappen aan de tropische hitte. Sa Pa en de omringende bergen (door de Fransen de Tonkinese Alpen genoemd) zijn het woongebied van de traditionele heuvelstammen, oftewel montagnards.

Global Spectrum

1901 Pennsylvania Avenue
NW Ste 204
Washington, DC 20006
Verenigde Staten
☎ (202) 293-2065 of 1-800-419-4446
Fax: (202) 296-0815
e-mail: info@vietnamspecialists.com
Global Spectrum begon in 1992 als een culturele uitwisseling tussen de VS en Vietnam. Ze verzorgen een 10-daagse tocht in Noord-Vietnam, waarbij de inheemse volken van de Thai, Hímong en Zao worden aangedaan. Het is een fysiek zwaar programma, waarbij je leeft en werkt met de dorpsbewoners.

Green Bamboo Travel

42 Nha Chung Street
Ha Noi
Vietnam
☎ (084) 8268752 / 8286504 / 8249179
Fax: (084) 8264949
website: www.vietnamonline.com/green-bamboo/adventur.html
Green Bamboo, opgericht in 1991, verzorgt reizen naar afgelegen streken in Noord- en Centraal-Vietnam, waaronder Buon Ma Thuot, Cao Bang en Bac Ha.

DIEREN BEKIJKEN

Zuidoost-Azië herbergt een aantal zeer exotische diersoorten, waaronder olifanten, tijgers en de bedreigde Javaanse neushoorn. Sumatra en Borneo bieden een wijkplaats aan de bedreigde orang-oetang, terwijl op Komodo de sinistere en prehistorische komodovaraan voorkomt. Ga bij voorkeur wild bekijken in kleine groepen, en draag daarbij onopvallende kleding. In de jungle is een verrekijker onmisbaar om dieren te zien, maar neem een waterdichte zak mee om de kostbare apparatuur droog te houden.

Nationaal Park Komodo, Indonesië

Op dit kleine vulkanische eiland in de Nusa Tenggara Archipel leeft een moderne verwant van de dinosaurus. De reusachtige hagedissen die bekendstaan als komodovaranen (oftewel *ora* onder de plaatselijke bevolking) worden tot 3,5 m lang. Hoewel ze de voorkeur geven aan vogels en kleine zoogdieren, is het wel eens voorgekomen dat ze mensen hebben aangevallen.

GRAND KOMODO TOURS & TRAVEL
P.O. Box 3477
Denpasar 80034
Bali
Indonesië
☎ (0361) 287166
Fax: (0361) 287165
Dit bedrijf biedt een ruime keus aan georganiseerde reizen naar Komodo en de andere eilanden van Nusa Tenggara. Ook duikreizen per boot zijn mogelijk.

SMAILING TOUR
By Pass Ngurah Rai
Sanur Denpasar
Bali
Indonesië
☎ (0361) 288224 **Fax**: (0361) 288738
Dit grote bedrijf is deskundig op alle aspecten van het Indonesische reizen en organiseert dagtochten naar Komodo.

Tanjung Puting, Indonesië

Dit nationale park ligt op een schiereiland in de Javazee en is een van de belangrijkste natuurreservaten in de omgeving. Zijn bekendste bewoners zijn de orang-oetangs, die bezichtigd kunnen worden in het onderzoeksinstituut in Camp Leakey. Maar het park herbergt ook luipaarden, civetkatten, Maleisische beren en 220 soorten vogels.

MESRA TOURS
Samarinda
Oost-Kalimantan
Indonesië
☎ (0541) 38787 / 32772
Fax: (0541) 35453 / 41017
e-mail: mesratours@smd.mega.net.id
Mesra verzorgt junglereizen en boottochten door het park, waarbij wordt gestopt bij Camp Leakey om de orang-oetangs te bekijken. Er wordt overnacht in parkhutten.

ASIA TRANSPACIFIC JOURNEYS
P.O. Box 1279
Boulder
CO 80306
Verenigde Staten
☎ 800/642-2742 (gratis)
Fax: 303/443-7078
e-mail: travel@southeastasia.com
website: www.southeastasia.com
Deze reisorganisatie verzorgt 4-daagse reizen van Bali naar het onderzoekscentrum in Camp Leakey, waarbij wordt gevaren, gezwommen, gewandeld, gekanood en vogel gekeken.

Sandakan, Sabah, Maleisisch Borneo

Hoewel er in Sandakan zelf niet veel te zien is, is het een ideale uitvalsbasis om de gevarieerde fauna in het gebied te verkennen. Vlakbij ligt nationaal park Turtle Islands, waar reuzenschildpadden hun eieren komen leggen. Op 25 km afstand ligt het Sepilok Orang Oetang Revalidatiecentrum, waar ook Sumatraanse neushoorns leven. Aan de Kinabatangan-rivier zijn vaak neusapen te zien.

SABAH PARKS OFFICE
9th Floor
Wisma Khoo Siak Chiew
Jalan Tiga
Sandakan
☎ (089) 273453
Dit kantoor boekt reserveringen voor een bezoek aan nationaal park Turtle Island en geeft informatie over het orang-oetangcentrum in Sepilok.

Borneo Adventure
55 Main Bazaar
93000 Kuching
Sarawak, Maleisië
☎ (082) 245175 / 410569 / 415554
Fax: (082) 422626 / 234212
e-mail: bakch@borneoadventure.com
website: www.borneoadventure.com
Verzorgt georganiseerde reizen naar het gebied, met de nadruk op de wilde dieren.

WINDSURFEN

In tegenstelling van wat vaak wordt aangenomen, kun je windsurfen in een dag of twee leren – de sport beheersen is een ander verhaal. Als beginneling val je voortdurend in het water, zodat de tropische temperatuur en de heldere zee van Zuidoost-Azië een perfect leerterrein vormen. Veel vakantieoorden bieden huur van uitrusting en lessen aan, soms eerst met 'droog oefenen' op een simulator. Beginnersplanken zijn groot, voor meer balans, maar kleine planken zijn flexibeler. In het algemeen is december tot maart de beste tijd om te windsurfen, hoewel het windseizoen in Thailand tot september duurt. Een wetsuit is niet nodig, wel een lycra shirt tegen de zon. Rubberen laarzen kunnen ook handig zijn, als bescherming tegen zee-egels. Ten slotte moet je ten minste 50 m kunnen zwemmen.

Pattaya, Thailand

Pattaya, wat zuidwestenwind betekent, is Thailands grootste badplaats en thuisbasis van het nationale windsurfteam. In de zomer, gedurende de zuidwestmoesson, is de wind aflandig. De beste maanden zijn maart/april en juli/augustus. Het meeste is te doen aan het strand van Jomtien, op 10 minuten rijden van Pattaya. Er vinden hier ook tweemaal per jaar *longboard*-festivals plaats, in april/mei en november/december.

Club Loong Chat
309/46 Moo 12
Nongprur
Banglamoong
Pattaya City
Chonburi
Thailand
☎ (01) 8219110 **Fax**: (02) 4336365
e-mail: popw@loxinfo.co.th
Hier kun je plank en zeil opslaan, optuigen op een grasveld en je uitrusting schoonmaken. Ook plankverhuur en cursussen.

Boracay, Filippijnen

Surfen op dit prachtige eiland buiten de kust van Panay geschiedt in een grote lagune, die is afgeschermd door een rif. Winden van 25 knopen of meer zijn tijdens het moessonseizoen (winter) niet ongewoon in het noordoosten. Door het ondiepe water is het een goede plek voor beginners.

Markus & Bernadette
Bulabog
Boracay Islands
Filippijnen
☎**/fax**: 36 2883876
Dit bedrijf geeft lessen en verhuurt complete uitrustingen. Zowel slalom-, *wave*- als beginnersplanken zijn beschikbaar. Ze zijn van december tot april in bedrijf.

Bintan-eiland, Indonesië

Dit idyllische eiland is vanaf Singapore toegankelijk. Het water kan woelig zijn, doordat de noordzijde volledig blootstaat aan de moesson die vanuit het noordoosten over de Zuid-Chinese Zee komt aanstormen. Voor ervaren *shortboard*-zeilers is het beste seizoen van november tot maart. De rest van het jaar kunnen *longboards* worden gebruikt.

Mana Mana Beach Resort
Eresindo Resorts Singapore Pte Ltd.
33 Liang Seah Street no. 1-01/02
Singapore 189054
☎ 3398878 **Fax**: 3397812
e-mail: manamana@pacific.net.sg
De ervaren trainer hier gebruikt simulators om beginners op weg te helpen, en videoanalyse om de techniek van gevorderden te verbeteren. Er is materiaal van goede kwaliteit te huur.

REGISTER

G

H

I

J

K

L

M

N

W

X

Y

Z

PLAATSNAMENREGISTER

T

U

V

W

X

Z

VERANTWOORDING

Ben Davies wil graag de volgende mensen bedanken: Chris Gow van Symbiosis Expedition Planning; Dawn Ellis, Laurent Desmazier van Mekong Land; Sia Souk van Sodi Tour in Vientiane; Christina Landazabal, Francis Middlehurst en Charles Coleman.

Jill Gocher is de volgende personen bijzonder dankbaar: Myra French van het Singaporese kantoor van Eastern & Oriental Express alsook treinmanager Christopher Byatt voor zijn steun en zijn schitterende verhalen. Ook speciale dank aan het Oriental Hotel in Bangkok en de lui van Buffalo Tours in Hanoi. Ten slotte dank aan iedereen die heeft geholpen om de adventures tot een geslaagde en gedenkwaardige onderneming te maken.

Christopher Knowles wil graag iedereen – zowel organisatoren als medereizigers – bedanken die heeft bijgedragen aan het welslagen van de reizen die hij heeft ondernomen. De meesten zijn in de tekst genoemd – ze hebben zonder uitzondering mijn ‘adventures’ tot iets geweldigs gemaakt. Tevens wil ik graag Lescek van Voyages Jules Verne, Londen, bedanken voor zijn hulp bij het plannen en regelen van een op het eerste gezicht onmogelijke route.

ZUIDOOST-AZIË